JN203602

後藤　伸　GOTO Shin

イギリス郵船企業P&Oの経営史

一八四〇—一九一四

A History of the Peninsular and Oriental Steam Navigation Company 1840-1914

イギリス郵船企業P&Oの経営史
一八四〇—一九一四

目次

目　次

凡例

［1］引用文献の表記方法

①　マニュスクリプト

所蔵機関での略号　分類番号　文書名

所蔵機関での略号については巻末の引用文献を参照のこと。

②　政府文書

文書名　刊行年　頁数

③　単行本と論文

著者　刊行（または発表）年　頁数

［2］船名の表記

商船の場合は船名の後に「号」を付け、艦船の場合は船名だけとした。また原綴はいずれもイタリック表記。

［3］通貨単位

一ポンド（£）＝二〇シリング（s）、一シリング＝一二ペンス（d）

なお、本文で言及するP&Oのトップマネジメントが得た年収の大きさを理解する一助として、一九世紀中葉のイギリス中流階級を形成した人々の年収は二〇〇ポンドから一〇〇〇ポンド、また労働者階級に属する熟練機械工の、年収に換算した賃金は一例として八〇〜九〇ポンドといわれていることを付言する。角山（1975; 257-58, 313.）

序章　課題と分析視角

本書は、イギリスの海運企業ペニンシュラー・アンド・オリエンタル汽船会社（Peninsular and Oriental Steam Navigation Company, 以下通称にしたがってP&Oと記す）に関する企業史研究である。[1] 対象とする時期はP&Oの成立前後の時期から第一次大戦前までのおよそ七〇年余りであり、分析の焦点はP&Oがイギリス政府との間で結んだ東洋航路を中心とした海上郵便輸送契約に絞られている。本書がこのような郵船企業の創設期から、またその郵送契約をとくに取りあげて論じる意味を明らかにするためにも、最初に一九世紀イギリスを中心とした世界の交通・通信の一大変革について述べておくことが便利であろう。

1　一九世紀の交通・通信革命

一九世紀の交通・通信革命の端緒は、一八世紀に実用化された定置型の蒸気動力を乗り物の推進力として利用する試みからはじまった。これはすでに一八世紀後半から陸上交通手段、すなわち蒸気車の試作というかたちで展開されていた。たとえば、フランスのキュニョ、イギリスのマードックやトレヴィシックによる蒸気車の製作を想起されたい。これらはもちろん、実用化段階に進むまでにはいたらず、陸上交通手段に蒸気動力が本格的に利用されるのは、スティーヴンソンが蒸気機関車を製造・運転する一八二五年まで待たねばならなかった。[2]だが、ひとたび鉄道という効率的な陸上輸送手段が登場するや、その敷設はまたたくまに拡大し、イギリスはもちろんのこと、ヨーロッパ大陸、北アメリカ、インド亜大陸、そして遠く日本にまで鉄道建設の熱狂は広がっていった。鉄道網の拡充は人やモノの移動コストを低廉とし、それによって内陸部と沿岸部との間の物流の増大を可能とした。このような物流の増大と同時に、鉄道網にそって情報のやり取りのための手段――電信網が普及した。イギリスで最初の電信が敷設され運用を開始したのは、グレート・ウェスタン鉄道のパディントン/ウェスト・ドレイトン間二一キロメーターであり、それは一八三九年のことであった。[3]イギリス国内でいえば、一八五二年までに電信網は六五〇〇キロメーターにおよび、ほぼ全土に張り巡らされるにいたった。物流の大量運搬手段の普及と情報の迅速化によって、一九世紀の陸上世界は時間的距離を大きく変容させたのである。

一方、海上においても、陸上における規模ほどではないとしても、確実に大きな変革が一九世紀になされた。蒸気機関を船の動力として利用しようとする試みは、陸上と同じく、一八世紀からおこなわれていた。しかも、陸上交通手段よりもはやくに実用化の段階に達した。たとえば、イギリスのダンダスは一八〇二年、直動蒸気機関を造ったサイミントンに蒸気船を製造させ、その蒸気船はフォース・クライド運河で三~四ヶ月間にわたって運河曳船として実用に供されたという。またアメリカのフルトンが、一八〇七年、クラーモント号（*Clermont*）によってニューヨーク/オールバニー間の河川運送を開始したことは有名である。[4]これら初期の実用船を含めて蒸気船の利用は当初、運河の曳船や河川の運送船として利用された。それがやがて沿岸や航洋へと利用範囲が拡大するにつれて、世界の海上交通全般の変革へと導いた。すなわち、船用機関の熱効率の改善、高圧ボイラーの製造、それに推進装置の改善や船体材料の木材から鉄鋼への移行は、汽船の航洋航海を技術的に可能とするとともに、運送コストを大幅に引き下げた。このことによって、何世紀にもわたって世界の航洋海運の唯一の交通手段であった帆船は衰退し、一九世紀末までにほとんどの航路において汽船に取って代られることになった。

この汽船による帆船の代替過程がおこなわれた時期は同時に、海底ケーブルの敷設によって世界中の主要地点が結ばれていく時代でもあった。海底ケーブルは一八五一年に英仏間に最初に敷設されて以降、一八六六年には大西洋間に、さらに一八七〇年にはイギリス／インド間にそれぞれ敷設され、翌七一年には中国やオーストラリアまで延伸された。そして、一九〇二年には太平洋に海底ケーブルが敷設されることで、カナダ／オーストラリア間が結ばれた。(5) このような海上をめぐる物流と情流（情報流通）の変革は、一九世紀の海上世界の時間的距離を大きく変容させたのであり、これは陸上をめぐる一連の革新が陸上世界に与えた影響と合わせ鏡となった現象といえる。

ところで、陸海における物流と情流の革新は、商業取引の規模と速度を拡大させながら、政府によるこれまでのさまざまな保護主義的な施策を不要にし、また場合によっては商業活動への足かせへと転化させた。経済史のテキストをひもとくまでもなく、ことイギリスに関していえば一九世紀はレッセ・フェールの時代であり、そのなかで中世以来の保護主義的な政策や一六世紀以来の重商主義的な政策がつぎつぎに廃止されていった。一八二五年のハスキッソン関税改革、一八四六年の穀物法撤廃、あるいは一八四九年の航海条例の廃止などは、その一例にすぎない。(6) このような保護貿易から自由貿易へという、また重商主義から自由主義へという政策（思想）の転移は、マクロ的にみれば国家と市場との役割の見直しであり、両者の役割分担のあらたな線引き問題であったといえる。生産と分配における決定をよりおおく市場機構に委ね、国家あるいは政府はその背後に控える番人としての役割に徹するという考え方は、もちろん無条件で成立したわけではない。イギリスがいまやヨーロッパ最強の経済力と軍事力（海軍力）を有し、それを背景に同国の経済行為者が世界市場を活動の場として自由に振舞うことが最大の国益につらなるという条件が整備されてのことであった。さきの交通・通信革命は、このような条件をインフラ面で整備したものといえよう。しかし、このイギリスの自由主義的な政策方針を他国もとるべき政策として要請するとき、それは強者の論理の押しつけとなる。イギリス経済史でたびたび論じられる「自由貿易帝国主義」が問題となる所以もここにあろう。(7)

ともあれ、一九世紀イギリスにおける国家と市場との役割分担の見直しというマクロ的問題は、当然のことながら、政府と民間企業との関係の見直しというミクロ的な問題をうちに含んでいた。その一つの典型は、勅許会社の一つであったイギリス東インド会社の衰亡である。周知のように、同社は東洋貿易における独占権をながらく掌握したのみならず、インドの政治におおきな権力を振るった。(8)しかし一九世紀に入って、一八一三年にはインド貿易の独占権を失い、また一八三三年には貿易活動そのものも停止され、一八五七年のインド独立戦争を機に会社そのものの解散が決定された。この東インド会社の消滅は、政府と企業との保護・被保護という関係（またその背後にある、貿易独占権の賦与の見返りに、商社からの収益を国庫に納入するという歳入上の依存関係）の清算であり、それは保護貿易から自由貿易という時代相を象徴する出来事であったといえる。だが他方、政府と企業との関係では、同時並行的にそれとは相反するもう一つのパターンが形成されていった。それが政府による民間企業への補助金の支給であり、代表的には海上郵便輸送契約である。

2　海上郵便輸送契約

郵便物の海上運搬サービスに対して政府が民間企業に金銭的な対価を与えるということは、帆船の時代にもあった。しかし、のちの章で詳しくみるように、特定の民間企業と長期の契約を結んで、この企業に特定航路の海上郵便輸送を委ねるという制度は、交通革命の一つである汽船の登場を待っておこなわれた。この場合問題となるのが、契約金の支払いである。とくに初期の汽船運航にあたっては、機関の低効率や燃料炭の補給困難から運航コストが高くついたため、郵送契約金は汽船交通確立のための奨励金としての役割を果たしたのではないのか、という指摘がなされている。(9) さらに、初期の郵便輸送契約の政府当事者がイギリス海軍省であったことから、海上郵送契約は海外諸国、とりわけイギリス帝国（本書でこの言葉はおもにイギリス海外帝国を指し、英国自体を指示する必要がある場合には「本国」という言葉を使用している）の防衛と関わる軍事的な目的をもってなされたのではないか、という疑問も生じる。(10) 事実、本書の対象であるP&Oはインド、中国、オーストラリアへの郵送航路をながらく担当したことから、同社を「帝国主義の旗艦」と言及する研究者もいる。(11) ちょうど国家と市場との関係において、自由貿易政策がとられながらも、それを海外諸国に同じような政策原理として求めていくときに「自由貿易帝国主義」と呼ばれたように、この政府と企業との関係でも、一方で保護主義的な政策の破棄と思われる措置がとられながら、片方では新たな技術――交通手段の革新――を帝国の権益維持に利用しようとして特定企業に対する保護主義的な政策をとったのではないか、という疑問が生じる。つまり、政府の保護政策は技術環境の変化に応じて、たとえば東インド会社からP&Oへというように、対象企業をたんに取り替えただけで、帝国支配の一手段として民間企業を利用するという手法になんら変化はなかったのではないか、という疑問である。(12)

本書が一九世紀の郵船企業の一つを取り上げるとき、上記のような疑問の解明を目指していることはもちろんである。しかし、この問題をイギリス政府の海上郵便輸送政策というような、政府のマクロ的な政策やその意図というような観点から接近する方法を本書ではとっていない。本国イギリスでも、同国の海上郵便輸送（契約）

は、政府側主体の変遷や目的の変化をふまえながら、政府当局の視点から、しかも郵送システムの一部として論じられる傾向がもっぱらであった。[13] 政府と企業のレヴェルに踏み込んだ研究でも、せいぜいのところ、郵船企業の運送収入とのかかわりで補助金額の適否が論じられるだけであり、郵送契約が郵船企業の経営に果たした役割の評価については手つかずのままであった。[14] しかし、一九世紀交通革命を契機とした政府と企業とのミクロ的な関係の見直しという問題視野にたった場合、海上郵便輸送契約は政府当局からの分析や補助金の大小といった分析だけでは、その意味や役割が十分明らかとはならない。郵便輸送契約をめぐる当事者それぞれの思惑や交渉の過程を丹念にたどることによってのみ、個々の契約にみられる両当事者の基本的な姿勢が明らかとなり、またそのようにして成立した個々の契約の変遷を通観してのみ、政府と企業との関係の変容の意味が明らかとなると考えられる。

だが、これは言うは易くおこなうに難しの課題である。一九世紀イギリスにおける海上郵送契約は、東洋航路に限定されるものではなかった。代表的な航路でも、西インド諸島、南米、北米、アフリカをふくみ、このほか本国とは直接関係しないローカル間の郵送契約もあり、しかも、それぞれの契約企業は異なっていた。[15] これらすべての航路の郵送契約を契約両当事者の立場から個々的に分析し、主要航路ごと時系列的に追求するには、本書に注いだ何倍もの作業量が必要であろう。しかも、航路によっては帝国とは直接かかわりのない航路もふくまれており、したがってミクロの合成が統一的な全体像を結ぶかどうかはかならずしも保証されていない。とはいえ、P&Oが担当した東洋航路は、政府機関ないし準政府機関による公的サービスが民間企業によって代替されていった航路であり、しかもその代替サービスの提供領域は東洋におけるイギリス帝国のほとんどを包括するものであった。政府と企業との関係の見直しという観点でいえば、東洋航路の経験が政府補助政策をめぐるすべての問題を解明しないとしても、有力な判断材料になると考えられる。本書冒頭で、郵船企業P&Oの企業史研究を目的とすると述べた理由もここにある。さらに付言すれば、同じく冒頭で述べたように、本書は第一次大戦前までを対象時期としている。じつは、P&Oのイギリス政府との郵送契約は、第一次大戦をこえて両大戦間期にも継続した。しかし、それは、第一次大戦前までの、関係者との交渉をとおした新たな契約の締結として継続したのではなく、戦前に結ばれていた契約の自動延長として継続したのであり、その意味では新たな契約上の展開はなかった。また、P&Oは一九一四年にブリティッシュ・インディアン汽船会社（British Indian Steam Navigation Co. 略称BI）と合併するが、この合併を契機に、P&Oの株式を利用したBIグループによる企業買収や、余剰金の企業間移転など、グループ内金融操作が大規模に展開された。[16] これは個別企業の視点を踏まえた契約関係のあり方や変遷をたどるという本書の視点とは異なる分析視角を必要とする問題である。以上のことから、本書では第一次大戦までを一応の区切りとした次第である。

つぎに、本書がおもに依拠した分析方法と、その分析方法にまつわる追加的課題について提示し、また本論の構成を簡単に述べおこう。

3　分析視角と本書の構成

すでに述べたように、本書では郵船企業P&Oが第一次大戦前までにイギリス政府との間で取り結んだ郵送契約の分析がおもな対象となっている。その際の基本的な視点を提供するものは、政府が郵送契約のプリンシパルとなって、エージェントたる民間の郵船企業に海上郵便輸送を委ねるという、プリンシパル・エージェント関係を論じた理論である。企業分析の現代的なツールの一つであるエージェンシー理論は、代理関係にあるプリンシパルとエージェントの利害がつねに一致するとは限らないことをその理論的な出発点としている。[17] この上にたって、プリンシパルとエージェント間の情報の非対称性ならびに成果の不確実性という環境要因が、また他方で機会主義的行動とリスク負担行動という行動準則がそれぞれ設定され、契約をめぐる諸問題と利害の共通化に向けた契約設計が論じられる。このきわめて現代的な分析ツールは、権限行使に代行関係がみられる現象のおおくに適用可能なものとしてひろく用いられているが、最近は歴史の分野にも使われはじめている(18)。

本書で対象とする海上郵便輸送という、公的サービスを民間企業が遂行するという郵送契約においても、代理関係における「公」と「私」との利害の不一致が発生する可能性があり、また本論でも述べるように、それはしばしば現実のものとなった。その時にプリンシパルとエージェントの利害の共通化がどのような契約設計によってはかられたのかは、興味ある問題であろう。あらかじめこの共通利害の設定という点に言及しておけば、郵送契約において焦点となったのは、エージェントに対する事後的なモニタリングの強化ではなく、インセンティブの強化であったといえる。ともあれ、契約の設計や運用において、プリンシパルであるイギリス政府当局がエージェントである郵船企業にどのように対処したのか、あるいは同じことであるがエージェントがプリンシパルの要求にどのように振る舞ったのかは、その理由をもふくめて、はたしてP&Oが「帝国主義の旗艦」と称される役割に忠実であったのか、また政府がそれを基本的要件として求めていたのかを判断するに有力な材料となろう。

理論が歴史の解釈に有効であるとしても、現実はつねに理論の枠を超えて展開するものである。P&Oがイギリス政府との間に結んだ契約を検討していくと、そこにはエージェンシー理論では十分取り扱われていない問題や、その理論的前提に関わる問題が浮かびあがってくる。ここでは、そのような二つの問題を提示して、本書の追加的な考察課題としておきたい。

エージェンシー理論は、プリンシパル、エージェントともに単一の意思決定者を想定していると考えられる。あるいは複数のプリンシパルや複数のエージェントがいたとしても、それぞれ単一の契約主体にまとまるものと想定して契約の設計・遂行を考察しているといえる。そこでは、それぞれの契約主体がどのような内部的な利害の調整をへて合意を形成したのかは、分析の対象となっていない。しかし、郵便契約の場合、すくなくともプリンシパルの側は契約の決定にいたるまで複数の利害関係者が関与した。もちろん、特定航路の個別契約に際しては、エージェントがそうであるように、単一の機関が政府側の代表として契約締結者となったが、その決定にいたる過程は契約の承認や補助金の分担に関して複数の政府機関が関与しており、その関与する政府機関の数は時代をへるにつれて増えていった。P&Oの場合、関係する機関の増加はイギリス帝国の関係機関の参加によるものであった。エージェンシー理論はプリンシパルの側の利害調整問題を意味ある課題として取り上げていないと思われるが、本書では重要性をもつものとみなして言及している。というのも、プリンシパル間の利害調整とはイギリス政府部内の利害調整という問題から、次第にイギリス本国とイギリス帝国との利害調整という問題へと広がっていったからであり、これは本国と帝国の関係を考える際に重要な判断材料の一つとなると考えられるからである。つまり、プリンシパル間の利害調整問題は、本国と帝国との間に支配／被支配あるいは収奪／被収奪という関係を孕んでいるかどうかを判断するに有効な材料となるであろう。

他方、エージェントについては、すでに述べたように契約者は単一であったが、その契約者は個人というよりは企業組織であるのが普通であった。P&Oの場合、のちに述べるように、王室勅許状をえて設立された株式会社であるが、初期の経営は会社との契約によって三名の業務執行取締役におおくの決定と権限が委任される経営体制がとられた。つまり、企業内部でもプリンシパル・エージェント関係が形成され、その会社がさらにエージェントとなって郵便輸送契約を結んだのである。それゆえ、政府との間に形成されたエージェンシー関係は会社内部に形成されたエージェンシー関係とどのような関係をもち、それは時間の経過とともにどのように変化していったのかは、興味ある問題となろう。このことは、郵便輸送契約をめぐる政府と企業との関係を分析する際に、補助金が企業収益に果たす役割といった領域以外にも、新たに探求すべき課題があることを意味する。そこで本書では、トップマネジメントの変遷という限られた視点からであるが、郵送契約とP&Oの経営体制との関連について言及することになった。

さらに現実がエージェンシー理論に納まりきらない問題を示しているもう一つの局面は、エージェンシー理論が前提とする仮定そのものにかかわる問題である。エージェンシー理論がよってたつ理論的前提は、合理性と効率性であり、それを保証するものとしての制度的な競争市場であった。そこでは個々のプレヤーは、自己の合理的な判断にもとづいてそれぞれの利益の最大化をはかりながら行動するが、かれらが共通にプレーする場としては参入も退出も自由な競争市場が想定されている。このような近代的な概念によって構成されるプレヤーが相互に取引する場合、エージェンシー理論では、プリンシパルとエージェンシー間の信頼（trust）が重要な役割を果たすという。すなわち、信頼はエージェントの機会主義的な行動を抑制し、事前のスクリーニングや事後のモニタリングに関わる費用の節約をもたらすものとして肯定的に評価されている。とくに繰り返しおこなわれる契約（ゲーム）の場合、信頼の有無は契約当事者の利得の大きさを決めるのに重要な要因となることが指摘される。ここで確認できることは、信頼というきわめて操作的概念にしにくい人間関係が、エージェンシー理論ではそのよって立つ制度である競争的な市場を侵食したり、掘り崩したりしないことが仮定されていることである。

ところで、P&Oの場合でも、イギリス政府との間で繰り返し郵送契約が結ばれ、両者の間に形成された信頼関係は後の時代になるほど強固なものとなった。だが、その結果もたらされたものは、東洋の郵便輸送における競争入札の廃止であり、郵船企業P&Oへの契約の固定化であった。つまり、競争入札の繰り返しのなかでP&Oが落札して契約を独占したというだけではなく、P&Oに契約者を固定化しておいて郵便輸送を委ねるという結果が生みだされたのである。プリンシパルとエージェントとの信頼関係が、制度的な競争原理そのものを排除し、特定のエージェントに契約を固定化するという事態は、エージェンシー理論が了解する前提を超えた世界であろう。しかし、現実にはこのような世界が第一次大戦前までに東洋の郵送契約において出現したのである。エージェンシー理論の前提となっているいくつかの近代的な概念は、このような現実の契約世界を説明するに十分に有効とはいえないが、それではその説明しえない部分はどのようなものとして了解すべきなのであろうか。この課題について本書のような実証研究では的確にすべて答えられると思われないが、本書の終章でふたたび取り上げることにしたい。

最後に本書の構成を簡単に述べておこう。本論はつぎのような二部構成をとっている。第Ⅰ部では、P&Oの成立史を取り扱う。第一章では、P&O成立以前のインドへの汽船交通の確立過程を取り扱っている。汽船揺籃期に、遠洋交通手段の確立のためどのような関係者が汽船事業に関与し、どのような展開をへてインドへの汽船交通を確立しようとしたのかを、おもに東インド会社とのかかわりで跡づけた。第二章では、東洋へ配船する郵船企業P&Oの誕生を取り扱っている。政府の奨励金から補助金への政策転換が郵船企業の誕生に重要であったことを述べ、同時にこの郵船企業の経営がどのような契約方式でおこなわれたのかもあわせて記述した。後者についていえば、株式会社組織という近代の企業形態をとりながらも、イギリスの船舶経営に伝統的な経営代理制度の仕組み――これも一種のエージェンシー関係である――がそのなかに入りこんだことを明らかにした。

第Ⅱ部では、東洋における郵便輸送契約について、プリンシパルのイギリス政府機関とエージェントである郵船企業P&O双方の、おもに契約成立にいたる意思決定過程を中心に、おもな契約ごとに年代順に分析している。第三章では、本書が対象とする時期全体にわたってP&Oが締結した東洋の郵送契約を概観したのち、契約としての郵送契約の特徴をまとめ、またイギリス政府が後のちまで準拠枠とした海上郵送契約の基本方針を説明した。第四章は、一八五〇年代の郵送契約を取り扱っている。同時期は契約企業の契約破棄、再入札、企業の破綻といった一連の波瀾に富んだ時期の契約をふくんでいる。本章では、契約理論でいう逆選択による政府側の失態と政府担当機関の交代（海軍省から郵政省）、また契約破棄にともなう郵船企業側の内部エージェンシー関係の手直しなどを中心に論じた。第五章は、一八六〇年代末の契約を取り上げている。同契約は、郵船企業の収益におうじて補助金の支給額を変動させるという意味で、P&Oと郵政省との間にパートナーシップが形成された契約であるが、それは短期間のうちに改訂された。そのようなパートナーシップの形成と解消にいたった経緯を、郵船企業側とイギリス政府側の双方からたどり、契約内容には表れることのなかった両当事者の思惑と駆け引きを明らかにした。また、P&Oの経営危機がスエズ運河開通以前に発生したことをあきらかにして、通説（運河開通危機説）の一面性を指摘した。第六章は、一八七〇年代前半の諸契約を取り上げている。これらはスエズ運河開通にともなう契約の改定であるが、契約当事者が改定に期待したそれぞれの利害とその対立の検討をおこない、妥協の産物として契約が成立した経緯を明らかにした。同時に、P&Oの旧来の経営代理的な関係が一掃され、新しい経営体制が成立したことを述べた。第七章では、一八八〇年契約の成立過程を分析した。同契約は、P&Oとの対抗関係を深めていたリヴァプールの海運企業に東洋の契約を奪われる一歩手前で、偶然の事情からP&Oが入札に成功した契約であった。入札選考結果の逆転を許したイギリス政府側の複数の意思決定機関の関与――プリンシパル側の複数の意思決定者の関与――の問題を分析した。第八章は、一八九八年契約の成立とその後の更新問題を取り扱っている。ここでは、イギリス帝国の自立的な傾向により本国政府の集権的な意思決定がますます困難となったこと、そのなかで本国政府が郵送システムの統一的な維持を図るためにP&Oへの依存を強めていく過程を明らかにした。さらに、プリンシパルとエージェントの利害関係の癒着関係は、エージェントの内部経営に新たな代理関係にも似た経営体制をもたらしたことを指摘した。

終章では、本書の個別企業史研究から導かれる結論とインプリケーションを提示した。

(1) P&Oは一八四〇年に王室特許状をえて有限責任会社として設立され、イギリス本国からインド、極東、オーストラリア方面に配船した。設立以来現在にいたるまで継続事業として存続しており、世界の海運界におけるその地位は現在でも卓越したものがある。今日では、海運業のほか建設、不動産事業へと多角化している。同社に関してはこれまで何冊かの社史や船舶史が出版されてきた。その最初のものといえるCable 1937はP&Oの創業一〇〇周年を記念して出版されたものであり、とくに創業の経緯や創立してから第一次大戦までの時期の記述が詳細である。つづいてP&Oの創業約一五〇周年目に出版されたのがHowarth & Howarth 1986であり、同書は第二次大戦以降の歴史をもカバーしている。このほか、航海日誌などを利用して航海記をつづったPadfield 1981が出版され、またRabson & O'Donoghue 1988は、P&Oのアーキヴィストであるラブソンが中心となって創業以来の保有船舶に関する船舶史をまとめたものである。これらの社史、船舶史はP&Oの内部資料を用いて書かれており、有益な情報をふくんでいる。しかし、企業史研究の視点からすると、経営者の意思決定過程や経営分析の深みにやや欠けるという印象はぬぐえない。そのなかで、海事史家のDivine 1960は、P&Oの船舶投資を中心に分析し、P&Oの技術進歩の摂取がかならずしも進取的ではなかったことを明らかにしている。さらに会計史の立場から、Napier 1990は、創立から第一次大戦までのP&Oの固定資産に関する会計手順の変遷をたどり、またNapier 1991は両大戦間期における、とくに秘密積立金の処理をめぐる問題を取りあつかっている。帝国史の立場からは、Harcourt 1981, 1988があり、P&Oの第一次大戦までの歴史をその内部文書によりながら分析している。女史は、イギリス帝国とのつながりの重要性が特定の船会社P&Oに郵船という地位をながらく保証することになったという結論を引きだしている。ただこの結論は、郵送契約の政府当事者であったイギリス郵政省の側からの分析を省いてえられたものである。逆に郵政省の側から郵便契約を分析した場合に、そこに帝国的な利害の優勢を検証できるかという問題意識にたって書かれたのが、Forbes 1996である。残念ながら、フォーブスは郵政省の内部資料を用いながらも、その問題意識に見合う結論を導きだせなかったといえる。

(2) 蒸気機関の発展史については、ディキンソン 1994、とくに同書第I部、ならびにロルト 1989の第二章を参照のこと。

(3) 村本 1981: 5.

(4) 上野 1980: 270-73; 杉浦 1999: 55-66, 69-70.

(5) 西田訳 1971: 19, 33, 43, 45, 46.

(6) イギリス一九世紀前半のさまざまな重商主義的政策の廃棄については、吉岡 1981：第三章が簡潔に記述している。

(7) 本書では、イギリス経済史で問題となる「自由貿易帝国主義」論を直接取り扱うことをしていない。本書は、帝国に関わる政策の一つとして郵送契約を取り上げ、それを政府と企業とのミクロ的な関係から分析するものである。なお、「自由貿易帝国主義」論については、毛利 1978 を参照のこと。また、その後の「ジェントルマン資本主義」論にいたる論争的な系譜については、平田 2000 が参考になる。

(8) 東インド会社の研究については膨大な研究業績があるが、さしあたり日本での代表的な研究成果として大塚 1969、楊井 1943、西村 1960 などを参照のこと。

(9) 中川は、P&Oが獲得した郵送契約は、初期の汽船会社が重い負担としていた燃料炭の費用をまかなうに重要であったと指摘している。中川 1959.

(10) 山田は、郵便補助金政策は時期によって性格が異なるとしながらも、イギリス海軍省が政府契約であった一八六〇年まで、郵便補助金政策はイギリス本国と海外帝国とを結ぶ定期網を設立・発展させるものとして、海軍政策としても機能していたと指摘した。山田 1960、1961a, 1961b. また、横井は、アジアにおけるイギリス海運を「非公式海軍」と位置づけ、その中核にブリティッシュ・インディア社とならんでP&Oをあげている。横井 1988：第四章。

(11) Harcourt 1981; Jones 1989b: 51.

(12) 一九世紀の新しい技術や発明がイギリス帝国の膨張を未曾有の規模で加速したことについては、ヘドリック 1989、とくに海上輸送手段との関係については同書第八－九章で強調されている。

(13) このようなものとしては、イギリス郵便制度を体系的に記述した Robinson 1953, 1964 や、イギリス郵政省を大規模組織の一つとして分析した Daunton 1985 が代表的である。

(14) Arnold & Greenhill 1994, 1995 の論文は、西インド諸島航路の郵送契約を結んだロイヤル・メール社について、一九世紀における補助金と運送収入の長期的分析をおこなっている。かれらは、一九世紀における郵便輸送契約金は民間企業に過度の収益を与えることなく、サービスの遂行に対する適正な支払いであったとの結論を述べている。

(15) Saugstad 1932: 'Great Britain: Postal Contract Services' の節を参照のこと。西インド諸島へはロイヤル・メール社が、中南米にはパシフィック汽船会社が、北米にはキュナード社が、アフリカはユニオン＝カッスル（南アフリカ）やエルダー・デンプスター社（西アフリカ）が、それぞれ本国政府との郵送契約を結んだ。

(16) 第一次大戦期から戦間期にかけてのP&Oグループの資金操作とその問題点についてはJones 1989a; 1989b: ch.7を、またP&Oグループの経営の評価についてはNapier 1997を参照のこと。なおネピアは、イギリス海運業における大規模組織の成立を情報とネットワークの立場から論じたBoyce 1995を議論のベースとしているが、ネピアの論じる調和的グループ経営では両大戦間期に生じたP&Oの経営問題が抜け落ちると考えられる。

(17) エージェンシー理論、あるいはより一般的に契約理論については、ミルグロム&ロバーツ 1997、とくに第Ⅲ部と第Ⅳ部で包括的に取り扱われており、理論の概要を知るに便利である。

(18) たとえば、ロンドンに本社を置きカナダで事業展開したイギリスの勅許会社の一つ、ハドソンズ・ベイ社を対象に、現地エージェントのコントロール問題、とくに密貿易管理問題を論じたCarlos & Nicholas 1990や、本国イギリスで植民地向け資材買付けや金融業務を担当したクラウン・エージェントの、直轄植民地に対するサービスの効率を論じたSunderland 1999などがある。

Ⅰ　郵船企業Ｐ＆Ｏの成立前後

第一章　P&Oの成立にいたる経緯

1　P&Oの成立に関わる論点

ペニンシュラー・アンド・オリエンタル汽船会社（Peninsular and Oriental Steam Navigation Company）はその社名が示すように、イベリア半島と東洋とを配船地域とする郵船企業として一八四〇年に誕生した。その誕生の経緯についてはのちに詳しく述べる予定であるが、ここではその誕生との関連で二・三の注目すべき点を述べることで、つづく展開の予備的了解をえておきたい。

第一の点は、P&Oの社名の後半部分にある"Oriental"は、後には中国・日本やオーストラリアも含まれるが、設立時点では直接的にはインドを意味していたということである。周知のように、インドと本国イギリスとの間の貿易関係はながらく東インド会社が独占していたが、一八一三年の特許状の更新のさい、同社のインド貿易に関する独占権は喪失した。かくしてインドと本国との貿易はイギリスの民間貿易業者に広く開放されるが、他方で汽船の商業的利用の普及はインドと本国イギリスとの間の汽船交通の確立へと関係者を駆り立てた。ここでいう関係者とはインドとの貿易に従事する本国や現地の商社のみならず、現地政府関係者、インド監督庁、そして東インド会社をふくむものであった。つまり、汽船交通の確立はたんにヒト・モノ・カネ・情報の定期的な運搬手段を確立するという、民間からの経済的利害だけではなく、インド統治という本国政府と現地政府の政治的・社会的な必要からも考えられたのである。したがって、インドとの汽船交通の確立はP＆Oの成立に先立つ長い歴史をもち、それぞれの関係者はそれぞれの利害関係からこれに関与した。[1] そこにみられる対立と協調はP＆Oの成立のみならず、その直後の経営にも影響をおよぼした。それゆえ、P＆Oの成立に先立つ、インドとの汽船交通の確立は、どのような関係者を通していかに展開され、それがどのような影響をP＆Oにもたらしたのかが論じられる必要があろう。本章の第2節から第3節にかけて、やや詳細にインド汽船交通の動きを述べているのは、以上の観点によるものである。

第二の点は、汽船企業と助成との関係である。P＆Oはその前身企業をふくめて、純然たるコモン・キャリア（他人運送人）の定期船企業として発足した。ここで「コモン・キャリア」とは、運送サービスを提供する代価として、他人から運賃（貨物の場合）または料金（旅客の場合）を収受し、これを事業収入として経営を営む海運企業のことを意味し、それは自己の商取引のために自己の貨物を運搬するプライベート・キャリア（自己運送人）や、付随的に他人の貨物を運搬するセミ＝コモン・キャリア（半他人運送）と対比される。[2] またここで「定期船（liner）」とは、あらかじめ公表した運航時刻表にしたがって特定の航路に就航する船舶のことを指し、それは運航時刻表も特定航路も持たずに、用船者の指示にしたがって運航される不定期船（tramp）と対比される。ところで一般に、コモン・キャリアとしてライナー事業を営むことは、現在でも容易ではないが、まして汽船の揺籃期にあっては、その困難は幾重にも倍加したといえる。P＆Oが発足した当時、蒸気機関を動力とする汽船は外輪船であり、船体や機関効率の面でいまだ改良の余地がおおく残されていた。すなわち、ボイラーが低圧であったため熱効率が悪く、そのため長距離航海となるほど燃料である石炭を大量に船に積み込む必要があった。このことは船の貨物・旅客用スペースを制限した。くわえて、外輪船は推進器であるパドルを船体中央の両舷側に据えたため、さらに船舶の積載能力を狭めた。これら外輪船の積載力の小ささは、必然的に汽船の商業的導入を、旅客輸送を中心とした比較的短い航路に限定させた。事実、初期の汽船はいずれも旅客輸送を目的に河川または沿岸用に導入されたのである。(3) そのため、旅客を中心とした輸送需要が不十分な場合、あるいは需要見込みが不確実な場合、それでもなお汽船の定期的な配船を比較的長い航路でおこなおうとすれば、公的機関が直接これを担当するか、あるいは民間企業に委ねる場合には、その企業に対するなんらかの助成が必要となってくる。純然たるコモン・キャリアとして発足したP＆Oの場合、どのような助成がどのような性格のものとして与えられたのかが論じられるべきであろう。これについては、本章の第4節で論じる。

そして最後に、P＆Oは王室特許状にもとづいて株式会社として設立されたという点である。のちにも触れるように、イギリスの近代海運業では、リスク分散と資金調達の必要から船舶持分制が普及し、その出資におうじて持分を取得するのが一般的であった。船舶出資者のなかには船舶のマネジメントに積極的には関わらない、いわゆる無機能出資者（匿名パートナー）に甘んじるものがいる一方で、船舶の管理と運航を担当するマネジング・オーナーとして活動するものがいた。そして有能なマネジング・オーナーのもとには複数の船舶の経営が委ねられた。いわば一種の経営と所有との分離であるが、これはあくまでも個々の船舶に限られた現象であり、近代的な会社組織のなかでの分離ではなかった。実際、船舶が船隊として会社財産となり、その会社が株式発行を通して株主に所有されるという関係は、一九世紀に入ってからの比較的新しい現象であった。P＆Oが特許状によって株式会社として設立されたとき、そこにはどのような所有関係が築かれ、またそれにもとづいてどのようなマネジメント体制が取られたのかは、興味ある論点といえよう。これについては、つぎの第二章で論じる。

2　インドへの汽船配船の試み

一八二〇年代から三〇年代初頭にかけて、インドとの汽船交通を確立しようとして、さまざまな試みがなされた。この節では、そのなかでも実際に配船をおこなった三つの重要なケースを取り上げ、それぞれに関係した関係者とその成果について紹介していくことにしよう。

A　エンタープライズ号の試航

一八一三年にインド貿易の独占権をうしなった東インド会社に代わって、民間貿易業者が本国との交易を担当するようになるが、かれらが直面した問題は英本国とインドとの間における交通手段、とりわけ海上輸送手段の確保であった。商社にとって、取引貨物の輸送はもちろんのこと、現地における代理店や取引先との通信連絡については、規則的かつ迅速な交通手段の確立は不可欠の前提である。しかも、インドのように新規参入が自由となった遠隔地貿易では投機的要素もくわわり、情報の過不足は事業の存続をも左右する重要な要因となった。このようななかで、一八二二年には早くもロンドンにおいてインドとの汽船交通を確立することを目的とした集会が開催された。汽船はいまだその揺籃期にあったといえども、自走能力による規則的航海の可能性が着目されたからにほかならない。

このロンドンの会合は汽船会社の設立を目的に開かれたが、会合の参加者の一人であったイギリス海軍大尉ジョンストン（J. H. Johnston）は、喜望峰経由でのインド汽船交通確立のための準備委員に任命された。(4) かれは調査を進めるなかで、インドへの汽船交通の確立には、帆船がインド航路の定石としていた喜望峰経由よりも地中海・紅海経由のほうが有利であること、またそのための航海距離、停泊地、焚料の補給などに関する調査結果をまとめた。しかし、この地中海・紅海ルートは当初の会合のメンバーが考えていたルートとは異なり、そのためジョンストンはこの会社設立を目的とした団体からは離れることになった。[5] かれはその後、インド貿易に関係をもつパーマー（Horsley Palmer）ほかの人々とコンタクトを深めたが、[6] インド側がこの汽船交通の確立にどれだけ協力してくれるかを確かめるべく、一八二三年にはエジプトの陸路を経由してカルカッタに向かった。

カルカッタでは英印間の汽船交通を確立するというジョンストンの計画に対して、ベンガル在住のイギリス人を中心に賛成の声が上がった。かれらは事業の支援のため、ベンガル汽船基金（Bengal Steam Fund）を結成して賛同者から基金への応募を受け付けることにした。集まった基金を英印間の汽船交通を企てる者に報奨金（プレミアム）として与えることで起業化を促進しようというのがそのねらいであった。[7] 同時に、基金結成のメンバーは、インド政府に対して、事業の認可と金銭的支援を願いでた。時のベンガル総督アマースト卿（Lord William Amherst）は、基金のメンバーとの交渉のなかで、その実行性と成功が疑わしい起業に事業認可と金銭的な支援を与えることはできないと回答したものの、インド公衆におおくの便宜を与えようとする起業に対する「心からの奨励の気持ち」として、基金に二万ルピーの寄付を政府がおこなうことを決定した。[8] 汽船基金のメンバーたちは、この政府との交渉結果を受けて、一八二三年一二月一七日、基金応募者総会をカルカッタのタウンホールで開き、つぎのような決議を採択した。[9] すなわち、

① イギリス／ベンガル間の、紅海経由または喜望峰経由での汽船による恒久的な交通の確立に対して、報奨金を与える。

② この目的のために集められた基金が報奨金として使われるが、その最高限度額は一〇万ルピーとする。報奨金は、同汽船交通を一八二六年末までに確立した個人または会社――イギリス臣民であること――に

与えられる。

③　汽船交通は、イギリスからベンガルに二航海、またその逆方向に二航海おこない、その平均日数が一航海あたり四〇日を超えてはならない。また、提供船舶は三五〇トンを下回ってはならない。

④　一八二六年末までに一往復しか航海ができなかった場合、報奨金の半額を与える。

⑤　基金への請求はすべて総会で選出される運営委員会の決定に委ねる。基金に残額が出た場合、または該当者がいなくて全額が残った場合、基金への応募額に按分して応募者に戻す。

以上の決議のなかで、第二の決議の、報奨金の上限を一〇万ルピーとしたのは、アマースト卿との交渉経過のなかで改定が加えられた結果である。当初、基金の委員は、応募金全額を報奨金として提供するつもりでいた。しかし、アマースト卿は、応募金が多額に上った場合、事業の成功者に対しては、二航海だけでも半額の報奨金が受け取れるということから、それ以上の航海をおこなう誘因を失う可能性があり、その結果、恒久的な汽船交通の確立が、基金のおおさに惹かれた、投機的な者に委ねられることになるとして、再考を求めたのである。(10)だが、このアマースト卿の心配も、実際には杞憂に終わった。ベンガル汽船基金への応募金は、ベンガル政府の寄付金二万ルピーをふくめ、合計およそ七万ルピーしか集まらず、しかもそれもベンガル地域からがおもなものであった。(11)基金の範囲がベンガル以上に広がらなかった原因としては、一つには英印間の汽船交通でインド側のターミナル港をカルカッタとしたこと、またもう一つには喜望峰と紅海の両ルートを報奨金の対象としながらも、後に述べるように紅海ルートを早くから唱えたボンベイに対抗して喜望峰経由を固執していたこと、などが考えられる。(12)

ともあれ、このカルカッタからの支援の約束を受けて、ジョンストンは本国に戻り、インドへの汽船交通の確立にむけて船舶の調達に乗り出した。このとき候補となったのが、テーラー（J. W. Taylor）――個人でインド

第1-1表　エンタープライズ号の航海
（1825年8月16日〜12月8日）

機関走行	62日23時間
帆走	40日 3時間
海上走行計	103日 2時間
セント・トーマスでの停泊	2日17時間
喜望峰での停泊	7日22時間
停泊計	10日15時間
合　　　計	113日17時間

備考：ロンドン出港は8月6日、ファルマス出港は8月16日で、ファルマス出港日が起算日となっている。
資料：Prinsep 1830: 9.

との汽船交通を目指した起業家で、全財産を事業のためささげたが失敗した――が自己の勘定で建造中であった汽船で、同船はのちにエンタープライズ号（*Enterprise*）と名づけられた。同船の船体の建造所はテームズ河南デットフォードにあったゴードン社（Gordon & Co.）、機関はロンドンのモーズリー社（Maudsley）製であった。四七九トン、六〇馬力のエンジン二基を備えたこの木造外輪船は、一八二五年二月二二日に進水した。建造費用は乗り出し費用をふくめおよそ四万三〇〇〇ポンドで、汽船への出資金はおもにインド政府のロンドン・エージェント、それもカルカッタのエージェント・ハウスが拠出した[13]。エンタープライズ号はジョンストンを船長として、一八二五年八月六日、ロンドンを出港した。喜望峰経由でカルカッタのダイヤモンド・ハーバーに到着したのは同年一二月八日のことであった。その途中の寄港地と航海時間をまとめれば第1-1表のとおりである。

エンタープライズ号の帆走を併用した最高航海速力は七ノット（一ノットは一時間に一海里〔約六〇八〇フィート〕進むスピード）、通常は六ノットであり、喜望峰経由での英印間の最短距離一万二〇〇〇マイルを片道七〇日間で走行することは、たとえ石炭補給のための途中寄港がなかったとしても、不可能であった。エンタープライズ号はたまたま石炭の積載能力が大きく、三五日分の燃料炭を積み込めたため、当初は喜望峰だけに寄港する計画であった。しかし、船内での石炭の移動におおくの労力が費消され、疲労困憊した乗組員の休養のために急遽西アフリカ・ギニア湾にあるセント・トーマス島（現サントーメ）への寄港が必要となった。[14] かくして、この予定外の停泊もあって、その実際の航海日数は合計一一三日となり、ベンガル基金の報奨金規定、すなわち片道航海日数七〇日間を大幅に上回ったため失敗に終わった。しかし、ベンガル汽船基金の運営委員会は、一八二七年に開かれた会合で、その起業の精神をたたえ、基金の半分に相当する三万六〇〇〇ルピーを船長ジョンストンに提供した。[15] さらに、委員会は基金の半分を喜望峰経由の汽船交通の確立を企てる将来プロジェクトへの支援ために留保した。[16] だが、ロンドンの汽船出資者は、汽船航海が採算に乗らないことから、エンタープライズ号の継続的な使用をはやくも断念していた。すなわち、折りからビルマ戦争のために船舶を必要としていたベンガル政府が一八二五年末にロンドンの出資者にエンタープライズ号の用船か売却を申し出たのを機会に、同船を用船ではなく売却処分することにしたのである。[17] エンタープライズ号はこの結果、一八二七年三月にはベンガル政府に四万ポンドで売却された。[18]

かくして、汽船の自走だけによる長距離航行性がいまだ技術的に確立していない以上、汽船の就航ルートを喜望峰経由という帆船と同様のルートとすることはできないことが明白となった。喜望峰経由に代わる、より短距離の、より現実的な汽船ルートが求められることになった。この代替ルートの探索において積極的であったのは、エンタープライズ号の起業を支援したベンガルの政府や内外の商人層ではなく、ボンベイの政府・商人層であった。というのも、喜望峰経由の場合、ボンベイとカルカッタはほぼ同等の便宜がえられたが、それ以外のルートではボンベイに有利であったからである。

B　ヒュー・リンゼーの配船

ボンベイ管区の長官であったエルフィンストン（W. Elphinstone）は英印間の汽船交通、とくに「紅海ルートによる汽船交通」の確立を唱えた先駆的な人々のうちの一人である。かれがなによりもこのルートに着目したのは、輸送の迅速性であった。イギリス本国とインドとの連絡は、帆船による喜望峰経由であれば早くとも片道四ヶ月かかり、通常では半年を要した。これは一回の通信の往復におよそ一年がかかることを意味しており、商業的通信はもとより、東インド会社の現地統治機関に対する統制も迅速には行使できなかった。エルフィンストンは、一八二三年五月三一日付けの東インド会社取締役会に宛てた手紙のなかで、汽船の走行距離が一時間あたり八マイルであれば、イギリスのポーツマスからエジプトのナイル河口、およびスエズからボンベイまでの距離およそ六〇〇〇マイルは、三一日の海上航海日数を必要とするにすぎず、これにスエズ地峡横断に要する日数三日を加えても、英印間の交通には片道三四日間あれば可能と試算した。[19] もっとも、この手紙のなかでは英印間の汽船交通の確立の重要性が強調されたものの、費用については定かに推計できないとしたため、財政難にあえぐ東インド会社がただちにこのプランを採用するというわけにはいかなかった。紅海経由の汽船交通の可能性の提唱だけではなく、その実験へとさらにボンベイ政府が動き出すのは、つぎの長官の時代であった。

一八二七年にエルフィンストンのあとを継いでボンベイ長官となったマルコム（Sir John Malcolm. 在任期間は一八二七年一一月〜一八三〇年一二月）も、前任者とおなじく、紅海経由の汽船交通確立に熱心であった。かれは紅海ルートの実施可能性を実証すべく、一八二九年には紅海海域の調査を命じるとともに、[20] ボンベイ／スエズ間に実際に汽船を就航させる計画をたて、東インド会社取締役会の承認をえた。[21] 当初の計画は、ベンガル政府が買い上げたエンタープライズを使って、一八二九年一一月一五日にボンベイを出発、同年一二月中にはスエズに到着し、アレクサンドリアから送られてくる公文書を受け取るというものであった。このため、エンタープライズはその時に就いていた任務を終了したあと、この新たな課題を実行すべくボンベイに回航された。しかし、

第1-2表　ヒュー・リンゼー第1回ボンベイ／スエズ往復航海
（1830年3月20日～5月29日）

往航　1830. 3. 20～4. 22	マイル数	所要時間
ボンベイ／アデン	1,641	10日19時間
アデン／モカ	148	23時間
モカ／ジッダ	557	4日12時間
ジッダ／スエズ	630	5日
汽船走行		21日6時間
停泊		11日10時間
合計		32日16時間
復航　1830. 4. 26～5. 29		
スエズ／クセール	260	1日13.5時間
クセール／ジッダ	386	2日22時間
ジッダ／モカ	557	3日15時間
モカ／アデン	148	1日
アデン／ボンベイ	1,641	10日11.5時間
汽船走行		19日14時間
停泊		13日10時間
合計		33日

資料：Wilson 1833: 53-54, および同書巻末資料より作成。

ボンベイに到着したとき、同船は大規模な修繕を要することがわかり、とてもスエズへの試験航海をおこなえる状態にはなかった。[22] そこで、このエンタープライズに代わって、さきの紅海への試験航海をおこなうことになったのが、ボンベイで建造された新船ヒュー・リンゼー（*Hugh Lindsay*）であった。

スエズへの試験航海を決定する以前の一八二七年一〇月、東インド会社はボンベイ・マリンを改組してインド海軍（Indian Navy）を創設するための一環として、汽船二隻の建造を決定していた。[23] この時の決定を受けて建造され、ボンベイ・マリンに配属されたのが、ヒュー・リンゼーである。ヒュー・リンゼーは、一八二九年一〇月一四日に進水した。船体はベンガル政府のドックで建造され、建造所容積トン数は四一一トン、推進機関はロンドンのモーズリー社製作の八〇馬力エンジン二基を搭載していた。[24]
ボンベイ・マリン所属のウィルソン（J. H.

Wilson）を船長とする同船は一八三〇年三月二〇日にボンベイを出港、四月二二日にスエズに到着した。また復航は同年四月二六日スエズを出発し、五月二九日にはボンベイに帰港した。この往復航に要した時間と航行距離を一覧すれば、第1-2表のとおりとなる。同表から計算すると、海上走行だけをみると往航では一時間あたり五・八三ノット、復航では六・三七ノットの速力で航海した。途中石炭補給のために、アデン、ジッダ、クセールなどに立ち寄り、往航には三二日一六時間、また復航では三三日を要した。一八二三年にエルフィンストンが一時間あたり八ノット、スエズ／ボンベイ間の片道をおよそ半月で走行可能とみたよりは倍以上かかったことになる。しかし、ヒュー・リンゼーのスエズ／ボンベイ間の往復は、汽船による航海がこの海域でも可能であることを実証しえたという点で画期的なことであった。しかも、スエズ地峡の陸路横断に要する日数とアレクサンドリア／イギリス間の航行日数をおよそ三〇日と見積もれば、スエズ／ボンベイ間の航海日数を合わせて、六〇余日で英印間の輸送が実現可能であることも同時に強く示唆された。だが、ただちに問題となったのが、航行可能性を実証したあとの、就航の頻度と定期性であった。

ヒュー・リンゼーはもともとインド海軍創設のために建造された蒸気艦船であり、その容積トン数にくらべて強力な機関を備えていた。だが、機関の出力が大きいことは、その分燃料たる石炭をよりおおく消費することを意味した。しかも、この石炭は帆船によってイギリスから喜望峰経由でボンベイにまで運搬され、さらにボンベイから紅海地域の貯炭所までアラブ人などを使って運搬する必要があった。このため、ヒュー・リンゼーのさきの航海で紅海地域に置かれた石炭は、ほとんど「金粉」に等しい高価なものとなった。(25) ちなみに、さきの航海での総経費は八万一〇〇〇ルピーを必要としたが、焚料費はそのうち四万九五〇〇ルピーと、経費の六割以上をしめたのである。(26) この航海経費の高さにもかかわらず、ボンベイ政府の関係者は汽船就航に積極的な姿勢を示した。すなわち、一八三〇年四月一八日付けで、ボンベイ政府から東インド会社取締役会宛てに、テーラーからイギリス／インド間の包括的な汽船交通網の創設に関するプランが提示されていることを知らせる手紙のなかで、テーラーが提示したプランの実行可能性と費用の算定根拠については取締役会がより適切な判断を下せるであろうとしながらも、汽船交通の確立によってもたらされる利益は計り知れず、もしテーラーのプランが実施不可能であれば、ボンベイ・マリンの船舶を利用してインドとの汽船交通を維持するよう求めた。(27) また、一八三〇年一一月一二日付けの東インド会社取締役会に宛てた手紙のなかでは、ヒュー・リンゼーの配船について言及し、同艦は軍事目的に建造されたとはいえ、そのような有事が起こるまでの間郵船として利用することで同艦の経費をまかなう必要があることを述べ、間接的ながら紅海への派遣を継続することを訴えた。(28) さらに、サー・ジョンの後をついでボンベイの長官となったクレア卿（Lord Clare）も、イギリス本社との迅速な情報交換の必要性を強調し、この点でとくに冬季に汽船をスエズにむけて配船することの重要性を訴えた。すなわち喜望峰経由であれば、季節風の関係で一一月から一二月にインドにむけてイギリスを出発した帆船が翌年の五月以前にインドに到着することはほとんどないが、ヒュー・リンゼーを冬季にスエズに差し向ければ、一二月に地中海向けの政府郵船で送り出した東インド会社の公文書は、連絡調整がうまくいけばすくなくとも三月の第二週には到着できると見込まれた。つまり、喜望峰経由よりはまる二ヶ月早く本国からの最新情報がインドに到着することになるとして、クレア卿はヒュー・リンゼーの配船を継続する必要性を訴えたのである。(29)

しかしながら、ロンドンに本拠を置く東インド会社は、さきにみたようなヒュー・リンゼーの航海経費のあまりの高さに驚き、スエズへの航海の継続に、さらにまたその拡張計画、つまり就航の頻度増大と定期性の確保に、きわめて消極的となった。東インド会社が試算したところによると、紅海向けに一六〇馬力の汽船をボンベイで建造したとして、建造費に一隻三万五六〇〇ポンドを要し、その年間の航海支出は焚料費をふくめて二万六八〇〇ポンドに上る。さらに船隊として同型船を四隻揃えて航海の頻度と定期性を確保しようとすれば、最初の建造費だけで一四万二四〇〇ポンド、まん年間支出として一〇万七二〇〇ポンドを要し、これを船体の耐用年数である一五年の期間運航しつづければ、その総額は一六〇万八〇〇〇ポンドに達するという。(30) また、船隊を紅海側と地中海側とに二隻ずつ分け、年間四航海の配船体制を整えたとしても、年間支出は低めに見積もっても一〇万ポンドを下らない。東インド会社の財務状況の悪さ、また汽船交通によって収得できる収入の低さを考えると、たんに手紙の輸送速度の違いだけでこのような莫大な費用をインド公衆の上に課することの正当性はないと断定し、あくまで航海の継続をもとめるボンベイ政府に対しては、一八三二年三月にこの問題に関してさらに歩を進めることを認めず、また事前の本社の承認なしに費用をともなうどのような措置もとってはならない旨、通知した。(31)

このような東インド会社の事実上の配船禁止の命令にも拘わらず、ボンベイ政府はヒュー・リンゼーの紅海配船を年一回の割合で継続した。すなわち、東インド会社がボンベイ政府に配船禁止命令をだす以前の一八三〇年一二月に第二回の、また一八三二年一月にも第三回の配船が行なわれ、そして禁止命令がだされた後の一八三三年一月には第四回の、さらに一八三四年二月にも第五回の配船がそれぞれ実施された。(32) たしかに、東インド会社本社が推測したように、ヒュー・リンゼーの配船では、支出した経費に見合う収入はえられなかった。第一回航海で運搬した手紙による郵送料は一　七六ルピーにすぎず、その後の航海でも最大四〇七八ルピーの郵便収入でしかなかった。(33) しかも、各航海ともインドから出した郵便物はスエズもしくはクセールに到着後、陸路をへてアレクサンドリアまで運搬されたものの、そこで接続よく本国へと運搬されるといったことはなく、その面でもインド側の不満は募った。しかしながら、ほぼ年一回の配船でも、英印間の汽船交通が現実に可能であることを知った本国およびインドの商人層は、本国との交通手段の接続の改善ならびにその頻度と定期性に対する要望を高めた。おりしも、ヒュー・リンゼーが一八三二年の第三回航海の復路で、ロンドンから新聞を五九日間でボンベイに運搬することができたというたまたまの偶然もかさなって、紅海経由での英印間の汽船交通確立への要望はいやがうえでも高まりをみせることになったのである。[34] そして、この内外の汽船交通の定期的確立への要望の高まりが、インド現地政府による本国本社の命令を公然と無視した、ヒュー・リンゼーの配船を続行する決定を支えていたと考えられる。

C　ベンガル新汽船委員会による配船の企て

ボンベイ政府によるヒュー・リンゼーの断続的な配船が続くなか、ボンベイ公衆の間では一八三三年になって、新しい動きが始まった。すなわち、東インド会社が汽船交通の改善になんら積極的に取り組まず、また本国政府もこの問題を本格的に取り上げない状況を打破すべく、一八三三年五月一四日、ボンベイで集会がもたれた。この集会では、民間の勘定で船舶を運航することで実績をつくり、英印間の汽船交通の確立につなげようとして、新船建造のための基金を募ることが決議された。[35] 計画では、二七〇トン、四〇馬力のエンジン二基を備えた汽船一隻を建造し、それを年三回ボンベイ／スエズ間に配船する、その趣旨はヒュー・リンゼーよりも安い航海経費で実際に紅海への配船が可能であることを実証し、もって本国・インド政府に汽船交通問題の効果的な対処を迫ろうというものであった。したがって、堪航性と経済性を重視して、ヒュー・リンゼーよりも小型、小馬力の汽船とし、そのため南西の季節風の強い時期の配船を見合わせる結果、年三航海とした。[36] 基金へ一〇〇ルピー以上応募したものは、汽船財産の所有者となったが、集会終了までに三万ルピーの応募があったという。[37] また採択された内容は、ただちにベンガル、マドラスの管区にも送られ、共同事業化の呼びかけがなされた。

ボンベイ・プランに対するカルカッタの反応はやや複雑なものであった。カルカッタでは、英印間の汽船交通の前進にむけて、さきの一八二三年末に結成されたベンガル汽船基金にかわって、一八三三年六月に新たな汽船基金、「ベンガル新汽船基金」の応募者総会が開かれ、同時に基金の運営のため商社経営者や船長経験者をふくむ一五人からなる委員会が結成された。[38] 同委員会でボンベイ・プランが検討されたが、差し当たりの配船がボンベイ／スエズ間にかぎられ、カルカッタの手紙はインドを陸路で運搬する必要があり、それには追加郵送料が課されること、また旅客はボンベイ／カルカッタ間の旅行を必要とすることなど、不利益があるとして反対する意見もあった。[39] だが、これまでヒュー・リンゼーを年一回配船していた——しかも東インド会社がこの配船を中止する意向であることが判明した——時期に、年三回の定期的な航海を実施しようというプランには大いなる便益が見込まれた。そこで、ベンガル新汽船委員会は、ボンベイ・プランの実施方法に関する独自のプランを作成し、一八三三年八月、まずはベンガル政府の意向を問うた。その独自のプランとは、新船一隻を建造する代わりに、ヒュー・リンゼーを政府から一年間借入れ、ボンベイ／スエズ間に年四回配船する、配船の経費と収入の結果を比較考量して、その後に採るべき方針（民間か政府かのどちらで事業化すべきか、あるいはまったく放棄すべきか）を決定する、というものである。また、ベンガル政府にはヒュー・リンゼーの借用と、ヒュー・リンゼー用に貯炭所に置いてある石炭の授与などを願い出た。[40] ベンガル政府はこの申し出を検討した結果、時の総督ベンティンク（William Bentinck）の意見、つまりヒュー・リンゼーを貸与するようボンベイ政府に推薦する提案をおこなうこと、石炭の供給以外の航海に必要な経費を政府負担とすること、さらに事前に必要な手筈を整える余力を汽船委員会に与えるため、第一回目の航海は全額政府が費用を負担すること、という意見でまとまった。[41]
この寛大な政府の提案を受けて、ベンガル新汽船基金の委員会は、ボンベイの汽船委員会に対して、自分たちのプランへの賛意を請うた。しかしながら、この新提案に対して、ボンベイの汽船基金委員会は全面的に反対した。募金の目的は、ヒュー・リンゼーよりも経済性に優れた船舶を建造・運航し、もって政府に対してその汽船開設の反対論拠を失わせることにあり、したがってその資金を他の用途に流用することはできない、またヒュー・リンゼーでは南西モンスーン期の強い季節風が吹く時期の航行は困難であり、したがって年四回の配船はできない、という回答であった。[42] 同じように「基金・委員会」方式を取りながらも、ボンベイの方は、船舶の所有・運航のための基金募集であり、応募者も汽船所有者として位置づけられ、いわば結社的性格を持っていたのに対して、ベンガルの方は試験航海に対する資金の提供という段階にとどまっていたことが、両者のプランの食い違いを生み出したと考えられる。ともあれ、この結果、二つの汽船委員会の共同事業化は困難となり、両委員会は袂を分かつことになった。

ベンガル新汽船基金委員会はベンティンク総督の支持をえて、その独自のプランの実行に取りかかった。ボンベイ委員会との交渉のなかでヒュー・リンゼーを南西モンスーン期に配船できないということが判明したため、代船としてフォーブズ号（*Forbes*）を調達することになった。同船は、カルカッタのマッキントッシュ商会（Messrs. Mackintosh & Co.）の所有する船舶で、三〇二トン、一七〇馬力の機関を備えていた。[43] 同船の用船料や保険料など、石炭以外の経費――一航海につき三万ルピーと見積もられた――は、政府が負担し、石炭費用だけを汽船委員会が負担することになった。また就航路も、ベンティンク総督の示唆により、当初のボンベイ／スエズに代えて、カルカッタ／スエズに変更された。航海で運搬される手紙の郵便料金は政府が受け取り、旅客収入と、新聞、小包、その他貨物収入は汽船委員会が収受することになった。[44] かくして、フォーブズ号は一八三四年四月一五日、スエズにむけて出港したが、途中ボイラーに故障が生じ、このためカルカッタに引き返さざるをえなかった。ここで修繕のためおよそ五ヶ月間出港をみあわせることになったが、これは結果的に強風の南西モンスーン期を避ける形となった。[45] フォーブズ号がふたたびカルカッタからスエズに向かったのは一八三四年九月七日のことであり、スエズに到着したのは同年一一月一六日で、航海日数は六九日を要した。この日数は予定よりも三週間近い遅れであり、その原因は石炭運搬船の石炭積込みの不手際によるものであった。[46] また、復航は一八三四年一一月二九日にスエズを出港し、翌三五年二月二七日にカルカッタに到着した。[47] このフォーブズ号の長引いた航海は、ベンガル委員会が当初予定していた就航プラン、つまりすでに公示していたヒュー・リンゼーの航海の後にフォーブズ号を年三回、四半期毎に就航するというスケジュールの消化を不可能とした。このため、新汽船基金の委員会は代船としてヒュー・リンゼーを差し向けてくれるよう、またそれによって生じる焚料費の増加については政府負担としてくれるよう、政府に願い出るという不始末な結果を招いた。[48] 結局、ベンガル新汽船基金委員会によるフォーブズ号の航海はこの第一回だけで終了した。船長経験者をふくむとはいえ、基本的には汽船運航には初めて手を染める委員会メンバーによる運営方式が、新規プロジェクトに起こりがちな初動時のさまざまな諸問題を迅速に処理するに適さなかったともいえる。だが、この時点でフォーブズ号の航海をそれ以上不必要にした事情として、本国政府の側での新しい展開があった。すなわち、一八三四年六月にインドとの汽船交通に関する特別委員会がイギリス下院に設けられ、そこで本格的な審議がおこなわれ、汽船交通の確立に向けて大きな前進がみられたのである。

3　インドへの汽船交通の確立

A　インド汽船交通の確立

一八三四年、イギリス下院に「汽船によるインドとの交通を促進する手段を調査する」ために特別委員会が設置された。同年六月九日からは一八二〇年代末から三〇年代初頭の試航に関与した関係者からの証言が収集され、七月一四日には、これら証言をもとにして、同委員会は一二条におよぶ決議をおこなった。おもな決議内容はつぎのようなものである。[49]

①紅海ルートによるインドとの汽船交通の規則的確立のために直ちに必要な措置を講ずる（第四決議）
②インド側のターミナルをボンベイとするか、カルカッタとするか、あるいはそれらを包括したものとするかは、東インド会社と協力して本国政府の決定にゆだねる（第五決議）
③インドとの交通ルートとしてユーフラテス・ルート（シリア沿岸‐ユーフラテス河‐ペルシャ湾）か地中海・紅海ルートか、いずれをとるにせよ、汽船交通の確立に伴う費用は本国政府と東インド会社が等分負担とする（第六決議）
④本国政府は、マルタ止まり郵船をエジプトかシリアの港に延航し、英印間の交通を完成させる（第一一決議）
⑤紅海ルートに替わるユーフラテス・ルートの可能性を採査するため二万ポンドの調査費を議会が供与する（第一二決議）

一八三四年委員会が紅海ルートを推奨すると同時にユーフラテス・ルートの可能性に着目したのは、南西モンスーン期（六～九月）に紅海を航行することは困難であるのに対し、ユーフラテス・ルートは一一～二月の航行が困難であり、従って両ルートを交互に使用すれば年間を通しての汽船交通が実現できると判断したためである（第一〇決議）。また、このユーフラテス・ルートの開拓は、ロシアのシリア地域への浸透を阻止するという政治的効果を持っていたともいわれている。[(50)] さらに上記の決議で注目すべきは、イギリス本国政府と東インド会社による共同負担の決議である。これは単独の場合よりも汽船交通の確立にともなう費用負担を半減させ、それゆえその創設を促進する目的があったと考えられる。[(51)] だが、実際には、後述するように、この決議がかえって創設の時期を遅らせる結果となった。

委員会報告書が提出された直後、関係当局による委員会決議に沿った行動がとられた。決議の第一一条は、英印間の交通を完成させるため、マルタまでの郵船ラインをエジプトかシリアにまで延長することをイギリス政府に要求した。当時、イギリス本国の海外郵便はコーンウォール南部の港ファルマスを母港としていたためファルマス郵便物（Falmouth Mails）と呼ばれていたが、その管理は一八二三年四月に郵政省から海軍省に移管された。[52] 郵政省が所管していた時代、海外郵便は郵政省と契約した民間船舶が運搬していたが、戦時の際には拿捕の危険があること、また拿捕されないまでも積荷を軽くするため郵便物を海中に投棄するなど不都合がおおく、海軍大臣はかねてから艦船による運搬を主張し、海外郵便物の運搬業務を引きつぐことになった。[53] 海外郵便の輸送を担当していた海軍省は決議の第一一条を受けて、一八三五年二月八日、ファルマスからの汽船郵便ルートをマルタからアレクサンドリアまで延長し、月一回の地中海郵便ルートの体制を敷いた。[54] だが、海軍省の管轄はアレクサンドリアまでであり、それ以東は東インド会社の担当であった。すなわち、インド郵便物は紅海経由が確立される以前には一般に喜望峰経由で運搬されたが、その運搬を担当したのは東インド会社との契約によって同社の海上運搬を担った帆船、いわゆる東インド貿易船（East Indiamen）であった。東インド会社が一八一三年にはインドとの、また一八三三年には中国との貿易独占権を失って商業取引から撤退することで、この貿易船もやがて姿を消した。[55] だが、インド郵便物の輸送はインド方面に向かう商船の義務となり、引き続き東インド会社の管轄下にあった。[56] したがって、三四年委員会が地中海・紅海ルートをあらたな汽船ルートとして開設を決議したことは、東インド会社にとってはこれまでとは異なるインド郵便物の運搬ルートを、しかも本国政府との等分負担のもとで開設する義務を負うことを意味した。

一八三四年委員会の決議を受けて、東インド会社を監督する立場にあったインド監督庁は、三四年八月、東インド会社に対して、ヒュー・リンゼーをボンベイからスエズに派遣して、来る三月一五日にアレクサンドリアに到着する政府の郵船と接続できるよう提言し、東インド会社もこれを受け入れた。[57]だが、ヒュー・リンゼーでは南西モンスーン期の航海はできず、また東インド会社の首脳陣が信をおいていたウィルソン船長によれば、同船は年二回航海するのが限度ということであった。[58]それゆえ、紅海の側で地中海ルートと定期的な連絡を保つにはヒュー・リンゼー以外の船舶の確保、つまり新造船の手配が必要となった。東インド会社は、三四年九月一八日付けで、イギリスの主要な造船所や機関製作所に宛てて、ボンベイ／スエズ間の月間の交通に必要な汽船の隻数、船型および馬力について意見を求める回状を送付した。[59]この回状に対して徐々に送られてきた返事を種々検討した結果、一八三五年三月には、つぎのような結論に達した。すなわち、紅海の汽船航海を効率的に確立するためには、船型が五〇〇から六〇〇トン、二〇〇馬力の機関を備えた船舶を二隻建造する、各船舶は一年間にボンベイ／スエズ間を二航海する、というものであった。[60]この結論はもちろん、紅海ルートを月便で航海するための意見を求めた回状での計画をそのまま実現しようとするものではなかった。そのためにはあまりにも新造の隻数がすくなすぎた。東インド会社の見積りでは、上記のクラスの船舶の建造には一隻当たり三万ポンド、またその年間経費は年二航海で二万ポンド、つまり一航海一万ポンド掛かるとみられた。[61]もし、南西モンスーン期の季節風の強い四ヶ月を除いて残り八ヶ月間を航海させようとすれば年間経費は八万ポンド、もし南西モンスーン期にも航海が可能とすれば、最低でも一二万ポンドの費用がかかる勘定であった。そのような多額の費用負担をインド財政にかけることは、一八三四年の議会委員会が勧奨した「本国政府側の、費用の等分割についての特別の誓約」がないかぎりできないとして、当面は「ボンベイからの汽船による時折の公文書発送のための手当て」として、またインド政府所有の汽船増強の手段として二隻の新造船を建造するのが妥当、というのが東インド会社の結論であった。[62]かくして、東インド会社は、分担金に関する本国政府の未決定ということを根拠に、この時点では新造船二隻の建造を決定するにとどまった。[63]この決定にもとづいて建造されたのが、アタランテ（*Atalanta*. 六一六トン、二一〇馬力、船体はロンドンのウィッガム＝グリーン社 Messrs. Wigham, Green & Co.、機関はモーズリー社がそれぞれ製造）とベレニス（*Berenice*. 六六四トン、二三〇馬力、船体はグラスゴーのジョン・ウッドJohn Wood、機関はロバート・ネーピア Robert Napier がそれぞれ製造）であった。[64]

かくして、一八三四年の委員会決議によって本国政府と東インド会社の双方が英印間の汽船交通の確立に関与し始め、またさきに述べたような施策をそれぞれ講じることで、両者の費用分担問題の未決着から規則性と就航回数に難点はあるものの、インドへの汽船交通の確立という目標は大きく前進することになった。このことは、インド側の汽船交通を求めた基金委員会に異なる二つの反応を生み出した。ボンベイではその最終目的である、政府による汽船交通の確立に見通しがたったと判断し、一八三六年一〇月に開かれたボンベイ汽船委員会で、解散が決議され、基金を応募者に返済することが決定された。[65] このようにボンベイ側が汽船交通の起業化からは離れていったのに対して、カルカッタ側では逆に不満を昂じさせた。一八三四年委員会の決議第五条の、インド側ターミナルを当面どこに決定するかは本国政府と東インド会社に委ねられたが、それが未決定のまま放置されるなか、事実上ボンベイ／スエズの配船体制が整えられつつあった。ベンガル新汽船委員会はマドラスに結成された汽船委員会と共同しながら、元インド総督のベンティンクを通じて本国下院議会に請願を繰り広げた。すなわち、一八三六年三月付けのカルカッタ請願によれば、インドとの汽船交通確立に必要な措置をただちにとるべしという一八三四年委員会の決議にもかかわらず、本国政府と東インド会社はインドとの規則的な汽船交通を確立するための措置をなんらとっていないと指摘し、インド主要港とイギリスを結ぶ、定期的で迅速かつ頻繁な汽船交通の樹立にむけ議会がなんらかの具体的な措置を講じてくれるよう請願した。[66] また、ベンガル新汽船委員会は、基金を元手に、政府の地中海郵便船とは独立に、ファルマスから地中海にいたり、またスエズ地峡を通って、インドとセイロンの四大港、つまりボンベイ、ポイント・デ・ガール、マドラス、カルカッタへといたる一大汽船交通網を確立し、そのサービスの代価として政府にボーナスとして三万ポンド、また五ヶ年にわたり年間助成金五万ポンドの支給を要求するという計画を作成した(67)。

一方、ロンドンでもインド貿易に関係する商会を中心として、イギリスとインドとを広範に結ぶ汽船会社を設立しようとする動きがあり、一八三六年一〇月には、イースト・インディア・スチーム・ナヴィゲーション社（the East India Steam Navigation Company）という社名の汽船会社の設立目論見書が発行された(68)。それによると、設立のための臨時委員会の委員長にはロンドン市長のヘッド（Charles F. Head）が就任し、この臨時委員二五名の中から取締役員が選出されることになっていた。会社の資本金は五〇万ポンドで、おのおの額面五〇ポンドの株式一万株が発行予定で、株式の四分の一はインドの応募に留保された。具体的な計画として、①インド／イギリス間に月便で汽船を就航させ、航海日数は五二日とする、②汽船九隻を用意し、イギリス／マルタ間に各六〇〇トンの船舶三隻を、マルタ／アレクサンドリア間に各四八〇トンの船舶二隻を、そしてスエズ／インド間には各六〇〇トンの船舶四隻を、それぞれ配船する、③インド側の当面の終着港はボンベイとし、事情が許せばすべての管区に汽船交通を拡大する、というものであった。収支見通は、支出が年間一三万六五〇〇ポンド、対して旅客や貨物収入が七万四五〇〇ポンドと見積られ、収支差額の補填は、公文書運搬に対する見返りとして本国政府から四万ポンド、東インド会社から二万五〇〇〇ポンドの年間助成金を受け取り、利益として三〇〇〇ポンド（年配当として六％）を計上するというものであった。この計画に対してボンベイでは一応賛意を表したが、カルカッタやマドラスでは、新会社のインド終着港が当面はボンベイであることに失望した。新会社は、むしろインド主要港の全てを包括する形で英国との汽船交通を確立すべきという代替案を作成し、ロンドン側に要求した。彼らはこれをもってコンプリヘンシィヴ・プランと名付け、それゆえその提唱者および賛同者はコンプリヘンシィヴ派と呼称された(69)。

他方、年間助成を求められた東インド会社は、民間事業によるボンベイ／スエズ間の汽船交通の確立には反対を唱えた。インド監督庁から新会社設立の経緯を知らされた東インド会社は、一八三七年二月一日付けのインド監督庁宛の手紙のなかで、「効率的で恒久的なインドとの汽船交通の確保のためには、それが本国政府と東インド会社によって創設・維持されるべきである」として、民間の新会社の要望は受け入れられないと返答した。(70) この交通の「創設・維持」に関して、東インド会社は同じ手紙のなかでさらに踏み込んで、英印間の汽船交通の確立のため、東インド会社は本国／ボンベイ間の郵便料に関する請求を一切放棄し、等分負担でアレクサンドリア／ボンベイ間の汽船による郵便輸送を引き受ける、という提案をインド監督庁に申し入れた。この提案はインド監督庁をへて、大蔵省の原則的承認をえたあと、郵政省との間で細部のつめがなされた。この結果、つぎのような郵便輸送体制を発足させることが、一八三七年六月までに取り決められた。(71) ①ファルマスから毎月、政府の郵便船でエジプトないしシリアに郵便物を送る。この費用は政府負担とする。②エジプトないしシリアからボンベイまでの郵便物の運搬は東インド会社が担当し、その費用は就航船舶の手当てをふくめて本国政府と東インド政府の等分負担とする。③全ルートを通して運搬される郵便物の郵便料は郵政省がすべて収受する。④英印間の民間船舶による手紙・新聞の輸送を禁じ、また東インド会社本社でおこなっていたインドへの手紙収集業務を中止する。⑤東インド会社取締役会会長、副会長、秘書の英印間の郵送料はこれまでと同じく無料とする。これらの取り決めで、エジプトとともにシリアのルートがあげられているのは、六月から九月までの南西モンスーン期に紅海ルートの航行が困難である場合にその代替ルートとして使用するためであった。このペルシャ湾の代替ルートを使うことで、地中海側と同様、インド側でも月便の輸送体制を築こうというのがそのねらいであった。ともあれ、一八三四年委員会の決議は、費用等分負担の問題が三年ぶりに解決されることで、ここにようやく実現する運びとなったのである。

だが、このプランの成立は、民間事業化を目指した本国側およびインド側関係者に打撃を与えた。本国政府と東インド会社によって地中海とインドを結ぶ汽船交通が郵便輸送という形で確立することが確かとなった現状では、同じような事業を計画する民間への政府助成は望むべくもなかった。したがって、本国側の汽船事業計画であるさきのイースト・インディア社の設立目論見は瓦解した。また、インド側でも、コンプリヘンシィヴ派は一頓挫した。本国政府と共同負担での汽船交通を計画した東インド会社は、ボンベイ以外の管区への汽船交通の拡大は、「計画の試行が十分なされたあとに考慮されるべきこと[72]」として、当面の汽船交通のインド側ターミナルをボンベイに限定したからである。

東インド会社は政府の等分負担の保証をえて、ボンベイへの船隊強化を急いだ。一八三七年にはさきの二隻の新造船アタランテとベレニスをボンベイに就航させたのに続き、一八三八年には七三〇トン、三〇〇馬力のセミラミス（*Semiramis*）を配船した。これは南西モンスーン期に航海する目的で建造された船舶であったが、その航海成果は期待外れに終わった。また同じ年には六三〇トン、二八〇馬力のゼノビア（*Zenobia*）を、さらに一八三九年には七六〇トン、二二〇馬力のクレオパトラ（*Cleopatra*）をそれぞれ就航させた。ヒュー・リンゼーをふくめると六隻の配船体制がこの時点で整い、ボンベイから地中海への郵便輸送は、六月から八月までのペルシャ湾ルートの利用をあわせて、月便就航が実現することになったのである[73]。

B　汽船交通の民間事業化の動き

東インド会社による船隊の整備とともに、インド側の配船体制も整ったとはいえ、それはあくまでもボンベイどまりであった。ボンベイから他の管区には郵便物はドーク（Dawk）と呼ばれていた、人によるリレー方式で運搬された。さきのインドとの定期的な汽船交通の確立についてインド監督庁と細部を詰める過程のなかで、東インド会社は、インド政府がこのリレー式運搬の迅速化の措置を講じて、ボンベイからカルカッタまでは八〜一〇日で、またマドラスには七日で公文書の運搬が可能となる、と述べていた。(74) しかし、実際には手紙や公文書がこのような時間内に運搬されることはなかった。ボンベイ／カルカッタの運搬では、一八三七年六月から三八年七月までの間で、一番早い運搬日数でも一一日と二〇時間、遅いときには一五日と三時間を要した。しかも、運搬は人手によるため一回で運搬できる郵便量に限度があり、このためボンベイからカルカッタまでの運搬は一度でおこなわれるのではなく、二〜三回、多いときには五回にも分けておこなわれ、ドークによる配送の遅れを大きくした。(75) さらに、イギリスからの郵便物はアレクサンドリアまで政府郵船で毎月運搬されてきたが、接続の不手際からそれがインドのボンベイに毎月規則的に運搬されるということもなく、また同じくボンベイに収集された手紙が毎月規則的にアレクサンドリアまで運搬されるということもなかった。たとえば、一八三八年六月と七月のボンベイからの郵便物は同時に発送され、しかも七月の郵便物はペルシャ湾から砂漠を横断する際にアラブ人によってその半分が略奪された。また八月と九月の郵便物がボンベイから同時に発送されたが、それは八月の郵便物を乗せたインド海軍の艦船セミラミスが紅海経由で航行しようとしてかなわず、九月の郵便物と一緒に送らざるをえなかったためである。さらに、一八三七年八月から九月までの三回にわたるイギリスからの郵便物は、ボンベイからスエズに向かったベレニスの機関の故障のためスエズから一緒になって運搬された。(76) ちなみに、これらの遅配はいずれも南西モンスーン期に生じたものであった。また、郵便物の遅配・欠配にとどまらず、さらにスエズ・ルートの最短距離を利用しようとする旅人も大いなる不満を抱いた。東インド会社の建造船舶はもともと軍用を目的としており、郵便物の運搬には考慮しても、旅客を運搬する設備に配慮することはなかったからである。(77)

かくして、カルカッタの不満が昂じるなか、本国ではコンプリヘンシィヴ派の構想を実現すべく、インド貿易商会が中心となってふたたび汽船会社を設立する動きが活発化した。この運動のなかには、さきの三六年に実現をみずに終わった会社設立に関与したメンバーもふくまれていた。かれらは一八三八年一〇月一二日にロンドンのコーヒー・ハウスで集会をもち、英印間の包括的な汽船交通を紅海経由で確立する事業を設立することで合意し、事業内容を具体化すべく委員会を結成した。この委員会は翌三九年一月一八日に開かれた総会で、計画案を提示したが、総会での承認を受けたのち、計画案を実行に移すための委員会があらためて結成された。ロンドンの銀行家カーティス（T. A. Curtis）を委員長とする委員会は、本国政府と東インド会社に事業への支援を求めるべく働きかけた。一八三九年二月二一日にカーティスがインド監督庁長官ホブハウス（Sir John Hobhouse）に宛てた手紙によると、(78)東インド会社の現在の配船体制では、南西モンスーン期には紅海ルートは使用できず、また旅客収容設備がいちじるしく不足しており、さらに政府と東インド会社がそれぞれ運航を分担する体制をとっているために、必然的に遅滞が生じていることを指摘し、「安全性、時間厳守、公文書発送、十分な宿泊設備、連続性そして分断されない経営」を確立する必要性を訴えた。委員会の計画では、二〇〇〇トン、五〇〇馬力の大型船舶を就航させることで、この「安全性、時間厳守、公文書発送、十分な宿泊設備」が確保される予定であった。さらに、設立予定の民間企業一社が地中海側と紅海側にそれぞれ月便で大型船七隻、必要な場合には八隻という配船体制を敷くことで、「連続性と分断されない経営」も確保される見通しがつくと説明された。予定では、イギリスからの郵便物をボンベイまでは三五日間、セイロンまでは三七日間、マドラスまでは四〇日間、そしてカルカッタへは四五日で結ぶことになっていた。この包括的なサービスに対して、委員会は政府と東インド会社あわせて一〇万ポンドの助成金を向こう一〇年間支給してくれるよう要望した。この一〇万ポンドという金額は、東インド会社がボンベイ／スエズ間に現在配船している船舶四隻の年間経費と推定された金額であった。その助成金額でボンベイのみならず、インドの管区全体を包括し、かつまた地中海サービスをも統合した汽船交通を一社で提供しようというのが、ロンドン委員会の提案であった。

この提案を五月一四日に受け取った東インド会社は、なかなか返事を出さなかった。一つには、ボンベイ／スエズ間の配船体制はいまだ完成したものではなく、その評価についてはまだしばらくの試験期間が必要であると考えていたこと、また、同航路は本国政府との協定で郵便物を運搬しており、その公的責任を勝手には放棄することはできないと考えていたこと、などのためであると思われる。[79] 三九年一〇月半ばとなって、ようやく東インド会社側の返事がカーティス宛に出されたが、その内容はつぎのようであった。[80] すなわち、「既存の交通手段を拡大しようとする、よく熟慮されたいかなる措置に対しても、［東インド会社］取締役会はしかるべき奨励金(due encouragement) を支給する用意がある。ただし、現在の情況においては、スエズ／ボンベイ間交通に関しては、進行中の措置に影響を与えるようないかなる協定も結ぶ意思はない」（［　］内は引用者補足）、というものである。この返事は、ボンベイ／スエズ間の航路を東インド会社の担当とし、他の管区との汽船交通の確立は事実上民間企業に委ねるというものであったため、コンプリヘンシィヴ・プランはその実現に向け大きく前進することになった。この返事を受け取ったカーティスは個人的見解と断りながらも、ボンベイを除いて、カルカッタ・マドラス・セイロンとスエズ間の月便配船、およびイギリス／アレクサンドリア間の月便配船の確立のために汽船六隻をただちに用意すべきこと、また会社設立が成功裡に進められたならば、つぎの目標は海峡、中国、オーストラリアとの汽船交通の確立とすべきことを表明した。[81] しかし、このコンプリヘンシィヴ・プランの実現の一歩手前で、カルカッタ側では計画の推進方法をめぐって分裂するという事態が生じたのである。

コンプリヘンシィヴ・プランについて、ロンドン側では、計画の具体化は、①新会社に対して、イギリス政府および東インド会社から年間一〇万ポンドの補助金を与えるよう交渉する、②新会社は有限責任制の資格を得るために王室特許状をえる、という手順を踏むことになっていた。[82] しかし、これに対して、カルカッタ側のコンプリヘンシィヴ・プランの熱心な推進者の一人、タートン（T.E.M. Turton）が異を唱え、ただちに汽船を一隻購入して、スエズ／カルカッタ間を四半期に一度航海させるべきだと、直接行動の必要性を訴えた。かれ自身は英印間の包括的な汽船交通を樹立しようとするコンプリヘンシィヴ・プラン自体に反対ではなかったが、そのための先駆的役割を担う汽船の購入・配船をただちにおこなうべきであると主張した。それゆえ、タートンおよびその賛同者に対してはプリカーサー派の呼称が与えられた。この主張の背景となったのは、ボンベイに到着した郵便物がドークによってカルカッタまで運搬するに要する日数が一八三七年時点とくらべてみても、いっこうに改善されていないという事情があった。ちなみに、一八三九年前半で、ボンベイ／カルカッタ間の運搬所要日数は最短でも一一日、最長では二一日も要した。[83] さらに三九年夏には、カルカッタ郵便物をボンベイからスエズまで運搬していた東インド会社が二度にもわたって郵便物を受けとらないままボンベイから郵船を出航させるというミスが重なった。[84] カルカッタ側の東インド会社の配船体制に対する反感はこの事件によってたかまり、その結果、タートンの直接行動の訴えが一定の支持基盤をえることになった。コンプリヘンシィヴ派とプリカーサー派は互いにカルカッタにおいて多数派工作を展開し、またロンドン・グループには支持を得るための説得を試みた。この両派の対立が決定的となったのは、三九年一〇月にプリカーサー派がイースタン・スチーム・ナヴィゲーション社（the Eastern Steam Navigation Co.）の設立に着手し、汽船一隻の建造をグラスゴーに発注するにおよんでのことである。[85] これに対抗して、カルカッタのコンプリヘンシィヴ派はロンドン・グループとの連繋を深め、四〇年七月にカルカッタで開催されたベンガル汽船基金の集会でプリカーサー派の主張を斥け、ロンドンのコンプリヘンシィヴ・プランの起業化に基金を使用することを決定した。[86] この起業化とは、一八四〇年四月にロンドン・グループが目論見書を発行したイースト・インディアン・スチーム・ナヴィゲーション社（the East Indian Steam Navigation Co.）と呼ばれる新会社の設立であり、プランの実現を目指すものであった。[87]

しかし、三九年後半から四〇年前半という時期に、コンプリヘンシィヴ・プランの実施をめぐって関係者の間で意見の対立が生じたことは、最終的にかれらがその計画内容の遂行主体となることに失敗する一因となったと考えられる。というのも、この同じ時期に、英印間の汽船交通を民間企業レベルで確立するまったく新たな計画が、イギリス政府とある海運企業の間で進められており、結果的には、コンプリヘンシィヴ派やプリカーサー派を出し抜く形で、実現をみることになったからである。この海運企業とは、のちのP＆Oとなる会社にほかならない。

4　P＆Oの成立

A　ペニンシュラー社の設立

後にP＆Oの略称でよく知られるようになるイギリス海運企業の創設に大きな役割を果たした人物は、ウィルコックス（Brodie McGhie Willcox）とアンダーソン（Arthur Anderson）の二人であった。ウィルコックスは一八一五年にロンドンに事務所を構え、シップ・ブローカーおよびコミッション・エージェントの業務を開始したが、この開業間もない事務所に事務員として入社したのがアンダーソンであった。アンダーソンは海軍に勤務したあと、おじのリドランド（Feter Ridland）を頼ってロンドンに赴き、そこでスカーバラの船主ヒル（Christopher Hill）と知り合いとなった。間もなくヒルの伝手で取引関係のあったウィルコックスに紹介してもらい、かれの事務所に入社したというわけである。[88] 一八二二年、アンダーソンはヒルの長女（Marry Ann Hill）と結婚するが、同時に入社七年目にして早くもウィルコックスとパートナーシップを組み、ウィルコックス＝アンダーソン商会（Messrs. Willcox & Anderson）を設立した。[89] 同商会は、この頃までにヴィゴやリスボ

ンなど、イベリア半島に就航する小型帆船の共同所有者となって、船主および運航事業の基礎を固めつつあった。(90)

しかし、一八二〇年代後半から三〇年代前半にかけての、スペインをも巻き込んだポルトガル王家の内紛と軍事的衝突は、その貿易・運輸業務の衰退をもたらした。ウィルコックス＝アンダーソン商会はこの内紛時、海運面から王妃軍に積極的な支援を与えつづけることで、ポルトガルとスペインの両王室および政府高官から厚い信頼をかちえることになった。(91) イベリア半島における王妃軍の勝利と内乱終結の後、スペイン大臣はダブリン・アンド・ロンドン郵船会社（the Dublin and London Steam Packet Co.）の所有者ボーン商会（Messrs. Bourne）にイギリス／イベリア半島間の汽船による定期交通の確立を要請、またそのロンドン・エージェントとしてウィルコックス＝アンダーソン商会を指名した。(92) ボーン商会もまた、木造外輪汽船ロイヤル・タール号（*Royal Tar*）をもってイベリア半島への軍事輸送を提供した実績があり、両王室からの信頼をえていた。

かくて、一八三四年八月二五日、イギリス、スペイン、ポルトガル間の汽船交通を確立すべく、ペニンシュラー汽船会社（Peninsular Steam Navigation Company）の設立目論見書が発行された。それによると、当初はロンドン、リスボン、カディス、ジブラルタルに一〇日に一便の汽船交通を確立し、その後十分な支援がととのい次第第一週一便に増便する、ポルトガル政府からはポルトガルに寄港するペニンシュラー社の船舶には港費を免除することが約束されており、同様の優遇措置が現在スペイン政府との間で交渉中であること、また資本金は三〇万ポンドで、各一〇〇ポンド株三〇〇〇株に分割されるが、株主は当面はイベリア半島の交易に関係のある個人に限定する予定であること、などが述べられていた。(93) 同汽船会社のチーフ・エージェントにはウィルコックスの名前が掲げられていたが、これはもちろん、ウィルコックス＝アンダーソン商会が実質的なマネジング・エージェントとなることを意味していた。(94) この目論見書で特徴的なことは、イギリス政府の郵便輸送契約の見通しとその位置づけである。設立目論見書の発行当時、イギリス政府からの郵便契約の確約はなんらなかったものの、さきの航路における出航と就航時間の規則性を厳格に守ることによって、イギリス政府は「ジブラルタルまでの郵便輸送についてペニンシュラー社と契約すれば、それが自分たちの利益であるとともに、公衆の利益でもあることにやがては気付くようになるであろう」、との予測が述べられていた。そしてそのような契約が成立すれば、一八三四年七月に下院委員会で提唱された地中海・紅海経由のインドとの汽船交通が、ジブラルタル航路に旅客の増大をもたらすであろうとの観測が述べられている。つまり、この目論見書発行の一八三四年八月時点では、ペニンシュラー社の設立関係者は、まさに地中海の入り口たるジブラルタルまでの定期航路を射程において、同時にそこまでの郵便輸送契約の獲得を念頭に、汽船交通の確立を考えていたことが明らかである。

イベリア半島への定期船就航の広告は、一八三四年に『タイムズ』紙上にウィルコックス＝アンダーソン商会の名前でなされ、またペニンシュラー社の名前で最初の広告が『タイムズ』に掲載されるのは一八三五年一一月二六日のことであった。[95] 社名による広告がでた時点でペニンシュラー社がすでに設立されたと考えられるが、同社が独立の法人格をもった会社として設立されたかどうかは不明である。さきの設立目論見書では株式三〇〇〇株のうち一五〇〇株の応募がなされた時点で会社設立と見なすことが記されていたが、その際に王室特許状または議会法により法人格をえるかどうかは取締役会の判断によるとされていた。実際には、独立の法人格をえることはなかったのではないかと考えられる。というもの、イベリア半島への配船を開始した時点で、使用船舶はすべて用船に頼り、[96] その後もペニンシュラー社として船舶を保有することはなかった。またのちに触れるように、政府との間で最初の郵便輸送契約を締結したときのペニンシュラー社側の署名人は「船主を代表」したボーンであり、かれは会社を代表して署名したのではなかった。ともあれ、試験航海では相当額の欠損を出したが、ペニンシュラー社は三六年一一月には、半島への定期配船を従来の二週一回から一週一回へと増便する予定の公告を出し、またそのために一五万ポンドを投じて五隻の新造船を整えはじめた。[97] この配船体制は、当時の貿易量が必要とする船腹量を上回るものであった。しかし、この冒険的ともいえる戦略の狙いは、その当時半島に就航していたイギリス海軍省の郵便船に対するペニンシュラー社の汽船の優秀性を改めて印象付け、ひいては政府より半島航路の郵便契約を獲得することにあった。[98]

ここで、一八三〇年代後半における海外郵便輸送とイベリア半島への郵便輸送事情についてまとめておく必要があろう。すでに述べたように、イギリス政府は一八二三年四月にファルマス郵便物の運搬管理を郵政省から海軍省に移管したが、その他の海上郵便輸送、とくにアイルランドとの郵便輸送業務は郵政省が保持し、同省はそこにみずから建造した汽船を投入しはじめた。[99]だが、その航路採算は思わしくなく、一八三二～一八三六年の間に一五万五〇〇〇ポンドにおよぶ欠損を生じた。このため一八三六年には調査委員会が設けられ、つぎの二つの勧告がなされた。一つは、郵便輸送はできるかぎり民間業者との契約に置き換えること、もう一つは、民間と契約できない輸送はこれを海軍省に移管すること、というものであった。[100]この勧告にしたがって、大蔵省は、一八三六年、つぎのような勧告を郵政省と海軍省に対しておこなった。すなわち、①郵政省の郵便汽船業務の管理一切を海軍省に移管する、②移管後、郵政省は海上郵便輸送ルートを選定し、海軍省がこのサービスの実施を担当する、③経済性と手配の簡明性を確保するために、可能なかぎり民間企業との契約を利用する、④その際、提供サービスを契約によるべきかどうかをコスト対効果の観点から判定する任務は郵政省と大蔵省が担当し、契約すべきとなった場合には契約遂行を監視する任務は契約当事者の海軍省が担当する。[101]このような海外郵便輸送をめぐる政府レヴェルでの新しい役割分担と、民間企業との契約による海外郵便輸送という基本方針は郵政省と海軍省によって受け入れられ、一八三七年一月から実施されることになった。そして、この新体制の下での最初の郵便輸送契約となったのがイベリア半島への郵便契約であった。

民間企業との契約に移行する以前の半島との郵便輸送はつぎのようなものであった。[102]まず、ファルマス／リスボン間には週一回の度数で郵便帆船が、また、ファルマス/カディス・ジブラルタル間には月一回の度数で郵便汽船がそれぞれ就航していた。後者の就航は汽船を使用していたため規則性を保っていたが、月一回と配船度数がすくなかった。また週一回と予定された配船回数がおおい前者に関しては、その発着が天候と風向きに左右されていちじるしく不規則であり、普通であれば片道五日の航程が三週間も要することが稀ではなかったという。当然のことながら、イギリス商社の半島郵便輸送に対する不満はかねてからあったが、ペニンシュラー社の汽船が一八三七年五月にファルマス/オポルト間を六日弱で一往復したことが新聞で報道されるや否や、政府郵送に対する批判は一挙に盛りあがりをみせた。[103] かくして政府も半島との郵便輸送を民間企業に委ねる決意を固め、ペニンシュラー社に半島サービスの改善計画に関して照会するにいたった。ペニンシュラー社は具体的計画を差し出したが、政府はこれを受けて、半島サービスの民間委託を公開入札制により決めることになった。入札にはペニンシュラー社のほかブリティッシュ・アンド・フォーリン船会社(the British and Foreign Ship Co. B&F)が応じた。両社の最初の入札価格は、ペニンシュラー社が年間三万二八六〇ポンド、B&F社が三万三七五〇ポンドであった。[104] 海軍省はこのどちらの入札も価格が高すぎるとして受理せず、ふたたび公開入札をおこなった。再入札の結果、ペニンシュラー社の入札価格は二万九六〇〇ポンド、対してB&F社の最終入札価格はペニンシュラー社よりも四〇ポンド安い二万九五六〇ポンドであった。しかし、契約はペニンシュラー社に決まった。これは、就航船舶の機関出力の違いによるものであった。入札の際の規定として一四〇馬力以上の汽船を必要隻数用意することが求められていたが、B&F社は一八〇、一六〇、一五〇馬力の汽船各一隻と一四〇馬力の汽船二隻、合計五隻、その平均出力は一隻当たり一五四馬力であったのに対して、ペニンシュラー社は三二〇馬力一隻、二六四馬力二隻、一六〇馬力二隻の合計五隻、平均出力二三四馬力をもって入札した。[105] この出力の違いが決め手となって、一八三七年八月二二日、船主を代表したリチャード・ボーンと海軍省との間で半島郵便輸送契約が締

第1-3表　半島サービス就航船舶

船　名	建造年	船　質	トン数	馬　力	建造コスト£
Don Juan	1837	木造	932	360	40,000
Tagus	1837	木造	743	286	28,000
Braganza	1837	木造	688	264	21,100
Iberia	1836	木造	516	180	22,000
Liverpool ＊	1835	木造	330	no data	no data

＊は買船

資料：Cable 1937: 34; Rabson 1988: 25-26.

第1-4表　所要航海日数

発	着	時間・日数
ファルマス	ヴィゴ	54時間
	リスボン	84時間
	ジブラルタル	7日間
ジブラルタル	マルタ	5日間
マルタ	コルフ	2日間
マルタ	アレクサンドリア	4日間

破線以下はイギリス海軍省の郵船汽船が運搬

資料：Cable 1937: 35.

結されるにいたった。

契約によれば、ペニンシュラー社はファルマス／ジブラルタル間に一週に一度一四〇馬力以上の汽船を就航させ、ヴィゴ、オポルト、リスボン、カディスに寄港、航海日数は片道二一六時間を超えないこととされた。郵便輸送に対する契約金は年間二万九六〇〇ポンドであり、三七年九月より三カ年の契約期間であった[106]。この契約遂行にあたり、ペニンシュラー社が三七年九月一日に広告した出航リストによれば、就航汽船およびその所要航程は、それぞれ第1-3、1-4表のとおりである。同表で注目すべきは、就航汽船の船型およびその出力である。一八二〇年代におけるエンタープライズ号やヒュー・リンゼーにくらべ、船型、出力ともに大幅に上回る船舶が、半島航路に使用されたことがわかる。しかも、これら船舶は、スエズ以東のインド洋航路よりも距離がより短い航路に就航した。ファルマス／ジブラルタル間に週一度、契約航程九日間の配船体制を規則的に維持するためには、約定出力を上回る大型船をライン＝船隊として揃えるという、汽船時代の定期船経営の原型がここに示されたといえよう。

さらに、このペニンシュラー社の半島への定期航路の経営にとって、補助金は無視しえない役割をはたした。航路開設直後、ペニンシュラー社は船隊の中でも最大船型のドン・ジュアン号（*Don Juan.* 建造費約四万ポンド）を海難で失った。船舶保険が一部であったため資金的には逼迫し、またすくなからず会社の信用を損ねた。(107) にもかかわらず経営をその後持ち直したのには、同船の海難の際に、乗り合わせていたアンダーソンの機敏な対応によって旅客や郵便物、それに積荷に被害はなく、郵船企業としての信頼性にまで疑問がもたれなかったこと、(108) また四半期毎に支払われる年間二万九六〇〇ポンド（初回契約期間全体で約八万九〇〇〇ポンド）におよぶ契約金が資金面で大きな支えとなったことがあげられる。くわえて、ファルマス／ジブラルタル間の航路はすでに海軍省によって踏み固められた航路であり、未開拓の航路ではなかったという事情も、ペニンシュラー社の航路経営の安定に資したと思われる。これは、後にインド洋に定期配船を開始した時とは事情を異にしたのである。

B　地中海郵便輸送

一八三七年九月にイベリア半島への郵便契約を獲得したペニンシュラー社がさらに地中海方面へと定期航路網を拡張するにいたるのは、イギリス政府のインド郵便輸送改善の意向が強く作用していたように思われる。同じ三七年には、ベンティンク卿の提唱によりイギリス下院ではインドとの汽船交通の改善のため調査委員会が設置された。ベンティンク卿は一八二八年から三五年にかけてベンガル総督、つづいてインド総督を務めており、本国との汽船交通の確立にはことのほか熱心であった。(109) かれは委員会委員長にみずからが就任し、ペニンシュラー社から各種のデータの提供を受けると同時に、同社に対してインドへの汽船サービスを担当するよう要請した。しかし、ペニンシュラー社は半島サービスを契約した年でもあり、その経営の基礎固めに手一杯であることを理由にこれを断った(110)。この時点では、同社は事業拡張よりも、郵便契約をテコに半島への事業経営をいかに安定化させるかに専心していたのである。

ペニンシュラー社の地中海方面への事業拡張に対する直接的なきっかけとなったのは、一八三九年五月に締結された、イギリス政府とフランス政府との間の郵便追加協定である。すでに前節で触れたように、一八三七年六月までにイギリス政府と東インド会社との間で、インド郵便物の月便輸送体制を確立することが合意された。この時にインド郵便物を地中海経由で運搬するルートとしては、ファルマス港を発着港としてジブラルタル経由で運搬する海上ルートが想定されていた。だが、その後、コンプリヘンシィヴ派の不満に示されるように、インド側では安定した月便輸送体制が遅々として進まず、このことは地中海側との接続の不備をまねき、ひいてはインド郵便物の月便輸送体制のスムーズな確立を妨げた。そこでイギリス政府は、インド郵便物の運搬の「恒久的な取決め」を視野にすえて、一八三九年五月一〇日、フランス政府との間で郵便追加協定を締結した。この協定は、すでに一八三六年三月三〇日に両政府の間で締結されていた郵便協定の補足であり、その目的は三六年協定にはふくまれていなかったインド郵便物のフランス経由の運搬を取決めることにあった。その大略はつぎのようであった。①フランス政府はマルセーユ／アレクサンドリア間に政府郵船を月3回配船する、②マルセーユ／カレー間には両地点から毎日フランス郵政省の郵便馬車を仕立てる、③アレクサンドリア／カレー間の運搬に対してイギリス郵政省はフランス郵政省に対して規定の郵便料金を支払う、というものである(111)。

この郵便追加協定を前提に一八三九年六月、イギリス海軍省はインド向け郵便物を毎月四日にイギリスから発送し、カレー／マルセーユの陸路を横断してマルタ、アレクサンドリアへと海上運搬するルートを開設することを決定した。インド側が不規則な配船であっても、アレクサンドリアにイギリス政府のみならず、フランス政府の郵船が規則的に配船されることから、スエズ経由のインド郵便物はこれまで以上に迅速かつスムーズに運搬されるであろうというのが海軍省の考えであった。だが、この地中海側での頻繁で規則的な配船は、フランス郵政省に郵便料金を支払うという形のコストを要した。これまでの海上ルートだけを使えば郵送料は無料の取りあつかいをうけてきた東インド会社の関係文書や手紙も、大陸経由であればイギリス郵政省がすべて郵送料をフランス郵政省宛てに支払わなければならなかった。そこで、イギリス郵政省は東インド会社に対して、同社取締役員および機密委員会の公文書にかぎり、大陸経由でも引きつづき無料とするが(112)、それ以外の東インド会社の郵便物は、元帳や本などの重量郵便物をふくめすべてファルマス発着の海上ルートをとるよう東インド会社に約束させた(113)。

それゆえ、ここにインド郵便物は二つの輸送ルートを持つことになった。一つは、フランス経由マルセーユ積揚の陸上ルートであり、他の一つはファルマス港発着の海上ルートである。右に述べたように、フランス経由の郵便物は毎月四日に郵政省から発送されたが、ファルマス郵便物は毎月第四土曜日にファルマス港から発送された(114)。しかし、このファルマス発の郵便物はフランス経由よりも二週間以上も早くマルタに到着したため、マルタで郵船の待ち時間が発生するという不都合が生じた。くわえて公文書をふくむインド郵便物がフランスを経由することにともなう機密保持の問題を東インド会社が懸念したこともあり、イギリス政府は、ファルマス発着の海上郵便輸送に関して、ジブラルタルまでの郵便輸送契約を受けもったペニンシュラー社にその改善策を打診するにいたった。

この打診がおこなわれる以前の、ファルマス発着の海上郵便航路はつぎのようなものであった。ファルマスからジブラルタルまではいうまでもなく、ペニンシュラー社による月一回の度数で大型で高出力の郵便輸送船が配船されていた。さらにイギリス海軍によってジブラルタル／マルタ間には各一六〇馬力の汽船二隻が二週一回の度数で、またマルタ／アレクサンドリア間には一六〇馬力の汽船一隻が月一回の度数で、それぞれ就航していた。このほか、支線としてマルタ／コルフ間にも、イギリス海軍によって一六〇馬力の汽船一隻が二週一回の割で配船されていた。ペニンシュラー社は、このようなジブラルタル以東での、小型汽船四隻による頻繁な積替えを必要とする輸送を改善すべく、つぎのような改革案を提示した。①イギリス／アレクサンドリア間に直航ルートを拓き、途中寄港はジブラルタル、マルタの二港だけとする。②直航ルートには高出力の汽船を就航させることで、フランス経由の航程よりも二〜三日以上は遅れないようにする、③直航ルートの費用は、現在の海軍郵船の配船コストを上回らないこととする。ちなみに、イギリス海軍によるさきの配船費用は三万三一九二ポンドと推計されたが、これには資本利子、保険料、船舶の減価償却費はふくまれていなかった。政府はこの計画を承認したが、計画を立案したペニンシュラー社とただちに契約したわけではなく、地中海の郵便輸送を公開入札とした。すなわち海軍省は、一八四〇年五月一九日にアレクサンドリア直航郵便契約の入札を公示したが、その条件は四〇〇馬力以上の汽船二隻の配船、またサービス開始は一八四〇年九月から、というものであった。

この公示が五月で契約サービス開始が九月という期間の短さからもうかがわれるように、この地中海郵便輸送契約の入札に参加し、落札するには、四〇〇馬力という高出力の船舶を所有するかまたは竣工間際となっているのでなければむつかしかった。ところで、ペニンシュラー社が地中海航路の改善について打診を受けたとき、同社が利用できる船隊には最大船型、最高出力の汽船でも三七年に建造された木造外輪船テガス号（*Tagus*. 七四三トン、二八六馬力。既出第1-3表参照）しかなかった。まして同船は半島サービス用に計画されて建造されたものであり、(115) 地中海航路の就航船としては使えなかった。それゆえ、ペニンシュラー社がさきの提言をまとめ、またその線にそった入札に応じるためには、適格船の調達に確かな見通しをもっていなければならなかった。実はこの面で大きな支援となったのが、大西洋横断汽船会社（the Transatlantic Steam Ship Co.）という会社であった。ペニンシュラー社はこの会社と合併する形で、新会社 Peninsular and Oriental Steam Navigation Companyを設立することになる。それゆえ、地中海航路の郵便輸送契約の締結については、P＆O社の設立事情が密接に関連していたのである。

C　P&O社の設立

右に触れた大西洋横断汽船会社は、ダブリン市郵船会社（the City of Dublin Steam Packet Company）の関係者によって設立された会社であるが、後者の会社はダブリン／リヴァプール間の汽船による郵送に従事していた。一八三八年、リヴァプールからさらに大西洋を越えて北アメリカとの郵便輸送を計画してこの大西洋横断汽船会社が設立された。[116] だが、期待した大西洋横断郵便契約は、のちのキュナード社の創業者サミュエル・キュナードが三九年五月に獲得することになった。[117] このため、大西洋横断汽船会社では、大西洋横断のためにすでに一八三七年に建造したリヴァプール号（*Liverpool*. 一一五〇トン、四六四馬力）と一八三九年なかば時点で建造中であったユナイテッド・ステーツ号（*United States*. 一六五〇トン、四二〇馬力）の大型船二隻の使い道を失った。だが、このことはペニンシュラー社にとっては、絶妙なタイミングで大型船二隻を入手する機会となった。絶妙なタイミングという意味は、つぎのことにある。第一に、地中海航路の改善の問い合せに対して、さきのような内容の改善策を提言し、かつそれをみずから実行できる手段を手に入れる機会が与えられたということである。だが、このことは第二に、潜在的な競争者を排除し、可能であればその競争者の抱き込みをはかる手段をも与えた。この潜在的な競争者とは例のコンプリヘンシィヴ派であり、前節で見たようにかれらは地中海とインドの双方に民間による汽船交通網を確立しようと計画していた。

ペニンシュラー社がコンプリヘンシィヴ派と接触し、その意向を打診したのは、遅くとも一八四〇年二月のことであった。すなわち、この時点でイースト・インディアン汽船会社（East Indian Steam Navigation Co. EISN）の設立趣意者の一人、マックキロップ（James McKillop）とペニンシュラー社を代表したアンダーソンとの間で話し合いがもたれ、アンダーソン側からは、コンプリヘンシィヴ・プランを共同して実施するための提案がなされた。具体的には、すでに獲得した半島郵便輸送の実行および地中海郵便輸送の改善と迅速化、そしてインドを包括したコンプリヘンシィヴ・プランの実施を、設立予定のP＆Oのもとでおこなうことを提案した。まったく新たに会社を作るよりも、すでに設立され収益をあげている会社を資本拡張するほうが事業を進めるに容易であること、また汽船事業に長年の経験を積み、政府からの郵便契約を獲得している会社は新設会社では望めない価値を株式に与えること、以上の二点がコンプリヘンシィヴ・プランをこれまで推し進めてきた英印両方の委員会の関係者をP＆O側に抱き込んで実施することの提案理由となっていた。(118) この提案に対してマックキロップは、EISN社の取締役会長に推されていたロンドンの銀行家カーティスほかと相談する必要があるとして返事を留保したが、二ヶ月後の四月に出された回答は、アンダーソン提案の事実上の拒否であった。ちなみに、この同じ四月にはEISN社の設立目論見書が発行され、王室特許状による有限責任制をとること、また各二〇〇〇トン、五五〇馬力の汽船六隻を建造し、うち四隻をインド海域に、また二隻をイギリス／アレクサンドリアに配船するという計画が明らかにされた。(119)

このようなコンプリヘンシィヴ派の動きは、ペニンシュラー社の関係者による対抗措置を早急に呼び起こしたといえる。なぜなら、特許状による有限責任制の獲得ということをふくめて、ロンドン・グループの計画が実現すれば、インド洋はもちろん、地中海航路も新設会社が一手に配船することになり、ペニンシュラー社の発展はその社名どおりイベリア半島に限定されることになるからである。一八四〇年四月二三日、大西洋横断汽船会社とペニンシュラー社との間で、設立予定の新会社に合同すること、また合同の条件の一つとして、新設会社の経営は取締役会の統制を受けながらも三名の業務執行取締役（Managing Directors）が責任を負うことが、かれらの特有な報酬制度とともに取り決められた。[120] 同じ四月にはリヴァプール号が、また七月にはオリエンタル号（*Oriental*. 旧船名ユナイテッド・ステーツ号）がそれぞれ新設会社に移管することが決められた。[121] この二隻の大型船を前提に、ペニンシュラー社は、さきの一八四〇年五月一九日の海軍省によって通知された地中海航路の公開入札に応じることになったのである。

この入札にはペニンシュラー関係者をふくめ四者が参加したが、船舶調達に間に合わなかったコンプリヘンシィヴ派は入札をしなかった。[122] 入札価格のなかでは、ウィルコックス＝アンダーソン商会の入札価格が一番安値であったことから、落札に成功した。かくして、アレクサンドリアへの地中海郵便輸送契約は一八四〇年八月二六日に海軍省との間で締結されるが、その内容は大略以下のとおりである。①四〇〇馬力を下回らない汽船二隻以上をもってイギリス／アレクサンドリア間に月一回配船する。所要航海時間はファルマス／ジブラルタル間一二〇時間、ジブラルタル／マルタ間一一六時間、マルタ／アレクサンドリア間九六時間とする。②支線として、マルタ／コルフ間に一四〇馬力の汽船一隻を月二回の割で配船し、その所要航海時間は四八時間とする。③契約期間は一八四〇年九月一日より五カ年とし、契約金総額は五カ年間で一七万一〇〇〇ポンド、年平均三万四二〇〇ポンドとする。[123] このように、地中海郵便契約は新設予定のP&Oが獲得することになったが、このことは同時に、EISN社の地中海への配船計画を頓挫させ、やむをえずインド海域での汽船経営の起業化へとその計画を縮小させることになった。だが、コンプリヘンシィヴ派の躓きは、たんにプランが縮小しただけではなかった。起業化計画そのものが間もなく瓦解したのである。

一八四〇年九月、EISN社の取締役のうちロンドン側四名の責任と費用とで、八四〇トン、三〇〇馬力の汽船インディア号（*India*）がカルカッタにむけて就航し、その船にはカルカッタの応募者にスエズ航路用に同船の購入を勧める取締役会の手紙も運搬されていた。[124] EISN社の取締役会は、東インド会社が三九年一〇月に約した金銭的援助は汽船交通を最初に確立した民間企業に与えられるはずという見通しを立てたことから、この船舶のインドへの配船をおこなったのであった。しかしながら、同船がカルカッタに到着したとき、ロンドンのカーティスからの私信が届いており、それはさきの取締役会の勧告を撤回し、EISN社とP&Oとの合併交渉を進めていることをカルカッタ側の応募者に知らせるものであった。[125] この間になにがあったかといえば、P＆Oの関係者が一八四〇年六月一日に申請していた王室特許状が、同年一一月に勅裁されたことであった。[126] この特許状の取得は、法人に有限責任の資格を与えることで社会的資金の動員を容易としたばかりではない。東洋への配船を計画する企業に対して特許状を与えることは、東洋への汽船配船を義務づけることになり、このことは事実上、東洋海域においても特許会社にのみ郵便輸送契約を与えることを意味していた。[127] このような王室特許状がP＆Oに与えられたことは、同じくその取得を第一目標としてきたコンプリヘンシィヴ派のプランそのものの瓦解へと導いたのであった。両社の合併交渉は、一八四〇年一一月から翌四一年四月にかけておこなわれ、EISN社側からはピリー（Alderman Pirie）、ネアン船長（Captain Alexander Nairne）、サーバーン（Robert Thurburn）の三名が交渉にあたり、[128] やがてかれらはいずれも新設会社 P&Oの初代取締役会のメンバーとなった。P＆Oは、ロンドンのコンプリヘンシィヴ派の抱き込みによって、EISN社の応募株式七八三三株のうち、一五〇〇株を代表する応募者を吸収することになった。[129] 一方、P&Oとプリカーサー派との交渉もこれより早くにまとまり、グラスゴーで建造途中にあったプリカーサー号（*Precursor.* 一六〇〇トン、五〇〇馬力）はP＆Oとの共同勘定によって建造されることになった。[130] かくして、民間企業によるインドとの汽船交通という長年の起業課題は、「インドと関連のない、少数の個人によって数ヶ月でなされた[131]」のであった。

5　おわりに

以上述べたように、一八二〇年代に始まる英印間汽船交通の確立を求める運動は、一八四〇年にＰ＆Ｏが地中海・インド洋両海域にわたる定期配船網を確立する企業として設立することで決着をみることになった。運動の熱心な推進者が必ずしもその事業の経営主体とはならないことの好例をみる思いであるが、ここでインド汽船交通に関わった関係者や関係機関の動きをまとめるとともに、それらがＰ＆Ｏの成立をめぐる論点とどのように交叉したかを再確認しておこう。

まず環境を形成する要因として、二つのことが重要であった。一つは東インド会社の貿易独占権の喪失と統治機関への純化がある。たびたび触れたように、東インド会社はその特許状の更新ごとに、すなわち一八一三年にはインドとの、また一八三三年には中国との貿易独占権を失い、インドを中心とした地域の統治機関へと政治的性格を純化させた。このことは東洋貿易を広く民間企業に開放するとともに、海上輸送手段としてもこれまで東インド会社との用船契約で運航されていた帆船、いわゆるイースト・インディアメンに替わる、あらたな輸送手段の確保を焦眉の課題とした。しかもそれは、折りからの新しい海上交通手段としての蒸気船の登場時期と重なったため、英印間交通手段の確保は汽船交通の確立問題としてとらえられることになった。他方、もう一つのマクロ的な環境要因として、イギリス本国レヴェルでの、海外郵便物の輸送システムにおける重要な変更があった。海外郵便輸送に関しては郵政省、海軍省、それに大蔵省が直接関与し決定したが、一八三七年までに大蔵省の主導のもと、海外郵便物の海上輸送はこれをできるかぎり民間企業との契約に委ねるという原則が打ちたてられた。イベリア半島への郵便輸送契約は、そのような原則にもとづいて民間汽船企業と結ばれた、最初の契約の一つであった。以上述べたようなマクロ的な環境からすれば、インドとの汽船交通は民間企業による事業として、それも郵便輸送契約をともなって成立する可能性はきわめて高かったといえる。

だが、現実の展開は、より錯綜した関係のなかで進んだ。事態を紛糾させた原因の一つは、東インド会社によるボンベイ航路の運営であった。その存立の最終段階を迎えていたとはいえ、東インド会社はインド統治に責任をもつ機関としてなお強力な発言権をゆうしており、それはインド郵便物についてもいえた。たしかに、一八三七年なかば、イギリス／インド間の定期的な郵便輸送体制を構築することで合意が成立した際、東インド会社は郵送料をすべて郵政省の収入とすることを受け入れた。だが同時にこの合意によって、東インド会社は本国政府との間で費用を等分負担しながら、エジプト以東のインド郵便物の運搬を単独で担うことになった。その際、事実上ボンベイ航路が郵便航路となることで、同航路への配船権は東インド会社が握ることになったのである。海外郵便輸送を民間企業に委ねるという原則からすれば、これは明らかに逸脱の事例であり、またボンベイ航路への配船権が東インド会社に握られたことは、エジプト経由でインドと結ぶ最短ルートが東インド会社の経営に委ねられることを意味した。かくして、すでに述べたように、東インド会社は、一八三七年からはインド海軍の艦船として建造された新造汽船をつぎつぎにボンベイ航路に投入し、イギリス本国との月便輸送体制の構築を目指していったのである。

このようななかで、インドとの汽船交通を民業によって達成しようとする運動が一八四〇年にかけてふたたび盛りあがってきた。一八二〇年代末から三〇年代にかけての、初期のインドへの汽船配船が試験的な段階をでず、またそのプラン実施も基金を募集し、委員会方式で運営していくというのに対して、一八四〇年にかけての起業化プランは、会社組織のもとに船隊を整えて、インド全域に定期配船をおこなうという、より現実的でより包括的なプランへと昇華した。このような民間によるコンプリヘンシィヴ・プランが持ちあがってきたのには、インド現地の事情と、政府による蒸気郵船の運航にまつわる問題があった。現地の事情として、汽船交通がボンベイを終起点として確立されたことによる、とりわけベンガル管区の不満があった。この当時、イギリス本国とインドとの郵便物、旅客、それに商品貿易の中心はベンガルにあり、ボンベイは時としてマドラス管区よりも交通・取引量がすくない場合さえあった。[132]汽船交通がインドの政治・経済の中心地域を直接結ぶことなく、あいかわらずボンベイどまりであることに対するベンガル管区の不満は、同地域の商業関係者がもともと民間企業による汽船交通の確立に熱心であったこともあって、幾回かにおよぶ企業化の試みとなった。この試みは、一八四〇年までには実現の一歩手前までいったことはすでに述べたとおりである。他方、政府による蒸気郵船の運航問題には、地中海側とインド側のそれぞれの郵船の運航がイギリス海軍と東インド会社に分担され、とりわけ紅海におけるモンスーン期間中の航行の障害もあって、両者の運航の調整・連絡がスムーズにいかなかったという問題があった。くわえて、両者とも艦船を郵船に使用したために、郵便物の運搬に視野が限定され、旅客運搬への設備提供は不十分のまま放置された。かくして、民間の不満はインドへの汽船交通の確立にもかかわらず、というよりも確立したものの、その不十分性が明らかであり、しかも政府機関による改善の見通しは当面は見込めないために、一層昂じることになった。そのさなか、東インド会社がボンベイ航路以外のインド航路の開設に限定的な奨励金の支給を認める発言をしたことは、民間による汽船交通の確立に対しておおきなはずみを与えることになった。

ベンガル新汽船基金を中心としたコンプリヘンシィヴ派は、地中海とインド洋の両海域におよぶ汽船交通を確立するに最右翼の地位にいた。しかし、かれらはこの起業化の試みに失敗した。その原因としては種々なる要因が考えられよう。起業化の決定的な時期に内紛を引き起こしたことは、失敗の一因としてあげられる。また、P&Oのアンダーソンがいみじくも指摘したように、インドへの汽船交通がかくも長く期待されながら実現されてこなかった理由は、汽船交通に精通した実務家の手に事業が委ねられなかったことにもあるといえよう。[133]事実、英印の汽船委員会には船長経験者や商会の関係者は参集しても、汽船交通を実際に経営した経験者がいなかったのである。さらに、イギリス政府に特定企業に対する裁量的な行動がみられたことは、コンプリヘンシィヴ派による起業化を阻んだといえる。すなわち、一八四〇年の地中海郵送契約の公開入札にみられる、入札募集からサービス開始までの極端に短い準備期間の設定は、P&Oという特定企業以外からの応札を事実上排除するものであった。しかも、地中海航路の郵送契約を結んだ企業に有限責任制を認める王室特許状を与えたことは、インド洋方面への配船を同じ企業に義務づけることになった。逆にいえば、コンプリヘンシィヴ派が企画した新会社に特許状が与えられなかったことは、東洋への配船を義務づけられなかったこと、それゆえこの義務負担にともなう助成金も支給されない可能性が高いことを意味したのである。

かくして、P&Oが郵送契約と王室特許状をえて、地中海とインド洋にまたがる配船をおこなう企業として成立することになった。その成立の経緯からして、P&Oは、配船に関わる問題を除いても、すくなくとも二つの課題を背負うことになった。一つは、敗れたコンプリヘンシィヴ派の関係者を新会社に抱き込むことであった。というのも、コンプリヘンシィヴ派はインドとの貿易商社や銀行の関係者をふくみ、これらはP&Oがインドに配船を開始すれば、重要な荷主となるからであった。そのため、P&Oではインド在住の関係者がP&Oの株式を広く購入してくれることをねらって、一時はインドに地方取締役会を置くことも構想した。(134) このような抱き込みの努力がどのような成果をもたらしたかは、次章でより具体的に検討することにしよう。

設立に関わって背負ったもう一つの課題は、インドへの配船に対する公的な補助金をいかにえるかであった。すでに東インド会社からはインド配船をおこなう会社に対しては年間二万ポンド、五カ年間におよぶ奨励金(due encouragement) の支給約束が与えられていた。しかし、この額は大型で高出力の汽船をインド洋に定期的に就航させるにはあまりにもわずかな助成でしかなかった。しかも、地中海にくらべ、スエズ以東への燃料炭の補給はのちにみるようにコストがかさみ、対して収入の柱である旅客収入の見込みは不確実であった。インド洋海域への配船を採算に乗せるためには、東インド会社からの奨励金以外の、公的補助金をえる必要があった。しかし、郵便輸送によってこれをえる方途は、東インド会社がボンベイ航路を郵送航路として保持していくかぎりむつかしかった。それゆえ、一八四〇年契約でアレクサンドリアまでの郵送航路を獲得したP&Oにとって、さらにインド洋方面に航路を拡大しようとする時、東インド会社はまさにヤヌスとして立ちはだかっていたといえる。東インド会社からの奨励金の支給約束は、インド洋配船の助成対象として民間企業のなかからただ一社選ばれた会社としての地位をP&Oに与えるものであった。だが同時に、東インド会社がボンベイ航路をインド郵便物の正式輸送航路として保持するかぎり、P&Oにとってはインド郵便輸送契約の獲得におおきな障害として立ちはだかるものであった。P&Oがこのジレンマにどのように対処したのかについても、次章で述べていこう。

注

（1）海上交通をもふくめたインドとの交通手段の確立過程については、Hoskins 1928, Thorner 1950, Searight 1991などが詳しい。

（2）このような区別については、佐波 1949: 17-18 を参照のこと。

（3）Spratt 1958 を参照のこと。序章でも触れたように、ロバート・フルトン所有の外輪船クラーモント号は河川を航行した最初の汽船として有名であるが、同船は一八〇七年にハドソン河に就航してニューヨーク／オールバニー間の旅客輸送に従事した。またヨーロッパで最初の商業的汽船とされるヘンリー・ベル所有のコメット号（*Comet*）は、一八一二年からクライド河に就航し、グラスゴー／グリーノック間の旅客輸送をおこない、さらにグリーノックからはヘレンスバラにあるベル所有のホテルに宿泊客を運搬した。

（4）Prinsep 1830: 5.

（5）Prinsep 1830: 5. ジョンストンと離れたメンバーは当初の目的である汽船会社を一八二四年になって設立した。ゼネラル・スチーム・ナビゲーション社（the General Steam Navigation Company）がそれである。Cornford 1924: 2-

6. また、同社の初期の経営活動については、Palmer 1982を参照のこと。

(6) Prinsep 1830: 5.

(7) Johnson 1824: 16.

(8) OIOC L/MAR/C/576 Public letter from Bengal, dated 31 December 1823. なお、汽船委員会への寄付という決定は、一八二五年に東インド会社によって承認された。OIOC L/MAR/C/576 Public letter to Bengal, dated 11 May 1825.

(9) 以下、断りのないかぎり、Prinsep 1830: Appendix B に掲載のベンガル汽船基金の総会議事録から引用した。

(10) OIOC L/MAR/C/576 Public letter from Bengal, dated 31 December 1823.

(11) Prinsep 1830: 6.

(12) ベンガルの汽船委員会が喜望峰経由に一八三〇年代初期まで固執していたことに関しては、Wilson 1850を参照のこと。

(13) Prinsep 1830: 7.

(14) Prinsep 1830: 8-9.

(15) Wilson 1850: 6.

(16) Wilson 1850: 12.

(17) OIOC L/MAR/C/576 Public Department's letter to the Court of Directors, dated 29 December 1825.

(18) OIOC L/MAR/C/576 the Courts' letter to the Bengal Governor, dated 14 March 1827.

(19) OIOC L/MAR/C/562 political letter from Bombay, dated 31st May 1823.

(20) Commander R. Moresby がスエズからジッダまでの紅海の北半分の、また Captain Elwon がジッダから南の紅海域の調査をそれぞれ命じられた。かれらは足掛け五年をかけて調査にあたり、一八三四年四月に調査を終えた。Low 1877 vol.2: 69, 71.

(21) OIOC L/MAR/C/562 Marine Department [Bombay] to the Court of Directors, dated 13 February 1829.

(22) OIOC L/MAR/C/564 Marine Letter from Bombay, dated 12 November 1830. エンタープライズはそのボイラーが大きく損耗していたという。Wilson 1850: 9. 同船はボンベイで修繕を受けたのち、ふたたびベンガル政府に転籍された。

(23) OIOC L/MAR/C/577 at a committee of Correspondence, 30 October 1827. 当時、常設海軍サービスを担当していたボンベイ・マリーン（Bombay Marine）——これが一八三〇年五月一日にインド海軍（Indian Navy）と名称変更された——の指揮官はマルコム（Charles Malcolm）であり、かれはボンベイ長官サー・ジョンの兄弟であった。なお、ヒュー・リンゼーとともに建造予定であったもう一隻は建造されなかった。

(24) Wilson 1850: 94-95.

(25) Wilson 1850: 114.

(26) OIOC L/MAR/C/564 *Expenses of Hugh Lindsay 1830-1831*.

(27) OIOC E/4/513 Bombay Castle to the Court, dated 18 April 1830.

(28) OIOC L/MAR/C/564 Bombay Marine Department to the Courts of Directors, dated 12 November 1930.

(29) OIOC L/MAR/C/564 Minute of Lord Clare, dated 14 July 1831.

(30) OIOC L/MAR/C/576 Chairman and Deputy Chairman's letter to the Governor in Council in Bombay, dated 14 March 1832.

(31) OIOC L/MAR/C/576 Chairman and Deputy Chairman's letter to the Governor in Council in Bombay, dated 14 March 1832.

(32) Wilson 1850: 30-31; OIOC L/MAR/C/567 P. Campbell's letter to Peter Auber, dated 12 March 1834. キャンベル（Campbell）は東インド会社の在カイロ・エージェント、オーバー（Auber）は東インド会社秘書。

(33) Wilson 1833: 50, 54-55, 59, 64.

(34) これはヒュー・リンゼーの船長ウィルソンが、アレクサンドリアのブリッグズ商会（Messrs. Briggs & Co.）宛に事前にスエズへの到着時を連絡し、スエズ出港の日までにロンドンからの最新の新聞を積み込めるように手配してほしい旨の手紙を出していたことによる。これによって、ヒュー・リンゼーはマルセーユを経由して帆船で運搬されてきたロンドンの新聞二月二日付けまでの分を積み込み、三月一日にスエズを出港、四月二日にボンベイに到着した。Wilson 1833: 65.

(35) Wilson 1850: 33.

(36) Wilson 1850: 38.

(37) Wilson 1850: 35.

(38) OIOC L/MAR/C/567 Proceedings of a Public Meeting of the Subscribers to the "New Bengal Steam Fund" held on the 22 June, 1833 より

(39) *The Times*, November 7, 1833.

(40) OIOC L/MAR/C/576 Bengal letter to the Court of Directors, dated 3 October 1833.

(41) OIOC L/MAR/C/576 Bengal letter to the Court of Directors, dated 3 October 1833.

(42) Wilson 1850: 39-40. フォーブズ号は一八三〇年にインド／中国間に就航した最初の汽船でもあった。Greenberg 1951: 103, 141.

(43) Wilson 1850: 42.

(44) OIOC L/MAR/C/567 一八三四年一月七日にカルカッタで開かれた応募者総会での新ベンガル汽船基金委員会報告より。

(45) Wilson 1850: 43.

(46) OIOC L/MAR/C/571 Patrick Campbell's letter to Peter Auber, dated 24 November 1834

(47) Wilson 1850: 44.

(48) OIOC L/MAR/C/576 Political letter to the Court of Directors from Bengal, dated 19 December 1834.

(49) 以下、断りのないかぎり、BPP 1834：3-4によった。

(50) Thorner 1950: 27. このユーフラテス・ルートの調査はその後実際におこなわれたが、紅海ルートの代替ルートとしては実現しなかった。

(51) すでに述べたように、イギリス本国とインドとの連絡は、喜望峰経由であれば早くとも片道四ヶ月で、通常は半年を要した。これは一回の通信の往復におよそ一年がかかることを意味しており、商業的通信はもとより、イギリス本国の東インド会社の現地統治機関に対する統制もスムーズにはいかなかった。ちなみに、ヒュー・リンゼーの年一回の航海が、東インド会社の指示待ち、つまり事実上の禁止命令にもかかわらず、出航の公示と指示命令とのいき違いを理由に現地政府の裁量で継続されたのは、この統制指示の時間的ラグが現地政府によって意図的に利用された面が多分にあ

った。それゆえ、エジプトあるいはシリアをとおってインドと連絡する汽船交通は、その統制の迅速化からして本国政府および東インド会社にとっても有益であった。エンタープライズ号の試験航海にみられるように、インド貿易の商業的利害関係者による熱心な運動があったとはいえ、最終的にインドとの汽船交通が地中海経由で、イギリス本国政府と東インド会社の手で確立したのも、このような事情をあわせて考える必要があろう。

(52) Robinson 1964: 111.

(53) Post 29/94 Pkt.447L/1860 Freeling's confidential letter, dated 4 August 1821. このほかの理由として、艦船を使えば民間契約船三〇隻よりもすくない隻数で運搬できること、またイギリス海峡に有力な軍事勢力を配置できること、など経済的・政治的な理由が挙げられていた。

(54) Robinson 1964: 161; Sidebottom 1948: 61.

(55) 東インド会社の海上貿易と船舶についてはParkinson 1937が詳しい。

(56) 一八一五-一八一九年の短い期間、インドへの郵便輸送が郵政省の契約郵船によっても運搬された。だが、東インド会社の反対のため、郵政省による運搬は中止された。Robinson 1964: 108-109.

(57) OIOC L/MAR/C/596 at a Revenue, Judicial and Legislative Committee held on 27 August, 1834.

(58) OIOC L/MAR/C/567 Despatch to Bombay Government, dated 27th August 1834.

(59) OIOC L/MAR/C/577 Circular to Engineers.

(60) OIOC L/MAR/C/578 at a Revenue, Judicial and Legislative Committee held on the 20 March 1835.

(61) OIOC L/MAR/C/578 at a Revenue, Judicial and Legislative Committee held on the 20 March 1835.

(62) OIOC L/MAR/C/578 at a Revenue, Judicial and Legislative Committee held on the 20 March 1835. ボンベイ管区にはヒュー・リンゼー以外の汽船はなかった。またベンガル管区には三隻の汽船があったが、エンタープライズは長い間船体の修繕がおこなわれず、その修繕コストはイギリスで新造した方が安くつく状態であり、また残る二隻、ガンジス（*Ganges*）とイラワディ（*Irrawaddy*）はおのおの八〇馬力の汽船で、どちらもその非効率なことで悪評であった。

(63) OIOC L/MAR/C/577 A Circular, dated 12 November 1835. この決定は、その後インド監督庁の承認を経て、一八三五年一一月にようやく建造決定の回状が出された。このように東インド会社の新造船の検討から始まって、その建造決定が正式に承認されるまで時間を要したのは、この間にインド監督庁の長官がグレネルグ卿（Lord Glenelg）からエレンバラ卿（Lord Ellenborough）に交代したことに加えて、エレンバラ卿がより小型の船体を建造するよう再考を求めたことによる。だが、東インド会社は、より小型の船体を建造することは非効率な汽船の数を増すだけだとしてこの対案を退けた。OIOC L/MAR/C/578 Lindney Herbert's letter to Peter Auber, dated 10 April 1835; P. Auber's letter to R. Gordon, dated 23 July 1835.

（64）OIOC L/MAR/C/584 Mr. Peacock's Memo November 1839 [no date]. この時建造された両船とも非常に効率の良い船であり、アタランテは一八三六年一二月にロンドンから喜望峰を経由してインドへ回航されたとき、全行程をすべて汽船走行した最初の船となった。

（65）Hoskins 1928: 212. だが、この決定は、汽船交通のそれ以上の関心を失わせることになるとしてのちに撤回され、エジプト陸路の横断、とくにスエズ／カイロ間の砂漠横断の改善費用にあてることが決議された。ibid. p.213.

（66）Grindlay 1837: 45-46. ベンティンク卿はすでに述べたように、ベンガル総督時代、ベンガル新汽船基金に対して寛大な支援を与えた。かれはインド総督を辞する際、汽船交通によってインドにもたらされる大いなる利益は「どんな代価を支払っても安い買いものである」という意見を表明し、英印間の汽船交通を求める運動全体をバックアップした。Grindlay 1837: 46.

（67）Grindlay 1837: 16.

（68）以下の叙述は、断りのないかぎり、Grindlay 1837: 75-77 によった。

（69）Thorner 1950: 28.

（70）BPP 1850, Gordon to Melvill, dated 1 February 1837.

（71）W. L. Maberly (General Post Office) to J. C. Melvill, dated 3 May 1837; Melvill to Maberly, dated 24 May 1837, BPP 1850: 10-12 所収。

（72）J. R. Carnac (Chairman of the Court of Directors) to John Hobhouse, dated 30 March, 1837, BPP 1850: 9-10 所収。

（73）OIOC L/MAR/C/584 Peacock's Memo [no date]

（74）Carnac to Hobhouse, dated 30 March 1837, BPP 1850: 9-10 所収。

(75) anonymous writer (India), 1838: 71-72.

(76) T. A. Curtis to John Hobhouse, dated 13 April 1839, BPP 1850: 37.

(77) 一八四〇年五月にいたる二カ年間でインド海軍の艦船が運んだ旅客は、子どもや召使いをふくめて、スエズからボンベイには二三四人、ボンベイからスエズには二五五人であった。Low 1877 vol.2: 137.

(78) Curtis to Hobhouse, dated 21 February 1839, BPP 1850: 32-36. 以下断りのないかぎり同書によった。

(79) OIOC L/MAR/C/582 Melvill to Curtis, dated 29 June 1839, but not remitted.

(80) Melvill to Curtis, dated 14 October 1839, BPP 1850: 42.

(81) Curtis 1839: 46-47.

(82) Thorner 1950: 29.

(83) Barber 1839: 9.

(84) Thorner 1950: 30.

(85) Hoskins 1928: 247.

(86) Thorner 1950: 31-2.

(87) BPP 1849: 103. 新会社の取締役の一人 Captain A. Henderson の証言。

(88) Nicolson 1932: 22-3.

(89) Nicolson 1932: 23.

(90) Cornewall-Jones 1898: 146.

(91) Nicolson 1932: 24-27, Cable 1937: 13-14.

(92) Cornewall-Jones 1898: 147; Lindsay 1874: 379.

(93) P&O 1834: Prospectus of the Peninsular Steam Navigation Company より。以下、断りのないかぎり同目論見書によった。

(94) BPP 1851 VOL XXI, Paper 605: 364.

(95) Kirk 1987: 1.

(96) 総隻数五隻のうち二隻はボーン商会のリチャード・ボーンからの、また残り三隻はロンドン・アンド・エジンバラ汽船会社（London & Edinburgh Steamship Co.）からの用船であった。Kirk 1987: 1; Rabson 1988: 13. この後、用船先としてはボーン商会およびウィルコックス＝アンダーソン商会となったが、P&Oの設立にいたるまで用船政策をとりつづけたことにかわりはなかった。

(97) Cable 1937: 30; BPP 1851 VOL XXI, Paper 605: 364. この新造船はペニンシュラー社保有の船舶として建造されたのではなく、六四分割持分制にもとづいてペニンシュラーの関係者によって建造・保有された。

(98) Cable 1937: 30.

(99) Robinson 1964: 119-121.

(100) Daunton 1985: 154.

(101) Post 29/94 Pkt.447L/1860. Treasury Minute, dated 16 June and 16 December 1836.

(102) 以下の叙述は断りのないかぎり、"Establishment of the Peninsular Mail Communication," delivered in by A. Anderson. BPP 1851 VOL XXI, Paper 605: 364-5 による。

(103) Cable 1937: 32.

(104) BPP 1849: 59

(105) BPP 1849: 59

(106) BPP 1847: 1-6.

(107) Cable 1937: 38.

(108) Nicolson 1932: 30-36.

(109) 第一章第3節注(66)を参照のこと。

(110) Thorner 1950: 33.

(111) C. Wood（Admiralty）to F. Baring（Treasury), dated 29 June 1839. BPP 1850: 26-27 に所収。

(112) OIOC L/MAR/2/13 Maberly to Melvill, dated 30 July 1839. 最初は、大陸経由で運搬される東インド会社の郵便物は無料という、これまでの特権を廃止することが決定されたが、この決定はまもなく撤回された。OIOC L/MAR/2/13 Maberly to Melvill, dated 15 July 1839.

(113) ファルマス経由の通常のインド郵便物はシングル・レターで二シリング六ペンス、対して大陸経由の場合は二シリング八ペンスであった。OIOC L/MAR/2/13 Marberly to Melvill, dated 15 July 1839 (second letter).

(114) "Establishment of the Acce erated Conveyance the India and other Mails between England and Malta, and Alexandria," delivered in A. Anderson, 24 June 1851. BPP 1851 VOL XXI, Paper 605: 366-369. 以下、断りのないかぎり同書によった。

(115) テガス号は一八三七年九月に半島・ジブラルタル航路に初めて就航した。P&O 65/338.

(116) 以下の叙述は断りのないかぎり、P&O 65/148 によった。

(117) Tyler 1939: 62-3, 69; Hyde 1975: 8.

(118) Anderson 1840: 8-10.

(119) BPP 1849: 103.

(120) P&O 20/5. ペニンシュラー社の運航船舶六隻に対して合計一四万九八〇〇ポンド相当のP&O社の新株（一株五〇ポンド、全額払込み済）が、また大西洋横断汽船会社の船舶二隻に対しては一五万四八〇〇ポンド相当のP&O社の新株が、現物出資の代価としてそれぞれの船舶所有者に交付された。P&O 24/1. また、新設会社の業務執行取締役とその報酬制度については、詳しくは第二章第2節を参照のこと。

(121) P&O 65/148; 65/251.

(122) 当時、四〇〇馬力以上の汽船はわずか五隻しか存在しなかったという。BPP 1849: 103. EISN社設立関係者の一人、ヘンダーソン（A. Henderson）の証言。したがって、入札公示から入札選考までの短い期間の間に、EISN社がこの入札に応募することは事実上、不可能であったといえる。

(123) BPP 1847: 6-14. 契約金総額は王室特許状がえられた場合の額であり、えられない場合には一七万六〇〇〇ポンドとなる契約であった。また、年々の契約金は、契約者のパフォーマンス改善を期待して、五カ年間で漸減する方式がとられた。

(124) OIOC L/MAR/C/594 India Steam Company to the Court of Directors of the East India Co., dated 11 December 1843.

(125) BPP 1849: 104.

(126) Kirk 1987: 16. 王室特許状の印刷日付は一八四〇年一二月三一日となっていた。

(127) Thorner 1950: 36、および後述の第二章第3節を参照のこと。
(128) BPP 1849: 104.
(129) OIOC L/MAR/C/594 India Steam Company to the Court of Directors of the East India Co., dated 11 December 1843.
(130) Anderson 1840: 13.
(131) Anderson 1840: 6-7.
(132) Calcutta Memorial to the India Board, dated 5 March, 1836. Lardner 1837 に所収。
(133) Anderson 1840: 21.
(134) P&O 15/2 Willcox to T. A. Curtis, 25 November 1840. 新会社の株式五〇〇〇株がカルカッタ在住者とそれから構成される地方取締役員用に留保されていた。しかし、この地方取締役会は構想にとどまり、実現されなかった。

第二章　東洋航路の開始

1　はじめに

前章で述べたように、P&Oは王室特許状をえて、有限責任制の株式会社として一八四〇年に設立された。一六・一七世紀の貿易商社と違って、王室特許状をえたからといって地域的な営業独占権が与えられたわけではないが[1]、一九世紀中葉の一般会社法制定以前に王室特許状をえることは、議会における私法律による方法とならんで、有限責任の法人格を取得するために当時一般にとられた手段であった[2]。ただ、イギリス海運業では持分所有による船舶分有の制度が普及しており、資金調達の面で有限責任の法人格を必要としたとは簡単に考えられない。あらためて独立の法人格をえる必要性はなんであったのか、またこれに関連して、従来の分有制にもとづく船舶経営とどのような違いがあったのか、またはなかったのかが明らかにされる必要があろう[3]。つづく第2節ではこの問題を取りあげるとともに、前章末節で提示したコンプリヘンシィヴ派関係者の抱き込みがどこまでなされたのかを論じた。

一八四〇年の契約で地中海航路の郵便輸送を開始したP&Oは、それから五年もたたないうちに、インド、さらには中国方面の郵便輸送をも担当することになった。のちに述べるように、P&Oへの王室特許状の付与には期限つきでインド航路の開設を義務づけていたが、インド以東の航路開設はさしあたり義務事項ではなかった。設立間もない新会社にイギリス本国から中国にいたる郵便輸送ルートを引き受けさせたには、イギリス政府からの積極的な要請があった。それがどのような理由にもとづく要請であり、またたれがそれをP&Oとの郵便契約としてまとめることを推し進めたかを明らかにする必要があろう。第3節では、東洋方面への郵便輸送ルートの開設がどのような経緯で、どのような機関との交渉を通じてなされたのかを明らかにし、同時に前章のおわりで触れたP&Oにとってのジレンマ（東インド会社の両義性）がどのように打開されたかを述べた。

そして最終節では、P&Oが設立当初とったマネジメント体制は、後継者選出にどのような問題を生じさせ、それはどのような決着をみることになったかを論じ、つづく時代のマネジメントの交替に連なる問題を論じた。

2　新会社の資本構成とマネジメント体制

A　所有と運航

P&Oのマネジメント体制の特徴をみるためにも、当時イギリス海運業に一般的であった船舶の所有形態と運用方法を手短にまとめておこう。

船舶を分有する形態としては、イギリスでは持分を六四に等分割して、各自の出資額におうじてそれぞれ持分を所有するというのが一般的であった。(4) この出資は船舶一隻ごとにおこなわれ、したがって船舶ごとに出資者と出資額が異なりえたし、またかりに出資者と出資比率が同じであったとしても、各船舶はそれぞれ別個の資産として運用された。もっとも、この六四持分制は共同出資形態としてふるくから確立した慣行ではなく、一八二四年に法律でそのように定められる以前には、六四にいたる二の倍数による所有は例外的な保有形態であったという。[5] 等分割の数字はともあれ、持分所有という形で船舶を分有することは、船舶投資にともなう出資額の負担と投資リスクをともに軽減するものであった。つまり出資者は、持分所有を通じて、資本を複数の船舶に分散投資することが可能となったのである。もちろん、それは出資者の有限責任をともなうものではなかったが、商取引に直接関連して、さらには地縁・血縁の関係をとおして、船舶投資の収益性とリスクが評価され、投資がおこなわれたのであった。

だが、投資負担と投資リスクの軽減を可能とする船舶分有制の普及は、出資者内部の階層分化をうながした。一般には、機能資本家と無機能資本家という分化であるが、海運業の場合は、マネジング・オーナー（管理船主）と経営機能からは離れた持分所有者への分化である。マネジング・オーナーはそれが持分所有した船舶の運航に責任をおうとともに、みずからが遂行する経営機能に対して固定あるいは歩合の報酬を受けとった。[6] 有能なマネジング・オーナーのもとには、しばしば数隻の船舶の運航が委託されたといわれ、かれらのなかからやがて単独であるいは少数個人との共同で船舶を所有するものが現れてきた。いわゆる船主（shipowner）の誕生である。[7] マネジング・オーナーからシップオーナーへの転化は、船舶の所有と運航が商取引の補助的な業務という役割から脱して、独立の事業として自立化することを意味する。この過程がイギリスで一八世紀中葉以降、とりわけ一九世紀にはいって進展した理由としては、分有制にともなうつぎのような障害があげられている。[8] 一つは、マネジング・オーナーが船舶の運用先を変更したり、あらたに船舶を調達するに際して、他の船舶出資者と合議して同意をえる必要があり、これは戦時など環境の変化が激しい場合に必要な迅速な意思決定を制約した。もう一つは、船舶投資が大きくなるにつれて事業資金を無理なく円滑に調達する必要性が高まりつつあったが、一航海を一事業とする時代の考え方を色濃く残した分有制のもとでは、事業の継続性に対する関心が出資者全員にかならずしも共有されず、そのため利潤の内部留保や各種積立金の蓄積が困難であった(9)。

いずれにせよ、伝統的な分有制にもとづく一隻ごとの独立した運用方法から、所有と管理権の集中をとおした船隊の運用へとイギリス海運業の経営構造が大きく移行していた時期に、P&Oの設立がなされた。しかもそれはいまだ近代的な株式会社法が成立する以前の設立であった。P&Oの関係者は、自然人である自分たちが一隻分有する方式での船舶所有ではなく、新会社が単独で所有する形態を選んだ。この法人格をもった有限責任の株式会社による単有は、当時の船舶所有の方法としては例外的な事例に属するといえよう。そのような所有形態をとった理由は、端的にいって、P&Oがいくつかの利害関係者グループから構成されたという、その設立事情にあったことに求められる。そこでまず、設立直後のP&Oの資本構成とその配分状況をみていこう。

B　新会社の資本金とその配分

P&Oの授権資本金は一〇〇万ポンドで、一株五〇ポンドの株式二万株に分割された。このうち、六、〇九二株は五〇ポンド全額払込済み株式として、船舶出資をおこなった元所有者に発行された。これがP&Oの最初の船舶財産を構成することになるが、その内訳をしめせば第2-1表のとおりである。同表で、テガス号からサンタ・アナ号（*Santa Anna*）にいたる五隻は、リチャード・ボーンを筆頭とするダブリン船主（企業としてはダブリン・アンド・ロンドン郵船会社に結集）による船舶出資であった。同船隊がP&Oの前身企業の一つ、ペニンシュラー社に用船されて半島サービスに就航したことは、すでに述べた。つづくグレート・リヴァプール号（*Great Liverpool.* 旧船名リヴァプール号）とオリエンタル号（*Oriental.* 旧船名ユナイテッド・ステーツ号）は、大西洋横断汽船会社が大西洋郵便輸送に配船予定していた船で、ペニンシュラー社との合併によりP&Oの船隊

第2-1表　船舶出資者へのＰ＆Ｏ発行株式内訳

船　名	おもな出資者	株　式	ポンド
Tagus *Braganza* *Royal Tar* *Liverpool* *Santa Anna*	Richard Bourn F. Bourn J. Hartley S. Boilear W. H.Fortescue	2,436	121,800
Great Liverpool	J. Ferrier R. William J. Jameson	1,600	80,000
Oriental	C. W. William J. C. Ewart F. Carleton	1,496	74,800
Iberia	B. M. Willcox A. Anderson P. J. de Zulueta A. de Arroyave	560	28,000
合　計		6,092	304,600

1841年3月31日元帳記入数値

資料：Ｐ＆O24／1 Original Proprietors' Account (no.1) より作成。

第2-2表　Ｐ＆Ｏの初期の取締役会構成メンバー

	氏　名	備　考
1	Sir George Larpent	Chairman
2	Sir John Campbell	Deputy Chairman
3	Arthur Anderson	Managing Director
4	Capt. Richard Bourn	
5	Francis Carleton	Managing Director
6	Joseph C. Ewart	
7	James Hartley	
8	Capt. Alexander Nairne	
9	John Pirie	
10	Capt. Samuel Thornton	
11	Robert Thurburn	
12	Brodie M. Willcox	Managing Director
13	Charles W. William	
14	Peter de Zulueta	
	James Allan	Secretary

資料：Ｐ＆O 6／1 27 May 1841.

にくわわった。最後のイベリア号（*Iberia*）はペニンシュラー社のマネジメントを構成していた人々によって出資、建造された船舶であった[10]。

これらの元の船舶所有者以外にあてて発行された株式は、合計四、五五六株であり、その初回払込金は五ポンド、一〇回分割払いであった。四、五五六株のうち三、二四一株はイギリスとアイルランドで、残り一、三一五株はインド（カルカッタ七三二株、マドラス五八三株）でそれぞれ引き受けられた[11]。したがって、設立当初の全発行株式一〇、六四八株のうちイギリスとアイルランドで引き受けられた株式は九、三三三株と、全体の八八パーセントに達し、残りがインドで消化されたことになる。当初、P&Oが予定していた五、〇〇〇株というインドへの株式割当からすれば、在インド関係者の利害融合ははかばかしくは進展しなかったといえよう。実際、そのことはP&Oの設立当初の取締役会の構成と、その後の推移についても明瞭に示されることになったのである。

C　新会社のトップマネジメント

第2-2表は、一八四一年五月二七日に開かれた、P&Oの第一回半期総会で配布された会社報告書に記載された取締役員全員の名前を一覧したものである。総勢一四名の取締役員のうち、アンダーソン、ボーン、ハートリー（J. Hartley)、ウィルコックス、それにスルエタ（P. de Zulueta）は旧ペニンシュラー社関係のメンバーであった。カールトン（F. Carleton)、ユーアト（J. C. Ewart)、それにウィリアム（C. W. William）は、大西洋航路の契約獲得に失敗してP&Oにその船を売却した旧大西洋横断汽船会社の取締役員であった。またネアン、ピリー、それにサーバーンは、コンプリヘンシィヴ派が解散を決定したイースト・インディアン社の取締役員であった。さらに、この取締役会の会長職には、東洋地域の商取引に従事する商社の有力な団体であったロンドン・イースト・インディア・アンド・チャイナ・アソシエーション（London East India & China

Association）の会長であったラーペント（G. Larpent）が一八四一年五月に就任した。[12] かれはまたその経営するコッカレル商会（Cockerell & Co.）をとおして、プリカーサー派のロンドン代理人をもかねていた。

このように、P&Oの取締役会の構成は、この会社の成立経緯からして、半島航路、大西洋航路、それにインド航路に関係した複数の利害関係者のよせ集まりとなった。この異なる利害関係者の寄せ集めのなかで、経営の中核をになったのは、ウィルコックス、アンダーソン、カールトンの三名の業務執行取締役（Managing Directors）であった。前二者はもちろん、旧ペニンシュラー社のマネジング・エージェントであり、またカールトンは旧大西洋横断汽船会社を代表しての業務執行取締役への就任であった。実はロンドンのコンプリヘンシィヴ派からは、もう一人、業務執行取締役としてベンガル汽船委員会のロンドン・エージェントを勤めていたバーバー船長（Captain James Barber）が推薦されていた。しかし、P&Oでは一八四〇年に決められた設立証書の規定では業務執行取締役は三名と規定されていること、また現行の業務をこなすにはこの人数で十分と考えられるという理由で、この申し出を断った。[13] かくして、三名からなる業務執行取締役は、取締役会による承認を受ける必要はありながらも、会社の全般的経営を執行する役割をになった。また海外のエージェントは、取締役会によって任命されたものの、エージェントへの命令および監督は業務執行取締役の責任とされた。[14] さらにこの三名の業務執行取締役については、設立証書によって、その手数料と報酬に関する特別の取り決めがなされた。[15] すなわち、三名の業務執行取締役は、①P&Oの収入の二・五パーセントを経営手数料として受けとるかわりに、この経営手数料のなかから経営業務執行に必要な諸経費（これにはロンドン事務所の経費や業務執行のために必要なスタッフの給与が含まれる）を支払う、②その役職にとどまるかぎり、P&Oの当期利益の五パーセントを経営報酬として受けとる、というものである。このような特別の業務執行取締役の任命とその特殊な手数料制度がとられたのは、第一に、創立当初の事業基盤の不安定な時期の経営にあたっては、実務に習熟したフル・タイムの経営者が業務の全般的な管理を行うことが必要なこと、また第二に、そのような経営者を業務に専心させるには、コストならびに利益の双方で、企業の成果を個人の利害と同一視できる仕組み＝インセンティブが必要であること、によるものであった。

王室特許状により有限責任制をとった法人組織において、株主の代表としての取締役会と業務執行取締役との間にこのような契約関係を取り結んだことは、ある意味でイギリス海運に伝統的な船舶一隻ごとに成立した持分出資者とマネジング・エージェントとの関係をなぞらえたものといえる。ただ、それは船舶一隻ごとの契約関係として再現されたのではなく、法人組織全般にわたる経営の委託という形での再現であった。複数の汽船をフリートとして揃えて航路経営をおこなう定期船企業と、帆船一隻ごとの不定期配船をおこなう事業との違いがここにみられる。ただし、経営の委託といっても、取締役会の経営責任がすべて三人の業務執行取締役に肩代わりされたわけではない。取締役会は業務執行取締役の報告を逐次チェックし、必要な場合には政策方針の変更を求めた。また取締役会の他のメンバーは、業務取締役員と共同であるいは単独で、重要案件に関わる委員会をアド・ホックに結成し、立案をおこない、取締役会の承認をえた。そういった意味では、P&Oの場合、業務執行取締役以外のメンバーがたんに取締役会に名を連ねるだけの、名目的な存在（無機能資本家）であったわけではなかった。

このような取締役会メンバーと業務執行取締役とが決められ、また後者の特有な報酬制度が設けられてP&Oの経営が始まったわけであるが、四二年五月には早くも取締役会長のラーペントが就任一年で辞任するという事態が生じた。すでに述べたように、ラーペントはもともとコンプリヘンシィヴ派から分離したプリカーサー派のロンドン・エージェントをつとめた商会のパートナーであり、また東洋貿易における有力者ということでP&Oの会長職についた。これによってプリカーサー派が独自の配船を試みようとしてグラスゴーで建造中であったプリカーサー号は、一八四一年末に進水次第、P&Oに引き渡される予定となった。しかしながら、プリカーサー号の建造主であったイースタン・スナーム・ナヴィゲーション社（the Eastern Steam Navigation Co.）は、四一年六月、カルカッタで開かれた株主総会で、P&Oが提示した買取り条件――建造原価（原価はおよそ八万ポンド）で、支払いはP&Oの全額払込済み株式――を拒否した[16]。イースタン社の株式応募額がプリカーサー号の建造費用の半分にとどまり[17]、このことがP&Oをして原価の買取り、つまり営業権ほかの支払いは無視という、強気の姿勢をとらせることになったと考えられる。ともあれ、プリカーサー号の買取り問題のこじれは、そのロンドン・エージェントをつとめた商会のパートナーであったラーペントのP&O内における立場をむつかしいものとし、一八四二年五月二日、かれはP&O社の取締役員ならびに取締役会長を辞任するにいたった[18]。これはプリカーサー派の抱き込みの失敗であり、また東洋貿易の有力者の支持を危うくしかねない出来事であった。P&Oはラーペントの辞任後、キャンベル（J. Campbell）を副会長としたまま、一八四五年まで取締役会長を選出しなかった。かわりうる有力な人物を選出できなかったためと考えられる。なお、プリカーサー号のその後についていえば、同船の購入交渉はラーペント辞任後も断続的につづけられ、一八四四年一月に、P&Oがインド郵便物の輸送契約を獲得したならばという条件つきで、購入価格四万五〇〇〇ポンド、支払い方法は現金ということで、購入問題にようやく決着がついた[19]。だが、この時点ではプリカーサー派それ自体が存在を失っており、同船の購入問題の解決はたんに船舶調達の一事例という以上の意味をでなかった。

3　一八四五年契約の締結

A　インドへの配船

すでに述べたように、P&Oは有限責任の資格を付与する王室特許状をえることに成功したが、その特許状の発行の日付は一八四〇年一二月三一日となっていた。ところで、この特許状では、発行された日から二年以内にイギリスとインドとを結ぶ汽船交通を開始すること、もし二年以内に開始できない場合、あるいはなんらかの交通手段を確立したのち二ヶ年のうちにインドとの交通を中止した場合、特許状は無効となることが規定されていた。[20] ただし、この特許状にはインドのどの場所とイギリスとを結ぶ交通網を形成すべきかは明記されず、また汽船交通に対する金銭的な援助の約束もなかった。地中海のアレクサンドリアまでは郵便輸送契約を獲得し、郵便契約金という補助金をえたわけであるが、特許上を取得した一八四〇年末時点では、インド方面への汽船交通は、いわばなんらの運航補助の約束もない状態で、配船だけは期限付きで義務づけられていたのである。配船にあたってP&Oが最初に交渉した相手は、東インド会社であった。というのも前章で触れたとおり、同社は一八三九年一〇月に「既存の交通手段を拡大しようとする、よく熟慮されたいかなる措置に対しても、[…] しかるべき奨励金（due encouragement）を支給する」ことを約束していたからである。

P&Oは、インドへの汽船交通網の設立に関与していた関係者との利害融合を前提に、一八四一年一月から東インド会社に対して交渉をはじめ、同社が一八三九年一〇月に約した金銭的な支援をP&Oにしてくれるよう要請した。P&Oはこの交渉のなかで、一八四二年中に一六〇〇トン、五二〇馬力の汽船二隻を用意して、スエズ／カルカッタ間の航路を開設すること、また必要であれば同クラスの船舶二隻を追加して月便の交通を確立すべくただちに措置を講じる用意があることを、東インド会社に伝えた。[21] これに対して東インド会社は、P&Oによるインドとの汽船交通の拡大に対して年間二万ポンドの奨励金を向こう五年間にわたり支給するという回答を与えた。だが、初年度は船舶の配船開始をもって支給するが、それを超えて奨励金を支給するには、つぎの四つの条件を満たすことが必要と述べた。すなわち、①東インド会社の判断で、必要とあれば各航海ごとにボンベイに寄港する、②カルカッタ・マドラス（必要があればボンベイ）との月便交通は、最初の支払が始まった日から起算して一二ヶ月以内に完成し、それ以降毎月定期的に維持する、③使用船舶は船型一六〇〇トン、五二〇馬力の汽船とする、④支給期間の五年以内に郵便輸送契約を締結した場合、奨励金はその契約金のうちにふくめる、という条件である。[22] 東インド会社がボンベイへの寄港を会社の要請で条件づけたのは、同社配船に不都合のある場合に応急的にP&Oの船舶を利用しようとする意図であって、同航路の経営をP&Oに譲るという意向ではなかった。これらの条件に対してP&Oは、とくに二番目の条件の緩和を申し入れた。すなわち、奨励金の支給開始から第二年目に月便交通を確立するという代わりに、第二年度目の配船回数を年間六航海に減配することを提案した。P&Oの言い分によれば、月便交通となれば、一回の航海だけでもその燃料費だけで七〇〇〇ポンド以上を必要とし、費用が多額に上ること、他方でこのほぼ確定的に推計しうる費用に対して、旅客収入の見込みがきわめて不安定で、月便交通による収支見通しがたたない、というのが理由であった。[23] 東インド会社はこの条件の緩和を了承した。[24]

かくして、P&Oのインドへの配船は、特許状の規定ならびに東インド会社による年間二万ポンドの奨励金支給の約束のもと、一八四二年中に開始されることになった。P&Oが東インド会社との交渉の中で二隻の新造船をもってカルカッタ航路を開くと述べていたが、このうちの一隻に予定されていたのは、例のプリカーサー号であり、同船は前節で述べたように引渡しが大幅に遅れた。そのためインドへの就航第一船となったのは、P&Oが同社の勘定で建造したヒンドスタン号（*Hindostan.* 一六五〇トン、五二〇馬力）であった。同船はイギリスで建造されたが、悪天候のため工事が遅れ、東インド会社の官吏一人を乗せてカルカッタに向けて出航したのは一八四二年九月二四日であり、カルカッタに回航されたのが同年一二月二四日のことであった。[25] 実に、王室特許状の有効期限切れ間際の配船準備となったわけである。一八四三年一月一七日、ヒンドスタン号はスエズに向けてカルカッタを出港し、ここにP&Oのインド航路への配船が開始された。最初の就航船ヒンドスタン号は、カ

第2-3表　カルカッタ航路就航船舶　1843.1～1845.8

船　名	カルカッタ着	カルカッタ発	地中海接続船	イギリス着
Hindostan	1842年12月24日*	1843年1月17日	*Gt.Liverpool*	1843年3月16日
Hindostan	1843年3月24日	4月15日	*Oriental*	6月9日
Hindostan	6月15日	8月13日	*Oriental*	10月12日
Hindostan	10月17日	11月15日	*Pacha*	1844年1月13日
Bentinck	11月18日*	12月13日	*Oriental*	2月13日
Hindostan	1844年1月23日	1844年2月18日	*Oriental*	4月8日
Bentinck	2月18日	3月15日	*Gt. Liverpool*	5月14日
Hindostan	4月18日	5月15日	*Gt. Liverpool*	7月9日
Bentinck	5月13日	7月15日	*Oriental*	9月15日
Hindostan	7月23日	9月19日	*Oriental*	11月10日
Bentinck	Unknown	11月18日	*Oriental*	1845年1月8日
Hindostan	11月22日	1845年1月9日	*Gt. Liverpool*	2月27日
Precursor	12月22日*	2月8日	*Oriental*	3月26日
Bentinck	1845年1月21日	3月8日	*Gt. Liverpool*	4月25日
Hindostan	3月8日	4月8日	*Oriental*	5月26日
Precursor	4月5日	5月3日	*Gt. Liverpool*	6月24日
Bentinck	5月4日	6月5日	*Oriental*	7月25日
Hindostan	6月10日	7月3日	*Gt. Liverpool*	8月26日
Precursor	7月3日	8月11日	*Oriental*	9月27日

*喜望峰経由回航到着日
カルカッタ航路：カルカッタ／マドラス／ガール／スエズ
資料：Kirk 1982: 11より作成。

ルカッタを出航後、マドラス、ガール、アデンに寄港しながら二月一二日にスエズに到着した。[26] 二七日間の航程であった。ヒンドスタン号で運ばれたカルカッタからのインド郵便物は、スエズ／カイロ間の砂漠を横断したのち、カイロの港ボウラックからアトフェまでナイル河を汽船で遡行し、さらにアトフェからはマーマウディ運河をとおってアレクサンドリアに運ばれた。[27] アレクサンドリアからはふたたびP&Oの地中海就航汽船のうちの一隻、グレート・リヴァプール号が就航し、同船は三月一六日にイギリスに到着した（第2-3表参照）。カルカッタからイギリスまでの総日数は、エジプト横断をふくめて五九日間であった。カルカッタ航路の初期の配船動向をみた第2-3表によれば、カルカッタからのインド郵便物は六〇日前後の日数でイギリスに運搬する体制が整えられた。

だが、P&Oはこの配船開始から半年もた

たないうちに、東インド会社が担当するボンベイ航路の肩代わりをイギリス政府に申し入れたのである。すなわち一八四三年六月末、P&Oは政府に宛てて、ボンベイ航路（ボンベイ／スエズ）におけるインド郵便物の運搬を東インド会社よりも安く、また迅速におこなうという計画の概要をしたためた。それによると、インド郵便物のロンドン到着を毎月の一日に、またインド向け郵便物のロンドン発を毎月の五日に調整することによって、通信の往復にこれまで介在していた一ヶ月の間隔をなくして郵便の運搬を迅速化する、また、これにかかる費用は年額八万ポンドと見積もられるが、これは東インド会社担当のボンベイ／スエズ間の配船費用よりも六万六〇〇〇ポンド少ない額となる、と述べられていた。[28] この計画概容を知った東インド会社の反応は、冷淡であり拒絶的なものであった。同社による一八四三年七月二八日付けの、P&Oプランに関する覚書きによると、[29] P&Oの提出したインド郵便物の低廉・迅速化に関するそれぞれの根拠に批判をくわえたあと、P&Oがインド郵便物の輸送契約を引き受けるだけではなく、それを「正確かつ時間どおりに遂行できる立場にあることを証明しなければならない」が、P&Oの主張は論拠が不十分であることを指摘した。つまり、P&Oはもう一隻が追加予定であるとはいえ、いまだ一隻の船をカルカッタ航路に配船しているにすぎず、またインド郵便物の運搬不履行の場合には各々について一〇〇〇ポンドの科料しか支払わないというのでは、「郵便物を時間どおりに運ぶよりは客待ちをした方が契約企業にとって割がいい」ということになり、公衆が望む保証を与えることにはなっていないと批判した。さらに同じ覚書では、P&Oが提案するボンベイ航路の民間企業への移管に対する反対論、つまり東インド会社がボンベイ航路を運営しつづけることの論拠について述べ、郵便輸送がインド海軍に幅の広い活動領域を与え、また若い仕官が専門知識を獲得し完成していくのに格好の機会を提供していることを挙げた。[30] さらにインド以東の中国方面への汽船交通の確立については、さきのP&Oの覚書がボンベイ航路の民間移管によりインド海軍の艦船を中国方面に展開できるとしたのに対して、東インド会社はこの方面の汽船交通の確立はむしろ民間企業と本国政府との郵便契約によるべき、との対照的な見解を示した。これは中国航路の開設に東インド会社が財政的な負担を課せられることを回避しようとしたための見解と思われる。

たしかに、東インド会社が反論のなかで指摘しているように、この時点のP&Oのインドへの配船はヒンドスタン号一隻だけであり、新造船ベンティンク号（*Bentinck*）が第二船として実際にカルカッタ航路に就航するのは四三年一二月になってからであった（第2-3表参照）。それにもかかわらず、P&Oは一八四三年八月には、さきの覚書に書かれたインド郵便物の輸送の迅速化とボンベイ航路の年間八万ポンドによる引き受けを内容とする計画書を、また同年一〇月には配船計画をふくむ詳細プランを、それぞれ東インド会社に提出した。[31]P&Oの提案は、ボンベイ航路にプリカーサー号を年間六航海させ、またカルカッタ航路には、途中ボンベイ寄港を前提に、ヒンドスタン号とベンティンク号をそれぞれ三航海、合計六航海させることで、ボンベイ航路は月一回の、またカルカッタ航路は隔月一回の配船とするというものであった。この計画は、東インド会社のボンベイ航路維持という方針に抵触したばかりではなく、カルカッタ航路の月便配船という、東インド会社との奨励金支給の条件をも事実上棚上げする内容であった。この計画に対しては、東インド会社のみならず、P&Oがその完全なる抱き込みには失敗した旧コンプリヘンシィヴ派の人々の反感を募らせることになった。P&Oの前会長ラーペントが会長職にあったロンドン・イースト・インディア・アンド・チャイナ・アソシエーションは四三年九月、P&Oのプランがインド全域を包括する汽船交通の確立というコンプリヘンシィヴ・プランとは両立しがたいことを述べ、またP&Oがカルカッタ航路月便輸送の実現を放棄しようとしていると非難した。[32]さらに、プリカーサー号についてP&Oと長らく買取り問題を交渉してきたコッカレル商会は一時同船を東インド会社に売り込もうと図った。[33]ボンベイ航路肩代わり提案に対する東インド会社の拒絶、またカルカッタ航路の減配プランに対する旧コンプリヘンシィヴ派の人々の非難は、郵便輸送契約を獲得することでインド航路の採算をとろうとしたP&O

の目論見を破綻させる一歩手前まで追いつめた。だが、ここで事態をP&Oに有利な方向へと転換させるべく登場したのが、インド監督庁であり、またその長官のリポン卿（Lord Ripon）であった。

B　一八四五年郵便輸送契約の締結

P&Oのプランの追い風となったのは、イギリス本国で開かれた、インドとの交通改善を求める一連の集会であった。すなわち、一八四三年九月から一一月にかけて、インド郵便物の迅速化を要望する集会がロンドン、マンチェスター、グラスゴー、ダブリン、バーミンガム、ハル、エジンバラ、アバディーンなど、イギリスの主要都市で次々と開かれ、その集会の決議が東インド会社およびその監督機関であるインド監督庁のもとへと陸続と届けられた。ここにいたって、インド監督庁長官リポンはインド郵便輸送改善のための広範囲な検討を開始する決意を固めた。かれは、東インド会社に対して、P&Oが提出した改善プランに対する拒否回答の返事をだすことを差しとめるとともに、一八四三年一一月一六日には、海軍省に宛てて、郵便契約という形ですでに民間企業に郵送業務を広範に移管している業務の成果について、海軍省の意見を照会した。(34) その目的は、ボンベイ航路からの東インド会社艦船の引き上げと、同航路の民間企業への委託の可能性を考慮するためであった。インド監督庁の照会に対する海軍省の返事は、民間との郵送契約は西インド諸島を除いては一般に満足のいくものであること、また契約企業による契約規定以上の高出力の機関をもった船舶の投入は、郵便輸送の時間厳守を保証するとともに、充実した旅客施設からあがる収入によって郵送サービスの公的負担コストを引き下げている、というものであった。(35) この海軍省の民間との郵便輸送契約に対する肯定的な評価をえて、インド監督庁は、P&Oが一〇月二四日に提出していたインド郵便物迅速化に関する詳細プランにもられている配船計画の実施可能性と船舶隻数の十分性、それにP&Oが推計した配船費用の妥当性について、またあわせて、ボンベイ／スエズ航路に就航している東インド会社とP&Oとの配船コストの比較も詳細に検討してくれるよう、海軍省に依頼をだした。[36] かくして、P&Oの提出したプランは、インド監督庁によって本格的な検討の俎上にのせられることになった。そのP&Oは、一八四四年一月、東インド会社がボンベイ航路を手放す見込みがないことを知って、計画内容を変更し、手持ちの大型船三隻を使用した、カルカッタ航路月便によるインド郵便物の迅速化計画を東インド会社に提出した。[37] 提案によれば、郵送契約は七年から一〇年の期間で、年間一二万六七二〇ポンドでインド郵便物のカルカッタ／スエズ間の輸送を引き受けるというものであった。計画書を添付した手紙のなかで、P&Oは東インド会社との協定、つまり配船第三年度目に月便航路を開始することが助成金二万ポンドの支給条件となっていることは十分承知していると述べながらも、そのような配船には年間二〇万ポンドを下らない費用を要し、「過去の経験から、そのような［郵便輸送契約の］援助なくしては月便汽船交通を実施する見通しはたたない」（［　］内は引用者補足）として、カルカッタ航路における郵便輸送契約の提案をおこなうにいたった経緯を説明した。この提案内容にみられるように、この時点では、P&Oはインド航路の運営を郵便契約の獲得によって安定しようとしていたのであり、インド以東の航路開設を具体的に考えてはいなかった。

しかしながら事態は、P&Oが考えている範囲を超えて進んでいった。さきのインド監督庁によるインド郵便物の再検討は、海軍省の支援をえながら、郵政省や大蔵省等の関係政府機関との協議をへて、東インド会社がもっぱら関係するだけではない問題、つまりインド郵便物のみならず、それを超えて、西はモーリシャス、そして東はシンガポール、中国、オーストラリアへの郵便輸送問題が議題にのぼり、検討されたのである。[38] イギリス政府のこのような汽船交通の拡充意向については、清朝中国でのアヘン戦争とその結果一八四二年八月二九日に結ばれた南京条約の締結を見逃すことはできないであろう。[39] 同条約によって、イギリスは香港を中国から割譲させ、また広州や上海を含む五港の開港を勝ちとった。[40] さらに翌四三年八月には領事裁判権と最恵国待遇条款をえて、中国への本格的な市場進出が始まった。このようなスエズ以東の政治的な環境の変化は、イギリス政府をして、インド郵便物の迅速化とそのための民間委託という当初の問題設定を超えて、スエズ以東の汽船交通の包括的な確立問題へと検討範囲を拡大させることになったと考えられる。イギリス政府の結論は一八四四年四月までにはまとまり、それはつぎのような内容であった。[41] すなわち、インドについては、ボンベイ航路を東インド会社に引きつづき委ねるものの、馬力と旅客施設を改善した船隊をそろえて就航サービスの改善をはかる。またインドとの第二の交通線としてカルカッタ航路を月便で確立し、これまでのボンベイ航路とあわせて月二回の配船体制とする。このインドの幹線確立とともに、さらにセイロンからシンガポール経由で香港への汽船交通を開き、本国ならびにインドからの中国への直通ルートを確保する。これら第二のインド航路と中国航路は民間企業との契約航路とし、その契約金は大蔵省と東インド会社が等分負担とする。以上がおもな内容である。この結論をだす過程で、はやくもP&Oは、郵便契約の政府代表である海軍省にあてて、カルカッタ航路と中国航路の郵便輸送をあわせて年間一七万ポンド（内訳はカルカッタ航路一二万五〇〇〇ポンド、中国航路四万五〇〇〇ポンド）で引き受ける案を提出した。

このように四四年四月末に政府の方針が決定したものの、P&Oとの契約が正式に決まるのは一八四四年一二月二六日であった。契約成立におよそ八ヶ月も要したのは、契約金をめぐる、それもイギリス政府と東インド会社との押し問答があったことが原因であった。東インド会社は、ボンベイ航路を引きつづき担当することを確保したものの、中国航路を含む新航路の創設問題の意思決定からは排除され、その結論による金銭的な負担だけは等分に課せられるという結果となった。これに対する東インド会社の最後の抵抗が、金銭負担の軽減要求であった。同社は、P&Oの提出した契約金一七万ポンドの負担について、等分ではなく、三分の一とするようインド監督庁に申し入れた。負担の減免理由として、カルカッタ航路の開設によって、いままでインド郵便物のインド

第2-4表　インド監督庁による郵便輸送契約金の分担提案

推　計　費　用		本国政府負担金	東インド会社負担金
スエズ／カルカッタ	£125,000	£62,500	£62,500
セイロン／香港	45,000	30,000	15,000
計	£170,000	£92,500	£77,500

資料：OIOC F/2/15 Tennent to Sir. George Clark (Treasury), dated 25 May 1844.

第2-5表（A）　1845年契約による航行時間

カルカッタ航路[1]	航行時間	停泊時間（最大許容停船時間）
カルカッタ／マドラス	84時間	24時間以内（48時間）
マドラス／ポイント・デ・ガール	60時間	48時間以内（120時間）[2]
ポイント・デ・ガール／アデン	247時間	48時間以内
アデン／スエズ	152時間	120時間以内（168時間）[3]

注　1）セイロン島のトリンコマリーに寄港をしないケースの航行時間
2）ポイント・デ・ガールで最大停船時間が長く取られているのは、中国・シンガポールの郵便物を運搬する郵船を待機するため
3）スエズでの停船はイギリスからの往航郵便物が到着しない場合の待機時間。郵便物が届いている場合は、出航準備が整いしだいただちに出港

第2-5表（B）　1845年契約による航行時間

中　国　航　路	航行時間	停船時間
ポイント・デ・ガール／ペナン	140時間	48時間以内
ペナン／シンガポール	45時間	
シンガポール／香港	170時間	

資料：BPP 1847: 15-17より作成。

国内輸送でえていた運搬料の減少が予想されること、対して月二回という便数の増大でエジプト横断に必要な経費の増加が見込まれること、また中国航路はセイロンが発着点となるため、インド政府と海峡および香港の植民地との間の郵便輸送にはセイロンからの、あるいはセイロンへの積替え経費が必要なこと、などがあげられていた。[42]この東インド会社の要求に対して、インド監督庁は、ボンベイ航路の負担は等分とし、中国航路はイギリス本国の利害がはるかに勝っているため、東インド会社の負担を三分の一とする案をまとめて、大蔵省の承認を求めた。[43]その負担割合に関する監督庁の提案をまとめれば、第2-4表のとおりとなる。しかし、この按分提案に対して、大蔵省はボンベイ航路創設時の事例にならって等分負担の原則を主張し、ともに契約金の半分である八万五〇〇〇ポンドを負担するよう求めた。[44]これに対して東インド会社は、セイロン発着の中国航路がインドに交通の便益をもたらすものではないこと、そのためには追加的な汽船交通を自前で用意する必要があることを訴えた。だが、この問題の決着をこれ以上遅らせないために、対案として東インド会社がボンベイ航路で現在とっている負担方式、つまり毎年固定額をイギリス政府に支払うという方式をとりたいとして、具体的に年七万ポンドを五ヶ年にわたり支払う用意があることを政府に伝えた。[45]大蔵省では、この東インド会社が指摘した中国航路からの便益問題を認め、さきの等分負担の原則を撤回し、みずからの負担金を五〇〇〇ポンド上積みして九万ポンドとすることを決定した。[46]だが、両者の負担をあわせても一六万ポンドであり、P&Oの提出した額一七万ポンドに一万ポンド不足した。ここで、インド監督庁のリポンは、東インド会社と大蔵省との間でさらなる交渉をつづけることは意味がないと判断し、P&Oにカルカッタ航路の契約金を一二万五〇〇〇ポンドから一一万五〇〇〇ポンドに減額できないかを打診した。[47]P&Oは、政府が公的便益を確保しようとする契約で民間企業の損害となるようなことは主張しないであろうこと、また航路開設によって期待できる収入の増加、この二点に配慮して、一万ポンドの減額要請におうじた。[48]P&Oが返信において表明した政府への期待は実現された。というのも、P

&Oから減額におうじる返信をうけたリポンは具体的な契約の交渉を海軍省がおこなう際、契約期間を東インド会社が当初主張していた五ヶ年を七ヶ年にするよう海軍省に推薦するむね、東インド会社宛の手紙のなかでしたためたからである。(49)

かくして、一八四四年七月末までには海軍省とP&Oとの間で郵便輸送契約の具体的な詰めがおこなわれる体制がととのい、両者の交渉が進展した。契約は一八四四年一二月二六日に締結されたが、そのおもな内容は、(50)①カルカッタ／スエズ間に五〇〇馬力以上の汽船三隻を配船し、また二五〇馬力以上の汽船一隻を予備船として配置する、②セイロン／香港間に四〇〇馬力以上の汽船二隻を配船し、また二五〇馬力以上の汽船一隻を予備船として配置する、③カルカッタ航路は一八四五年一月から毎月一回配船し、また中国航路は遅くとも一八四五年八月一日までに月一回の配船を開始する、④契約金は年間一六万ポンドで、そのうちカルカッタ航路の契約金は年間一一万五〇〇〇ポンド、中国航路の契約金は年間四万五〇〇〇ポンドとする、⑤契約期間は一八四五年一月一日より七ヶ年とし、それ以降は一二ヶ月前の、両者いずれかからの解約通知をもって終了する、などである。郵便輸送ルートとその就航時間をまとめれば、第2-5表(A)と(B)のとおりである。この就航予定時間を一二時間遅れた場合五〇〇ポンドのペナルティを、またさらに一二時間遅れるごとに五〇〇ポンドずつの追加ペナルティを支払うことになっていたが、この契約違反の場合の罰則規定は一八四〇年の地中海航路の郵便契約と同じ内容であった。地中海契約と同じもう一つの規定は、政府の士官・兵士を通常の旅客料金よりも安く（一八四四年契約では三分の一の料金の値引き）運搬するという規定であった。実は、P&Oはすでに契約金の額を決める以前の段階で、この規定をインド・中国契約にいれることに反対していた。地中海航路と異なり、十分な旅客数がないと欠損をだしかねない同航路において、乗船するかどうかに関わりなく規約どおりに政府旅客用に一定の施設を空けておかなければならないとしたら、それによってこうむる旅客収入の減少は、たんに料金の三分の一の値引きにとどまらない、というのがその理由であった。[51]だが、海軍省は、毎年多額の契約金を支払う以上、政府に公共サービスのための施設を用意することは当然として、これを拒否した。[52]この結果、軍士官一〇名までを一等キャビン船客として、また兵士一〇名までをデッキ旅客として料金割引のうえ船客施設を提供することが契約に盛られた。ただし、二名以上の士官を乗せる場合には、二〇日前に可能なかぎり事前通知するという規定がいれられた。

C　一八四五年契約の特異性

以上のべたように、一八四五年の郵便輸送契約は、郵政省や大蔵省による輸送ルートの適格性検討、その後の海軍省を通じた公開入札による契約締結という、これまでの民間契約とは異なる経緯をたどって成立した。すでに述べてきたように、当時幹線とみられたインド汽船交通を拡充し、その迅速化を図ること、またセイロンから中国へ向けた路線を開設し、今後の増大が期待される中国市場に直接的な汽船交通を確保するというプランは、イギリス政府、なかでもインド監督庁によって推し進められた。長官のリポンは、一八四三年にP&Oが提出したインド交通の迅速化に関するプランをたたき台として各種の情報の収集をはかった。同時に、汽船交通の拡充に消極的な東インド会社に対しては、ボンベイ航路を引きつづき担当させる代わりに、その改善を約束させた。そして関係する官庁からの代表者会議を開いて、さきにみたようなプランの総まとめをおこなった。これを前提として、海軍省は大蔵省の了解のもと、P&Oとの郵便契約に関する交渉を開始したのである。この一連の経緯にうかがわれる一つの明瞭な事実は、東洋の汽船交通に関する東インド会社の発言力の低下である。すでにみたように、一八三〇年代のインド汽船交通の確立とその拡充に関しては、すくなくともインド監督庁と東インド会社との間の合意形成なくしては、なにごとも進捗しなかったといってよい。だが、一八四〇年代半ばまでに、インド監督庁は東インド会社のボンベイ航路の民間移管までをふくめた、東洋における汽船交通の広範囲な見直しをおこなうにいたった。これにはすでに指摘したように、中国市場の開拓という政治的・経済的な背景があったと思われる。だが、同時に、民間輸送の実績を照会されての海軍省の返書で指摘されているように、民間による郵便輸送がおおむね良好に維持され、またコスト・パフォーマンスも公的輸送手段によるよりも良好であった、ということが重要であろう。海軍省と郵政省はすでに海外郵便輸送を民間に委託する方針を一八三〇年代に決定したが、インド監督庁も同じ方式をスエズ以東でもいまや実施すべき段階にはいったと判断したのである。ボンベイ航路を東インド会社に引きつづき担当させたのは、民間企業が何らかの原因で配船を維持できなくなった場合の保証としてであり、けっしてその運航パフォーマンスの高さゆえではなかった。

このようにスエズ以東でも郵便輸送は民間企業との契約によるという原則が適用され、東インド会社の郵便輸送に関する発言力は低下するにいたった。だが、郵便輸送契約のインド側の負担金については、いぜんとして東インド会社は発言力をもった。イギリス政府が直接インド財政を取り扱っていない以上、契約金については東インド会社との合意が必要であったからである。P&Oが提出した契約金年額一七万ポンドは、一万ポンド減って一六万ポンドとなった。この経緯はすでに述べたように、大蔵省が等分負担を主張したのに対して、東インド会社はその負担比率を変えるよう求めたことによる。大蔵省と東インド会社との交渉結果、等分負担でもなく、三分の一負担でもない、両者の中間をとった負担額で妥協が成立した。しかし、その結果は、申し入れた金額の下方修正をともなうものであった。P&Oとのとりまとめをおこなったのは、インド監督庁のリポンであった。かれは契約期間を当初考えていた五年から七年に延長することを示唆することで、この引下げにおうじさせた。東インド会社もこの期間延長、つまり契約金の見直し時期の延期についてはおうじざるをえなかった。かくして、契約金や契約期限については、それほど確たる根拠があって変更されたわけではなく、むしろイギリス政府と東インド会社との綱引きとその妥協の産物とみなせよう。その意味でも、一八四五年契約は特異な契約であった。

最後に、この契約の交渉はP&O一社にかぎられ、公募入札されなかった。P&Oの業務執行取締役員の一人であるアンダーソンはその理由について、二つほどあげている。一つは、提案された計画に就航できる大型高出力船はP&Oの船舶を除いてはなく、公募の意味がないこと、また二つには重要な国家目的に適した船舶に多額の投資をおこなうよう誘導されてきたP&Oにサービスの執行機会を与えないとすれば、それは不公正であるというものである。[53] 理由の一つにあげられている高馬力の大型船をラインでそろえるという、P&Oの契約獲得の基本パターンが、この四五年契約でもみられたことが確認できる。また、第二番目の「重要な国家目的に適した船舶」とは有事の際には兵員・軍需物資の輸送船として動員される船舶という意味であり、政府の契約主体であった海軍省は、高馬力の大型船を選好する傾向があった。その海軍省は、幹線のインド航路と新設の中国航路を分割してそれぞれ別個の会社と契約するという、一民間企業からの提案を拒否し、P&O一社との交渉によって契約を締結したのであった。[54] かくして、郵便契約の具体的な詳細は海軍省とP&Oとの間で、つまり一対一の関係で進められたのであり、その意味でも特異な契約となった。

一八四五年契約のもと、P&Oはカルカッタ航路についは一八四五年一月からは毎月一回の配船（第2-3表参照）を、また中国航路については、契約に盛られた期日よりも二ヶ月早い一八四五年六月一日より配船をそれぞれ開始した。[55]

4　トップマネジメントの後継者選出問題

一八四五年契約は、前節で述べたように、イギリス政府とP&Oとの間でまさに密室のなかで取り結ばれ、またその過程で契約金の減額がなされたが、契約自体としてはＰ＆Ｏには有利なものであった。ちなみに、一八四〇年の地中海航路の契約がマイル当たり九シリング四ペンスであるのに対して、四五年契約では、カルカッタ航路がマイル当たり一九シリング一〇ペンス、また中国航路は同じく一二シリング四ペンス、両航路あわせて計算したマイル当たり契約金でも一六シリング一一ペンスと、高い水準に設定された。それゆえ、Ｐ＆Ｏの業務執行取締役は、一六ヶ月におよぶ長期の交渉を振りかえって、それが「会社の利害にとって大いに有利な方法で終結した」ことを誇らしげに取締役会に報告した。(56) 実際、政府の関係各部門との交渉は業務執行取締役が担当したのであり、わけてもアンダーソンの貢献は大きかったと思われる。これら業務執行取締役の大いなる力量に支えられて、Ｐ＆Ｏは創立から五年も経過しないうちに、地中海からインド洋、さらには中国へといたる幹線航路の形成をなしとげたのであった。しかもそれは郵便契約航路であるところから、Ｐ＆Ｏの事業は「国家的重要性」をもつものと、Ｐ＆Ｏの関係者の口から語られるようになったのである。このように、Ｐ＆Ｏは一八四〇年代半ばに対外的な交渉において大きな成果を収めたが、その直後に社内的には業務執行取締役との契約関係をめぐって内部的な対立を引きおこすことになった。

インド・中国方面の配船が一段落した後、業務執行取締役はみずからの引退と後継者の選考問題を取締役会に提示した。すなわち、一八四七年一月一五日付で取締役会に宛てた手紙のなかで、三名の業務執行取締役がその役職からそれぞれ引退する時期について、また後継者の選考についてはみずからがおこなうことを提案した。(57) だが、この後継者選考問題の相談をうけたＰ＆Ｏ社の事務弁護士は、設立証書には現職の業務執行取締役が後継者を選考できるという規定はないことを告げた。このため、三名の業務執行取締役は、一八四七年七月二一日付の取締役会副会長キャンベルに宛てた手紙のなかで、ウィルコックスとアンダーソンの二人はそれぞれ一八五〇年末と一八五一年末に役職から退くものの、カールトンは二人の引退後も引きつづき業務執行取締役として残ることを提案した[58]。また、カールトンは副会長キャンベル宛ての九月一四日付手紙のなかで、ウィルコックスとアンダーソン二人の引退後にみずからが業務執行取締役として残った場合、設立証書で規定している業務執行取締役への経営報酬（利益金の五パーセント）を半額に減らすことを申しでた[59]。これらの一連の申し出に対して、取締役会は四七年七月二一日に業務執行取締役の後継問題を検討するために特別の委員会を設置することを決定した。取締委員には副会長のキャンベルのほか、ピリー、ハートリー、ネアン、それにユーアトの合計五人が選ばれ、キャンベルが委員長となった[60]。キャンベルのこの問題に対する見方は業務執行取締役のそれとは背馳するものであった。かれが九月二三日に業務執行取締役に出したとされる手紙では、現職の業務執行取締役がそのうちの一人を引きつづき業務執行取締役として残すことを正当な権利として認めることはできない、という意見が披瀝された[61]。つまり、かれは業務執行取締役の指名や任命の権利は業務執行取締役にではなく取締役会に存在し、設立証書もそのように規定しているという立場をとった。これに対して、ウィルコックスとアンダーソンはキャンベルに宛てた一〇月一三日付の手紙で、現行の経営システムがそのもとで他の企業とくらべようのない繁栄をもたらした事実を述べて、そのシステムの維持が重要であること、また二人の業務執行取締役としての役職と報酬の清算は、カールトンの役職残留を条件とするものであることを述べて、委員会の再考を強くうながした[62]。

このように後継者問題をめぐっては、業務執行取締役と、とくに取締役副会長との見解が真っ向から対立したが、ここで奇妙なことに、キャンベル委員会の活動はこの時点から急に休眠状態となり、委員会がとりまとめた報告書が取締役会に提出されるのは、ようやく翌年の一八四八年五月二六日になってのことであった。しかも報告書には日付が記されておらず、またさきに選出された五名の委員が全員その名を署名しているものの、委員長のキャンベルは報告書が取締役会に提出された四八年五月の時点ではすでに、P&Oの副会長さらには取締役員を辞任したあとであった。考えられる一つの推測は、キャンベル委員会の報告書は、ウィルコックスとアンダーソンの連署の手紙がキャンベル宛てにだされた四七年一〇月一三日からキャンベルがP&Oの取締役員の辞任を申し出た四八年一月三日までの間に、それもおそらく前者の日付からそう遠くない時点でまとめられたであろうこと、しかしその内容が業務執行取締役の提案を拒否するものであったため、すぐには取締役会の議事案件としては提出されなかったのではないかということである。ちなみに、キャンベルを長とする委員会の報告書の内容は、大略つぎのようなものであった。すなわち、三人以外に業務執行取締役を指名し任命する場合、その権利は取締役会にあること、またカールトンの経営能力がいかに貴重であり、また報酬の減額を申し出ているとしても、現行の業務執行取締役のいずれか一人がそのまま役職にとどまりつづけるに正当な権利をもつという、拘束的または義務的な条件を協定のなかにいれることは不適切であること、したがって当委員会は業務執行取締役が提出している条件を受けいれるよう取締役会に勧告することはできない、という結論であった。[63]このほぼキャンベルの意見に沿った報告書は、しかし、キャンベル自身の役職辞任があったために、そのまま取締役会に提出されて承認を受けることにはならなかった。

キャンベルがP&Oの取締役会を去った直接の原因は、取締役会長の選出をめぐる問題であった。すでに述べたように、初代の会長ラーペントはプリカーサー号の購入問題のこじれから一八四二年五月には会長職を辞任した。つづいて一八四五年になって会長職に選出されたのは、創立メンバーとはまったく関係のないスチュアート(Patrick M. Stewart) であった。かれはP&Oの会長職のほか、銀行のマネージャーをはじめ、鉄道、不動産、保険などの会社取締役を兼ねており、P&Oの会長職はかれにとって多分に名誉職的なものであった。実際、かれのおもな活動場所は議会であり、はやくから議員として活躍していた。[64]だが、P&Oの会長職について間もない一八四六年一一月に、かれは四八歳で突然亡くなった。後継の会長をめぐっては、取締役員の間では副会長のキャンベルを推す声が高まった。[65]だが、これに対して、業務執行取締役のウィルコックスとカールトンは、スチュアートと同じく議員の資格をもつもので、しかも政財界に影響力をもつ人物が会長職にふさわしいと考えていた。キャンベルと二人の業務執行取締役ウィルコックスおよびカールトンは四七年一一月一五日会談をもった。その席上で、キャンベルは、すでに事前交渉が進められていて、議員のマセソン（James Matheson. 中国取引で著名な商社ジャーディン・マセソン商会Jardine, Matheson & Co.の創立パートナー）が会長職につく手筈になっていることを告げられた。(66) これはキャンベルにとっては突然の知らせであり、後継会長の選出をめぐるこのような手順はキャンベルがこれまではたしてきた会社に対する貢献になんらの価値も認めない「不躾なしかた」と考えられた。かくして、かれは四七年一一月一八日付の取締役会宛ての手紙で、副会長辞任の申し出をおこなった。(67) かれとしては、後継会長問題をめぐる秘密裏の処理に抗議する意図での辞任の申し出であり、取締役会から当然慰留の働きかけがなされると期待していたと思われる。しかし、副会長不在のまま一一月二三日に開かれた取締役会は、この辞任の申し出をそのまま受理したのであった。取締役員のうちでキャンベルを会長にと推した人々がこの日の役員会でそのことを忘れてしまったことを遺憾とするとして、キャンベルは以降取締役会への出席をやめた。(68)

政界や経済界に影響力を行使する必要がある場合に、下院議員（a Member of Parliament : MP）の肩書きをもつ人物が会長職にあることの利便性それ自体をキャンベルは否定したわけではなかった。スチュアートを二代目の会長に迎えたときには、P&Oの取締役員のうちMPの肩書きをもつものは他にいなかった。しかし三代目の会長を選出しようとしたこの時点では、業務執行取締役のウィルコックスとアンダーソンがMPの肩書きをもっており、(69) キャンベルが指摘するように、「現在のわれわれのMPが公務のため会社の利益に仕える時間がないか、あるいは二人では会社の利益をまもれないため、第三の議員を必要とする」という以外、MPの肩書きをもつ人物を会長にすえる理由は考えがたかった。(70) キャンベルはさらに取締役員に宛てた手紙のなかで、P&Oの設立証書によれば、会長、副会長の選出は取締役会のメンバーから選ぶことになっており、部外者をその職のために招聘する前に、内部からの選出方法をとるべきことが取締役員としての権利でもあること、またそれが設立証書に厳格にそった方法であることを訴えた[71]。しかし、取締役会はこの訴えには耳を貸さなかった。一八四七年末に開かれた取締役会で、副会長の選出方法が審議され、決議された[72]。それによると、副会長は取締役員の無記名投票によって選出されるものの、その任期は一年で、毎年選出が繰り返されるしくみであった。このいわば取締役員全員が副会長職につきうる仕組みは、会長職への前段階の役職という意味合いを失ったことで、副会長職の実質的な無意味化でもあった。この選出方法によりピリーが副会長に選出された[73]。また、会長職には予定どおり、MPのJ・マセソンが一八四八年一〇月に就任した[74]。

ウィルコックスとカールトンの二人の業務執行取締役がなにゆえ会長にMPの資格をもつ者を必要としたのか、その理由については不明である。また、一度はキャンベルを会長に推していた一部の取締役員がなぜ翻意し、キャンベルの副会長ならびに取締役の辞任を容認したのか、それもわからない。ただ結果的に、この空席の会長職をめぐる問題で、業務執行取締役の後継問題を検討した委員会の長であり、業務執行取締役とは対立する意見の持ち主が会社を去ることになった。そのおよそ五ヶ月後の取締役会で、キャンベル委員会の報告書が読み上げられた[75]。この日の取締役会では、さらなる検討が必要として、二九日に再度取締役会を開くことがきめられた。その取締役会では、業務執行取締役の提案内容は、①ウィルコックスとアンダーソンの辞任の日付、②二人が辞職した後のカールトンの報酬を半減すること、というようにまとめられ、「これら業務執行取締役による自発的な譲歩は会社所有者の利益のために考慮されたものとみとめ、取締役会はこれを受理する」、という簡単で短い文章がそえられた[76]。

結局、後継者問題では現職の業務執行取締役の主張が通ったといえる。しかしながら、現職の業務執行取締役として最後に残るはずのカールトンが、一八四八年一〇月二二日死亡した。[77] このような場合、新しい業務執行取締役が選出されるまで、残る業務執行取締役員がカールトンの手数料を受け取る資格があったが、ウィルコックスとアンダーソンはこれを辞退した。[78] カールトンに代って、しかし初代のそれとは異なる契約にしたがって新しい業務執行取締役員となったのは、取締役会の秘書で会社から給与を支払われていたアラン（James Allan）である。一八四九年六月、取締役会とアランとの間で、後者が業務執行取締役に選任されるにあたってつぎの内容の協定が合意された。[79] ①ウィルコックスとアンダーソンが現職にとどまる間は、アランはすでに業務執行取締役として権限が与えられている二人と行動をともにすることにし、アランが行使する権限について特別の協定は作成しない。②ウィルコックスとアンダーソンが辞めたあと、アランが業務執行取締役として行使する権限については、取締役会がこれを定める権利を留保する。③当期利益金の五パーセントに相当する金額の三分の一をアランの役員報酬とする。ただし、その受取額のなかから、死亡したカールトンの相続人に対し今後一〇年間にわたって年間五〇〇ポンドをアランは支払う。④もしさきの五〇〇ポンドを支払った後の役員報酬が年間一五〇〇ポンドに満たなかった場合、アランはその差額の支払いを受ける権利がある。他方、同じくその役員報酬が年間二五〇〇ポンド以上となった場合、アランは二五〇〇ポンドを上回る部分の支払いを受ける権利はない。⑤取締役会は必要におうじてこの協定を改定する権利を留保する。

最初の業務執行取締役との契約と異なる点をいくつかあげれば、一つはアランに本社の経営経費に関する負担と支払いの条項が設けられなかったことである。つまり、創立当初の三名の業務執行取締役について取り決められた、事業収入に対する二・五パーセントの手数料規定が、アランのそれについてはなかった。このことは、ウィルコックスとアンダーソンの二人が本社経営にともなう経費の負担を引き受けたことを意味する。しかもかれらは、カールトンの経営手数料部分の受取り資格を放棄し、その分を会社に返納した。異なる第二点は、アラン

第2-6表　経営報酬と経営手数料　1848-54年（ポンド）

年　度 9月30日〆	経営報酬	一人当たり 報　　酬	カールトンの 経営手数料返納額
1848	6,952	2,317	…
1849	7,476	2,492	5,275
1850	7,434	2,478	3,452
1851	7,792	2,597	4,445
1852	6,977	2,326	4,582
1853	5,435	1,812	5,613
1854	9,000	3,000	8,237

備考　経営報酬は当期利益金の５パーセント。経営手数料は総収入の2・1／2パーセント。数字はシリングで四捨五入。1854年度かぎりでウィルコックスが業務執行取締役を辞任。

資料：Ｐ＆Ｏ　6／52より作成。

の業務執行報酬について、最低保証額（一五〇〇ポンド）と最高限度額（二五〇〇ポンド）が設けられたことである。これはウィルコックスとアンダーソンの場合にはなかった規定である。ちなみに、この時期の経営報酬の数字をみると、第2-6表のとおりである。四〇年代末の時点で、一人当たりの経営報酬はアランについて規定された最高限度額近くまでいっていたことがわかる。むしろ、現状に近い水準でアランの報酬額を定めたとみるべきかもしれない。同じ表にはカールトンの経営手数料の返納部分を掲げた。この手数料部分には郵便契約金に対する手数料が含まれていないと思われるが、それでもこれを単純に二倍した以上の金額が経営手数料としてウィルコックスとアンダーソンに支払われ、本社経費が賄われていたのである。異なる最後の点は、アランの業務執行取締役の権限については従来の二人に与えられた権限をそのまま認めるのではなく、二人の引退後あらたに規定するとしたことである。総じて、このアランとの協定は、初期の業務執行取締役の強い権限と報酬制度を変更し、その経営請負的な性格を脱色することで、会社取締役会に権限と責任をよりおおくもたせようとする内容であった。その意味では、キャンベルが主張した取締役会の権限の強化という目的はある程度アランの場合に達成されたといえる。だが、カールトンの死去によって、当初予定されていたウィルコックスとアンダーソンの早期引退は立ち消えとなり、とくに後者の場合、じつに一八六八年に死去するまで業務執行取締役にとどまりつづけることになったのである。このことは、経営執行スタッフの補充において、引きつづき業務執行取締役の裁量が強く作用する余地を残すことになった。

注

(1) Minchinton 1982:139. また海運企業が特許会社として設立申請した三〇件のうち、二一件が認可されたという。Cottrell 1981: 148.

(2) イギリス近代株式会社法の変遷については、大隈 1987、荒井 1963を参照のこと。

(3) ここでは、単独の個人または会社で船舶を所有する場合を単有、二つの個人または会社で船舶を所有する場合を共有、そして多数の個人または会社で船舶を所有する場合を分有と呼ぶという、佐波の分類方法にしたがった。佐波 1992: 101.

(4) フェイル 1957: 287-288.

(5) Jarvis 1959: 316. 六四持分制は、一九世紀初頭、フランスやアメリカとの戦争で拿捕した船舶を関係者の間で戦利品として配分する際に用いられた分割数であったという。それが一八二〇年代初期の法律によって分有する場合の基本的な持分数に決められた時、出資者の間ではとまどいがおおかったといわれている。

(6) Ville 1993: 707-708.

(7) Ville 1993: 709. イギリスで船主という言葉は、ほとんどの場合、船舶の単独の所有者に対して用いられたという。

(8) Ville 1993: 718; Boyce 1992: 192.

(9) ヴィルは船主のもとへの船舶統合の理由としてこのほかに、一〇隻の船舶の運営は一隻の船舶の運営にくらべて一〇倍の尽力を必要とするものではないという、いわゆる経営規模の拡大による内部経済の利益をあげている。Ville 1993: 718. しかし、マネジング・オーナーがみずから受けとる報酬を犠牲としてまで、なぜ一隻ずつ運航するかわりに一〇隻を統合して運航するのかの理由は、ここからはでてこないように思われる。

(10) イベリア号への最初の出資者とその持分を示せば、つぎのとおりである。伝統的な六四持分制によって分有されていたことがわかる。Brodie McGhie Willcox & Arthur Anderson 一三、James Giro 六、Pedro de Zulueta 六、William Maund 六、Manoel Soares 六、Joseph Gomes 六、Jose de A. Solarte 六、Anselmo de Arroyave 六。P&O 65/161 Iberia (1836).

(11) P&O 6/1 Annual Report, 30 September 1841.

(12) P&O 1/100 5 and 11 May 1841.

(13) P&O 20/5 J. Barber's case, 1846. しかし、P&Oではバーバー船長を旅客部門の責任者として受け入れた。

(14) P&O 1/100 7 September 1840

(15) 以下の叙述は、断りのないかぎり P&O 91/20, 26 November 1866 による。

(16) P&O 1/100 24 August 1841; 14 January 1842.

(17) P&O 6/1 27 May 1842.

(18) P&O 1/100 3 May 1842.

(19) P&O 1/100 16 January and 19 April 1844.

(20) P&O 30/21 Royal Charters.

(21) Allan to Melvill, dated 16 February 1841. BPP 1850 所収。

(22) Melvill to Allan, dated 19 March 1841. BPP 1850 所収。

(23) Allan to Melvill, [c.3rd April]1841. BPP 1850 所収。

(24) Melvill to Allan, dated 19 April 1841. BPP 1850 所収。

(25) Allan to Melvill, dated 11 August 1842 and 13 June 1843. BPP 1850 所収。

(26) P&O 43/1 Abstracts from the logs of the Co's steamers on the Calcutta/Suez run 1843-1853.

(27) 当時のエジプト横断ルートについては、Anderson 1843: 23-24 によった。

(28) P&O's Memorandum, dated 30 June 1843. BPP 1850: 81-82 に所収。

(29) 以下断りのないかぎり、the Court's Memorandum (BPP 1850: 83-84 に所収) によった。

(30) 東インド会社取締役会長がインド監督庁に宛てた手紙のなかで、東インド会社がボンベイ航路を維持しつづける追加的な理由として、郵便輸送契約によってインド航路が民間企業に委ねられたとしても、契約企業が契約遂行に失敗した場合、代替的な交通手段の提供が可能であることをあげている。John Cotton to Ripon, dated 26 January 1844. BPP 1850: 87-88 に所収。

（31） Allan to Melvill, dated 2 August and 24 October 1843. BPP 1850: 53-59 に所収。

（32） OIOC L/MAR/2/56 Stikeman (Secretary) to Allan, dated 22 September 1843.

（33） OIOC L/MAR/2/56 Cockerell & Co. to Melvill, dated 3 October 1843.

（34） OIOC F/2/14 Tennent to Sidney Herbert, dated 16 November 1843.

（35） OIOC F/2/14 John Barrow (Admiralty) to Tennent, dated 20 November 1843.

（36） OIOC F/2/14 Tennent to Herbert, dated 24 November and 2 December 1843.

（37） Allan to Melvill, dated 11 January 1844. BPP 1850: 59-61.

（38） Ripon's Memorandum. BPP 1850: 90 に所収。

（39） イギリス商人の中国市場への進出ならびにアヘン戦争にいたる経緯については、衛藤 1968: Ⅲ・Ⅳ、田中 1973: 第二編が参考になる。

（40） この条約締結のニュースは、八四日かかってロンドンに到着した。Fanie 1969: 17.

（41） 結論の内容は、一八四四年四月二三日にインド監督庁が東インド会社の取締役会長と副会長に宛てた手紙のなかに述べられている Ripon to the Chairman and Deputy Chairman, dated 23 April 1844. BPP 1850: 62-64 に所収。

（42） J. Schepherd & H. Willock to Ripon, dated 22 May 1844. BPP 1850: 65-66 に所収。三分の一という負担比率そのものは、おそらく、一八三四年に中国に領事館が設置されたとき、その経費負担をイギリス政府と東インド会社との間で、それぞれ三分の二と三分の一としたことにあると思われる。OIOC L/MAR/2/272 D. Dickinton to T. Redington (India Board), dated 7 September 1854.

（43） OIOC F/2/15 Tennent (India Office) to G. Clark (Treasury), dated 25 May 1844.

（44） Clark to Tennent, dated June 29 1844. BPP 1850: 69 に所収。

（45） J. Shepherd & H. Willock to Ripon, dated 11 July 1844. BPP 1850: 69-71.

（46） Clark to Tennent, dated 22 July 1844. BPP 1850: 72 に所収。

（47） Tennent to Allan, dated 22 July 1844. . BPP 1850: 72 に所収。

(48) Allan to Tennent, dated 23 July 1844. BPP 1850: 72-73 に所収。
(49) Ripon to the Chairman and Deputy Chairman, dated 25 July 1844. BPP 1850: 69 に所収。
(50) 以下の既述は断りのないかぎり、BPP 1847: 14-22によった。
(51) OIOC F/2/15 Allan to John Barrow (Admiralty), dated 2 December 1844.
(52) OIOC F/2/15 Admiralty to P&O, dated 4 December 1844.
(53) Papers delivered in by Anderson, 24 June 1851. BPP 1851: 371-72に所収。
(54) 汽船インディア号（*India*）をもってインド海域に就航していたコンプリヘンシィヴ派の生き残りヘンダーソン船長は、セイロン／シンガポール間の航路の入札申し込みをしたが、海軍省は申し込み内容を実施できるだけの資力がないと判断して、これを拒否した。OIOC F/2/15 Baring to Herbert, dated 16 September 1844.
(55) P&O 6/1 30 March 1845. 中国航路の配船が早められたのは、政府の要望によるものであった。イギリス政府がいかに中国との汽船交通を重視していたかということを示すものといえる。
(56) P&O 1/100 the Managing Directors Report, dated 7 January 1845. 同時に、インド監督庁のリポン卿とその秘書官テネント（J. E. Tennent）の強力な支援についても、感謝の意がささげられた。
(57) P&O 1/101 the Report of the Committee. 同報告書は業務執行取締役後継問題を討議するために設置された委員会の報告書で、報告日付がないが、一八四八年五月二九日付の取締役会議事録に全文が掲載されている。なお、一八四七年一月一五日付で取締役会に提出したとされる業務執行取締役三名連署の手紙は議事録には記載されていない。
(58) Confidential letter to the Deputy Chairman, dated 21 July 1847. P&O 1/101 29 May 1848.
(59) Carleton to Campbell, dated 14 September 1847. P&O 1/101 29 May 1848.
(60) P&O 1/101 27 July 1847.
(61) キャンベルのこの手紙は取締役会議事録には記載されていない。そのおおまかな内容はつぎの注(62)にあげた手紙のなかで触れられている。
(62) Willcox and Anderson to Campbell, dated 13 October 1847. P&O 1/101 29 May 1848.
(63) The Report of the Committee, [no date] P&O 1/101 26 May 1848.
(64) P&O 100/13 Chairman A-Z, 1840-1960.

(65) 取締役員のうちでは、ピリー、ボーン、ハートリー、ソーントン、それにネアンなどがキャンベルを推していたという。Campbell to Howell, dated 23 November 1847. P&O 1/101. 26 November 1847

(66) Campbell to Howell, dated 23 November 1847. P&O 1/101 26 November 1847.

(67) P&O 1/101 23 November 1847.

(68) Campbell to Thornton, dated 3 December 1847. P&O 1/101 7 December 1847.

(69) 一八四七年一二月八日現在。P&O 6/1 Fourteenth Report ending 30 September 1847.

(70) Campbell to Howell, dated 23 November 1847. P&O 1/101 26 November 1847. もちろん、このどちらの理由も第三のMPを迎える正当な理由とはならないことが示唆されている。

(71) Campbell to the Directors, dated 25 November 1847. P&O 1/101 26 November 1847.

(72) P&O 1/101 21 December 1847.

(73) ピリーは亡くなる一八五一年まで副会長に再選された。かれの死後、一八六一年になるまで副会長は空位となった。P&O 100/13

(74) P&O 1/102 10 October 1848.

(75) P&O 1/101 26 May 1848.

(76) P&O 1/101 29 May 1848.

(77) P&O 1/101 26 October 1848.

(78) P&O 1/101 3 November 1848.

(79) 以下の叙述は断りのないかぎり、P&O 20/5 Relating to the purchase and transfer of the Oriental. によった。

Ⅱ　郵便輸送契約の諸相

第三章　郵便輸送契約の概観

1　おもな郵便輸送契約の一覧

最初に、P&Oの郵便輸送契約の全体を概観しておこう。第3-1表は、P&Oの創立から第一次大戦までの時期に締結した、おもな郵便輸送契約を一覧したものである。契約の日付は契約締結日ではなく、発効日を基準としている。この表に掲載した以外にも、外国政府や植民地政府との郵便輸送契約があるが(1)、東洋航路のうち幹線的な航路の郵便輸送契約は表に網羅されたとおりである。

同表からもうかがわれるように、一八七四年契約以前には、P&Oの郵便輸送はエジプト以東と以西に二分され、したがってそれぞれの就航船舶は、エジプト以東ではアレクサンドリアを、また以西ではスエズをターミナル港としていた。アレクサンドリアとスエズ間は陸路によって結ばれ（オーバーランド・ルート）、最初は運河やロバまたはラクダをつかって、一八五九年からは鉄道によって郵便物が運搬された。ところが、一八六九年末、地中海側のポートサイドと紅海側のスエズを結ぶスエズ運河が完成し、配船上エジプト以東と以西とを区別する

第3-1表　P&Oのおもな東洋郵便輸送契約

	契約発効日	契約時の契約期間	年契約金ポンド	契約航路	配船回数
1	1837年9月4日	3ヶ年	29,600	ファルマス／ジブラルタル	月4回
2	1840年9月1日	5ヶ年	34,200	イギリス／アレクサンドリア	月1回
3	1845年1月1日	7ヶ年	160,000	スエズ／カルカッタ セイロン／香港	月1回 月1回
4	1853年1月1日	8ヶ年	199,600	イギリス／アレクサンドリア マルセーユ／マルタ スエズ／香港 シンガポール／シドニー	月2回 月2回 月2回 隔月1回
5	1861年4月16日	6ヶ月前の事前通知	134,672	ガール／シドニー	月1回
6	1866年2月1日	24ヶ月前の事前通知	120,000	ガール／シドニー	月1回
7	1868年2月1日	12ヶ年	400,000	サウサンプトン／アレクサンドリア マルセーユ／アレクサンドリア スエズ／ボンベイ スエズ／カルカッタ ボンベイ／香港 香港／上海 上海／横浜	週1回 週1回 週1回 2週1回 2週1回 2週1回 2週1回
8	1869年4月1日	1880年2月1日迄	450,000	7に同じ	7に同じ
9	1874年1月1日	6ヶ年	90,000	ガール／メルボルン	4週1回
10	1874年8月15日	1880年2月1日迄	430,000	サウサンプトン／ボンベイ(スエズ運河経由) ブリンディジ／アレクサンドリア スエズ／カルカッタ ボンベイ／上海 香港／横浜	週1回 週1回 2週1回 2週1回 2週1回
11	1880年2月1日	8ヶ年	360,000	ブリンディジ／アレクサンドリア スエズ／ボンベイ スエズ／上海	週1回 週1回 2週1回
12	1880年2月1日	8ヶ年	85,000	セイロン(ガールまたはコロンボ)／メルボルン	2週1回
13	1888年2月1日	10ヶ年	265,000	ブリンディジ／ボンベイ（スエズ運河経由) ブリンディジ／上海（スエズ運河経由)	週1回 2週1回
14	1888年2月1日	7ヶ年	85,000	ブリンディジ／シドニー（スエズ運河経由)	2週1回
15	1898年2月1日	7ヶ年	330,000	ブリンディジ／ボンベイ ブリンディジ／上海 ブリンディジ／アデレード	週1回 2週1回 2週1回
16	1908年2月1日	7ヶ年	305,000	ブリンディジ／ボンベイ ブリンディジ／上海 ブリンディジ／アデレード	週1回 2週1回 2週1回

9、12はヴィクトリア政府との間の契約、そのほかはイギリス政府との契約

第3－2表　契約期間別P＆Oの事業収支　1847年－1912年

（年平均：1000ポンド）

期　間	1847-1852	1853-1867	1868-1879	1880-1887	1888-1897	1898-1907	1908-1912
年数	6	15	12	8	10	10	5
(1) 事業収入	700	1,865	2,161	2,235	2,535	2,965	3,212
(2) 契約金	210	338	558	468	366	331	299
(3) 運送収入	490	1,528	1,603	1,767	2,169	2,633	2,913
(4) 総支出	619	1,835	2,033	2,068	2,269	2,865	3,080
(5) 航海経費	332	1,069	1,124	1,091	1,308	1,543	1,733
(6) (2)／(1)%	30.0	18.1	25.8	20.9	14.4	11.2	9.3
(7) (2)／(5)%	63.4	31.6	49.6	42.8	28.0	21.5	17.3
(8) (3)／(4)%	79.1	83.2	78.9	85.4	95.6	91.9	94.6

資料：P＆O 6／52、／53、／54より作成。

意味がなくなった。かくして、一八七四年には、スエズ運河を利用したインド重量郵便物を運搬する契約が結ばれることになった。またスエズ運河開通と同じ年には、イタリアの南部の港ブリンディジを大陸ヨーロッパのターミナルとした急行便が、マルセーユの代替ルートとして使用されるようになり、表には掲げていないが、一八六九年の契約を改定した一八七〇年契約で、P&Oはこのヨーロッパのターミナル港をブリンディジとする急行ルートを使用するようになった。これはやがて、一八八〇年契約ですべてのインド郵便物をブリンディジ経由とすることになり、さらに一八八八年契約ではエジプト鉄道にかえて、すべての郵便物をスエズ運河経由とする運搬体制へと変わることになった。一方、オーストラリア航路は、P&Oの場合一八五三年契約で登場するが[2]、最初は中国航路からの支線として運航され、一八六〇年代にはポイント・デ・ガール（現スリランカ南西部にある港）を起点に運営された。のちにも述べるように、オーストラリア郵便航路は、採算見通しの困難と植民地政府間の反目のため幾多の曲折をへることになり、一時はオーストラリアの一政府との契約で運営される時期もあった。しかし、一八八八年契約からはブリンディジを起点に二週一回の配船体制が確立した。これはイギリス企業オリエント汽船会社（Orient Steam Navigation Company）との交互配船であり（それゆえオーストラリアにとっては週一便配船)、その後長らく両社の協調配船体制がつづいた。

第3-1表に掲げた契約は、その契約期限も金額もまちまちであった。金額的にみた場合、郵便輸送契約はP&Oの事業経営にとってどのような貢献をしていたのであろうか。これを確かめるために第3-2表を掲げた。これは新規契約の実際の有効期限を基準に、P&Oが受け取った契約金(これにはほかの航路のその他契約金が含まれる)を事業収支の数値とあわせてまとめてみたものである。同表において、「事業収入」は「契約金」と「運送収入」との合計であり、「運送収入」は旅客収入と貨物収入とを合計したものである。また「総支出」は、その下の欄の「航海経費」に、減価償却費、修繕費、それに保険費などをくわえたものである。「航海経費」には焚料費、船用品費、港費、船員給与、食費などが含まれる。なお、一八七四年度(九月三〇日勘定締め)以前は一八四五年度から、また一九〇八年契約ではすくなくとも一九一四年度までそれぞれ契約期限を延ばすべきであるが、これらの年度の財務数値が十分には明らかにされていないため、計算からは除外して年数を数えた。表の数値は、このように求めた有効年数で割った、年平均である。

同表からも明らかなように、契約金が事業収支に占める比率は年代をへるにつれて低下している。対事業収入比と対航海経費比をもとめれば、初期のそれぞれ三割と六割強の比率から、第一次大戦前の最後の契約となった一九〇八年契約ではそれぞれ九パーセントと一七パーセントへと低下した。初期と後期の郵便輸送契約ではP&Oの航路経営にもった意味が異なることが示唆される。事実、一九一三年の年次株主総会で、業務執行取締役の一人サザーランドは、「当社を支えているのは郵便契約ではなく、当社の全体的な取引こそが郵便契約を支えている」と発言し、両者の支持関係の逆転を指摘した(3)。とはいえ、そうなるのは一九世紀末から二〇世紀に入ってからのことであり、とりわけ初期の郵便輸送契約はP&Oの航路経営を支えるに重要な役割を果たした。傾向の点で興味あることに、一八四五年契約のあと、契約金の比率でみた重要性はいったん低下し、一八六八年契約でふたたび回復した。さらに、どの時期においても、運送収入は総支出を下回っており、郵便契約金の支給がなければ事業収支はプラスとならなかった。もっともこれは、郵便契約を遂行するために総支出が膨らみ、運送収入ではまかないきれなかったためともいえる。いずれにせよ、運送収入が総支出をまかなう比率は、一八五三年契約で高まるものの、一八六八年契約でふたたび下落し、この後者の時期に期間全体の最低を記録した。このような契約金の上下動やそれにおうじた運収の動きについては後の章で詳しく触れる機会があるであろうが、この一八五〇年代から七〇年代にかけての時期を通過して、P&Oの経営航路は比較的安定的な推移をたどるようになった。それと軌を一にして、さきにみた契約金の絶対的かつ相対的な重要性の低下が生じたのであった。

このように長期にわたった契約金の、事業収支に対する重要性を論じられるのも、P&Oが東洋航路の郵便輸送契約を長年にわたり保持したからである。だが、これらの契約は最初の有効期限がきてP&Oとの間で自動的に更新された、というわけではない。一八四五年契約を除けば、イギリス政府は新規の契約をいずれも公開入札をとおして選考し、契約者を決定した。P&Oも新規入札のたびに応札をおこない、ほかの競争相手と競いながら落札に成功したのである。この公開入札制度では、政府側の契約当事者（最初は海軍省、のちに郵政省）が、契約航路、契約期間、就航頻度や速度、寄港地、入札日など既定の入札要件をあらかじめ公表し、それに対して民間企業が必要書類を調えて入札に応じた。入札者が個人であるか企業であるか、また郵送契約の経験があるかないかは、事前に問われることはなかった。入札の際、入札者は郵送サービスの対価としての入札金額を提出書類に書き込んだ。入札後は政府契約当事者が選考の衝にあたったが、入札要件と異なる提案があれば――そしてこのことは例外というより常態であったが――入札者に問い合わせ、その意図を糺した。また政府契約当事者は、契約成立後は契約金の支払を担当する大蔵省との間で、おもに入札金額の妥当性に関する意見調整をはかり、必要な場合には入札者と入札金額に関して交渉をおこなった。

このような入札要件や入札金額に関わる入札後の調整作業のために、契約の入札から決定・締結にいたるまでには長期間を要し、一年以上におよぶことも珍しくなかった。だが、ここで注意すべきは、イギリス郵送契約の成立にこのように時間を要したのは、契約の締結後に生じるであろう事態をあらかじめ数え上げ、それぞれへの対処規定を事前に契約書のなかに盛り込もうとしたことが原因ではなかった。海上郵便輸送の場合、入港日と時間は契約に規定されており、各寄港地への郵便物の到着はスケジュール的には容易に確認できた。到着が遅れた場合は規定時間あたりのペナルティが科され、また遅れた場合の原因の特定についても、その範囲が契約で確定されていた（第四章第1節参照）。つまり、生じうる事態の確認手段やその原因の確定手段がないために当事者間の交渉が長引き、契約の成立が困難になるという不完全備性の問題は、すくなくとも海上郵送契約の入札から締結までの交渉過程では重要な問題とはならなかった。(4)

さきにも述べたように、契約の入札から締結にいたるまでに時間を要したのは、政府の入札要件に対して応札者がさまざまな対案を提示し、またそれに応じて入札金額も変動したからであった。いわば、一人の入札者であっても五つの代替的な入札提案をおこなえば、それは政府側の選考にとって五人の入札者からの提案と同じ意味をもったといえよう。ともあれ、ここで確認すべきことは、イギリス郵送契約はその締結にいたるまでの過程で、複数の入札者と政府契約当事者との間で、また政府の契約当事者と関係機関との間で、さらに必要な場合には入札者と関係各政府機関との間での多面的な交渉が必要となり、多くの時間と労力が投入されたということである。イギリスの海上郵便輸送契約をこのように時間・労力集約的とさせたのは、契約を公開入札で決めるという原則に政府が長い間固執したためであった。そこで、イギリス政府が郵送契約を公開入札としたことに関する、その原則的な考え方について、いま少し説明しておくことが必要であろう。

2　政府の郵便輸送契約の原則的な考え方

イギリス政府が海外郵便輸送をその関係機関の保有する船隊で自前でおこなうのではなく、民間企業との契約によって遂行するという方針は、すでに第一章第4節で述べたとおり、一八三七年までには固まっていた。だが、民間へ郵送業務を委託する際、公開入札によるのか、特定の企業との直接交渉によるのかは、揺れ動いた。P&Oの場合、一八四〇年の地中海契約は公開入札であったのに対して、一八四五年契約は入札方式がとられず、海軍省との直接交渉によってまとめられたものであった。だが、一八四五年契約の成立にいたる経緯はのちに議会によって批判されることになる。すなわち、一八四五年契約の期限切れを前に、インド・中国郵便、ならびにオーストラリア郵便の検討をおこなう特別委員会が一八五一年にイギリス下院に設けられた。ジョスリン子爵(Viscount Jocelyn)を委員長とする委員会は、関係者からの広範なヒアリングをへて、同年七月二九日に報告書を提出した。ジョスリン委員会はそのなかで、民間への郵送業務の委託は公開入札方式をとるべきであり、さらにインド・中国の郵便輸送については別々に応札できるよう入札航路を細分化すること、また就航船隊の準備に時間がかかることから、当該契約が終了する前の、できるだけ早い時期に入札の公示をおこなうこと、などを勧告した。(5) さらに報告書は、その最後のところで「一社の手中にインド航路の独占的な輸送をもたらすような協定は重大な反対にさらされるであろう」として、一八四五年契約がP&O一社に握られている現状を暗に批判し、新契約では複数の企業がインド郵便航路の運営に当たることとの期待を表明した。(6)

このジョスリン委員会の勧告、とりわけ公開入札と入札の細分化は、郵便輸送を民間企業との契約によって遂行する場合の、手続き的な原則を定めたものであった。(7) その狙いは、公開入札制度によって選考過程の公明性を確保し、また入札航路の細分化によって複数企業による競争入札の可能性をひろげることにあった。この背景には、イギリスの郵便輸送契約が、民間企業との契約による海外汽船交通網の確立という初期の課題から、しだいに費用対効果のバランスをいかに効率的に維持していくかという課題へと移っていった、という事情が考えられる。しかし、郵便輸送を民間企業との契約で遂行するに際して、手続き的な原則をこえて、費用対効果の観点からどのような原則のもとに契約すべきかは、ジョスリン委員会の報告は答えてはいなかった。この問題をとりあげ、それを正面から論じたのは、カニング委員会の報告であった。

この委員会の結成の契機となったのは、民間企業との郵便契約金が多額にのぼり始めてきたことに対する、大蔵省の警告である。すなわち一八五三年、大蔵大臣は国家財政委員会（Board of Commissioners of the Treasury）に対して、一八五〇年代初頭までに郵便契約によって支出される契約金額がおよそ八五万ポンドまでに増大し、これは一八五二年の民生向け経費（見積）のおよそ五分の一にものぼる額となっている事実を述べ[8]、警鐘を発した。政府はそこで一八五三年三月に、大蔵大臣が提唱する郵便輸送契約の費用対効果の見直し作業の必要を認め、時の郵政大臣カニング子爵（Viscount Canning）を長とした調査委員会が発足することになった。郵便輸送契約に関する調査委員会（通称カニング委員会）には海軍大臣も参加し、一八五三年七月八日付けで国家財政委員会宛てに報告書を提出した[9]。

この報告では、これまでの契約による郵便輸送サービスが、その速度と規則性において非常に優れたものであり、また商業的・政治的価値としても高い貢献をイギリス本国にもたらしていることを認めている。だが、それがとどめのない郵便契約金の増大を招くことは問題があるとして、契約をおこなう場合の推奨すべき様式をつぎのようにまとめた。すなわち、当該航路において頻発で迅速な交通がすでに確立している場合、郵送契約には公開競争を頻繁にかつオープンに導入すべきことを提唱した。ここでは、「政府にとって必要なことは、すでに民間輸送に従事している船舶のサービスを時々に確保することだけ」であり、それによって効率的な郵便輸送サービスが提供できると考えた。このような場合、契約期間は短期となるが、入札条件には価格（＝契約金）と時間（＝速度）のいずれか、またはその双方をふくめるべきであり、これによって契約金の水準を速度との関係で調整することが可能となると指摘している。他方、当該航路において民間交通が皆無か不十分な場合、契約期間は長期とすべきことを勧告した。というのも、「速いスピードで郵便を運搬するために建造された高価な船は通常の輸送目的には不必要」なために、船舶への初期投資に見合う収益がえられるほどに長期間のサービスをおこなえる保証がなければ、だれも新しい汽船交通に莫大な資本を投下しようとはしないからである。だが、ひとたびそのような新航路が十分確立した場合には、長期契約を継続すべき理由はなにもないため、契約は毎年または二、三年ごとに新規におこなうべきと結論づけた。

カニング委員会の郵送契約に関する原則は、民間企業による汽船交通の発展度合いにおうじて契約期間を定めること、また契約金の水準は就航速力におうじて変動させる、というものであった。このようなカニング委員会の郵便輸送契約方式についての考え方は、その後郵便輸送契約を議論する際に準拠枠となったという意味で、重要なものであった[10]。この考え方の前提となっているものを明示的にとりだせば、それはつぎの二つにまとめられよう。一つは、民間汽船事業に対する政府の介入をできるだけ避けるという姿勢である。カニング委員会では、民間企業による汽船就航の発展度合いが問題にされた。これは、郵送契約の入札におうじられる企業数の多寡に関わる問題であり、郵送の費用対効果の向上に直結する問題であった。しかし、委員会では汽船就航の皆無の状態と頻繁な状態との対比がなされたものの、前者から後者への移行はどのようにして可能であるのか、また郵送契約はこの移行とどのように関わりあうのか――阻害的な作用をおよぼすのか促進的な効果を与えるのか――についいては言及されていない。これは、カニング委員会の考察の不十分性ともいえる。だが他面では、特定の企業を郵船企業として育成し保護したあとに、商業ベースに切り替えていけばよいとする考え方がそもそもとられなかったために、対比以上の考察はくわえられなかった、とも考えられる。汽船就航が頻繁になれば郵便を運搬する船舶はその時々に調達できる適船であればよい、とするスポット的な契約の考え方は、特定企業との長期固定的な取引関係や、あるいはそれと対抗する企業の育成をはかるための契約関係を排除するものであった。

カニング委員会のもう一つの前提は、郵送契約を徹底して商業的観点からとらえていくということであり、そこには軍事的観点からの郵船の利用という視点はなかった。海軍大臣を含んだカニング委員会の報告はむしろ、有事の際にこそ定期的な郵便輸送サービスがより以上に必要とされることから、軍用転換には反対の意見を表明し、このような軍用転換にかかわる規定を郵便契約の条項から削除することを求めたのである。(11)

以上のようなカニング委員会の報告に含まれる基本的な前提は、郵送契約を帝国膨張の手段的なシステムとみなし、また郵船企業をその先兵と位置づける考え方とは両立しがたい。郵送契約の商業的な観点からの純化は、政府契約の当事者が海軍省から郵政省へと交代することでより一層推しすすめられることになった。この政府側の当事者の交代は、一八六〇年にむけてしだいに整いつつあった。すでに述べたように、民間との郵便輸送の契約権限を海軍省に残しておく理由の一つとして、有事の際に郵船を軍用に転換するという配慮があったわけであるが、このような事態はかつて一度も生じなかった。また海軍省が契約権限を持つ付加的な理由として、海域の未探査などによる安全航行の問題があったが、これも商務院に開設された商船局（Mercantile Marine Branch）が担当できる問題となり、あえて海軍省に委ねる必要もなくなった。(12)かくして、海外郵便の事業を軍事的観点からではなく、郵便を運搬するという公的サービスの観点から取り扱うべく、一八六〇年四月からは海軍省に代って、郵政省が政府の契約当事者となり、また契約の実施の監督に当たることになった。その郵政省は、移管を進めた大蔵省から郵便輸送に関する意見を求められて、つぎのような基本的な考え方を表明した。(13)すなわち、第一に、責任ある当事者と取引をおこなうこと、第二に、郵便輸送については所定の就航頻度、規則性およびスピードの要件にとどめ、それを実現するための船型、馬力等については規定をもうけず簡素化すること、そして第三に、適度な通知をもって契約を終了させ、それをふたたび公募入札にかけること、の三原則をあげた。これはくりかえすまでもなく、カニング委員会の勧告と前提に合致した方針であった。そのことを具体的な事項にそくして例示しておこう。

政府の契約主体の交代によって、郵便輸送契約はすくなくとも契約条項の点で、二つのことが変わった。一つは、郵送に投入する船舶に関する明細を契約規定に盛り込むかどうか、もう一つは有事の軍用転換を意図して大砲の搭載を可能なように船体を設計、建造する規定を盛り込むかどうかである。この規定に関する海軍省と郵政省との差異を具体的に示すため、P&Oの一八四五年契約（一八四四年一二月二六日海軍省と締結）と一八六八年契約（一八六七年一一月一九日郵政省と締結）の関係する規定を取り上げてみよう。

まず郵便輸送に投入する船舶の明細については、一八四五年契約ではつぎのように規定されていた。

「良好、健全かつ効率的な汽船が十分な隻数、最低でも三隻が、インドのカルカッタとエジプトのスエズ間に用いられること、そのような船舶のおのおのは最低でも五〇〇馬力をもった最適の蒸気機関をつねに装備していること、……セイロン島と中国の香港の間のイギリス郵便の運搬目的のために、十分な隻数、最低でも二隻を提供し、維持し、堪航できるようにし、……各船舶は最低でも四〇〇馬力をもつ最適の蒸気機関をつねに装備していること。……」[14]（…は引用者による省略）

これに対して一八六八年契約では隻数や機関馬力の規定はとくになく、「特定ルートのすべてに……良好、健全かつ効率的な汽船で、最適の蒸気機関を装備した十分な数の船舶を提供する」ことが義務づけられているだけであった(15)。

さらに、大砲の搭載に関しては、一八四五年契約ではつぎのように規定されていた。

「五〇〇馬力と四〇〇馬力の機関を備えた船舶のすべては、イギリスのどの蒸汽戦艦もが乗せて、現在使っている最大口径の大砲を最低四門はいつでも搭載でき、発射できるような船体構造と強度をもち、かつ装備が施されていること(16)」。

これに対して一八六八年契約では、このような大砲の搭載に関する規定そのものが削除された。

かくして、一八五三年のカニング委員会の方針、そして一八六〇年に海軍省より契約権限を引き継いだ郵政省の基本的な考え方によって、郵便輸送目的と軍事的目的の両者が明確に区別され、前者は商業的な観点から見直された。すなわち、具体的には公開入札をもとに比較的短期の契約とその更新を繰り返すことで、民間契約の費用対効果を高めていくという方向性が示されたのである。だが、このような路線が明確にされたものの、実際の運用においては、その時々の状況と、また時代の経過とによって、さまざまなヴァリエーションがみられた。以下、どのような状況と時代の変化が作用して、P&Oの郵便契約の締結となったのか、またそれがP&Oの契約遂行にどのような支援あるいは拘束となったのかを、以下の諸章で述べていこう。あらかじめ第Ⅱ部の各章の主題を契約理論の視点を織りまぜながら紹介すれば、つぎのようである。

汽船交通がひとたび確立した後に、契約期間を短期とし、更新のたびに政府が契約金と速度で利得をえるためには、政府との郵便契約を結ぶ契約主体が複数存在することが前提となる。だが、それだけでは十分ではなかった。契約理論でいえば、民間契約者が提供する情報について政府契約者が正確に把握できなければ、逆選択をおこなう可能性があった。このような事例は一八五〇年代の東洋航路、とりわけオーストラリア航路の契約でみられた。つまり、イギリス政府は単に複数の契約企業の存在というだけではなく、信頼できる契約企業の存在が重要であることに気づくのである。さきの一八六〇年に郵政省が契約原則の第一にかかげた、責任ある当事者と契約を結ぶこととは、まさにこの一八五〇年代のオーストラリア航路の経験によるものであった。第四章で、この問題の展開について詳しく論じよう。

イギリス政府が期待した、複数の信頼できる入札者の登場は、つねに確保されるとは限らなかった。一八六〇年代末の契約では、入札者としてはP&O一社だけであった。この結果、政府は当初予定していなかった長期の契約をP&Oとの間で結ぶことになり、しかもそれは、一企業の利益に連動して契約金の支給額を変動させるという、郵政省とP&Oとの間の一種のパートナーシップの関係をかたち作る契約であった。だが、このパートナーシップは、契約理論でいうモラル・ハザードとリスク・シェアリングの回避から、短命に終わる結果となった。このような特異な長期契約が郵政省の意図に反して結ばれるにいたった経緯とその結末は、第五章で取りあげられる。

郵便輸送契約はひとたび締結されると、契約期間満了までそのまま一切の変更なしに継続するものではなかった。とくに初期の契約では新航路の経営が不確定な要素を取り込みながら開始されるため、部分的な経営航路の変更は頻繁になされた。これは契約理論でいえば、限られた合理性のもとでは、あらゆる可能な事柄を考慮して、それを両契約当事者間の合意事項として事前に契約に盛り込むことが困難であり、またそれをしようとすれば禁止的コストを要したためである。したがって、郵便契約は多かれ少なかれ事後的な修正がくわえられ、それにおうじて契約金の支給も変化した。この事後的な状況の変化とそれに対する逐次的な契約の修正の典型例は、一八六九年のスエズ運河開通とそれによって生じた契約航路の変更をめぐる一連の交渉でみられた。その詳細については第六章で取りあげよう。

スエズ運河開通後、東洋への配船企業は増加し、その分、郵便輸送に入札できる信頼ある企業の数は増加した。その状況のもと、一八八〇年契約の公開入札において、P&Oは落札に失敗する一歩手前まで追い込まれた。この事態を逆転させたのは、政府部内の意見対立であり、とりわけ郵政省とイギリス植民地との意見対立であった。ここでみられるのは、契約に関わる政府側の利害関係者がおおくなったために、郵政省の一般的な原則の適用が困難となり、その結果民間の契約者の選考が変更される、という事態であった。その詳細については第七章で論じる。

政府側の関係者の個別的な利害は一八八〇年契約後も声だかに主張されるが、一八九八年契約では意見調整のために省間委員会が設けられることになった。委員会での契約に関わる事前交渉は、政府側の契約当事者としての郵政省の立場を一見弱めたかにみえる。しかし、委員会における調停役としての郵政省の役割と、契約候補者としての民間企業の事前のスクリーニングは、P&Oと郵政省との関係を強め、両者の間に新たなパートナーシップといえるものの形成に導いた。それはインフォーマルな関係であったが、長年にわたる相互信頼を基礎として築かれたものであるため、容易には崩れなかった。このような新たなパートナーシップの形成がどのような展開を契約関係にもたらしたかを、第八章でとりあげていこう。

したがって以下、第3-1表でいえば、一八五三年、六八年、八〇年、九八年の各契約を中心に、その前後の契約も織り込みながら、取り上げていくことになる。これらの契約は、P&Oの航路経営を支えるとともに、時には制約ともなった。契約が航路経営とどのような関係をもつかは、環境的な要素によるところもあったが、多かれ少なかれP&Oのマネジメントのあり方にも依存していた。それゆえ、郵送契約とP&Oのマネジメント体制との関連についても、必要があるごとに言及していこう。

(1) たとえば、一八五九年三月からはモーリシャス政府との契約でモーリシャス／アデン間の月便輸送をおこない、また一八七二年七月からはイタリア政府との間でヴェニス／アンコーナ／ブリンディジ間の郵送契約を結び、イギリス政府との契約航路であるアレクサンドリア／ブリンディジ線に接続をはかった。P&O 6/1 30 November 1858; 1 December 1864; 6/7 6 June 1872

(2) これ以前は喜望峰を経由した帆船によって定期的な郵便の運搬がおこなわれていた。汽船による郵送はP＆Oが最初である。

(3) P&O 6/20 Report of Proceedings. 10 December 1913.

(4) このことは契約成立後に発生した事態の処理について、契約当事者間で利害の対立が生じることを排除するものではない。本書第四章を参照のこと。また、契約の完備性と不完備性についての一般的な考察は、ミルグロム＆ロバーツ 1997の第五章を参照のこと。

(5) BPP 1851 VOL XXI, Paper 305:ix.

(6) BPP 1851 VOL XXI, Paper 305:ix.

(7) この手続き的な原則は、その後イギリス政府が郵便契約を新たにおこなう場合に忠実に守られたといえる。すなわち、第3-1表でいえば、一八五三年、一八六八年、一八八〇年、一八八八年、一八九八年、それに一九〇八年の各新規の郵便契約は、いずれも公開入札であり、入札は一航路でも可能なものとして募集された。

(8) BPP 1852-53: Appendix(A)

(9) 以下、断りのないかぎりBPP 1852-53: 1-7 によった。

(10) しかしながら、カニング委員会の勧告にもかかわらず、郵便契約金の膨張には歯止めが掛からず、補助金と郵便料金の収支は当面、釣り合うことにはならなかった。一八五三年に契約金として支出されたコストは八七万七七九七ポンド、それに対する航洋郵送収入は五二万一六一三ポンドであったが、一八五九年には契約金支出九七万七〇〇〇ポンドに対して航洋郵送収入は三九万三五〇〇ポンドと、収支はむしろ悪化した。Post 29/94 Pkt. 447L/1860 Treasury

Minute, dated 16 April 1860. 一つには、それだけ海外郵便輸送網の拡大と拡充が五〇年代をとおしてもさらになされたことが指摘できよう。もう一つには、政府の契約当事者であった海軍省が、郵便輸送の収支よりも、軍用に動員できる大型の高馬力船を多数取りそろえることに熱心であったことも考えられる。

(11) BPP 1852-53:5-6.
(12) Post 29/94 Pkt.447L/1860. Treasury to the Postmaster General, 18 January 1860.
(13) Post 29/94 Pkt. 447L/1860. The Postmaster General to the Treasury, dated 25 January 1860.
(14) BPP 1847: 14-15.
(15) BPP 1867-68:2.
(16) BPP 1847: 15.

第四章　一八五三年契約——コンプリヘンシィヴ・プランの実現とそのつまずき

1　はじめに

前章で述べたように、イギリスの郵便輸送契約は一八五〇年代にはいって、民間企業との契約による汽船交通網の確立という当初の課題から、しだいに費用対効果のバランスをいかに効率的に維持していくかという課題へと移っていった。ここでいう効果とは、民間企業が提供する郵送サービスのパフォーマンスであり、それはさしあたってタイム・スケジュールにそった郵便物運搬の安全性、規則性、正確性としてとらえられる。前章でも指摘したとおり、郵便輸送の場合、このようなパフォーマンスは、郵便物の未着やタイム・スケジュールからの時間的な乖離という形で容易に測定可能であった。したがってイギリス政府は、郵便契約の支給額をパフォーマンスにおうじて変動させる契約を選好し、また事実、そのような契約を結んだ。すなわち、契約金をパフォーマンスにおうじて変動させる方法として、遅滞の場合のペナルティや早着の場合の報奨金という条項が郵便輸送契約に盛り込まれたのである。とくに前者の条項は、民間企業に契約どおりの運航を強制するものとして、イギリス政府によって選好された。この郵便輸送契約のペナルティには条件つきと無条件の二種類があり、前者は郵船企業がそれに対してなんらのコントロールを持ちえない原因によってタイム・スケジュールの遅れが生じた場合にはペナルティを科さないというものであり、これに対して後者は船体や機関の損傷による以外のタイム・スケジュールの遅れが生じた場合には、理由のいかんに拘わらずペナルティを科すというものであった。条件つきか無条件か、また「遅れ」の程度やその場合に科せられるペナルティの額は、契約ごとにことなった。だが、いずれにせよ、郵便輸送契約を締結した企業は、契約に定める契約金をそのまま固定額として受領したのではなく、契約遂行におけるパフォーマンスにおうじて変動する額を契約金として受領したのである。(1)

ところで、このような賞罰の条項を契約内容にもり込むことは、イギリス政府の側からみれば、契約相手である民間企業に契約内容を規定どおりに遂行させるための工夫であった。一八五〇年代において、政府は、とくにペナルティの額や賦課条件をきびしくすることが契約内容の遂行をより確実なものとする、と考えていたように思われる。また、この考え方を強めるような事例が一八五〇年代の郵送契約、それもP&Oが関わる契約で発生したのである。その詳細については本章の後節で述べるとおりであるが、経緯の概略はつぎのようなものであった。すなわち、P&Oは一八五三年の郵送契約のうち、その採算見通しの誤りから過重負担となった契約航路を契約の破棄というかたちで切り捨てた。政府の契約担当者であった海軍省は、破棄された契約の再入札で、P&Oとの契約の失敗をペナルティ条項の厳格化をもって修復しようとした。しかし、このことは結果的に契約相手の逆選択を招き、郵送契約上のさらにおおきな失策を招くことになったのである。契約内容の遂行を確保するために考案された事後的な工夫が、契約交渉相手の事前的なスクリーニングには役立たなかった事例といえよう。

以下、本章ではP&Oが海軍省と結んだ一八五三年契約を取り上げ、この契約の一連の経過とそこでの問題についてて具体的に考察をくわえることにしたい。第2節では一八五三年契約の締結にいたる経緯とそのタイム・スケジュールを概観し、第3節では同契約の遂行をめぐるトラブルとP&Oの側からの契約改定要求ならびにその結末を述べ、第4節ではP&Oのトップマネジメント、とりわけ業務執行取締役の報酬と郵便輸送契約との関係が一八五三年契約のパフォーマンスによって影響を受けたことを論じる。最終節では一八五三年契約の郵送航路の復活にいたるやや複雑な経緯をたどりながら、契約両当事者が新規の契約を、とくに期限を定めない、短期の予告で解約可能な契約とした理由を探る。

2　一八五三年契約の締結

一八五三年契約は、半島契約を除くP&Oのそれまでの契約航路をすべて更新したことにおいて、また新たにオーストラリア航路をふくめた、P&Oの東洋における主要航路をすべて網羅した包括的な契約であったことにおいて、重要であった。ここで、その契約の成立までの過程を手短にまとめておこう。

P&Oが一八四四年に結んだインド・中国の郵便契約は、もともと一八五二年末までに最初の契約期間が終了することになっていた。この契約をめぐっては、東インド会社が契約金の金銭的な負担を見直す姿勢をはじめからもっていたため、自動的に更新されることは期待しがたかった。さらに、一八五一年にはオーストラリアとインド・中国の郵便契約を検討する特別委員会が下院に設けられ、ジョスリン子爵を委員長とした委員会は、五一年七月二九日付でインド・中国の郵便輸送についてつぎのような勧告をふくむ報告書を提出した。すなわち、イギリス本国とインドとの郵便輸送を月二回にすべきこと、また各方面へのサービスはまったく別個のサービスとして遂行できるよう別々の入札にかけること、さらに船隊の準備に十分配慮して、既存の契約が終了する以前のできるだけ早い時期に入札を開始すること、という内容であった(2)。

第４-１表　1852年のインド・オーストラリア入札航路

航路番号	航　　路	度　数	寄　港　地	備　　考
第１航路	イギリス／アレクサンドリア	月１回	ジブラルタル、マルタ	支線としてマルセーユ／マルタの開設
第２航路	イギリス／アレクサンドリア	月１回	ジブラルタル、マルタ	支線としてマルセーユ／マルタの開設
第３航路	スエズ／カルカッタ／香港	月１回	アデン、ポイント・デ・ガール	ガールからカルカッタ便とペナン／シンガポール／香港便に分岐
第４航路	スエズ／カルカッタ／香港	月１回	アデン、ポイント・デ・ガール	ガールからカルカッタ便とペナン／シンガポール／香港便に分岐
第５航路	シンガポール／シドニー	隔月１回	バタビア、スワン河、アデレード、ポート・フィリプ	スワン河にかわってキング・ジョージ・サウンドでも可

資料：BPP 1852 VOL XLIX, Paper 249 より作成。

この委員会の勧告を受けて、海軍省は一八五一年一一月二一日には、第４-１表にかかげたような五つの航路について、一つからでも入札が可能な条件をつけて公開入札にかけた。(3) 入札条件によれば、シンガポール／シドニー間には平均速力八・五ノット以上、船型六〇〇トン以上の船舶を、またその他の航路については平均速力一〇ノット以上、船型一一〇〇トン以上の船を配船することとなっていた。前章でも触れたように、郵船に使用する船舶についてその船型、機関出力を規定することは、海軍省による入札の慣例であった。契約期間は一八五三年から八年間とされた。さきほど述べたように、この入札航路はＰ＆Ｏが担当していた主要航路をすべて網羅していたうえ、あらたにオーストラリア航路をふくむものであった。この入札に対して、Ｐ＆Ｏのほかに、もう一社、東洋との貿易に従事する関係者によって新たに設立されたイースタン・スチーム・ナヴィゲーション社（Eastern Steam Navigation Co. ESN）の二社がおうじた。Ｐ＆Ｏは五航路すべてに入札するとともに、セイロンのポイント・デ・ガールとボンベイを結ぶ航路も契約航路に入れて、一九万九六〇〇ポンドの入札価格を提示した。ガールとボンベイを結ぶ航路を新たに申し入れたのは、P&Oの既存の郵便契約航路であったセイロン／香港航路をボンベイにまで延長したうえで、延長部分をふくめた中国航路を契約航路とするためであった。P&Oはすでに一八四七年八月からガール止まりの中国線をボンベイまで自主的に延航していたが、[4] ボンベイ／中国間の郵便物――これはガール／中国間の郵便物よりも量的にはるかにおおかった――はいわゆるシップ・レター（ship letters）となって、[5] 郵政省の郵便料収入にはなってはいなかった。P&Oが自主的に延航している部分をふくむボンベイ／中国航路を郵送航路とすれば、政府の郵便料収入は大幅に増加する、というのがP&Oの主張であった。[6] この延航部分を入れない場合、P&Oの入札価格は年間就航マイルあたり六シリング六ペンスとなり、一八四五年契約の一六シリング一一ペンスにくらべ大幅な引き下げとなった。使用船舶は建造中の船舶六隻をふくめて合計二〇隻、いずれも速力、船型で入札条件をみたしていた。他方、ESN社は、地中海の第一航路とインド・中国の第三航路を引き受けるという入札と、これにくわえてオーストラリアの第五航路の三航路を引き受けるという入札の二つをおこない、前者の入札には一一万ポンド（年間就航マイル数あたり約八シリング）、また後者の入札には一六万六〇〇〇ポンド（同一〇シリング）の契約価格を提示した。ESN社は入札の際、二つの別個の機関が月便輸送を担当することによってサービス提供企業間の競争関係が生まれ、それが公的利益を保証することになると強調して、同一航路に別々の契約主体による郵便輸送体制を敷くことを求めた。同社の投入予定船舶は合計一〇隻で、速力、船型の点で条件を満たしていたものの、いずれも建造中か建造契約途中の船であった。

これらの入札に対して、一八五二年二月、大蔵省は使用船舶のスピードが同じであるものの、マイルあたり契約金でP&Oの方が低いこと、またサービス開始がP&Oの場合五三年一月からに対して、ESN社は船舶調達の関係で契約締結から二一ヶ月の猶予を求めていること、などを理由にP&Oとの契約を海軍省に勧告した。かくして、ジョスリン委員会の勧告とそれにそった入札形態にもかかわらず、東洋との汽船交通はふたたびP&O

第4-2表　1853年郵便輸送契約のおもな発着港と接続港のスケジュール
——往航の場合——

サウサンプトン／アレクサンドリア線（片道2,975海里）

サウサンプトン発	マルタ着*	アレクサンドリア着
毎月の4日2pm	毎月の14日4am	毎月の18日6am
20日2pm	30日4am	4日6am

*マルタでの停船時間は通常12時間、最大24時間

マルセーユ／マルタ線（片道650海里）

マルセーユ発*	マルタ着
毎月の11日8am	毎月の14日5am
27日8am	30日5am

*ロンドン郵便物は毎月8日と24日にロンドンから発送

スエズ／カルカッタ線（片道4,751海里）

スエズ発*	ポイント・デ・ガール着**	カルカッタ着
毎月の21日6am	毎月の8日9am	毎月の16日3pm
7日6am	24日9am	2日3pm

*スエズ停船時間は通常120時間、最大168時間
**ガールでの停泊時間通常48時間、最大120時間

ボンベイ／中国線（片道3,958海里）

ボンベイ発	ガール着	シンガポール着	香港着
毎月の4日9am	毎月の8日9am	毎月の16日3pm	毎月の24日10pm
20日9am	24日9am	2日3pm	10日10pm

シンガポール／シドニー線（片道4,723海里）

シンガポール発	シドニー着
隔月ごとの17日3pm	隔月ごとの14日6pm

資料：Post 51／13 General Contract of 1 January 1853, India, China, &c. Mailsより作成。

が獲得することになった。いま、海軍省との間で詳細をつめた新しい契約のもとで、一八五三年一月からどのような郵便輸送体制が発足することになったのかをみるために、第4-2表をかかげよう。同表は、イギリス郵便物が東洋方面に配達される場合（往航郵便物）の運航スケジュールを示したものであり、のちにこのスケジュールが大きく変更されることからも、ここでやや細かな点にいたるまでかかげておいた。同表をもとに、簡単な説明をくわえておこう。

イギリス郵便物が東洋方面に運搬される場合、本国からの出発経路には二とおりあった。一つは、サウサンプトン港からアレクサンドリアまで運搬する海上ルートで、[7]これはおもに新聞・雑誌などの重量郵便物の輸送に利用された。もう一つのルートは、ロンドンからカレーに送り、陸路フランスを横断してマルセーユまで運び、ここで船に積みかえてマルタまで運搬するルートであり、フランスへの郵便料支払いの必要からおもに公文書や手紙など軽量の郵便物の輸送に利用された。さきの第4-2表でいえば、最初のルートはサウサンプトン／アレクサンドリア線がそれであり、毎月四日と二〇日にサウサンプトンを出港した。また後者のルートのうち海上部分はマルセーユ／マルタ線であり、マルセーユを毎月一一日と二七日に出港した（ロンドンからは毎月八日と二四日に発送された）。両ルートはマルタで接続し、フランス経由の郵便物は毎月一四日と三〇日にここで積みかえられてアレクサンドリアまで運搬された。ロンドンからの郵便物は、サウサンプトンから運搬される郵便物よりも、およそ四日遅く出してもマルタで重量郵便物と合流することになっていたわけである。アレクサンドリアで揚げられた郵便物は、エジプト政府の責任と権限によってスエズまで運搬された。当時はまだ鉄道が開通しておらず、[8]陸路らくだなどの動物を使って郵便物を運搬した。第4-2表によれば、アレクサンドリアに陸揚げされた郵便物がスエズを出港するのは毎月の二一日と七日であったことから、積み降しの時間も入れて、三日間がエジプト横断にあてられていたことになる。ただし、カルカッタから到着した船がスエズで待機する時間が最大で七日間（通常は五日間）となっているので、エジプト横断には最大五日間（＝通常の横断日数三日間プラススエズでの停船延長日数二日間）の日数が許されていた。

スエズを二一日に出発する郵船は、毎月四日（サウサンプトン）と八日（ロンドン）にイギリスから送られた郵便物をのせて、翌月の八日にポイント・デ・ガールに到着した。スエズ／カルカッタ線の船は、ガールで通常二日、最大五日の間、ボンベイから中国に向う郵船が途中ガールに寄港するのを待機し、ここで中国向けのイギリス郵便物を移し替え、みずからはカルカッタに向った。かくして順調にいけば、毎月四日と八日のイギリス郵便物は翌月の一六日に、また毎月二〇日と二四日のイギリス郵便物は翌々月の二日にカルカッタに到着した。およそ三八〜四二日間ほどでイギリスからの往航の郵便物がカルカッタに到着したわけである。他方、ボンベイから出発した中国線の船は、ガールで中国向けの郵便物を受取って、シンガポールを経由して毎月二四日と一〇日に香港に到着した。同じく順調にいけば、毎月四日と八日のイギリス郵便物は翌月の二四日に、また毎月二〇日と二四日のイギリス郵便物は翌々月の一〇日に香港に到着した。およそ四六〜五〇日間ほどでイギリスからの往航の郵便物が香港に到着したわけである。

最後に、オーストラリア線では、ボンベイ／中国線の郵船が隔月ごとに運搬するイギリスからのオーストラリア向け郵便物（前月の四日と八日出し）をシンガポールで受け取り、隔月の一七日にシンガポールを出港して、その翌月の一四日にシドニーに到着した。それゆえ順調にいっても、イギリスの往航郵便物がシドニーに到着するには六六〜七〇日間を要した。最後のオーストラリア航路については、P&Oの契約に直接関わることではないが、もう一つ別の航路が契約航路として別企業によって運営された。すなわち、ジョスリン委員会の勧告にそって、イギリスとオーストラリアを喜望峰経由で結ぶ航路の開設が一八五二年六月、海軍省とオーストラリアン・ロイヤル・メール・スチーム・ナヴィゲーション社（Australian Royal Mail Steam Navigation Co.

ARMSN）との間で結ばれた。ARMSN社はP&Oと隔月に交互に配船することで、オーストラリアへの配船は毎月一回のスケジュールとなる予定であった。喜望峰経由の約定日数は九〇日であった[9]。

以上述べたように、一八五三年契約は、イギリス／インド、インド／中国間を月二回の頻度で結ぶ線を幹線航路としており、これに対してオーストラリア航路は幹線の一つである中国線とシンガポールで接続する支線として位置づけられていたといえる。この新しい契約は、P&Oの以前の契約と同じく、郵船の武装に必要な船体構造と装備を備えていることを義務づけ、またペナルティについても、適船を配船できなかった場合には一日につき五〇〇ポンドの、また約定航海日数を達成できなかった場合には一日につき二〇〇ポンドのペナルティを科すという、以前の契約とほぼ同じ条項を盛りこんでいた[10]。さらに、ペナルティの賦課が条件つきであること、つまり配船や就航時間上の問題が契約者のコントロールできない状況下で生じた場合にはペナルティを科さないとする条件も、以前の契約と同一であった。しかし、新しい契約がそれ以前の契約、とりわけ一八四五年契約とことなるのは、この契約が四五年契約とくらべて契約金の大幅な引き下げによって獲得されたということであった。

イギリス政府はこれによって費用対効果の点では大きな成果をおさめた。他方、P&Oにとってこの契約はつぎの二点で経営負担を倍加させたと考えられる。第一に、P&Oがこの契約のもとに運航することになる郵便輸送の年間延べ就航距離六二万六千海里は、それまでの契約をあわせた輸送距離の二倍以上に達した。しかも、この距離の増加約三六万四千海里のうち七割以上までが、焚料費や船員費の割高なスエズ以東での増加であった[11]。また第二に、マイルあたり契約金は、一八四五年契約の平均のそれにくらべ三分の一に近い水準にまで下落した。郵便輸送契約下での、かかるP&Oの経営負担は前例のないものであり、このことは他の郵船企業と比較してみるとより一層明瞭となる。すなわち、一八五三年時点のおもな遠洋郵便輸送契約を一覧した第4-3表によれば、P&Oが引き受けた郵便輸送の年間延べ就航距離はイギリス郵船企業のなかで最大であり、またそのマイルあた

第4－3表　1853年時点のおもな航洋郵便輸送契約

契約企業	契約航路	契約月 年 月 日	契約期間	配船回数	年契約金 ポンド	延べ マイル数	マイル当りの契約金 s. d.
P&O	イギリス／アレクサンドリア マルセーユ／マルタ スエズ／カルカッタ／香港 シンガポール／シドニー	1852 3	8ヶ年	月2回 同 同 隔月1回	199,600	604,416	6 2
Cunard	リヴァプール／ハリファックス／ボストン リヴァプール／ニューヨーク	1850 4 1	12ヶ年	週1回 同	173,340	304,876	11 4 1/4
RMSP	イギリス／西インド／ガルフ ブラジル・サービス	1850 7 5	11ヶ年	月2回 月1回	240,000 30,000	441,379* 154,011*	10 10 1/2 3 10 3/4
PSN	パナマ／バルパライソ	1850 9 23	7ヶ年	月2回	25,000	7,826*	3 10
GSSS	イギリス／カルカッタ（喜望峰経由）	1850 5 20	7ヶ年	月1回	42,144	246,697*	3 5
ASS	イギリス／アフリカ西海岸	1852 1 29	10ヶ年	月1回	23,250§		

注　§初年度契約金、以降毎年500ポンドづつ減額。＊マイル当たり契約金から逆算した値。
RMSP Royal Mail Seam Packet Co.; PSN Pacific Steam Navigation Co.; GSSS General Screw Steam Shipping Co.; ASS African Steam Ship Co.
資料：BPP 1852-3 VOL XCV より作成。

り契約金はキュナード社やロイヤル・メール社にくらべて、五〇〜六〇パーセントの水準にしかなかったのである。

なにゆえ、P&Oはこのような他の郵船企業とくらべてみてもはるかに低いマイルあたり契約金の提示を入札でおこなったのであろうか。この点を明らかにしてくれるP&Oの内部資料は見当たらないが、考えられる一つの点は、入札で競ったESN社の会長ブレイン（G. T. Brain）がジョスリン委員会でおこなった証言の影響である。かれは、取引量の増大から第二のインド・中国航路の開設が必要なことを説くとともに、特定の船会社（文脈上あきらかにP&Oを指す）の独占を排除するためにも、またそれによって旅客料金の高さ、旅客の詰め込み、速力の遅さといった利用者の不満を解消するためにも、第二航路は別企業によって運営されるように要望した。さらにかれは、新設予定のＥＳＮ社のもとで、イギリス本国を結ぶインド・中国航路の月便配船をより速力の速い船によって、年間一〇万九八〇〇ポンドで引き受ける用意があることを大蔵省にすでに申し入れていることを明らかにした。(13)この申し入れ金額は、Ｐ＆Ｏが四五年契約で獲得した契約金よりも三割以上低い金額であった。ＥＳＮ社を排除するためには、Ｐ＆Ｏとしては思い切った低い契約料を提示する必要があったわけである。もちろんＰ＆Ｏとしては、それまで契約履行を順調に消化してきたことから、一八五三年契約の遂行にも自信があったと思われる。しかし、実際の展開はＰ＆Ｏの予測を上回る、あるいはそれを裏切るものであり、このために一八五三年契約は大幅な改定を余儀なくされた。このようなＰ＆Ｏの予測を誤らせたのは多分に偶発的な外部要因によるものであったが、つぎにその改定にいたる事情をみていくことにしよう。

3　一八五三年契約の変更と中断

Ｐ＆Ｏは一八五二年三月、新規契約の締結とともに、倍以上となった航路サービスを遂行するため、東洋各地の貯炭所に石炭を配給する契約を給炭業者との間で結びはじめた。この当時、Ｐ＆Ｏはその必要とする石炭を入札によって調達していた。入札条項には、トンあたり石炭価格、供給量および仕向け地までの運賃がふくまれていた。(13)しかし、この時、たまたまオーストラリアでのゴールド・ラッシュの時期と重なり、東洋に石炭を運搬する船腹が不足し、石炭運賃や石炭の調達価格がＰ＆Ｏの予想を超えて昂騰した。その具体的数値をみれば、第4-4表のとおりである。Ｐ＆Ｏの見積もりによれば、五三年初頭の現行レートによるスエズ以東の石炭価格は、前年レートによるそれを約六四パーセント、金額にして一三万ポンドも上回る計算となった。また、同表にはふ

第4-4表　貯炭場への石炭供給と価格　1852-53年

貯炭場	1852年レート　月1回のサービス				1853年レート　月2回のサービス			
	年間トン数	平均価格 s.	d.	合計 ポンド	年間トン数	平均価格 s.	d.	合計 ポンド
スエズ	1,200	62	0	3,720	2,400	90	0	10,800
アデン	12,000	41	4	24,800	24,000	75	0	90,000
セイロン	14,400	33	2	23,880	28,800	48	6	69,800
マドラス	1,200	36	1	2,165	2,400	49	6	5,940
カルカッタ	6,000	36	1	10,825	12,000	49	6	29,700
ボンベイ	6,000	32	11	9,875	12,000	49	6	29,700
ペナン	1,200	32	3	1,985	2,400	65	0	7,800
シンガポール	8,400	32	3	13,545	16,800	65	0	54,600
香港	5,400	42	8	11,520	10,800	70	0	37,800
合計または平均	55,800	36	8	102,315	111,600	60	3	336,180
				×2				=204,630
							差額	£ 131,550

資料：P&O 11／25 P&O to the Admiralty, 2 February 1853.

くめられていないオーストラリアでの石炭価格も、採炭夫の不足のために、入札時のトンあたり一八シリング六ペンス〜二〇シリングから五三年はじめには八〇シリングへと、一年間で四倍に昂騰した。[14]さらに地中海航路においても当然のことながら給炭費の昂騰があったと考えられ、これらの事情を勘案すると、当時の焚料費の上昇分だけで、年間契約金一九万九六〇〇ポンドのほとんどが費消される計算となる。つまり、一八五三年の契約金は、そのマイルあたり契約金の大幅な低下のため、すでに焚料費以下の水準にまで下落していたが、その焚料費の予想外の上昇はただちに契約遂行に重大な困難をもたらしたわけである。しかも、五三年に入ってからは、問題はたんに石炭や運賃の昂騰だけではなく、船腹そのものの不足となり、このため石炭供給契約企業が必要船腹を確保しえず、契約不履行からP&Oにペナルティを支払う状態が発生するにいたったのである。[15]

このみずからのコントロール外にある外部環境の変化に直面したP&Oは、一八五三年二月二日付の海軍省宛の手紙で窮状を訴えたのにつづいて、二月九日付手紙ではつぎのような提案をおこなった。すなわち、第一に、新規契約のイギリス／インド・中国航路月二回の配船契約を一二カ月間延期し、その間は一八四五年契約にもとづいて月一回の配船とする。また第二に、マルセーユ／マルタ、シンガポール／オーストラリアの新航路については、新規契約どおりの配船回数とするが、そのマイルあたり契約金についてはあらためて協議事項とする、というものである。[16] このP&Oの提案は、一八四五年のマイルあたり契約金で月一回の配船となれば、その契約金総額がちょうど現行レートでの焚料費を賄うにたる水準になる、との計算にもとづいていたと思われる。P&Oの提案は、前章で触れたカニング委員会での緊急検討事項にまわされたが、同委員会が二月二三日に出した結論はつぎのようなものであった。すなわち、P&Oが訴える窮状は理解しつつも、そのような事態がもたらすリスクは契約者が負うべきで、契約者に都合が悪くなったという理由だけで、契約者に協定内容の遂行を免除するということは危険きわまりない、不適当なことと考えられる。したがって、P&Oの提案は受けいれがたいというものであった。つづいて委員会は政府がとるべき具体的な措置として、①P&Oの申し入れを機に全契約の改定をP&O以外の契約者とおこなうか、あるいは②新規契約者をみつけることが困難で、サービスの中断を避けるとすれば、P&Oの減船要求を認めるものの、減船に対しては五三年契約にもとづいた契約金の減額をおこなうか、いずれかの途があることをあげ、その選択については政府に任せるとした。[17] これにもとづいて海軍省は三月一日付の手紙のなかで、つぎの提案をP&Oにおこなった。[18] すなわち、①サウサンプトン航路、カルカッタ航路および中国航路の月二回の配船を契約からすべて取り除く、②取り除いた航路マイル数が全契約マイル数に対して占める割合と同一の割合で計算した金額を一八五三年の契約金から控除する、③海軍大臣は必要と考える場合、取り除いた航路をP&O以外の第三者との間で新たに契約する自由裁量権をもつ、というものであった。

この対案はP&Oの幹線航路を契約航路から取り除くというものであったため、P&O側はもとより受諾しえるものではなかった。P&Oの三月四日付の返書によれば、低い契約金額が可能であったのは、マルセーユとオーストラリア以外のすべての寄港地にすでにP&Oの必要な諸施設が整えられていることによっているのであり、海軍省の対案が実施されれば、これらの諸施設と、また月二回の配船体制確立のためすでに六五万ポンドに上る資金を投下している新造船は必然的に遊休し、しかももっともコストが嵩みもっとも利益が上がらないマルセーユ／マルタ、シンガポール／シドニーの配船を負担することになる、という反論を寄せた。それゆえ、P&Oはかさねて、来る四月より月二回の配船契約を一二カ月間延期して月一回の配船体制とするよう、そのかわり契約金の減額は現行のマイルあたり契約金のレートでおこなうことを承諾する旨返事をしたためた。さらに、一年後の契約再開の際には、P&Oとの交渉を最優先するよう要請した。しかし、P&Oのこの再度の訴えにもかかわらず、政府のさきの方針はまったく変わらず、この結果、P&Oはみずからの提案を撤回し、全航路の維持を決断するほかはなかった。(19)

P&Oは船腹不足に対処するため急遽二隻の汽船ラージャ号（*Rajah*. 六〇〇トン、六〇馬力）とマニラ号（*Manila*. 七〇〇トン、六〇馬力）を購入し、オーストラリア、インド、インドネシアなどイギリス炭以外の石炭を貯炭所に運搬する手段にあてた。同時に、蘭領バタビアを介して中国、シンガポール向けに石炭の大量供給があり、またインド、中国向け正貨の大量輸出による収入面での支えもあって、石炭危機による契約航路での配船削減をかろうじて回避しえたのである。(20)

しかし、一八五三年契約がP&Oの経営に与えた困難は、焚料費の昂騰にとどまらなかった。P&Oの新設航路であるオーストラリア航路が、大幅な採算割れとなったのである。すでに述べたように、同航路は最初、シンガポールでP&Oの幹線（中国航路）との接続を図ったが、輸送量は増大せず、はやくも一八五三年九月には、海軍省の了承をえて、セイロンのポイント・デ・ガールにターミナル港を変更した。(21) 同時に使用船舶も七〇〇トン、一〇〇馬力といった小型・低馬力の船をかえて、一二〇〇トン、二八〇馬力の大型の船型を投入し、これによって正貨をはじめとする貨物収入の増大を図ろうとした。[22] しかし、この航路と船舶の変更にもかかわらず航路収支は好転せず、P&Oが経営を開始してから二年たらずのうちに約四万ポンドの欠損を記録し、それでもなお当分の間輸送量の増大は見込めないという状態であった。[23] つまり、オーストラリア航路に関しては、P&Oの航路収支の見通しはまったく的外れのものとなったのである。もっとも、航路の採算見通しを誤ったのは、P&Oだけではなかった。喜望峰経由で、P&Oと隔月配船することでオーストラリアへの月便汽船交通のサービスを提供することになっていたオーストラリアン・ロイヤル・メール・スチーム・ナヴィゲーション社（ARMSN）も、約定日数九〇日を大きく超過する航海をつづけ、一年たらずのうちに郵便輸送契約そのものを放棄するにいたった。[24] 同社にかわって一八五四年から往航は喜望峰経由、復航はホーン岬経由でオーストラリアへの輸送契約を担当したのは、イギリス／喜望峰間の郵便輸送を引き受けていたゼネラル・スクリュー・スチーム・シッピング社（General Screw Steam Shipping Co.）であった。[25]

一八五三年契約がP&Oにもたらした、上述のような採算見通しの誤りは、同社の収支の推移にもみてとれる。郵便契約金をもふくめた事業収入と船舶経費の推移をみた第4-5表によれば、事業収入全体は五〇年代初頭から順調に伸びているが、船舶経費はとくに一八五二～五四年度にかけて収入増に匹敵するかあるいは上回る増加を示した。この結果、事業収入に対する船舶経費の割合も、一八五三、五四の両年度は五〇パーセント台に達した。収支の悪化は、P&Oの配当率の下落となってあらわれた。すなわち、同じく第4-5表によれば、P&Oの配当は、一八五二年度の八パーセントから五三年度は六パーセントに減配となった。P&Oの配当率は一八四一年度に株式配当を開始して以来四五年度まで七パーセントを、また四六年度からはつねに八パーセントを維持してきたことから、五三年度の株式配当は会社が創立されて以来はじめての減配であった。

このような焚料費の昂騰ならびに契約した新設航路の採算割れ、という問題を解決する糸口となったのは、P

第4-5表　事業収入と船舶経費　1850-1861年度

（ポンド）

年度 9月30日〆	旅客収入 (1)	貨物収入 (2)	郵便収入 (3)	軍用傭船料 (4)	合計 (1)〜(4) (5)	船舶経費 (6)	(6)÷(5) %	株式配当 %
1850	295,404	194,044	204,153	0	693,601	276,240	39.8	8
1851	292,319	231,551	203,653	0	727,523	297,703	40.9	8
1852	311,992	259,406	203,214	0	774,612	349,022	45.1	8
1853	344,600	364,393	215,825	0	924,818	519,450	56.2	6
1854	447,851	547,944	220,100	76,135	1,292,030	709,584	54.9	5[1)]
1855	563,593	519,627	225,957	290,229	1,599,406	712,953	44.6	7[2)]
1856	550,849	648,694	226,403	232,911	1,658,857	764,260	46.1	7[3)]
1857	578,525	889,468	227,325	150,626	1,845,944	779,306	42.2	15
1858	653,819	667,379	272,688	214,886	1,808,772	891,494	49.3	11
1859	834,286	871,808	398,606	42,989	2,147,689	1,047,720	48.8	11
1860	954,693	864,748	467,787	0	2,287,228	1,234,980	54.0	8.5
1861	916,129	855,773	424,892	0	2,196,794	1,146,518	52.2	10

1)：1株当り1ポンドの追加配当；2) 旧株1株当り1ポンド10シリング、新株1株当り6シリングの追加配当；3) 旧株1株当り1ポンド、新株1株当り4シリングの追加配当。

備考：船舶経費には燃料費、船員賃金・同食料費、港費がふくまれる。
1858年度と59年度の軍用傭船料はインドへの兵員輸送収入、それ以外はクリミア戦争による傭船収入。

資料；P&O 6／52, 6／53より作成。

＆Ｏにとってはまったくの偶発的要因であるクリミア戦争であった。事実、この一八五四年三月からはじまり、その後二年間つづいたクリミア戦争は、その誤った予測によって生じた業績の悪化をＰ＆Ｏが回復するに、最良の機会を提供したといっても過言ではない。第一に、イギリス政府によるＰ＆Ｏ船舶の傭船は、Ｐ＆Ｏに多額の傭船料収入をもたらし、企業収支をいちじるしく好転させた。この傭船料収入は、第4-5表にみるように、一時は郵便輸送契約金を上回る額に達し、五七年度までＰ＆Ｏの収入を潤したのである。この間のＰ＆Ｏの配当をみると、五三年度の六パーセントから徐々に増配となり、五七年度には一五パーセントと、第一次大戦前の株式配当率としては最高を記録している。

第二に、政府傭船の増大は、Ｐ＆Ｏが配船体制を改編するに絶好の機会を提供した。クリミア戦争の勃発により、Ｐ＆Ｏはふたたび焚料費のみならず、船員賃金、食費、船用品など、航海経費の大幅な上昇に直面した。P&Oは戦争による環境変化を理由に、郵便輸送サービスの契約金引き上げを政府に求めた。しかしながら、政府はクリミア戦費が嵩むことを理由にこの要求を拒否したため、P&Oはふたたび東洋への配船困難を迎えたのである。[26]しかし、このたびはP&Oにとって、配船体制を改編するに恰好の言いわけがあった。つまり、軍事輸送を目的とする政府による商船の傭船であり、これを理由とした契約航路での減船や配船の中断である。すなわち、一八五四年八月、P&Oは同社の船隊の一部が兵員輸送のため政府傭船となっていることを理由に、ボンベイ/香港間月二回の配船を一時的に中断し、香港から上海に延航したうえで月一回の配船とするよう海軍省に申し入れ、了承をえた。[27]さらに、同じ五四年の一一月、P&Oは海軍省にオーストラリア航路の中止を申し入れた。表向きの理由は、同じく政府傭船の拡大のため契約航路の維持が困難になったということであるが、当時P&Oの船隊五〇隻近くのうち傭船で引き上げられた船舶は六隻であり、オーストラリア航路における隔月一回の配船を維持するに、さほどの困難はなかったと思われる。にもかかわらず、P&Oがこの時点でオーストラリア航路を打ち切ったのは、P&Oの業務執行取締役がはからずももらしたように、「政府による戦時輸送サービス用の船舶の引き上げは、［赤字続きの］オーストラリア航路から撤退するに好都合の機会を提供」[28]（［　］内は引用者補足）したからにほかならない。一一月二一日に海軍省よりオーストラリア航路中止の了承をえるや、P&Oはオーストラリアにおける施設と家屋を処分し、現地の代理店契約を解約し、同航路からの全面撤退をすみやかにおこなった。[29]オーストラリア航路の中断によって年間の契約金は一万七一三一ポンド減額となったが、[30]同航路の二年近い損失額四万ポンドと、これからも見込まれる損失にくらべれば、いかほどのこともなかったといえよう。ついでながら、喜望峰とホーン岬経由で隔月配船していたゼネラル・スクリュー社も政府傭船を理由としてサービスの中止ならびに契約の破棄をおこなった。[31]このため、オーストラリア植民地は五四年末には帆船以外の本国との海上交通手段をすべて失うことになった。

このようにP&Oはクリミア戦争という偶発的な機会を利用して一八五三年契約航路の一部中止や停止による航路の改編をおこなったが、これとほぼ同じ時期にP&Oにとってはその経営する航路のなかで唯一思いにまかせなかったボンベイ／スエズ航路の運営を手にすることができた。このことについて、簡単に触れておこう。

P&Oがボンベイ／スエズ航路を経営するようになったきっかけは、海難事故である。[32] 一八五三年七月一二日、P&Oの郵船ヒンドスタン号（*Hindostan*）がスエズからアデンに着いたとき、ボンベイ郵便物を受取るためそこで待っているはずの東インド会社の汽船がなく、地元アラブの帆船（*Fathel Kureen*）が代船としてボンベイ向けの本国郵便物を受け取った。東インド会社の汽船は折からのビルマ戦争のため、郵船からの本来の任務である艦船としてビルマ方面に送られ、郵便運搬用に代船として地元の帆船が使用されていたのである。この帆船は七月一三日アデンを出港、翌一四日にアデンから東一〇〇マイルの地点で船倉への浸水のために沈んでしまった。もちろん、イギリスからの郵便物はサウサンプトン経由もマルセーユ経由もともにすべて失われた。それだけではなかった。乗員・旅客あわせて一九〇名が乗っていたが、この海難事故で助かったのはわずか一〇名であり、インド海軍の船長をふくむ残りの乗船者がすべて死亡するという痛ましい事故であった。沈んだ帆船は建造してから五年と比較的若い船であったが、船首部分の厚板に欠陥があったのではないかと推測された。

ともあれ、この事故の知らせを受け取ったインド監督庁の長官ウッド（Sir Charles Wood）は、東インド会社に宛てて、艦船による郵便物の運搬を廃止して、これを民間に委ねるべきことを強く勧告する手紙をしたためた。[33] ウッドは二年前の大蔵大臣のとき、戦時となれば郵便運搬船として利用してきた船を艦船として引きあげざるをえず、そうなれば郵便輸送を民間との契約に頼る必要が生じることをすでに指摘しており、今回の事態はかれの予想を最悪の形で現実のものとしたわけであった。これに対して、東インド会社は戦時には適船を確保することがますます難しくなっていること、またインド海軍に対する必要と郵便輸送に対する必要がともに高まっており、その両方を満足させることは困難であることを認め、ボンベイ航路を民間との契約に委ねることを決定し、またその契約金を本国政府と折半することを約束した。[34] かくして、紅海方面のボンベイ航路は東インド会社の経営からようやく離れることになり、海軍省はP&Oに対して同航路の経営を引き受けるかどうか打診した。P&Oに異論はなく、一八五三年一一月、マイルあたり六シリング二ペンスという五三年契約にしたがった契約金、二万四七〇〇ポンドで引き受けることで基本的に合意した。[35] 配船の開始は海軍省の当初の要望では五四年九月からであったが、定期的な配船体制を確立したのは、同年末になってのことであった。政府の傭船のためという理由があげられるが、じつはP&Oの大型船三隻が故障のためすぐには使用できず、船繰りが悪化していたためでもあった。[36] そのためにも五四年一一月のオーストラリア航路の中止は、この時期に絶妙なタイミングでボンベイ航路への船繰りを容易にさせたのであった。

4　初代業務執行取締役の手数料規定の変更

一八五三年契約は、かってインドとの汽船交通を確立しようと奮闘した関係者によってとなえられたコンプリヘンシィヴ・プランを実現するものと位置づけられるが、その契約パフォーマンスははかばかしいものではなかった。契約航路の変更や経営放棄が繰り返されるなかで、契約企業P&Oの経営体制も変更を迫られることになった。

一八五四年六月、業務執行取締役の一人ウィルコックスが執行取締役の役職からの辞任を取締役会に申し出た。[37] 六月三日付の取締役会に宛てた手紙によると、二年ほど前から辞任する意向をアンダーソンにもらしていたが、きたる九月三〇日付で業務執行取締役の役職を辞任する旨、取締役会に正式に表明した。ウィルコックスは同じ手紙のなかで、会社が一八五三年契約を獲得した際、個人的な利害から経営航路の拡張をおし進めているとのあらぬ疑念をさけるためにも、新航路（マルセーユ／マルタ、オーストラリア航路）からあがる総収入部分に対する個人の経営手数料収入を放棄するつもりでいたこと、そしてこのことが五四年の会計年度のおわりに際してさきの辞任を申しでた理由であると述べていた。このウィルコックスの手紙が取締役会に提出されたのと同じ日に、アンダーソンの取締役会宛ての手紙（六月三日付）も読みあげられた。[38]手紙のなかで、アンダーソンは二つの申し出をおこなった。一つは、長期勤続従業員に対する報奨基金（Provident and Good Service Fund）制度の創設であり、そのために一八五三年一月にはじまった郵便契約のうち新航路からあがる総収入部分に対する個人的な手数料収入（一五〇〇ポンド）を放棄し、これを基金に振り替えるよう申しでた。もう一つは、五四年会計年度終了以降、既存郵便契約のもとでの旅客・貨物収入部分に対する個人的な経営手数料収入のうち、業務執行取締役に課せられる本社経費の個人的な負担分を除いた全額の受取りを放棄し、会社に戻すという申し出であった。第二章第2節で述べたように、P&Oの初代の業務執行取締役については、P&Oの収入の二・五パーセントを経営手数料として受取り、この中から経営執行に関わる諸経費の支払いをおこなうこと、また純利益の五パーセントを経営報酬として受取ること、という取決めが設立証書でなされていた。ウィルコックスの業務執行取締役の辞任、ならびにアンダーソンのさきの提案によって、アンダーソン一人が受取る収入は、郵便契約金に対する二・五パーセントの経営手数料と利益金に対する五パーセントの経営報酬だけとなる、というのが申し出の内容であった。

総収入に対する二・五パーセントの経営手数料がどれほどの額となっているかについては、これを示す資料をえられない。だが、ウィルコックスの回想によれば、一八四〇年から四五年までは本社経費の負担は手数料収入を上回り、持ちだし部分がおおかったという。[39] 一八四五年からはすでに述べたようにインド・中国へと経営航路が延び、収支償うようになったが、経営手数料が業務執行取締役にとって支出を償ってあまりあるほどになったのは一八四七年からのことであるという。もともとこの制度は、本社での経営効率をあげることで、経営管理に関わる費用を抑えることに目的があった。つまり、それは効率的な経営を保つためにコスト面からの制約条件として作用する仕組みであって、そこに報酬の源泉を求めさせるための仕組みではなかった。ウィルコックスが述べたように、「個人的な利害から経営航路の拡張をおし進めている」との、あらずもがなの疑念は、この手数料制度を報奨制度と取り違えることから生じるものである。しかし、一八五三年契約のもとでの展開は、この疑念をなんの根拠もないものと片づけるわけにはいかなかった。すでにみたように、新しい契約のもとで船舶経費や航路収支の誤算から純益を減らし、減配を余儀なくされた。もちろん、当期利益金の減少は業務執行取締役の経営報酬を減らしたとはいえ、他方で拡張し、増大した航路からあがる事業収入は郵送契約金をもふくめて、経営手数料の額を自動的に増大させた。このようななかで、ウィルコックスが業務執行取締役の辞任を申しでたのは、七〇歳近いかれの年齢からして、たまたま業績悪化の時期とかさなっただけと考えられよう。しかし、ウィルコックスが言及し、アンダーソンが申しでた、経営手数料の大部分の受け取り資格の放棄は、新しい契約のもとでのおもわぬ採算の悪化とそれでも増えつづける手数料収入という事態の出現を抜きには考えられない。ここではコスト面からの制約として作用するはずであった経営手数料が、経営規模の拡大とともに報酬の源泉として作用する仕組みへとかわっていたことがうかがえる。一八五四年度以降、業務執行取締役がその経営手数料を郵便契約金に限定することを申し出たのも、了解できよう。事実、P&Oの取締役会は両業務執行取締役からの申し出を受けいれた。

かくして、初代業務執行取締役との間に結ばれた特異な手数料と報酬に関する取決めは、一八五四年までに大きく変更されるにいたった。ウィルコックスの業務執行取締役の辞任と、アンダーソンの手数料指定項目の削減によって、初代業務執行取締役の手数料はその経営請負的な初期の性格をほぼ払拭した。このことは、マネジメントに関わる本社経費のおおくがいまやP&O自身が会社組織として負担する費用項目へと移行していったことを意味する。その結果、アンダーソンに残された唯一の手数料は郵便契約金に関するものだけとなった。このことは、業務執行取締役が担当しなければならない数おおくのマネジメント業務のなかで、政府との郵送契約の交渉が引きつづいてトップランクの重要性を占めていたことを示唆する。事実、政府との、ときには何年にもわたる郵便契約の交渉は、業務執行取締役の執務時間のおおくを費消する重要事項であり、そのためにスタッフの補充を必要とすることもあったのである。このことについては、次章で具体的に述べる。

ともあれ、一八五三年契約の初動の躓きは、P&Oの初代業務執行取締役の手数料収入に関する取決めの変更をもたらし、またウィルコックスの辞任をはやめる結果になった。なお付言すれば、業務執行取締役を辞任したウィルコックスは取締役会メンバーの一員としては残り、一八五八年にはJ・マセソンのあとを襲って第四代目の会長に就任した(40)。また、ウィルコックス辞任のあと、業務執行取締役にはアンダーソンとアランの二人が残ったが、その補充は一八六〇年代後半に入るまでなされなかった。

5　航路の再興

本章第3節で述べたように、クリミア戦争は、一八五三年契約がP&Oにもたらした経営的緊張を緩和する手段となった。五六年の同戦争の終結により、民間船舶の政府傭船は徐々に解除され、P&Oもふたたび東洋における配船体制を回復していった。その過程で一八五三年契約にはなかった航路の改定に関する追加契約もなされ

第4-6表 インド郵便物月4回配送体制プラン

ロンドンからの配送日		仕向け地	
マルセーユ経由 同日の晩	サウサンプトン経由 同日の昼		
2日		ボンベイ*	
	4日		カルカッタ
9日			カルカッタ
	12日	ボンベイ*	
17日		ボンベイ*	
	20日		カルカッタ
25日			カルカッタ

注＊カルカッタ・マドラス向け郵便物も配送
　毎月12日の配送物はオーストラリア郵便物と合同
資料：Post 29／88 Pkt. 150k／1859, Post Office Notice, dated 3 December 1857.

た。以下、各航路の再興と改編の過程をたどっていこう。

A インド航路

第3節で述べたように、P&Oは東インド会社にかわって一八五四年からボンベイ／アデン間の月二回の配船を引き受けた（一八五四年契約）が、まもなくアデンからスエズまで延航し、ボンベイ／スエズ間の配船とした。同じく、地中海側でもマルセーユ／マルタ線に就航していた船がマルタからアレクサンドリアまで延航し、事実上、マルセーユ／アレクサンドリア線の配船体制を敷いた。これらの延航は交通量の増大にともなってP&Oの運航の利便からおこなったことであり、さしあたり郵便航路との関係はなかった。だが、これらの延航をうまく利用すれば、インド郵便物の運搬はその頻度をますことが可能であった。つまり、第2節でやや詳細に述べたように、一八五三年契約ではマルセーユ線に就航する船はマルタでサウサンプトンからの船とおち合い、後者に郵便物を積みかえることになっていた。このマルセーユ線の船は、P&Oの延航によってその後もサウサンプトンからの船と併走してアレクサンドリアまでいった。それゆえ、サウサンプトン線月二回とマルセーユ線月二回の配船スケジュールを調整して、それぞれ月二回スエズまで来ているカルカッタ線とボンベイ線に接続するようにすれば、インド郵便物の輸送回数は、追加コストをあまりかけずに増便することができた。一八五七年に郵政省が思いついたプランがまさにこれであった。同省は、マルセーユ／アレクサンドリア線月二回を新たに郵便航路としたうえで、第4-6表にみるような配船体制を構築した。同表によると、ボンベイ郵便物は、毎月二日と一七日にロンドンからマルセーユ経由で送られ、スエズでボンベイ線と接続された。ボンベイ郵便物にはカルカッタ、マドラスの郵便物がふくまれ、ボンベイからそれぞれの箇所に陸路で配達された。またカルカッタ郵便物（セイロン、マドラスをふくむ）は毎月九日と二五日にロンドンからマルセーユ経由で、また毎月四日と二〇日にはサウサンプトン経由で発送され、スエズでカルカッタ線と接続された。かくして、一八五八年一月からは、ボンベイ宛てに発送する郵便物の頻度は変わらなかったものの、カルカッタ郵便物の発送頻度は倍となり、インド中心地との通信連絡はその利便性をました。この郵便体制における新設航路マルセーユ／アレクサンドリアの輸送を担当したのはP&Oであり、年間二万一〇〇〇ポンドでこれを引き受けたが、正式な契約書は取りかわさなかった。(41)

B　中国航路

一八五四年一二月に月一回の減船となったインド／中国航路は、P&Oが一八五七年三月、第二のボンベイ／香港／上海線を開設することで、ふたたび月二回の配船へと回復した。しかし、この第二線は商業目的のために、P&O独自の判断にもとづき経営されたものであり、郵便輸送契約のもとでの再開ではなかった。(42)とはいえ、この第二線の中国航路はサウサンプトン港を毎月二〇日に出港する郵船と接続するように運航されたため、中国向け郵便物が無料で運搬され、また政府関係者の旅客料金も郵船と同じく割引となった。つまり、契約金は受けとってはいないものの、事実上、第二の郵便航路であったといえる。この第二線は再開から三年ほどは毎月運航されたが、一八六〇年にはいって焚料費の昂騰からふたたび採算の悪化に見舞われた。一八六〇年一一月、P&Oは、同年四月から海軍省にかわって政府の海外郵便契約の当事者となった郵政省に宛てて、きたる六〇年一二月二〇日の中国向け郵便物を最後にこの非契約航路を中止する旨通知した。[43]これに対して、郵政省は一航海あたりどのぐらいの手当てをおこなえば第二中国線を維持できるかを照会してきた。[44]P&Oは一八五三年契約の期限切れとそれにともなう契約の改定問題があるため、一部航路の金銭的な引受額を提示するよりも、第二航路を交渉中の契約に統合して処理するよう要望した。[45]かくして、この問題の決着は、一八五三年契約と一八五四年契約の改定をめぐる問題と重なることになった。それゆえ、項をあらためてこの問題の決着の経緯をみておこう。

C　一八五三、五四年契約の改定問題

一八五三年一月一日発効のインド・中国郵便輸送契約（オーストラリア航路は後述の五八年一〇月と六一年四月のオーストラリア郵送契約で、五三年契約から取り除かれた）の有効期限は八ヶ年であり、その八年間がすぎた後、契約当事者のどちらか一方が一二ヶ月前に通知すれば解約が可能であった。もしどちらの側も解約通知をしなければ、そのまま事前通知がだされるまで自動的に延長された。おなじく、一八五四年七月七日発効のボンベイ／アデン契約も、五三年契約と同じく六一年一月一日を有効期限とし、それ以降はどちらか一方の一二ヶ月前の解約通知で契約の解消が可能であったが、その通知がなければそのまま自動的に延長された。これら一八五三年と五四年の契約については、P&Oはインド、中国航路をめぐるその後の追加や変更をふくめて、単一契約のもとに統合することを要望した。すなわち、一八六〇年七月に郵政省に宛てた手紙のなかで、未契約のままP&Oが遂行している事実上の郵便航路をふくめて、一八五三年と五四年の契約を単一の契約に統合すること、そ

第4-7表　1860年11月時点のP&Oの郵便契約航路と契約金額

郵便航路	配船度数	契約金　£	1860年11月現在の契約形態
イベリア半島線	月4回	21,500	6ヶ月前の解約通知で解約可能
カルカッタ／中国線	月1回	162,124 18s.	12ヶ月前の解約通知で解約可能
ボンベイ／アデン線	月2回	22,000	12ヶ月前の解約通知で解約可能
マルセーユ／アレクサンドリア線	月2回	21,000	正式契約未締結
小　計		225,624 18s	
政府関係者の割引特権による料金節約（推定額・マイナス）		20,976	
年間受取り契約金額		204,648 18s.	

資料：Post 29／105 Pkt.154N／1862 the Packet Minute Memorandum, dated 23 November 1860より作成。

の契約は一二ヶ月前の事前通知によって解約可能な契約とすること、マイルあたり契約金は五シリングとし、年間契約金を二五万五九四八ポンドとする、また上記の提案が受けいれられたならば、サウサンプトン／リスボン間の半島サービスを年間五〇〇〇ポンドで継続する用意があること（この場合契約金総額は二六万九四八ポンドとなる）、さらに政府関係者の旅客料金の割引慣行を廃止すること、という内容の提案をおこなった(46)。当時のP&Oが担当していたインド・中国ならびに半島契約とその契約金を示せば、第4-7表のとおりである。年間契約金はおよそ二二万五六〇〇ポンドであり、これから政府関係者の運搬料金の割引分を控除すると二〇万四六〇〇ポンドが契約における実質の受取額であった。これをおよそ五万六〇〇〇ポンド引き上げるというのがP&Oの提案である。

これに対して、郵政省は一年前の通知による契約解除というかわりに、三年という契約期間で考えた場合に、提示する金額をどれだけ減額できるかを問いあわせた(47)。郵政省としては、P&Oとの契約を打ちきってあらたに入札にかけるには一年という期間はあまりにも短かすぎ、新たな入札者の登場には三年の猶予が必要と考えたうえでの、問いあわせであった。これに対して、P&Oは現在の石炭や船用品価格の昂騰のなかで、一年以上の契約を結ぶことは望ましくないと返答し、単一の統合契約を六一年一月からはじめることを再度申しでた。[48] この返事を受けて、郵政省が出した方針は、つぎのようなものであった。[49] 複数契約を単独企業との単一契約に統合していくということは、カニング委員会以来の基本方針に抵触することから、P&Oの主張する単一契約への統合は認められない。したがって当面は、一八五三年と五四年の契約をそのまま自動的に延長していくことを選択する。ただし、未契約航路で実質的に郵便航路となっている二航路については、契約金を支払う。具体的には、第二中国航路に対しては、P&Oの要求する一往復航あたり二〇〇〇ポンド、年間二万四〇〇〇ポンドを支払う。またP&Oがオーストラリア航路の関係で開設したサウサンプトン／アレクサンドリア第四航路については、その廃止による郵便輸送体制の不便が大きいことから存続が必要と認め、年間五〇〇〇ポンドを支払う。以上の条件をP&Oが拒否した場合、すべての航路を再入札にかける、というものであった。大蔵省は、この郵政省の方針をほぼ原案どおり認め、[50] かくしてP&Oへ通知された。P&Oは単一契約への統合は果たせなかったものの、自主的な運経営航路の契約航路への繰り入れがみとめられたことから、政府側の要求を受けいれた。[51]

D　オーストラリア航路

オーストラリア航路の復興については、かなりの紆余曲折があったが、後の論点と関係ある箇所を中心にまとめておこう。

オーストラリアとの汽船交通の再開をもたらしたのは、一八五六年六月の、海軍省によるオーストラリア航路の再入札であった。[52] 入札条件のおもな点は、①スエズ／オーストラリア間に月一回の就航頻度で一二〇〇トン以上の船型をもつ船を投入すること、②契約者が約束した就航日に船舶を配船できなかった場合、あるいは約定の航海日数を超過した場合、その日数におうじてペナルティを科すが、ペナルティはその原因がいかなるものであれ、超過初日は五〇ポンド、超過二日目は一〇〇ポンド、超過三日目は一五〇ポンドと五〇ポンドずつ加算する方式で科す無条件ペナルティであること、また③契約者が約束した航海日数を短縮して航海した場合、その短縮した日数におうじて一日あたり三〇ポンドのプレミアムを支給する、そして④契約期間は最初の船が就航してから五年間、というものであった。この入札には、クリミア戦争を機に配船を中止したP&Oやゼネラル・スクリュー社、ロイヤル・メール社（Royal Mail Steam Packet Co.）を代表したマックィーン（James Mac Qeen）、それにユーロピアン・アンド・コロンビアン・スチーム・ナヴィゲーション社（European and Colombian Steam Navigation Co. E&C社）の合計四社がおうじた。P&Oの入札はオーストラリア側のターミナル港がメルボルンの場合、年間契約金一三万五〇〇〇ポンドで、またターミナル港がシドニーの場合は年間一四万ポンドの契約金で輸送サービスを提供しようというものであった。ただし、P&Oは契約を遂行するうえで、つぎのような条件をつけた。一つは無条件ペナルティに関わる条件で、いかなる理由に拘わらず約定の配船日あるいは航海日数を超過した場合、一日ごとに五〇ポンドずつ加算する方式のペナルティ支払という入札条項は受けいれられないとするものであった。二つ目は、契約の解約に関する条件で、一二ヶ月前の通知によって解約可能という条件をいれること、また契約期間内にP&Oの側から解約通知をだす場合には違約金として一万ポンドを支払うという条件であった。そして最後に、二二〇〇トン型の汽船配船は、クリミア戦後の軍用サービスについている汽船が解約され、必要な修繕をほどこしおわる日まで待たなければならないが、汽船サービスの必要性に配慮して要求船型よりも小型の一二〇〇トン型二隻と一〇〇〇トン型一隻の配船を、往航はきたる二月から、また復航はきたる四月からそれぞれ配船する、というものであった。

各社の入札とその条件を検討した大蔵省は、ゼネラル・スクリュー社とマックィーンの入札は、契約締結からサービス開始まですくなくとも一二ヶ月を必要とするというので受けいれられないと判断した。つづいてP&O

入札については、無条件ペナルティ条項を受けいれないこと、サービスの開始時期が不確かなこと、入札条件にはない、しかも政府が受けいれられない新しい条項を押しつけようとしていること、などを理由にこれを退けた。結局、選考の結果、一八万五〇〇〇ポンドと、四社のなかではもっとも高額の契約金を提示したE＆C社の入札が受理可能と判断された。同社の入札は、無条件ペナルティ条項を受けいれており、サービスの開始も五六年一〇月からの就航ともっともはやく、また約定日数もP＆Oのスエズ／メルボルン往航四五日に対して三九日と短かった。しかも同社は同じ入札価格で、入札にはなかったサウサンプトン／アレクサンドリア間月一便のサービスをオーストラリア航路と接続する形で運航するという条件を提示していた。かくして、オーストラリア航路再開の契約は、E＆C社こと、社名を変更してイースタン・アンド・オーストラリアン・ロイヤル・メール社(Eastern and Australian Royal Mail Co. E&A社)との間で、一八五六年一〇月一四日締結された。[53]この結果、幹線のインド・中国航路にくらべれば支線の位置にあるオーストラリア航路においてであるが、P＆Oはスエズ以東の郵便航路契約においてはじめて競争入札に敗れた。しかも、E＆A社は、地中海に郵便汽船を就航させることで、P＆Oの配船航路にまったく依存せずに、イギリス本国まで結ぶ独自の郵便航路網を形成したのである。もし、この航路経営が軌道にのれば、P＆Oにとっては有力な競争企業の出現となるはずであった。

しかしながら、E＆A社の航路経営のパフォーマンスは惨憺たるものであった。とくにスエズ／シドニー間の航海は規則性を欠くことがおおく、これはE＆Aの経営陣がこの間の長距離航海がもたらすさまざまな技術的な堪航性の問題を事前に十分には考慮していなかったためであった。そのため機関やボイラーに生じる故障や船底の汚れによるスピードの遅れから、E＆A社は往復航とも毎回のように加算方式の多額のペナルティ支払いを余儀なくされた。くわえて、規則性の欠如から旅客収入も期待したほどには伸びず、一航海の旅客数がわずか一五名というときもあった。[54]E＆Aは一八五七年五月にスエズ以東のオーストラリア航路をスエズ／ガール／カルカッタ、ガール／シドニーの二航路に変更するとともに、補助金の増額を海軍省に願いでた。[55]これに対する海軍省の回答は、補助金の増額は認めがたいものの、航路の変更については植民地政府の同意を前提におうじるべく関係機関との交渉準備にはいるというものであった。[56]この好意的な返答をえて、E&A社は資金と船舶の追加を求めて、五七年七月には西インド諸島との郵便契約を担当していたロイヤル・メール社との間で、将来の合併を前提に業務提携をおこない、その所有する全船隊をロイヤル・メール社の運航に委ねた。[57]しかしながら、一八五八年一月になって、海軍省より関係機関との調整困難から航路変更を認めがたいことが知らされた。[58]ロイヤル・メール社も現行ルートでの航路採算をとることは難しいと判断して、五八年なかばにはサービスを中止した。この結果、E&A社は多額の欠損をだして、経営的に破綻した。かくして、E&A社の郵便契約は、郵便航路契約がたんなる収支上の損失や違約金の支払いにとどまらず、企業それ自体の破綻をもたらしたものとして、郵便輸送契約の歴史に長く記憶されることになった。

E&A社の破綻によってオーストラリア航路は、みたび入札にかけられることになった。この入札では、イギリス本国からスエズ経由でオーストラリアまでの航路が公示されたが、P&Oは五八年一〇月五日に提出した入札で、スエズからモーリシャス経由でオーストラリア航路を運営することを提案した。P&Oの主張によれば、これまでのセイロン経由が南西モンスーンの影響を受けやすいのに対して、モーリシャス経由であればこの季節風の影響を受けずに航海の規則性がますという理由があげられていた。[59]だがもう一つの理由としては、P&Oが、モーリシャス／アデン間の郵便輸送を年間二万四〇〇〇ポンドで引き受けることをモーリシャス政府との間ですでに契約しており、[60]オーストラリア航路をこの路線と接続することで採算をあげる考えがあったことがあげられる。入札の結果、P&Oのだした条件で契約が認められた。[61]契約期間は七ヶ年で、年間契約金は一八万ポンド、マイルあたりに換算しておよそ一七シリングと、五三年契約にくらべて大幅に引きあげられた。

P&Oによる新サービスは五九年二月から開始予定であったが、実質的には五八年一一月から開始された。しかし、正式の契約締結はその後なかなか締結されずに時間が推移した。これにはさまざまな理由があったが、大きくは二つの理由による。一つは、オーストラリア航路の契約とモーリシャスの契約を単一の契約としてまとめた形で契約する希望をP&Oがだしたことによる。[62]しかし、大蔵省はオーストラリア航路の運営が立ちいかなくなった場合、モーリシャスの郵送契約も破棄される危険があるため、単一の契約を結ぶことには反対した。だが、モーリシャス政府は契約の統合に賛成し、P&Oを後押しした。結局、一八五九年八月になって、P&Oをふくむ関係者の会談において、単一契約を結ぶことで合意が成立した。九月にはいって契約の草稿が作成されるなか、もう一つの問題が生じて、さらに契約の締結が遅れた。それは、オーストラリア航路の採算見通しがまたもや誤ったことであった。モーリシャス経由で航路採算をだしたものの、実際の輸送量はP&Oの予期に反して、増大をみなかった。これは、同航路ではモーリシャス経由のため頻繁な積みかえの手間が生じたうえ、快速帆船による喜望峰経由の航海日数とあまりかわらないことが原因であった。[63]P&Oは五九年一一月に、オーストラリア航路をセイロンのガール経由とし、また年間補助金も二万五〇〇〇ポンド増額してくれるよう大蔵省に願いでた。大蔵省はモーリシャスからガールへの変更を認め、六〇年三月から実施することを承認した。これによって、大蔵省が当初から主張していたオーストラリア航路とモーリシャス航路の別契約での運営が実現されることになった。だが、契約金の増額については、補助金の半額を負担するオーストラリア植民地の同意が必要ということから、ペンディングとなった。

P&Oは六〇年にはいってから、オーストラリア側の意向を確かめるべく、サウサンプトン／シドニー間の月便輸送にかえて、ガールをターミナル港とするオーストラリア二週一便の輸送を月額二万五〇〇〇ポンドの契約金の増額によって引き受けるというプランの可否を代理店を通じてヴィクトリアとニュー・サウス・ウェールズの両政府に問いあわせた(64)。その結果は、ヴィクトリア政府の反応は提案に好意的であり、同政府は本国政府宛てにガールをターミナル港とするオーストラリア間月便輸送をインド／中国航路と接続すること、またその年間補助金推定一二万ポンドの半額を負担する用意があることを伝えた。他方、ニュー・サウス・ウェールズは、P&Oの提案は同政府がかねてから主張していたパナマ経由の郵便輸送ルートの開設プランを妨害するものだとして反対した。だが、ヴィクトリア政府の好意的な返答をえて、P&Oは六〇年四月に大蔵省宛てに、現行のシドニーからスエズまでの通し輸送では損失が恒常的に発生するため、年間補助金二万五〇〇〇ポンドの増額が認められないならば同サービスを中止せざるをえないことを伝えた(65)。しかし、同じ手紙のなかで、突然のサービス中止が植民地に与える不便を考慮して、代替的なルート、ガール／メルボルン間月便一回、途中給炭のためキング・ジョージ・サウンドにのみ立ち寄る直行便を、年額一二万ポンドで引き受ける用意のあることを伝え、大蔵省の判断を仰いだ。この既存契約の破棄、新しいサービスの提案に対して、大蔵省はP&Oとの契約を打ちきってあらためて入札をおこなったとしても、過去の経験からしてなんら有利な結果をえられないであろうこと、また入札新規契約となれば長期契約とならざるをえないが、ルート選定における植民地政府間の意見の分裂状態では満足のいく条件を成立させる見通しが不確実なこと、そしてサービスの中断がもたらす不便が大きいことなどの理由から、P&Oの新しい提案を受けいれることを決定した。ただし、植民地がたがいに協力して別の協定に合意できる可能性に配慮して、契約は短期の事前通知をもって解約できるものとすべきという意見をつけての承認であった(66)。この後、オーストラリアのターミナルをP&O提案のメルボルンからシドニーまで延航するよう郵政省からの要請があり、延長にともなって年間一万四六七二ポンド（ガール／メルボルン間のマイルあたり契約金二一シリング一〇ペンスに延長距離を乗じた金額）を補助金として増額することが取り決められた(67)。

かくして、一八六一年四月一六日、P&Oと郵政省との間で、セイロンのガール／シドニー間月一便の郵便輸送を年額一三万四六七二ポンドの契約金で引きうける契約がようやく成立した。すでに述べた契約両当事者のそれぞれの思惑があって、契約期限はとくに設けられず、当事者のどちらか一方が六ヶ月前に通知をすれば解約可能というものであった。[68]

E　航路再興のまとめ

以上、一八五三年、五四年契約の改定をとおした、P&Oのおもな郵送航路の再興と再編の過程をたどってきた。そこにみられた特徴を二点再確認することで、本節のまとめとしたい。

第一に、一八五三年契約から取り除かれたオーストラリア郵送航路をめぐる再興過程は、錯綜した経緯をたどりながらも、ふたたびP&Oの担当するところとなった。すでに述べたように、五六年のオーストラリア航路の再入札では、イギリス政府はP&Oの入札を退け、同航路への新規参入企業E&A社と契約を結んだ。植民地をふくめて政府側には、同航路の経営を一方的に放棄したP&Oに対する反感が薄らいではいなかったであろうし、またP&O側ではE&A社との契約は政府が対抗企業の育成を図ろうとするものととらえていた。[69]だが、この入札選定は完全に逆目にでた。郵船経営に経験も知識も不足していたE&A社は、政府の科した無条件ペナルティ条項を受けいれたものの、それがために契約金のほとんどをペナルティの支払いに費消する結果となり、業績も不振をきわめた。また、経営の回復をかけて交渉した契約金の増額と航路の変更は、植民地間の意見対立から実現せず、本国政府の事態解決能力のなさを浮きぼりにした。かくして、一八五八年はじめ、七〇万ポンド以上におよぶ損失をこうむったE&A社は経営破綻し、オーストラリア郵送契約はふたたび破棄されたのである。[70]政府による契約条件の厳格化が運航実務経験に富む運航業者を排除し、信頼性に欠ける契約者を選ぶという逆選択のもたらした結末ともいえる。

この失敗の責任は契約当事者であり、契約遂行の監督者でもあった海軍省が負うべきであった。E&A社との契約破綻は、おなじ時期に北大西洋での新会社との契約が失敗におわるという事件とともに、海軍省のもとでの郵送契約の運営に疑義をもたらし、すでに述べたように、一八六〇年の海軍省から郵政省への契約権限の移管をもたらすことになった。(71)その郵政省がかかげた契約選考の基本的方針の最初にあげられたのが、すでに前章で述べたように、契約企業の信頼性ということであった。(72)だが、企業の信頼性を重視するということは、新設企業や新規参入企業を信頼できる企業にまで育てあげるという考え方とは、対立とまではいわないまでも、対極に立つ考え方である。信頼できる企業とは、海外代理店網、商業的コネクション、現地情報の収集力、船隊の整備、運航実務などに実績を積みあげてきた企業であり、それはこの時代のオーストラリア航路ではP&O以外になかった。それゆえ、イギリス政府の逆選択――E&A社との契約の結末は、信頼性の重視というかたちで先発企業の優位性を強める結果になったのである。かくして、オーストラリア郵送契約は、ふたたびP&Oの勝ちとることとなった。

だが、第二に、信頼できる対抗企業の登場がない状況のもとで、イギリス政府は汽船サービスの独占的な供給者となったP&Oの要求に対してよく防戦し、カニング委員会の推奨する契約方式、つまり複数企業間での競争入札と短期契約の繰り返しという路線をできるかぎりつらぬこうとした。すでにみたように、P&Oは一八五三年や一八五四年の契約を統一し、これに関連した航路も単一の契約にまとめることを要求した。その要求のなかで、P&Oはさらにつぎのような契約の改定方式を望んだ。すなわち、「過去の経験が示しているように、郵便輸送協定は環境の変化をみたすために時におうじて修正が必要であったし、相互の同意にもとづく条件で、公的輸送が必要とするなんらかの変更あるいは拡張を適度な通知によって［契約］会社に実行させる条項を、提案している契約のなかにいれる」(73)（［］内は引用者補筆）という方式である。P&Oが要求した単一契約という考え方、さらに契約内容を契約当事者間の事後的な交渉によって逐次的に改定していこうという考え方は、イギリス政府の受けいれるところとはならなかった。単一契約の主張は、入札航路を細分化して募集をかけるという政府の基本方針に抵触した。また、環境の変化におうじて契約内容を特定の契約者との間で調整していくことは、その契約者との関係を長期に固定化し、むしろ独占を助長しかねなかった。契約の内容の重大な変更が必要であるならば、ふたたび入札にかけて費用対効果の観点から選考しなおすべきだというのが、政府の方針であった。

しかしながら、代替的なサービスの供給者が登場してこない以上、政府の選択肢は限られていたといえる。P&Oによる独占的な汽船サービス供給がつづくなかで、カニング委員会の勧奨方式をできるかぎりいかそうとすれば、いつでも契約を解約可能な状態におきながら、好機の到来をまつという選択肢しか残されていなかった。

一八六〇年代にはいって、インド、中国、それにオーストラリア航路のいずれもが、短期の事前通知によって解約可能という契約として結ばれた所以も、ここにあると思われる。このような契約形態は、五〇年代に経営航路の維持にきびしい緊張を経験したP&Oにとっても、適合的なものであった。それに「信頼できる」代替的なサービス供給者が登場しないかぎり、契約期限の不確定な状態はそれほどおおきな経営困難を生じさせるものでもなかった。しかし、一八六〇年代後半となって、事態はおおきく転換しはじめることになる。章をかえて、論じていくことにしたい。

注

(1) 契約金は、四半期ごとに支払われるのが一般的であった。なお、対象としている期間で、航路によっては運搬した郵便物の重量におうじて支払うという方式にかわっていくケースもあったが（たとえば、北大西洋航路の郵便輸送)、P&Oの場合はすべての契約航路において契約金の年額を事前に確定した契約が結ばれた。

(2) BPP 1851 VOL XXI, Paper 605: ix.

（3）以下、断りのないかぎり、BPP 1852 によった。

（4）P&O 1/101 3 March 1847; P&O 6/1 8 December 1847. P&Oはこの延航を計画していた段階で、ボンベイまでの延航にはあらたに汽船一隻が必要となるとして、延航部分年間およそ二万一六〇〇海里に対して八〇〇〇ポンドの年間補助金の増額を申し入れていた。だが、東インド会社の負担増に対する反対のため、大蔵省からは増額が認められなかった。そこで、P&Oはモンスーン期を除いた八~九ヶ月間、郵便契約の厳格な規制条件にしたがわないという海軍省との約束を取りつけて、四七年八月三日よりガール止まりであった中国航路を自主的にボンベイまで延航した。

（5）シップ・レターとは、政府との契約による郵船または政府所有船以外に、民間の船舶で運搬される郵便物を指す言葉である。Post 29/837 Pkt. 297E/1904. Memorandum by Mr. Hatswell, 26 July 1904.

（6）ボンベイと中国とを結ぶ航路、いわゆる中国航路は、P&Oにとってのちのちまで重要な航路となった。P&Oの内部文書ではなかなか数値的に明らかにならないが、同航路ではボンベイからの中国向けアヘン、いわゆるマルワ・アヘンの運搬が、インド棉花とならぶ重要品目であったと推定できる。

（7）海外郵便物の発着港であったファルマス港は一八四三年九月にサウサンプトン港に変更された。Kirk 1987: 13.

（8）アレクサンドリア／カイロ間に鉄道が敷設されるのは一八五六年、またカイロ／スエズ間の鉄道が開通するのは一八五九年五月であった。Sidebottom 1948:80.

（9）Robinson 1964:191-92.

（10）Post 51/13 General Contract of 1 January 1853. India, China, &c. Mails.

（11）スエズ以東と以西の焚料費については次節を参照のこと。また一八五一年時点で、カルカッタ航路と地中海航路に就航する船舶の船員給与は、最小でも一五パーセント（船長）から最大一二五パーセント（三等航海士）の開きがあった。また船員数も、カルカッタ航路の方が二倍近く乗船していた。これら給与差や船員数の違いは、スエズ以東の気候がヨーロッパ航路にくらべてより厳しく、またおおくのインド人火夫を必要としたためである。詳しくは、後藤 1986: 66を参照のこと。

（12）BPP 1851 VOL XXI, Paper 605: §5609, 5620, 5625, 5694.

（13）P&O 6/10 Minutes of Proceeding at the Annual General Meeting, 5 December 1873.

（14）P&O 11/25 Howell to the Secretary to the Admiralty, dated 2 February 1853.

(15) P&O 11/25 Howell to the Secretary to the Admiralty, dated 2 February 1853.
(16) P&O 11/25 Howell to the Secretary to the Admiralty, dated 9 February 1853.
(17) BPP 1852-53: Appendix D.
(18) P&O 11/25 the Secretary to the Admiralty to the P&O.
(19) P&O 11/25 Howell to the Secretary to the Admiralty, dated 7 April 1853.
(20) P&O 6/1 Half-Yearly Report, 31 March 1853; Annual Report, 30 September 1853.
(21) P&O 14/1 Circular, dated 10 June 1853.
(22) P&O 6/1 6 December 1853.
(23) P&O 14/1 letter to the Admiralty, dated 3 January 1855.
(24) ＡＲＭＳＮ社は一八五二年六月二日に海軍省との間で四ヶ年契約を結び、喜望峰経由の隔月配船を年間二万六〇〇〇ポンドでおこなうことになった。しかし、その航海は機関の故障があいついだため、いちじるしく規則性に欠け、はやくも一八五二年末となる前に契約破棄の通告をおこない、一八五三年四月には郵便輸送から撤退した。Maber 1967: 42-43.
(25) Robinson 1964: 194.
(26) P&O 6/1 Half-Yearly Report, 31 March 1854; Annual Report, 30 September 1854.
(27) P&O 1/103 25 August 1854 Annual Report, 30 September 1854.
(28) P&O 1/103 21 November 1854.
(29) P&O 14/1 Howell to O.C. Edmond (Agency in Melbourne), dated 24 November 1854.
(30) この金額は契約航路のマイルあたり契約金を基準に年間就航マイル数を乗じてだされたものである。P&O 6/1 Annual Report, 30 September 1854.
(31) Laming 1856: 5.
(32) 以下の叙述は断りのないかぎり、OIOC F/2/18 James Wilson (Treasury) to the Indian Board, dated 24 August 1853 および同手紙に同封された添付資料によった。
(33) OIOC F/2/18 Wood to the Chairs of the Court of Directors, 31 August 1853.

(34) OIOC L/MAR/2/271 Ellis and Oliphant to Wood, dated 22 September 1853.
(35) P&O 1/103 15 November 1853.
(36) P&O 1/103 21 November 1853.
(37) P&O 1/103 6 June 1854. 以下、断りのないかぎり、同日の議事録に掲載されているウィルコックスの手紙によった。
(38) P&O 1/103 6 June 1854. 以下、断りのないかぎり、同日の議事録に掲載されているアンダーソンの手紙によった。
(39) 特別総会でのウィルコックスの挨拶より。P&O 6/1 6 December 1854.
(40) P&O 6/1 26 May 1858. ウィルコックスは会長職のまま一八六二年に死去した。そのあとを継いだのは、A・アンダーソンであった。
(41) Post 29/88 Pkt. 150K/1859 Hill to the Postmaster General, 25 September 1867; Post 29/105 Pkt. 154N/1862 Memorandum, dated 23 November 1860.
(42) P&O 14/1 Allan to Messrs. Maclaine, Watson & Co. (Batavia), dated 10 January 1857; P&O 6/1 30 May 1857.
(43) Post 29/105 Pkt. 154N/1862, Allan to Hill, 21 November 1860.
(44) Post 29/105 Pkt. 154N/1862, Hill to Allan, 22 November 1860.
(45) Post 29/105 Pkt. 154N/1862, Howell to Hill, dated 29 November 1860.
(46) Post 29/105 Pkt. 154N/1862, the Post Office's Draft to the Treasury, 11 December 1860.
(47) Post 29/105 Pkt. 154N/1862, the General Post Office to Howell, dated 4 December 1860.
(48) Post 29/105 Pkt. 154N/1862, Howell to Hill, dated 6 December 1860.
(49) Post 29/105 Pkt. 154N/1862, the Post Office's Draft to the Treasury, 11 December 1860.
(50) Post 29/105 Pkt. 154N/1862, Treasury to the Postmaster General, 21 December 1860. ここで「ほぼ原案どおり認め」と表現したのは、大蔵省は、中国第二航路については六一年一月一日より半年間だけ協定を結び、半年後には契約解除の通知をおこなうことを条件としたからである。この半年後の解約通知は実際にだされたが、その前後から再開に向けた動きがあり、大蔵省も第二中国航路の継続を承認した。ただし、六ヶ月前の解約通知という条件をふしてであった。Post 29/105 Pkt. 154N/1862, Treasury to the Postmaster General, dated 31 July 1861; Howell to Tilley, dated 31 July 1861.

(51) なお、P&Oはすでに過去におこなった中国第二航路のサービスに対する支払いを改めて請求し、この結果一八六〇年の一二回の航海に対しては一万二〇〇〇ポンドの支払いを受けた。P&O 6/1 1 June 1861.

(52) 以下の叙述は断りのないかぎり、BPP 1856 によった。

(53) Post 51/30 Australian Mails. Articles of Agreement, dated 14 October 1856.

(54) BPP 1860 VOL LXII John O. Ewing to the Secretary of the Lords Commissioners of the Admiralty, dated 25 May 1857.

(55) BPP 1860 VOL LXII John O. Ewing to the Secretary of the Lords Commissioners of the Admiralty, dated 25 May 1857.

(56) BPP 1860 VOL LXII Admiralty to Ewing, dated 6 June 1857.

(57) BPP 1857-58 Chairman of the Royal Mail and E&A Companies to the Secretary of the Admiralty, dated 29 July 1859.

(58) BPP 1860 VOL LXII Memorial from the European and Australian Mail Co. to the Government, dated 25 January 1859.

(59) Post 29/102 Pkt. 473M/1861, Howell to the Secretary of the Admiralty, dated 5 October 1858.

(60) P&O 6/1 Annual Report, 30 September 1858.

(61) Post 29/102 Pkt. 473M/1861, H. Corry to the Directors of the P&O, dated 14 October 1858.

(62) 以下の叙述は断りのないかぎり、Post 29/70 Pkt. 277G/1856, Memorandum on Australian Line によった。

(63) 帆船による航海日数はおよそ八〇日であり、またその旅客運賃は汽船の半額であった。このためP&Oのオーストラリアからの旅客はすくなく、時としてわずか三人の旅客しか乗船しないことがあった。BPP 1860 VOL XIV: 47.

(64) 以下の叙述は断りのないかぎり、P&O 6/1 6 June 1860 によった。

(65) Post 29/102 Pkt. 473M/1861 Howell to Hamilton (Treasury), dated 30 April 1860.

(66) Post 29/102 Pkt. 473M/1861 Treasury Minute, dated 15 May 1860.

（67） Post 29/102 Pkt. 473M/1861 Treasury to the Postmaster General, dated 20 June 1860; the Post Office to the Treasury, 17 July 1860.

（68） Post 51/13 Australian Mails. Contract of 16 April 1861.

（69） Ｐ＆Ｏの側では、Ｅ＆Ａ社との契約は、大蔵省がＰ＆Ｏへのライバル企業を育成するためのものであるとみていた。アンダーソンの新会長就任挨拶。P&O 6/1 2 June 1863.

（70） Cornewall-Jones 1898: 155. ただし、一八五八年二月から一年間、オーストラリア郵便物は、政府の保証のもと、ロイヤル・メール社によって不規則ながら運搬された。Post 43/122. Page's memo.

（71） Daunton 1985: 159-160.

（72） 第三章第２節参照。

（73） Post 29/105 Pkt. 154N/1862. Howell to Lord Stanley (the Postmaster General), 22 November 1860.

第五章　一八六八年契約――政府とのパートナーシップの形成とその解消

1　はじめに

P&Oの創業一〇〇年史を執筆したB・ケーブルは、その著作で「運河とP&Oの危機」という章を設け、一八六〇年代末から七〇年代にかけてスエズ運河の開通がP&Oにもたらした危機的な経営状態を描いている。(1) いわく、新規参入企業との競争の増大、運河開通による既存施設の陳腐化、運河通行適船の建造問題と運航スケジュールの再編成、等など。また創業一五〇年史を執筆したハワースは、スエズ運河の開通によって、P&Oはまだ使用可能な船腹四万トンを欠損覚悟で売却処分し、かわりに八万トン以上の新船の建造を余儀なくされたと述べて、船隊更新面での一大転換を迫られたことを強調している。(2) たしかに、次章でも触れるように、スエズ運河の開通が惹起した諸問題は、P&Oの東洋航路経営上の重大な挑戦課題であり、P&Oに経営危機といえる状態をもたらした。しかし他方、P&Oの業績数値を六〇年代からたどると、スエズ開通以前にすでに重大な危機に直面していたことがあきらかである。すなわち、後述するように、一八六七年には創立以来はじめて株式配当を見送り、さらに六八〜六九年にかけては会社清算の淵にたっていたと郵政省側で評価される財務状況にあった。このような危機的な経営状態はスェズ運河開通以前に生じたことであり、それゆえ六〇年代の危機はスェズ運河の開通とは別の要因によって引き起こされたと考えなければならない。既存の社史は、スェズ運河開通以前に発生したこの経営危機について、論じることがあまりにもすくないといえよう。

端的にいって、一八六〇年代末にかけてP&Oの経営危機の背景となったのは、同年代にスェズ以東の航路においてP&Oがはじめて強力な定期船会社——フランス郵船企業による競争を受けたことである。この外国からの競争企業の登場は、六〇年代後半の東洋貿易の不振とかさなって、P&Oの企業収益を極度に圧迫した。この経緯については、本章の第2節で述べよう。P&Oは収入増加の一手段としても、また経営航路の競争的再編のためにも、一八五三、五四年契約にかわる新たな郵便輸送契約を必要とした。だが、この契約改定の交渉にあたった業務執行取締役のアンダーソンは、その人生最後の時期を迎えていた。トップマネジメントの交替が急務となったが、創立当初からの特異な経営手数料方式と後任候補者の偶発的な脱落によって、この交替の過程はスムーズには運ばなかった。この間の事情については、第3節で論じる。経営スタッフが不足するなか、アンダーソンはかれにとって最後となる郵便契約の交渉に全力を注いだ。その結果一八六八年に締結された契約は、政府との間にパートナーシップ関係を築くという特異な契約内容となった。この契約成立の経緯と内容、さらにその直後の改定については、第4節で細説する。しかし、金額や期間の面でP&Oに有利とみられた六九年契約やその改定契約において、P&Oの側ではその短期的な視野——スェズ運河利用の展望を欠いた、既存の航路経営の枠組みに限定された視野——からのアプローチしかみられなかった。このことが、社史執筆者の指摘するスェズ運河開通後の経営危機につらなっていったと考えられる。この点は、最後の節でまとめておいた。

2　一八六〇年代末の経営危機

東洋における汽船交通は、一八六〇年代にはいって、もはやP&O一社の独占するところではなくなった。一八六一年、フランス政府との間で、フランス郵船企業の帝国郵船会社（Messageries Impériales. 一八七一年にCie. des Messageries Maritimes に社名を変更。以下、MIないしMMと略記）が東洋方面への郵送契約を結んだのである。一八六二年一〇月より配船を開始することになるMIは、フランス政府より当初から手厚い保護を受けた。たとえば、東洋への配船を開始するに際し、MIは運航助成金として政府よりマイルあたりおよそ二〇シリングの契約金をえたが、その額はP&Oの当時のマイルあたり契約金四シリング六ペンスの、約4倍にあたる助成額であった。さらに、MIはこの運航助成金のほか、東洋に配船する船舶の調達資金として、フランス政府より一八六二～六五年にかけて、総額およそ一四〇〇万フランの前貸しを受けた。(3) かくしてP&Oにとって、このようなMIとの競争はたんに「一民間企業との競争」というよりも、「強力で資力に富む外国政府との競争」(4)にほかならなかった。MIが東洋への配船を開始するにつれて、P&Oは航路経営上、さまざまな圧迫を受けた。その端的な例をいくつかしめせば、つぎのとおりである。

P&Oは一八五九年三月より五ヶ年の契約でモーリシャス政府との間でモーリシャス／アデン間（一八六〇年にはいってスエズまで延航）の郵便輸送契約を締結したことは、前章で触れた。その際、モーリシャス近くのフランス領レユニオン島の政府との間でも、郵便輸送を年間一万二〇〇〇ポンドの契約金で引き受ける契約を結んだ。(5) だが、MIのスエズ以東への配船にともなって、レユニオン政府は、当然のことながら輸送契約をP&OからMIへと移転すべく、年間補助金一万二〇〇〇ポンドの支給を打ち切る決定をおこなった。一八六四年、モー

第5-1表　中国・日本からの生糸積取　1863年〜67年

（ベール）

年	合計	P&O 積取	%	MI 積取	%
1863	45,553	40,221	88.3	5,332	11.7
1864	37,458	30,775	82.2	6,683	17.8
1865	54,964	39,372	71.6	15,592	28.4
1866	38,609	22,249	57.6	16,360	42.4
1867*	14,934	8,685	58.2	6,249	41.8

＊6月30日までの期間

資料：P&O 37／2 Sutherland's letter, 4 July 1867より作成。

リシャス政府はP&Oに対する契約金を六〇〇〇ポンド上積みして年間三万六〇〇〇ポンドとしたが、それでもMIとの競争のため航路採算上の損失は補塡されず、P&Oは一八六五年六月、翌年五月の配船を最後にモーリシャス線を廃止することを決定し、その旨郵政省に事前通知するにいたった。(6) 支線とはいえ、MIの進出にともなって航路の放棄を余儀なくされた一例となった。

さらに旅客・貨物面では運賃の下方修正圧力がくわわった。P&Oは石炭ほかの経費昂騰を理由に一八六一年一月から経営航路の旅客・貨物運賃を引き上げたが、その状態はそのまま六四年となるまでつづいた。しかし、同年二月、P&Oはふたたび引き下げる条件がととのったとして同年六月一日より旅客・貨物運賃の引き下げをおこなうことを決定した。(7) 四年以上にもわたって引き上げていた運賃をここで引き下げたのは、引き上げの理由となっていた石炭・船用品価格がこの時点でようやく旧態に復したと考えるよりは、MIとの競争圧力の関係と考えた方が理にかなうことはいうまでもない。P&Oから運賃の引き下げ通知を受けたMIは、ただちに同程度の運賃の引き下げをおこなうことを決定したのである。(8)

だが、P&Oにとってもっとも打撃であったのは、極東からの重要な船荷となっていた生糸積取の、相対的な落ち込みである。第5-1表にかかげたように、P&Oの中国・日本からの生糸の積取比率は、MIとの競争のために、一八六三年の九割近くから、六六、六七年には六割以下へと落ち込んだ。この極東からの復航荷の急速な積取比率の悪化は、いろいろな要因の重なり合いから生じたが、基本的にはP&OとMIとの配船スケジュールの違い、ならびに生糸取引に生じた変化によるものであった。すなわち、一八六七年三月八日付で、東南アジアと極東との貿易に従事するイギリス貿易商が、大蔵委員会宛に既存の汽船交通の迅速化を求める連名の書簡を送った。そのなかで、上海からロンドンまでの郵船の就航日数において、一八六六年をとおしてみると、P&Oの汽船は平均五一日三時間を要したのに対し、MIの汽船は四四日八時間と、P&Oにくらべおよそ七日ほどはやい事実が指摘されていた。(9) この必要航海日数の違いは、P&Oの船舶が香港、シンガポール、ペナン、ガールへと頻繁に寄港し、またそこでオーストラリア郵便物やインド郵便物と接続を図る必要から長い停船時間を必要としたためである。MIの汽船はP&Oの汽船よりも、いわゆる足が速かっただけではない。ヨーロッパに向けて上海を出港する日が、P&Oの船よりも一～二日ほどはやかった。このため、一八六六～六七年にインド・中国方面の海外代理店の巡回視察を命じられたP&Oの社員サザーランド（Thomas Sutherland）の報告によれば、「生糸市場が非常に不安定な状態にあり、また資金が日々にかなり逼迫している［…中略…］ために、荷主がすでに買い付けて手形も振りだした生糸を手元において、一両日遅れて出港するわれわれの船舶に生糸を送りだしてくれるなどと期待するのは無理」という状況であった。(10) もっとも、イギリスの商会であれば、一両日の不便を忍んで、フランスの郵船よりもP&Oの郵船を選好してくれる可能性は期待できた。しかし、生糸取引のおおくが、この伝統的な、自己勘定で取引する商会から、手数料ベースで仕事をおこなう、したがって商機の機敏性を重視するコミッション・マーチャントに移転するようになったため、この期待もむなしかった。しかも、これらコミッション・マーチャントの出身がおもにフランスであり、かれらはリヨンやマルセーユのプリンシパルに向けて船積みをしたのであった。(11) さきの航海スケジュールの違いと生糸取引の変化は、後発企業であるMIの、極東での蒐荷競争力を高めたのである。

このような新たな競争企業の出現にともなって、P&Oの事業収入も一八六〇年代にはいって伸び悩んだ。五〇年代には契約航路の拡大と、既存航路における就航頻度の増大によって旅客・貨物収入は、郵便契約金とともに拡大基調にあったが、第5-2表にみるように、六〇年代半ばにかけて、旅客収入は契約金とともに漸減傾向をしめし、また貨物収入も変動の波は大きいものの、傾向としては停滞的という印象をまぬかれなかった。このように収入が伸び悩むなかで、石炭を中心とした航海経費は一八六五年度以降ふたたび上昇傾向に転じ、収益を圧迫した。とくに一八六七年度には、六六年の恐慌により東洋を中心に貨物収入が落ち込む一方、石炭価格の上昇から航海経費がさらに増大したために、収支尻は六〇年代をつうじてもっとも悪化した。すなわち、同年度の損益勘定は一七万七〇〇〇ポンドあまりの赤字となり[12]、株式配当も無配となった。赤字決算も配当見送りも、ともにP&O創立以来はじめてのことであった。

もっとも、業績の悪化は欠損をだす一八六七年度以前の段階で、すでに相当に進行していたと考えられる。第5-3表は、P&Oの六〇年代における各種引当金と配当の動向をみたものである。同表によると、一八六一〜六五年まで減価償却費として一一万五〇〇〇ポンドが毎年計上されていたが、一八六六年度はゼロとなっている。P&Oの説明によれば、六六年度に一度に九隻の船舶に修繕をほどこしたため修繕・更新費が増大し、それは前年度の修繕項目と減価償却費項目を合わせた額四〇万九四五九ポンドを上回る巨額にのぼった。だが、他方で、前年度からの修繕の継続により、船舶はあらゆる面で新造船とかわらぬものとなったので、六六年度の減価償却のための引当ては見送る決定をしたという[13]。修繕・更新費は船隊の建造サイクルによって増減を繰り返すこと、また固定資産の償却は新旧に拘わらず毎年おこなう必要があることを考慮すれば、P&Oの年次報告書で述べている、減価償却ゼロの理由はなんら正当な根拠をもつものではない。六六年度の償却引当ての見送りは、その年

第5-2表　1860年代の事業収支推移

（千ポンド）

年度	旅客収支 (1)	貨物収入 (2)	契約金 (3)	事業収支 (4)=(1)+(2)+(3)	総支出 (5)	航海経費 (6)	(3)÷(4) %	(6)÷(4) %
1861	911	856	425	2,192	2,131	1,313	19.4	59.9
1862	898	863	414	2,175	2,065	1,211	19.0	55.7
1863	843	1,009	423	2,275	2,061	1,155	18.6	50.8
1864	899	1,018	413	2,330	2,121	1,207	17.7	51.8
1865	889	842	404	2,136	1,977	1,135	18.9	53.1
1866	836	1,015	377	2,229	2,094	1,215	16.9	54.5
1867	829	901	351	2,080	2,261	1,295	16.9	62.3
1868	814	964	534	2,312	2,314	1,337	23.1	57.8
1869	829	1,056	623	2,508	2,391	1,406	24.8	56.1
1870	759	985	564	2,309	2,175	1,275	24.4	55.2

資料：P&O 6／53 より作成。

第5-3表　P＆Oの引当金項目と配当動向　1861-1870年

年度	修繕・更新 ポンド	減価償却費 ポンド	保険金 ポンド	資本金 ポンド	配当率 %	配当原資　ポンド	
						当期利益より	保険勘定より
1861	292,442	115,000	105,000	2,100,000	10 (7)	143,500	61,500
1862	355,258	115,000	105,000	2,100,000	11 (7)	147,000	84,000
1863	359,918	115,000	105,000	2,100,000	12 (10.5)	220,500	31,500
1864	361,480	115,000	110,000	2,100,000	12 (10.5)	220,500	31,500
1865	294,459	115,000	110,000	2,200,000	10 (7)	152,250	66,000
1866	439,400	0	110,000	2,300,000	9 (6.5)	144,500	55,666
1867	364,637	125,000	115,000	2,579,835	0	0	0
1868	340,673	135,000	120,000	2,700,000	6 (6)	159,000	0
1869	336,230	125,000	120,000	2,700,000	6 (6)	162,000	0
1870	259,697	155,000	120,000	2,700,000	7 (5)	135,000	54,000

備考：資本金は払込資本金で各年度末現在の数値。配当率で括弧内の数値は当期利益金からの年間の配当パーセント。ただし、1863、64の両年度はボーナス配当3.5パーセントをふくむ。

資料：P&O 6／53; Post 51／49, Howell to the Secretary of the General Post Office, 28 December 1869より作成。

の配当原資を捻出するための苦肉の策であったとみることができる。同じ第5-3表で、P&Oは六一～六五年度まで七パーセントの配当に必要な額を当期利益金のうちから確保していた。実際の配当は、この七パーセントに、当期利益金からのボーナス配当や保険金からの配当もくわわって、第5-3表にみる好配当となった(14)。しかしながら、六六年度には当期利益金からの配当は六・五パーセントに落ちた。しかも、この当期利益金からの配当額一四万四五〇〇ポンドは、もし減価償却引当金が例年どおり計上されていれば、配当原資としてはその大半が消失するものであった。自家保険のために計上された保険料は、その年の請求額次第という、配当原資としてはきわめて不安定であることを考えれば、六六年度の九パーセント配当は本来の事業収益が保証する配当率ではなかったといえる。一八六七年、P&Oは償却引当てはおこなうが、創立以来はじめての欠損で配当を見送る決定をしたが、それは事業収益の実態にそって常態の会計処理に復した結果といえる。

ともあれ、一八六六年から六七年にかけての、この危機的な財務状況に直面して、P&OはMIとの対抗上、郵便航路を競争的に再編し、事業収益を改善するために、郵便契約の新規改定を必要とする段階にいたった。だが、それに進む前に、当時のP&Oのトップマネジメントについて触れておく必要があろう。

3　トップマネジメントの交替

一八六〇年代後半、P&Oのトップマネジメントもまた大きな替わり目を迎えることになった。その意味を明らかにするためにも、ここで一八五四年のウィルコックスの業務執行取締役辞任以降の変化についてまとめておこう。

ウィルコックス辞任の時点でP&Oのトップマネジメントを構成する業務執行取締役はアンダーソンとアラン

の二人となったが、業務負担はこの二人の処理能力を超えるほどに増大していった。一八五六年になって、アンダーソンは管理業務が個人の処理能力を超えて過重となっている事実を取締役会に報告し、これを解決するため業務執行取締役の権限内でつぎのような改善策をこうじた。すなわち同年末、アンダーソンはかれ自身の責任において、P&Oの中国支配人の経歴をもつオルディング（J. A. Olding）をアシスタント・マネジャーに抜擢し、これにみずから担当していた業務の一部を委ねた[15]。ここでいうアシスタント・マネジャーとは、業務執行取締役の監督のもと、割り当てられた業務について業務執行取締役の執行を文字どおり補佐する者で、その報告も取締役会ではなく業務執行取締役に対しておこなった。そのおもな支援業務の範囲としては、①全般的な通信業務、とくに海外支店のスタッフや経営に関わる通信や、海外での集配・保険業務に関わる通信、②本国および海外での貨物運搬の監督、③海外支店の支出検査、④海外支店の船用品・備品の在庫管理、⑤スエズ以東のドックや修繕施設に関するリースや業務提携、⑥船舶事務部門の監督、などであった[16]。支援業務の内容からして、海外支店との通信・監督業務がおもな内容であったといえる。このアシスタント・マネジャーはこの時点では、業務執行取締役アンダーソンの個人的スタッフという役割にとどまっており、給与もアンダーソンによって決められ、支給を受けた[17]。

アシスタント・マネジャー制はその後、アンダーソンの高齢化とそれにともなう業務委譲の必要性がますにつれて強化され、同時にP&Oの管理機構のなかに公式に取り込まれていった。すなわち、一八五七年一〇月、業務執行取締役は二人目のアシスタント・マネジャーとしてロンドン事務所の雇員ベイリー（H. Bayley）を任命した[18]。さらに一八六〇年一二月に、アンダーソンは取締役会に宛てた手紙のなかで、これまで業務執行取締役によって任命されていた二人のアシスタント・マネジャーを、あらたに取締役会によって任命される者とし、それゆえ報告も取締役会に対しておこなうよう提案した[19]。この提案の意味するところは、アシスタント・マネジャー制が従来、業務執行取締役の私設補助機関という位置づけであったのを、P&Oの取締役会に直属する公式の管理補助機関とするということであり、その給与もいまやアンダーソン個人が支払うのではなく、P&O本社が支給することを意味した。この新たな措置によってP&Oに追加コストがかからぬようにとの配慮から、アンダーソンはさきの手紙のなかで、設立証書によりかれに経営手数料として与えられていた、郵送契約金の三分の一に相当する額（初代業務執行取締役三名のうちの一人としての取り分）の受取資格を放棄し、その資金をアシスタント・マネジャーの給与支払いに充当するよう提案した。ちなみに、この時のオルディングの年俸は一五〇〇ポンドであったが、ベイリーへの加給をあわせて、これら支払いをしたあとになおあまる額については、ボンベイの支配人を一二年間勤めたリッチー（John Ritchie）の給与増額にまわすよう同時に提案された。この提案をうけて、取締役会はオルディングを取締役会に責任を負う首席アシスタント・マネジャーに、またベイリーを次席アシスタント・マネジャーにそれぞれ任命した[20]。かれらの支援業務の範囲も、これまでどおりとされた[21]。なお、一八六二年一月、さきのボンベイ支配人であったリッチが、取締役会によって三人目のアシスタント・マネジャーに任命され、本社勤めとなった[22]。

このように、次代のトップマネジメントを担う人材の選出は、ようやく一八五〇年代後半から六〇年代にはいって、しかも業務執行取締役の補佐としてのアシスタント・マネジャーの選抜という形でなされることになった。しかし、このようにして選出されたアシスタント・マネジャーのうち、はやくも一八六五年春までにオルディングは病死、またリッチーは健康を害して実質上の引退をしたため、ふたたびマネジメント層の不足が生じた[23]。

このため、同年一〇月、アンダーソンからつぎのような提案がなされ、取締役会はこれを承認、実施されることになった。すなわち、①アシスタント・マネジャーはベイリー一人とする、②ブスーン（A. Bethune. P&Oのアレクサンドリア代理人）、マン（C. S. Mann. 石炭・船舶部門の主事）、ウーリー（J. Woolley. カルカッタ

第5-4表　アシスタント・マネジャーとマネジメント・スタッフの給与　1865年

	アシスタント・マネジャー	マネジメント・スタッフ	年間給与£	前給与との差額£
1865年初頭	Ritchie		1,400	
	Olding		1,400	
	Bayley		1,200	
合計			4,000	
1865年11月以降	Bayley		1,400*	+200
		Bethune	1,000*	
		Mann	1,000	+200*
		Woolley	700	+100*
新しいマネジメント体制下での支出額（*の合計）			£2,700	
前のマネジメント体制とくらべた節約額			£1,300	

備考：BethuneはアレクサンドリアのP&Oのエージェント、MannとWoolleyはP&Oロンドン本社の雇員

資料：P&O 1／106 31 October 1865.

の船舶事務支配人）の三名をマネジメント・スタッフとする、という提案である。[24] ここでいうマネジメント・スタッフとは、その権限と義務とが業務執行取締役によってその時々に委譲されるというものであり、業務執行取締役が経営をおこなっていくうえでの、直属の補助機関としての機能を担っていた。それゆえ、マネジメント・スタッフとアシスタント・マネジャーは、機能的にみるかぎり本質的な差異はないといってよい。違いを見いだせるとすれば、後者が取締役会に直接責任を負う上位の職位であるほかは、給与面の格差であった。そもそもマネジメント・スタッフが設けられたのは、経営スタッフの増員を図りつつ、いまやP&O本社が支払う管理費用面での節約を意図してのことと考えられる。つまり、アシスタント・マネジャー一名とマネジメント・スタッフ三名からなる体制へネジャー一名とマネジメント・スタッフ三名からなる体制への組み替えによって、P&Oが支払う給与面での節約額は、第5-4表にみるように、年間一三〇〇ポンドにのぼったのである。

一八六六年にはいって、さらにマネジメントの改編がなされた。すなわち、同年一〇月、業務執行取締役からつぎのよ

うな提案がなされ、取締役会の承認をえた。その提案とは、①業務執行取締役員の取締役会への出席を最低一人は確保しておくため、首席アシスタント・マネジャーのベイリーを取締役員として選出したうえで業務執行取締役の一人とする、②マネジメント・スタッフの増強のため、P&Oの船長経験者であるベイン船長（Captain G. Bain）を給与六〇〇ポンドで新たにスタッフとして迎えいれる、というものであった。[25] この提案によって、業務執行取締役は三名となり、またアシスタント・マネジャーの職位は空席となった。この提案とならんで、病状思わしくないリッチーへの給与年間一四〇〇ポンドの支払いも停止されることが取締役会で決定され、またこれによって経営スタッフの管理費はベインのそれと差し引き八〇〇ポンドの節約となった。

以上述べた、P&Oの経営トップにみられる人的な選出および変遷経過から、経営者補充に関してつぎのことが指摘されよう。第一に、経営トップの業務執行取締役員としては一八五四年以降アンダーソンとアランの二人という体制がながらくつづき、その補充は一八六六年のベイリーの選出までなされなかった。これは一つには、初代の業務執行取締役であったアンダーソンの卓越した指導力を長年にわたって仰げたことが、補充の要を緊急のものとはしなかったためといえる。だが、もう一つには、アシスタント・マネジャーあるいはマネジメント・スタッフという、業務執行取締役の補佐的機能を担当する機関が設けられ、業務執行取締役の年々増大する業務負担を軽減する措置をとったことが、二人体制を長期に存続させえたともいえる。そのなかで、会社創設以来の業務執行取締役であったアンダーソンの発言力は大きかったと思われる。アシスタント・マネジャー制を業務執行取締役の私設機関といった性格のものからP&Oの管理組織のなかに取り入れさせたこと、また第三の業務執行取締役員の選出を取締役会のおおきな反対もなく受け入れさせたことなどは、一八四〇年代末の取締役会と業務執行取締役員との間で生じた対立を考えると、アンダーソン個人の影響力のおおきさをしめすものといえよう。

しかし第二に、長年トップとしてリーダーシップを発揮してきたアンダーソンも一八六〇年代なかばには七〇歳代後半の高齢となり、[26]次期のトップマネジメントの補充が問題となった。だが、それはスムーズには運ばなかった。一つには、アシスタント・マネジャーに任命された三名のうち、二名までもが病死や病気のため途中で経営スタッフから脱落するという偶発的な障害が生じ、経営層ならびに後継者の絶対的な不足をまねくことになったことによる。だが、もう一つには、初代の業務執行取締役に対する特異な手数料制度の影響がある。つまり、すでに述べたように、初代の業務執行取締役が経営スタッフの補充をおこなう場合、みずからの責任において、その経費の全額（エージェントの場合）あるいは昇格にともなう昇給分（P＆O雇員の場合）を自己負担でおこなう必要があった。ところが、ウィルコックスが辞任した後、初代の業務執行取締役としてはアンダーソンが残るだけであり、しかもかれの経営手数料は既述のように一八五四年以来郵便契約金に関するだけのものとなっていた。つまり、経営スタッフの補充、さらにトップの経営者の選抜をおこなうにも、その人数枠は年々の経営手数料の額によって上限が画されていた。すでにみたように、アンダーソンは六〇年末にこの手数料受け取りも放棄する決定をおこなった。これは、経営手数料のなかからロンドン事務所の経費を賄うという、初代業務執行取締役と取締役会の間で結ばれた契約の終焉であり、これ以降ロンドン事務所の経費はP＆Oが企業として負担することになった。だが、これによってただちに経営スタッフ補充の上限が撤廃されたのではなく、アシスタント・マネジャーの創設にみるように、経営スタッフの経費を全体的に圧縮するなかで補充がなされた。つまりここでは、経営スタッフの補充が、次代のトップ経営者の選択の幅を広げるということよりも、経費を削減しつつおこなわれたことの方に経営の強調がおかれていたといえる。ただ一人残るアシスタント・マネジャーのベイリーが、一八六六年になってようやく三人目の業務執行取締役に就任した所以である。

最後に、アシスタント・マネジャーにせよ、またマネジメント・スタッフにせよ、海運の実務家としてキャリアをつんできた人々が選抜された。経営スタッフの補充がおもに海外業務の処理負担を軽減する目的をもっていたために、抜擢された人々もおもに海外のエージェントあるいは支配人としてキャリアを積んできた人々であった。しかし、かれらが創業時期からの業務執行取締役にかわってリーダーシップをとり、トップの意思決定を実質的に担当していくにはキャリア不足であり、いますこしの時間的経過が必要であった。だが、そのための時間的余裕は与えられなかった。一八六八年二月、アンダーソンが死去したのである。享年七七歳であった。トップ・マネジメントの交替時期に、アンダーソンにかわる強力なリーダーシップを発揮する人物が育つ前の死去といえる。この結果生じた一時的なリーダーシップの空白は、次章で述べるように、P&Oに航路経営上の戦略転換を遅らせることになった。その転換の際に足かせともなったのが、アンダーソンの最後の大きな仕事となった一八六八年の郵便輸送契約である。

4　一八六八年契約

A　一八六八年契約の締結まで

一八六六年三月、イギリス下院に東インドとの通信システムを検討する特別委員会が設けられ、インドとの、そして後には東洋全域との、電信と郵便に関する現行システムの再検討がなされた。この委員会は一八六六年七月二〇日に調査報告書を作成したが、そのなかでボンベイ郵便物月二回、カルカッタ郵便物月二回となっている現行の海上郵便輸送をあらため、ボンベイ郵便週一回の体制へと改編、拡充することを勧告した(27)。これはインド亜大陸の鉄道建設が進捗し、一八六八年春までにボンベイ、カルカッタ、マドラス、それにインド北西部諸州が鉄道によって連絡可能となるという見通しをえたうえでの勧告であった。ボンベイに週便の郵船を就航することで、ボンベイから内陸鉄道をとおしてカルカッタやマドラスに郵便物を運搬するというのが、委員会の提示した改善策であった。

この勧告を受けて、郵政大臣は大蔵省の承認のもと、六七年二月一日に、P&Oに対し東洋との二つの郵便輸送契約、つまり一八五三年のインド（カルカッタ）・中国契約および一八五四年のボンベイ／アデン契約を一八六八年二月一日をもって打ち切ることを通知した。(28) 契約の打ち切り通告を受けたP&Oは、ただちに、一八六七年二月一五日付書簡を郵政大臣宛に送り、P&Oの考える配船の改善プランを呈示し、非公式な交渉による郵送契約の改定を打診した。(29) このなかで、P&Oはフランス郵船企業MIとの競争のため収益が悪化しており、既存の契約をP&O自身も打ち切らざるをえないこと、しかし、契約の突然の中断が公益におよぼす影響の大きいことを考慮して、既存の契約にかわる東洋への郵便航路として、①イギリス本国／ボンベイ間週一回のサービス、②インド／中国その他東洋間一週一回ないし二週一回のサービス、③上海（または香港）／横浜間二週一回のサービス、というプランを提示した。しかし、郵政大臣は、郵便輸送サービスの民間企業との交渉を非公式におこなうことは、さきの委員会報告の勧告ならびに大蔵省によって禁じられており、P&Oのプランを交渉の土台とすることはできないとして、P&Oの提案を却下した。(30)

かくして、東洋航路の郵便輸送契約は、一八六七年九月一六日にあらためて入札されることになった。この入札の内容をまとめると、第5-5表のとおりとなる。一八六七年の入札では、はじめて日本までの航路が郵送航路として契約の対象となった。日本航路が契約に組みいれられるにいたった経緯を簡単に紹介しておこう。

P&Oは六七年入札より早くに、自社の商業目的のために日本まで船舶を配船していた。すなわち、一八五九年には上海／長崎間のサービスを試験的に開始し、一八六〇年一月にはこのサービスを長崎から横浜にまで拡大した。(31) 使用船舶はアゾフ号（*Azof.* 七〇〇総トン、一八五六年建造）、アデン号（*Aden.* 八一二総トン、一八五六年建造）、カディス号（*Cadiz.* 八一六総トン、一八五三年建造）、チューサン号（*Chusan.* 七〇〇総トン、一

第5-5表　1867年東洋郵便入札航路（1867年6月）

(1)サウサンプトン／アレクサンドリア
(2)マルセーユ／アレクサンドリア
(3)ブリンディジ／アレクサンドリア（マルセーユ／アレクサンドリア航路の代替ルート）
(4)スエズ／ボンベイ
(5)アデン／横浜
(6)カルカッタ／横浜（アデン／横浜航路の代替ルート）

資料：Post 29／143 Pkt. 10T／1868. Contracts for the conveyance of the Mediterranean, East India, China, and Japan Mails.

八五二年建造）などであり、月一回ほどの配船であった。一八六一年五月から六三年七月までサービスは一時中断されたが、六三年七月からは上海／横浜間のサービスが再開され、就航頻度も月便から二週一回へと増便となった。さらに六四年四月には、日本サービス向けに、あらたにコーエン号 *Cohen*（六一〇総トン、一八六四年建造。のちにコリア号 *Corea* に船名変更）を購入して、船隊を増強した。[32] このようななかで、六五年七月、P&Oは郵政省に宛てて、フランス郵船MIが日本への配船を準備していることを知らせるとともに、自社の運航する日本線に対する補助金支給の可能性を打診した。[33] これに対して郵政大臣から補助金の額に対する問い合わせがあり、P&Oは上海／横浜間、月二回の郵送サービスに関して年間五〇〇〇ポンドが最低額であるむね回答をした。[34] もちろん、P&Oの打診と回答によってただちに同社の日本線が郵送航路に昇格したわけではなく、すでにみたように、公開入札をとおして日本線の登場となったわけである。だが、日本への航路が契約航路として六七年入札に組み込まれるのは、フランス郵船による日本への配船計画があってのことであったといえよう。

その六七年入札で特徴的なことは、入札対象航路六つのうちからどれ一つをとっても、またいくつかを組み合わせても入札可能であったこと、さらに配船頻度も入札航路(1)から(4)までは週一回とするか週二回とするか、また入札航路(5)と(6)は隔週配船とするか四週に一回とするかは、入札者が自由に選択できたことである。これはさきの委員会の勧告内容にそったものであるが、あきらかに、特定の企業、つまりP&O一社に東洋への契約航路を独占させないという配慮によるものであった。

政府がP&O一社に契約を占有させつづけさせたくないという姿勢は、大蔵次官のハント卿（Lord Hunt）による イギリス議会での答弁でも明らかにされた。すなわち一八六七年六月三日、かれは議会において、インド・中国の郵便輸送契約についてフランス郵船企業のオファーを勧誘すべく、入札書類をフランス郵政省に発送したことを明らかにしたのである。[35] この思いもかけぬ大蔵省の措置を知ったP&Oは、当然のことながら、外国企業へのオファー勧誘の撤回を求める行動をただちにとった。すなわち、P&Oは、つぎのような書簡を六月二七日付で大蔵大臣宛に送った。

［平均してマイルあたり二〇シリングの］高率の補助金を享受することで、このフランスの会社はP&Oよりも低い料率で貨客を輸送することが可能であります。［…中略…］フランス政府からすでに受けとっている高額の補助金にくわえてイギリスの補助金を与えることは、このような不平等な環境のもとでの競争が実行できないため、MI社をして、P&Oの利害をいちじるしく損なわせ、また、わが社の進歩に終止符を打つ立場へとおくことになりましょう。［…中略…］それゆえ、わが社のためにも、また［…中略…］その株主のためにも、入札の勧誘が最近なされた、インド・中国の郵便輸送サービスのいかなる部分も、外国企業との間で契約が締結されること——このことは、イギリス資本と企業にとって損害であります——のないよう、丁重に、しかし、衷心より懇請する次第であります。[36]（［　］内は引用者補い）

しかし、このP&Oの要請に対する大蔵省の返答は、かたくななものであった。同省は一八六七年六月二九日付P&O宛書簡のなかで、「提案したインド・中国との郵便交通に関わるサービスを公的な競争にしたがわせる

第5-6表　P&Oの入札

航　　路	航海マイル数	年間航海数	年間就航マイル数
サウサンプトン／アレクサンドリア	5,902	52	306,904
マルセーユ／アレクサンドリア	2,820	52	146,640
ボンベイ／スエズ	5,944	52	309,088
スエズ／香港（ペナン抜港）	12,766	26	331,916
香港／上海	1,740	26	45,240
上海／横浜（長崎寄港）	2,240	26	58,240
ボンベイ／ガール	1,822	26	47,372
ガール／マドラス／カルカッタ	2,630	26	68,380
合　　計			1,313,780

資料：Post 29／143 Okt. 10T／1868.

第5-7表　P&Oの海外施設一覧

1867年2月現在

ステーション	主要施設の内訳
マルセーユ	倉庫、桟橋
マルタ	事務所、貯炭場、はしけ
アレクサンドリア	事務所、貯炭場、はしけ
カイロ	家屋、農園
スエズ	事務所、ホテル、作業所、備品置き場
アデン	事務所、家屋、汽船タグ、はしけ
ボンベイ	乾ドック、作業所、タグ、はしけ
セイロン	家屋、備品置き場
マドラス	貯炭場
カルカッタ	ドック、作業所、備品置き場、タグ、はしけ
シンガポール	家屋、埠頭、備品置き場
香港	家屋、作業所、備品置き場、石炭備蓄船
上海	家屋、貯炭場、鉄製はしけ
横浜	石炭備蓄船

資料：P&O 6／7 53 half-yearly Report, 31 March 1867.

ことは、政府の義務と考えており、したがって、サービスのすべて、あるいはそのいかなる部分に対しても、申し込みを呈示しようとする個人、または会社の国籍のいかんを問うことなく、公募により入札を勧誘したものである」、と述べたのである。(37)

かくして、P&O一社への契約は避けたいとする政府の方針のなかで、東洋航路の郵便輸送契約は、九月の公開入札の結果しだいとなった。P&Oにとってさいわいなことに、イギリスの世論が外国の郵船企業との契約も辞さないとする政府の姿勢に反対を示したことであり、入札ではイタリアの一企業がブリンディジ／アレクサンドリア航路に入札したが、肝心のMIは入札しなかった。イギリスの企業ではP&O一社だけが入札に応募した。

P&Oの入札は応募航路のそれとは一部ことなっていたが、入札内容をまとめると第5-6表のとおりとなる。同表と前出の第5-5表との比較から明らかとなる、入札公募航路とP&Oの入札航路のおもな違いは、公募ではアデン／横浜となっていたのを、スエズ／横浜としたこと、また公募にはないボンベイ／ガール、ガール／カルカッタの二航路を追加したことである。中国航路のターミナルをアデンにかえてスエズにしたのは、アデン止まりでは旅客・貨物の通し運搬でメリットがないこと、またアデンでは利用できない作業場がスエズでは利用できることであった。(38) さらに中国航路ではペナンを抜港し、またシンガポールでの停船時間を最大一二時間とすることが提案されていた。これはこれらの港への寄港や長い停船にともなって、フランス郵船企業MIとの競争のうえで不利となる点を解消する狙いがあった。他方、公募にはなかったボンベイ／ガール、ガール／カルカッタの航路は、これら地域の商業的運搬網を完成させることで貨物収入の増大をはかると同時に、P&Oの就航船舶を効率よく維持するためボンベイとカルカッタにある同社の修理施設を利用するためのものであった。ちなみに、一八六七年時点のP&Oの海外施設を一覧すれば、第5-7表のとおりである。これら施設の建設には六五万ポンドが投じられ、その年間の維持費は三〇万ポンドにおよんでいた。(39) P&Oはこれら入札航路を年間五〇万ポンド、契約期間六ヶ年で遂行するむね申しいれた。一八五三～五四年の、東洋航路のマイルあたり契約金は約四シリング六ペンスであったから、このたびのP&Oのマイルあたり契約金およそ七シリング九ペンスは、五三年契約を七二パーセント上回る水準であったことがわかる。

政府側は、東洋航路の入札に事実上P&Oだけが入札したことに落胆し、またその入札価格の高さに驚愕した。公開入札としたことが、結果的に契約相手としてP&O一社だけしかないことをあきらかにし、それゆえその要求額を受けいれざるをえなかった（拒否しても代替サービスを提供する会社は入札の結果ないことがわかった）からである。かくして、P&Oの契約交渉における立場はいちじるしく強まった。高額の契約金に難色をしめす政府に対して、P&Oはその要求額が他の郵船企業の受取額とくらべてけっして法外ではないこと、たとえば、北大西洋航路のキュナード社は年間七四万ポンド、西インド諸島航路のロイヤル・メール社は六四万ポンド、そしてフランスの郵船企業MIにいたっては一二九万ポンドの契約金を受けとっている事実を指摘した。(40) また、一八六七年一〇月一四日に郵政大臣と会見したアンダーソンをはじめとする三名の業務執行取締役は、P&Oの要求額がその経営航路の収支からしてもごく妥当なものであり、そのことを確かめるべく、政府側から会計知識をもつ専門家を派遣してP&Oの帳簿類を調査してみることを郵政大臣に提案した。(41) この提案にもとづいて、郵政省から経理局長の経歴をもつスクードモー（F. Scudamore）が帳簿を検査するためにP&Oに派遣された。

スクードモーの調査結果とそれにもとづく具体的な提案は、一八六七年一〇月二六日付の覚書となってまとめられた。だが、かれは調査のおよそ一ヶ月前に、P&Oの入札を受けて、別の覚書をしたためていた。(42) そこでの主題は、契約金の減額をどのようにして獲得するかということであった。すなわち、P&Oが今回の入札で有利な立場に立っていること、その有利性はこれからの東洋への配船頻度の増大とそこからあがる収益により、P&Oの提案する契約期間六年の終了時には一段と強まるであろうこと、そうなれば六年後の契約改定交渉時にはP

&Oが今回提案する年間五〇万ポンドという金額が契約の最低基準となり、その減額はいま以上に困難となること、したがって、六年後の契約更新時に減額を求めるという方策はとりえないことが述べられている。それでは、どうやって契約金の減額を今回の入札で承認させるのかをみずから問うて、P&Oの経営者が現在の自社の立場と六年後の将来を、かれと同じようにはみていないことに交渉の余地があるとしている。つまり、P&O側の交渉相手はその個人収入が会社の繁栄に依存している経営者であり、かれらは同じような立場にある従業員すべての代表とみなされること、契約航路の分割入札やMIの入札勧誘は従業員に恐怖をいだかせ、それが経営者にもつよい影響を与えているに違いなく、したがってかれらは長期の安全性をえられるのであればそれに対価を支払う用意ができているはずだ、とスクードモーは判断した。そこで、かれは六年の契約ではなく、一二年という長期の契約によってP&Oに郵船企業として長期の保証をあたえる一方、年間契約金を四〇万ポンドあるいはそれ以下に減額する、という腹案を語っている。かれによれば、かりに四〇万ポンドの補助金であれば、一二年間で合計四八〇万ポンドの支払いとなるが、これは最初の六年間に五〇万ポンドを支払い、つぎの六年間に三〇万ポンドを支払うのと同様のことであるという。契約期間が六年間であれば、その終了時のP&Oの立場はさきに予測したようにいま以上に強力になるとみられることから、契約金の三〇万ポンドへの減額はまず不可能と判断される。だが、より短期の契約という政府の望む基本方針には反するが、長期契約の保証をあたえることで契約金の減額が可能となる、というのがスクードモーの主張であった。この主張は郵政大臣によって基本的に受けいれられた。

したがって、スクードモーのP&Oの帳簿調査はP&Oの要求額の妥当性の検証という面ももちろんあったが、それ以上に、スクードモーの腹案にそってどこまでP&Oとの合意が形成されるかの交渉でもあった。さきにも触れたように、調査結果と提案を含むかれの覚書は、一八六七年一〇月二六日に郵政大臣に提出された。(43) P&O

とのおもな合意事項はつぎのような点であった。すなわち、①契約期間を一二年とし、契約金の最低額を四〇万ポンド、また最高額を五〇万ポンドとする、②P&Oの「コントロール下にはない原因によって」配当可処分資金が株式資本年六パーセントの配当支払に必要な額にみたなかった場合、五〇万ポンドの最高契約金を上限としてその不足分を郵政省がP&Oに支給する、(44)③配当可処分資金が年八パーセントの配当支払に必要な額を上回る場合、最低契約金四〇万ポンドを支払った上で、その超過額の四分の一を郵政省が受けとる、というものである。配当六パーセントと八パーセントとの間の七パーセントは、P&Oの主張によれば追加資本の調達を可能とする配当率であり、それなくしては事業の継続が困難になると判断された配当率であった。

この契約企業の収益におうじて契約金の支払い額を変動させるという方式は、P&Oによって政府とのパートナーシップの形成とよばれたが、P&Oがはじめて契約した方式ではなく、すでにウェールズ北西端の港町ホリーヘッドとアイルランドのキングスタウンとの間の郵便輸送の契約でも実施されていたという。(45)ともあれ、この合意にしたがって、一八六七年一一月一九日、インド・中国の郵便輸送契約は郵政省とP&Oとの間で正式に締結されることになった。両者の間で結ばれた契約航路を一覧すれば、第5-8表のとおりである。保証最低契約金四〇万ポンドは、マイルあたりに換算すると六シリング一ペンスとなり、これはP&Oが最初に提示した契約金五〇万ポンド、つまり、マイルあたり七シリング九ペンスよりは低かったが、一八五三年契約や五四年契約でのマイルあたり契約金四シリング六ペンスにくらべれば、およそ三五パーセント増であり、P&Oはその当初の狙いどおり、契約金の引きあげに成功したといえよう。

B　新契約下での運航実績と契約の改定

このように半年にわたる交渉過程の結果、ようやく獲得した一八六八年契約であるが、その契約下での運航実

4　一八六八年契約

第5-8表　1868年郵便輸送契約航路

航　　路	就航回数	寄　港　地	マイル数	速力ノット	契約時間
1 サウサンプトン／アレクサンドリア	週1回	ジブラルタル、マルタ	2,951	10.0	295
2 マルセーユ／アレクサンドリア	週1回		1,410	10.0	141
3 スエズ／ボンベイ	週1回	アデン	2,972	9.5	313
4 スエズ／カルカッタ	2週1回	アデン、ガール、マドラス	4,757	9.5	501
5 ボンベイ／香港	2週1回	ガール、シンガポール	3,852	9.5	406
6 香港／上海	2週1回		870	9.5	92
7 上海／横浜	2週1回	長崎	1,120	9.5	118

備考：マイル数、契約時間はともに片道航海
資料：BPP 1867-68 vol.XLIより作成

第5-9表　航路別収支　1868年2月1日～1869年3月31日

航　路	旅客収入		貨物収入		運送収入計		総支出		収支
	ポンド	%	ポンド	%	ポンド	%	ポンド	%	ポンド
サウサンプトン、マルセーユ／アレクサンドリア	274,665	29.4	202,885	16.7	477,550	22.2	654,584	23.5	－177,034
ボンベイ／スエズ	153,791	16.4	226,567	18.7	380,359	17.7	507,076	18.2	－126,717
カルカッタ／スエズ	344,475	36.8	261,109	21.5	605,584	28.2	658,820	23.7	－53,236
ボンベイ／香港	82,892	8.9	346,946	28.6	429,838	20.0	401,036	14.4	28,802
香港／上海	17,831	1.9	55,070	4.5	72,901	3.4	143,713	5.2	－70,812
上海／日本	10,860	1.2	23,489	1.9	34,349	1.6	85,041	3.1	－50,692
1868年契約航路計	884,514	94.6	1,116,066	92.0	2,000,581	93.1	2,450,270	88.0	－449,689
オーストラリア	38,002	4.1	34,746	2.9	72,747	3.4	180,580	6.5	－107,833
福州線（中国沿岸）	9,654	1.0	20,418	1.7	30,071	1.4	35,786	1.3	－5,715
その他	3,309	0.4	25,724	2.1	29,034	1.4	95,405	3.4	－66,371
帆船	0	0.0	15,986	1.3	15,986	0.7	21,979	0.8	－5,993
合　計	935,479	100.0	1,212,940	100.0	2,148,419	100.0	2,784,020	100.0	－635,601

資料：Post 43／13より作成

績は、P&Oとイギリス政府の両パートナーにとって満足のいくものではなかった。このために、六八年契約は両者の合意のもとでただちに改定されることになった。

　第5-9表は、契約開始時の六八年二月一日から翌年の財政年度末までの一四ヶ月間に関する収支を航路別にまとめたものである。同表によると、契約航路において運送収入上もっとも重要なルートはカルカッタ／スエズ航路であり、ついでサウサンプトンとマルセーユからの地中海二航路、そしてボンベイ／香港航路の順となっていた。また運収源泉別にみると、旅客収入においてカルカッタ／スエズ航路が、また貨物収入においてボンベイ／香港航路がそれぞれ重要な地位をしめていた。P&Oが一八六八年契約の入札段階で公募にはなかったカルカッタ航路をつけくわえたのは、インドへの旅客輸送では、ボンベイではなくカルカッタが最重要であったためであることがわかる。また、一八五三年契約でガール止まりの中国線をボンベイまで自主的に延航したのは、インド／中国間の取引ではボンベイ航路が最重要であったことによることがわかる。この二航路はスエズ以東における、P&Oの旅客および貨物の二大収入源であった。だが、同表の最後の欄に示されているように、中国航路を除いては、すべての航路において収支はマイナスを記録していた。これは一つには、そのルートの旅客・貨物需要と就航頻度との齟齬がもたらした、郵送契約上やむをえず発生した欠損と考えられる。週一便を配船していた地中海の二航路とボンベイ／スエズ航路のマイナスが大きく、対して二週一便の航路の欠損が相対的に小さいのはこのためといえる。実際、六八年契約航路で収支欠損のうち三分の二以上は、週一便の配船航路から生じている。航路欠損の原因としてもう一つ考えられる要因は、一般的な景況を所与とすれば、フランス郵船MIとの競争であった。インドと中国、日本を結ぶ三航路では、第5-9表にみられるように、いずれも貨物収入が相対的に大きな割合をしめていたが、このうち黒字であったのはボンベイ／香港航路だけであり、香港／上海、上海／日本（横浜）航路ではあわせて一二万ポンドの赤字と、六八年契約航路の欠損のうち四分の一以上をしめていたのである。ここでの欠損は端的にMIとの競争上の不利によるものであり、とくにそれはこの頃から増大しはじめた日本からの欧州への蚕卵紙輸送をめぐるものであった。すなわち、前掲第5-8表にも示したように、一八六八年契約では、中国・日本の航路は香港／上海、上海／横浜の二つの部分からなり、メイン・ルートの一つであるボンベイ／香港航路への接続は前者の香港／上海航路によってなされていた。したがって、日本から欧州へ蚕卵紙をP&Oの郵船で輸送する場合、まず横浜から上海へ積みだし、そこで香港向けに積替え、さらに香港でも大型郵船に積みかえてボンベイに輸送する、というように頻繁な積替えの手間が必要であり、その間に高級船荷である蚕卵紙に損傷が生じる可能性が高かった。これに対して、MIの船舶はすでに香港／横浜間に直行便を配船しており、P&Oの船舶にくらべ、中国／日本間の航海日数で五〜六日はやかったのである。[46]

航路収入の改善と競争上の不利を埋めあわせるべく、P&Oは契約航路の一部変更を求めて一八六九年四月から郵政省との交渉にはいった。この結果、翌五月には、つぎの点で合意をみた。すなわち、中国／日本間の郵便サービスは、従来の上海／横浜から香港／横浜に変更することにより、日本への往航は二日、また復航は五日短縮され、MIとくらべた就航上の不利が改善された。また香港／上海間のサービスは、別ラインを仕立てることで継続することになった。[47]

だが、一八六八年契約のもっとも大きな変更点は、政府とのパートナーシップの解消であり、それはP&Oではなく、政府の側が求めたものであった。右に述べたように、六八―六九年度のP&Oの航路収支の結果、イギリス政府は六八年契約で取り決めた最高限度額である五〇万ポンドの契約金をP&Oに支払うことになった。だが、その前段階の損益シェアリングの算定にあたって、イギリス政府はP&Oの帳簿類を調査し当期利益額を確定する作業に、おおくの人力と時間を費やす必要があった。[48] このような手間暇は毎期の決算ごとに繰りかえされることが予想されたが、これにくわえて、なによりも政府がパートナーシップの解消を決意したのは、P&Oの業績低迷が一時的なものではないと判断したためである。P&Oの会計帳簿を調査した調査官の報告をうけて、郵政省の会計局長が郵政省の次官宛てに書きしるした手紙によれば、「郵便補助金の増大とアビシニア遠征の［傭船料］収入がなければ、この会社が継続事業として存続できたかどうかは疑わしい。この臨時収入のどれか一つがかけても、この会社は事業を成功裡に継続できなかったであろう」との評価がくだされた。[49] 郵政省では、このような危機的な状況はさらに長期にわたってつづくと考えた。郵政大臣は、一八七〇年七月二〇日付の大蔵省宛ての手紙のなかで、貿易の停滞やフランス郵船の競争にくわえ、スエズ運河の開通がP&Oに新たに競争をいどむ内外の汽船企業を輩出させたことをあげ、この結果、P&Oの将来は一段と不安にみちたものになったと指摘している。[50] つまり、郵政省側では契約初年度の契約金が支給額の最高限度となったのは例外的なことではなく常態となる可能性があること、その場合P&Oとのパートナー関係は郵政省側に一方的に不利に働くと考えたのである。一八六八年契約は契約金の引きさげのために一二ヶ年という長期にわたって結ばれたが、郵政省側が最高限度額の契約金を払いつづけなければならないとすれば、長期契約を締結した意味はまったく失われることになる。それゆえ、郵政省はパートナーシップの解消、固定契約金への復帰を求めたのである。

これに対してP&Oは、一八七〇年五月につぎのような条件をだして政府の要請を基本的に受けいれることにした。その条件とは、①すべての郵便サービスを現行のまま継続する、②東洋の重量郵便物の積み降し港をサウサンプトンにかえてリヴァプール港とする選択権をもつ、③契約金を年間四五万ポンドの定額とした契約を一八六九年四月一日からさかのぼって開始する、というものである。[51] イギリスのターミナルをリヴァプールにする選択権を主張したのは、P&Oがリヴァプールから綿製品の積みだしを視野にいれてのことであった。この提案はイギリス政府の受けいれるところとなり、一八七〇年八月六日、郵政大臣とP&Oの間で、改訂契約が締結された。その有効期限は六八年契約と同様、一八八〇年二月一日までであった。[52]

5　おわりに

一八六八年契約は、東洋航路の幹線について、海軍省にかわって郵政省が政府の契約当事者となってP&Oとの間で結んだ、最初の郵送契約であった。それは一見したところ、P&Oに特別に優遇を与えた契約とみなされるかもしれない。五〇年代の契約にくらべて引き上げられたマイルあたり契約金、契約書に書きこまれた契約期間としては最長の一二年間、しかも株主への配当金が一定水準にみたなければ、最高五〇万ポンドまでを限度とする契約金の増額という損益シェアリング方式など、郵船企業に対する手厚い助成策への転換かともみまがう契約であった。しかしながら、これらのことはイギリス政府が当初から企図したことでも、また望んでいたことでもなかった。郵政省は大蔵省とともに、費用対効果はもちろん、信頼できる契約相手という事前スクリーニングの強化という観点も重視しながら、競争入札のためには外国郵船企業による応札さえ歓迎した。また六六年の下院特別委員会の勧告にしたがって、入札航路を細分化し、就航頻度に関する応札企業の裁量の余地を拡大することで、複数企業による入札を期待した。しかし、東洋航路の入札に応募した企業は、事実上P&O一社にとどまり、イギリス政府の目論見ははずれた。政府はP&Oの契約交渉上の有利な立場を認めざるをえず、さきの契約期間の延長や損益シェアリング方式の採用を余儀なくされた。それは契約金減額のための、いわば苦渋の選択であった。[53] P&Oは、この契約によって課題の一つであったマイルあたり契約金の引き上げに成功し、また東洋航路の再編と就航頻度の増大によって、フランス郵船企業に対する競争上の立場を強化した。

しかし、一八六八年契約によって、P&Oの経営危機がすべて解消されたわけではない。増大した契約金と政府傭船料という臨時収入とがあって、二年連続の欠損と無配をまぬかれたものの、フランス郵船企業との競争はやむことなく、それは不可逆的な事実として存在した。さらに六九年一一月のスエズ運河の開通とその商業的利用の成功は、東洋方面における汽船企業間の競争を一段と強めることになった。この事態をいちはやく洞察し、P&Oとのパートナーシップ関係を継続することの危険性を知覚したのは、イギリス政府であった。政府はただちに、損益シェアリング方式の破棄、固定契約金方式への変更を提起し、やや高目の契約金設定という代償を払いながらも、これをP&Oに受けいれさせた。政府とのパートナーシップ関係は、短期にして解消したのである。

一方、P&Oは契約改定で、契約金の水準やイギリスのターミナル港の変更には関心を寄せながらも、スエズ運河についてはー切触れなかった。つまり一八七〇年当時、アランとベイリーの二名の業務執行取締役を頂いたP&Oのトップマネジメントは、スエズ運河を郵送航路の一つとして積極的に組みこむ考えはなかったといえる。実際、P&Oにとって、スエズ運河を利用することは、たんに郵船の運河堪航性というような純粋に技術的な問題にとどまらず、それ以上に経営的な問題を提起した。スエズ運河の利用に全面的に切りかえるためには、運河通航に適した船舶の建造はもちろんのこと、P&Oがこれまで地中海と東洋方面に投下してきたさまざまな施設の統廃合をおこなう必要があった。このようなスクラップ・アンド・ビルトの政策を迅速にしかも大胆に策定し、それを郵便輸送契約のなかに盛りこんでいくには、この時期のP&Oにはあまりにも人的な余力がなかった。というのも、すでに述べたように、当時のP&Oは、創立以来リーダーシップをとってきたアンダーソンを失い、それにかわる経営トップの人材をただちにはえられなかったからである。残る二名の業務執行取締役は、アンダーソンの指導のもとでの既定路線、つまり郵便輸送契約を確保しつつ、スエズの西と東をそれぞれホーム・ステーションと東洋ステーションに分けて考えるという二分法的な枠組みにとらわれていたため、急速にかわる環境への適合戦略をタイミングよく打ちだすことはできなかった。結局、この戦略転換の課題は新しいトップの経営者によって担われることになるが、その過程でP&Oはイギリス政府に対して契約の改定交渉のうえで不利な立場に立たされ、一八七〇年に獲得した契約金のさらなる引きさげを余儀なくされるのである。

（1） Cable 1937: ch.23.

（2） Howarth 1986: 98, 100.

（3） Marber 1967: 189; Saugstad 1932: 103.

（4） P&O 6/7 Half-Yearly Report, 31 March, 1867. Report from the Committee of Management, dated 10 October 1862.

（5） P&O 6/1 30 November 1853

（6） P&O 6/1 1 December 1864, 1 December 1865; P&O 1/106 16 June 1865. ＭＩはモーリシャス線（スエズ／モーリシャス）を一八六四年七月一日より開始した。P&O 6/1 8 July 1864.

（7） P&O 1/106 23 February 1854.

（8） P&O 1/106 8 April 1861.

（9） Public Record Office [PRO] T1/6768A. A letter to the Lords Commissioners of the Majesty's Treasury, 8 March 1867.

（10） P&O 37/2 Sutherland's letters, 4 July, 1874. サザーランドは前中国支配人であった。

（11） P&O 37/2 Sutherland's letters, 4 July, 1874.

（12） P&O 6/1 30 November 1867.

（13） P&O 6/1 1 December 1866.

（14） 保険金からの配当とは、Ｐ＆Ｕが船舶の自家保険のために毎年計上した保険料のうち、その年の保険請求額を超えて余剰がでた場合に、その一部を付保者と想定できる株主に配当の形で払い戻していた分のことである。Ｐ＆Ｏは創立してまもなく船隊の自家保険を開始した。一八四八年に保険基金が一二万八〇〇〇ポンドに達したとき、外部の保険業者による付保をすべて中止し、自家保険に全面的に切りかえた。P&O 6/1 the Annual Report for 30 September 1848. 保険引当金のうち、請求部分を超える余剰の一部を配当として株主に配分する慣行の開始については、すくなくとも一八五一年度までさかのぼることができる。
（15） P&O 1/104 30 December 1856.
（16） P&O 1/105 15 January 1861, Anderson's letter to Howell, dated 21 December 1860.
（17） P&O 1/104 30 December 1856.
（18） P&O 1/104 30 October 1857.
（19） P&O 1/105 15 January 1861, Anderson's letter to Howell, dated 21 December 1860.
（20） P&O 1/105 15 January 1861.
（21） P&O 1/105 18 January 1861.
（22） P&O 1/105 7 January 1862.
（23） P&O 3/8 Allan's Memorandum, dated 7 January 1868.
（24） P&O 1/106 31 October 1865.
（25） P&O 1/107 30 October 1866.
（26） Nicolson 1932:2, 109.
（27） 以下の叙述は、断りのないかぎりBPP 1866によっている。
（28） Post 29/143 Pkt. 10T/1868 Hill to the Treasury, dated 28 January 1867; Lord Hunt (treasury) to the Lord Duke (the Postmaster General), dated 31 January 1867.
（29） P&O 6/7 31 March 1867, Howell to Lord Duke, 15 February 1867.
（30） P&O 6/7 31 March 1867, Hill to Anderson, dated 23 February 1867.
（31） P&O 16/9. 以下断りのないかぎり、同番号におさめられている文書類によった。
（32） P&O 1/106 13 and 22 April, 1864.
（33） P&O 1/106 14 July, 1865.
（34） P&O 1/107 9 January 1866.
（35） Hansard's, 3rd Ser., Vol.CLXXXV, 3 June 1867, pp. 1493-4.
（36） P&O 6/7 30 September 1867, Howell to the Treasury, dated 27 June 1867.

（37） PRO T19/5, Treasury to the Directors of the P&O, 29 June 1867.

（38） Post 29/143 Pkt.10T/1868. Howell to the Secretary of the Post Office, 16 September 1867. 以下、断りのないかぎり同文書によった。

（39） P&O 6/7 53 half-yearly Report.

（40） Post 29/143 Pkt.10T/1868. Howell to the Secretary of the Post Office, 30 September 1867.

（41） P&O 6/7 Annual Report, 30 September, 1867; Post 29/143 Pkt.10T/1868 Montrose's memo.

（42） Post 29/143 Pkt.10T/1868. Memorandum by Mr. Scudamore, dated 24 September 1867.

（43） Post 29/143 Pkt.10T/1868. Memorandum of Mr. Scudamore, dated 26 October 1867.

（44） 六パーセントの配当を確保するために、最高契約金五〇万ポンドの支払いがなされる場合のＰ＆Ｏ単独の配当率は、年間二パーセントとなる。

（45） Post 29/143 Pkt.10T/1868. Memorandum of Mr. Scudamore, dated 26 October 1867. この契約は、年間の総収入が一二万一〇〇〇ポンドにみたない場合に、契約にもられたスピードで郵送サービスを提供する義務をまぬかれるというもので、郵政省は年間八万六〇〇〇ポンドを上限として契約企業に支給することになっていた。したがって、契約企業が年間三万五〇〇〇ポンドの旅客・貨物収入をあげることが、サービス提供の条件となっていた。なお、三万五〇〇〇ポンド以上の運送収入をあげた場合、超過収入のうちその半分は郵政省が受けとることになっており、スクードモーの報告時点では、年間四〇〇〇ポンドを受けとっていたという。

（46） P&O 3/8 Reports from Managing Directors to the Board, dated 6 April 1869.

（47） P&O 1/107 7 May 1869; 6/7 half-yearly Report, 31 March 1869.

（48） このような手間暇は、Ｐ＆Ｏとの間で保険金や減価償却の取り扱いで解釈のくい違いが生じたために、余計かかることになった。

（49） Post 51/50 C. W. Chetwynd to the Secretary of the Post Office, 14 August 1869. アビシニア遠征にともなう政府傭船料収入は、一八六八年度はおよそ一七万四〇〇〇ポンド、また翌六九年度は四万一〇〇〇ポンドであった。P&O 6/53.

（50） Hartington to the Lords Commissioners of the Treasury, dated 20 July 1870. BPP 1870 所収。

（51）　P&O 6/7 1 December 1870.

（52）　BPP 1870, Mail contracts (India, China, and Japan).

（53）　一九世紀の海外郵便輸送契約を論じたアーノルドとグリーンヒルは、郵政省の損益シェアリング方式が商業運搬にも郵便運搬にも共通して利用できる生産要素の投入を前提に算定されることから、他の方式、たとえば海軍省の固定額支払方式にくらべて、契約金の引きさげを可能としたとして高く評価している。Arnold & Greenhill 1995: 343. 民間企業による郵便輸送において、移転費用をかけずに結合生産物がえられるというコスト上のメリットがあることは、かれらの指摘するとおりである。しかし、海軍省がこのコスト上のメリットを契約金の引きさげに一度も利用しなかったとはいえない。海軍省から郵政省へと郵送契約権限が移転したのは、第四章でも述べたように、なによりも一八五〇年代の契約の失敗、つまり逆選択によるものであり、契約金の水準が直接問題となったためではなかった。さらに、損益シェアリング方式で結合生産のコスト上のメリットがそのまま契約金の引きさげに直結したかどうかも疑問である。すでにくり返し述べたように、P&Oの一八六八年契約のマイル当り契約金は、一八五三年、五四年契約のそれにくらべて高く設定されていた。予想外の入札結果に直面して契約金の引きさげを懸命にはかろうとして合意した結果が、損益シェアリングの方式であったというべきであろう。

第六章　一八七四年契約――スエズ運河開通の余波

1　はじめに

一八六九年一一月におけるスエズ運河の開通は、世界の海運史上特筆すべき輸送上の革新であった。それは地中海側（ポートサイド）と紅海側（スエズ）とを海路で結ぶことによって、西洋と東洋との間の汽船による海上一貫輸送を初めて現実的なものとし、この結果、極東貿易における汽船の帆船に対する優位性を決定づけた（第6-1図参照）。スエズ運河は季節風の影響から汽船に利用が限定され、帆船はひきつづき喜望峰経由で欧州／極東の遠距離輸送をおこなわざるをえなかったからである。いわゆる快速クリッパーは、極東貿易に関するかぎり、その最後の時代を迎えることになった。

スエズ運河という新たな交通ルートの開設は、当然のことながら、新たな汽船会社による東洋への参入をうながした。東洋に配船してきた既存の企業にとってみれば、それは新たな競争環境の創出であり、それへの適応を早急にこうじることを必要とさせた。本書で対象としているＰ＆Ｏについていえば、その適応のための諸政策は、

第6-1図　地中海／紅海間の郵送ルート

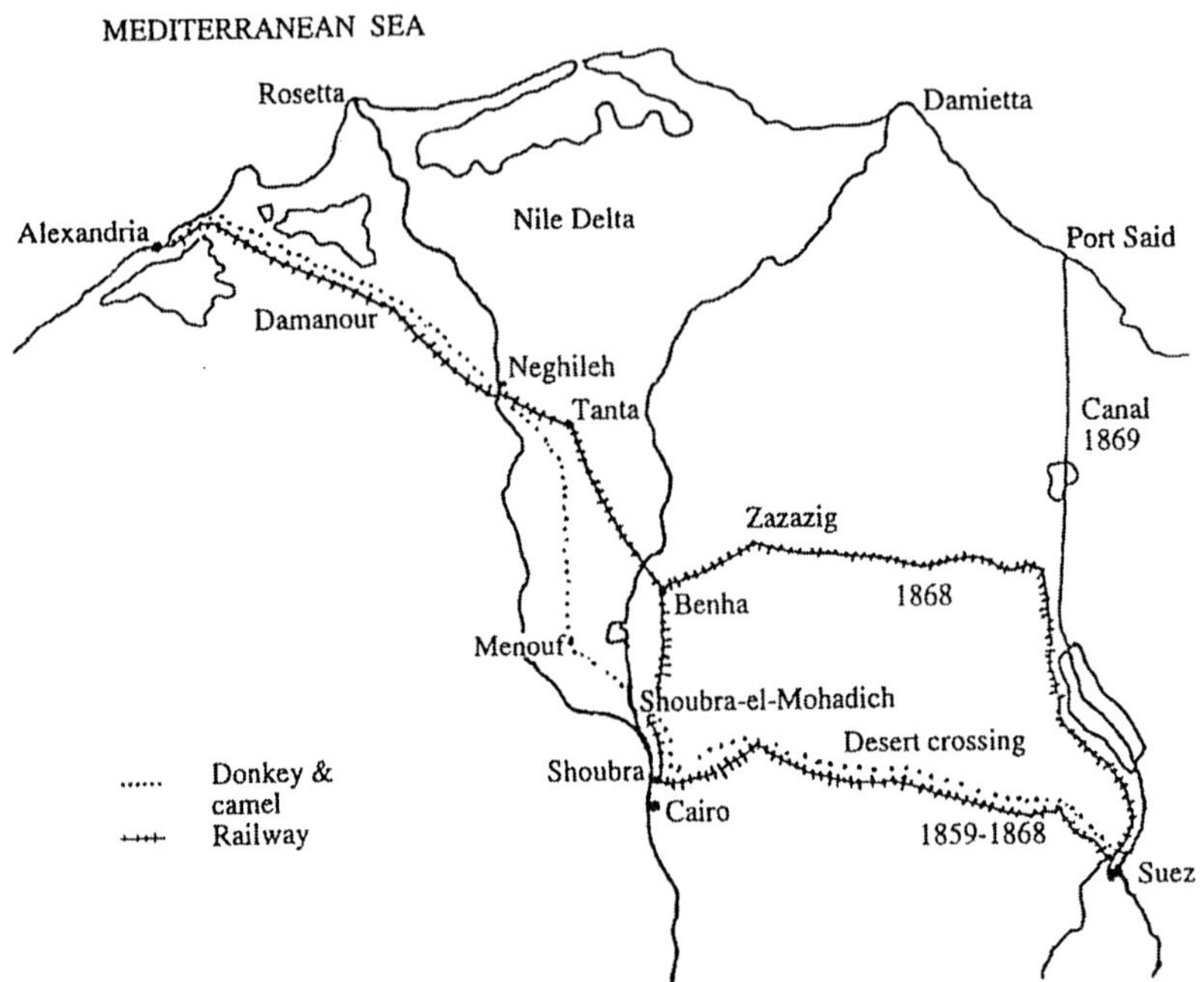

資料　Moubray1992：183.

企業サイドだけでも新船型の船舶建造、海外各地の施設の統廃合、海上従業員の待遇と給与の改定など、さまざまな方面におよんだ。だが本章では、スエズ運河の開通がP&Oの収益にどのような影響をあたえ、その結果、P&Oはその経営航路をどのように再編しようとしたかを中心に論じていくことにしたい。

P&Oの経営航路の再編という場合、その航路はほとんどが郵便輸送のための契約航路となっており、P&O単独では自由には改編できなかった。それゆえ、スエズ運河の開通とその堪航性があきらかになるにつれて、P&Oはスエズ運河を郵送ルートの一部として採用するようイギリス郵政省に働きかけた。ここであらかじめ留意すべきは、次節以下で述べるように、P&Oの郵船はスエズ運河の通航を郵送契約上禁じられていたわけではなく、一八七〇年代にはいって契約の改定交渉をおこなう以前に、すでに独自の判断からスエズ運河を利用していたという事実である。郵船の運河通航をおこなっていたP&Oが、あらためてスエズ運河を郵送ルートとして正式に郵送契約に組みこむようイギリス政府に要望した理由はなにか。これは答えるべき問題の一つであろう。またこのようなP&Oの要望に対して、イギリス政府はこれをただちに容認しなかったばかりか、契約金の引き下げをはじめ、種々なる付帯条件を課してようやく認めるにいたった。政府がこのように契約改定をしぶった理由についても、あきらかにする必要があろう。

以下、第2節では、スエズ運河の開通が東洋方面に配船する汽船企業の群生をもたらした事実を述べ、それがP&Oの業績にどのような影響をあたえたかを論じる。第3節では、このような変化する環境のなかで、P&Oの経営をになったトップマネジメントの人的構成の変化についてとりあげる。第4節では、スエズ運河利用のための、六八年契約の再改定問題を論じる。そして最後の節では、第4節で展開した一八七四年契約の成立によって、P&Oがどのような経営航路上の改編を達成できたのかをまとめた。

2　スエズ運河開通による影響

一八六九年一一月一七日に開通したスエズ運河が、世界の貿易や海事産業にあたえた影響は多方面にわたるが、ここでは海上輸送におよぼした一般的影響と、P&Oの業績にあたえた影響を中心に述べることにしたい。

スエズ運河の開通以前、欧州と東洋を海上で結ぶ一貫ルートは通常、喜望峰を経由する航路であったが、地中海側（ポートサイド）と紅海側（スエズ）とを海路で結んだ運河の開通によって、欧州／東洋間の海上距離はいちじるしく短縮された。しかし当然のことながら、その短縮効果は一様ではなかった。いまロンドンを起点とし

第6-1表　ロンドンを起点とした各地点までの海上距離（海里）

地　　点	喜望峰経由	スエズ運河経由	運河経由による節約	%
ボンベイ	10,719	6,274	4,445	41
カルカッタ	11,730	7,900	3,830	33
シンガポール	11,417	8,241	3,176	28
香港	13,030	9,681	3,349	26
上海	13,790	10,441	3,349	24
横浜	14,287	11,112	3,175	22
シドニー	12,530	11,542	988	8
メルボルン	12,220	11,057	1,163	10

資料：Kirkalday 1914: 330, 600-01.

て、東洋の主要な地点とを結ぶ海上距離を、運河経由と喜望峰経由とで比較してみると、第6-1表のとおりとなる。同表からもあきらかなように、運河開通による距離短縮効果はインド方面がもっとも大きく（短縮比率四一〜三三パーセント）、つづいてシンガポール、香港、上海、横浜の順（短縮比率二八〜二二パーセント）となるが、豪州方面は運河経由と喜望峰経由ではほとんど差がない状態となっている。

このような距離短縮効果の不均等性に関連して触れておくべきは、つぎの二点である。一つは、季節風の影響で帆船による紅海の航行が困難であったという技術的な問題のために、スエズ運河は当初より汽船専用の運河として利用され、したがって運河がもたらす距離短縮効果はもっぱら汽船が享受した、という点である。この結果、遠洋航海においても帆船は汽船との競争に敗れ、衰退することが決定的となる。しかし他方、一時期ながらも、距離短縮効果の有無による汽・帆船両者の就航方面での地域的「棲み分け」と、石炭補給における両者の共生関係が形成された[(1)]。第二に、汽船が享受した距離短縮効果に不均等性がみられたとはいえ、その不均等性が各地の海上貿易ルートにおける汽船の進出度合を決定した唯一の要因となったわけではないことである。ちなみに、一八七三年時点で、ベンガル・ビルマと中国の各方面からそれぞれイギリスに入港した船腹量のうち汽船が占める比率は、前者が四〇パーセントであるのに対し、後者は七〇パーセントと、むしろ遠距離ルートからの、したがって距離短縮効果が小さい方面からの汽船入港がおおいという事実がみられた(2)。つまり、各貿易ルートにおける汽船の進出度合は、当該ルートにおける距離の短縮効果の大小とともに、そのルート上に、汽船が運搬の対象とする貨物（または旅客）がどれほどおおく出回るか、という貿易の中身の問題にも依存していたのである。

ともあれ、スエズ運河の開通によって、西洋と東洋の間で汽船による定航事業を新たに開始する欧州の海運企業、とりわけイギリスのそれがいっせいに出そろうことになった。これについて、スエズ運河の政治経済に関するファーニィの浩瀚な書(3)に依拠しながら、簡単にみておこう。スエズ運河を商業的な汽船ルートとしていちはやく利用したのは、就航の規則性とならんで航海の迅速性が重視された郵船企業ではなく、すでに東洋方面に配船していたイギリスの貨物定期船企業であった。すなわち、リヴァプールのブルー・ファンネル・ライン（ホルト社 Holt & Co.）は、カルカッタ航路におけるスエズ運河の利用を決意し、一八六九年一二月にその旨を宣伝広告した。つづいて、同じくリヴァプールの貨物船企業ハリソン・ラインも、同じ月にボンベイ向け航路で運河の利用を決定している(4)。これらリヴァプールの貨物船企業がスエズ運河の利用に積極的であったのは、当時の特殊事情があずかっていた。つまり、イギリス綿業への最大の原棉供給国であったアメリカでは、一八六九年度の棉花の収穫が不作となり、また次年度についても不作が見込まれることから、マンチェスターのインド棉花に対する需要が増大した。このためスエズ運河の通航税を支払ってもインド棉を運搬することは採算があうとの判断がくだされ、リヴァプール貨物船企業による先駆的な運河の利用がなされることになったのである(5)。これらイギリスの貨物船企業につづき、西洋と東洋を結ぶ汽船ルートとしてスエズ運河を採用した最初の郵船企業は、フランスの郵船企業ＭＩであった。そうなった事情としては、スエズ運河の採掘、完成がフランス人技師と資本によるものであり、ＭＩはそのフランスの郵船企業であったということ、また郵送にたずさわる企業の船舶がスエズ運河を利用することは、運河の安全性や航行可能性を実証するうえで大きなデモンストレーション効果をもつこと、などが考えられる。ともあれ、MIは、一八七〇年四月の中国向け郵便船より運河を試験航海し、その堪航性を確認したうえで、同年七月よりインド・中国向け郵送サービスでスエズ運河の利用を正式に決めるとともに、運航スケジュールも従来の月一回から二週一回に増便した。(6)

このようなスエズ運河利用の先駆企業が運河における汽船の堪航性を証明していくにつれて、運河を東洋への航路として利用する汽船海運企業がしだいにその数をましていった。まずインド航路については、スエズ運河の開通によって汽船との競争力を失った帆船企業が汽船経営に転換したうえで、あらためてインドとの貨物定期航路を開設する例がおおくみられた。すなわち、はやくも一八七〇年には、グラスゴーのスミス社（George Smith & Sons）がリヴァプール／カルカッタ間の定期航路をシティ・ライン（City Line）の名のもとに開設したのにつづき、翌一八七一年には、ニューカッスルのパーマー（Charles Palmer）がナショナル・ライン（National Line）の名のもとに、リヴァプールのアレグザンダー（Robert Alexander）がホール・ライン（Hall Line）の名のもとに、またロンドンのグリーン（Frederick Green）がブラックウォール・ライン（Blackwall Line）の名のもとに、それぞれカルカッタ航路を開設した。(7)この結果、一八七〇〜七一年にかけて、このインド航路に新たに投入されたイギリス船舶は二八万トンにも達した。(8)さらに、一八七二年には、ハルのノーウッド（C. M. Norwood）によるレッド・クロス・ライン（Red Cross Line）のほか、イタリアのロイド・イタリアンズ（Lloyd Italians）や地元インドのアプカー社（Apcar & Co.）もカルカッタ航路に参入した。(9)他方、中国航路では一八七一年にホルト社がリヴァプール／上海のサービスを週一回に増便したのをはじめ、一八七二年にはグラスゴーのガウ社（Allan C. Gow & Co.）のグレン・ライン（Glen Line）が、また一八七三年にはシャイア・ライン（Shire line）、カッスル・ライン（Castle Line）、そしてワッツ・ミルバーン社（Watts, Milburn &

Co.）がそれぞれイギリス／上海航路を開設した。[10]

この東洋に新たに配船する汽船企業、とりわけイギリス企業の増大は、当然のことながらそれまでイギリスからの汽船サービスをほぼ独占してきたP&Oの航路経営に重大な影響をあたえた。それは端的にいって、旅客収入や貨物運収の大きな落ちこみとなってあらわれた。まず、旅客収入についてみると、一月から一一月までの一一カ月間のインド・中国・日本・オーストラリアへの旅客収入を一八六九年と一八七〇年で比較した資料によれば、運河開通からわずか一年たらずのうちに、総額で七万一〇〇〇ポンドあまりも収入の減少がみられた。とくに、セイロン、マドラス、カルカッタ方面では、P&Oよりも二五〜四〇パーセントも低い料金で旅客を運搬する運河通行汽船の直接的な競争にさらされて、一八七〇年の落ちこみは九万ポンド近くにのぼった。[11]かくしてはやくも、一八七一年三月には、P&Oは東洋方面への旅客料金を二〇パーセント引きさげるとともに、これまで、料金のうちにふくめられていた酒類サービスを廃止し、酒類は相応の値段をもって販売するなど、集客力の回復や経費の節減につとめはじめた。[12]

一方、貨物運賃は旅客料金以上の下落をみたが、その具体的様相について、P&Oの年次報告書はつぎのように述べている。

一八六六年度に、わが社は一〇八八万八千ポンドの価値の正貨を運搬し、その運賃として二二万八千ポンドをえた。一八七二年度に、わが社は［一八六六年度の］ほぼ倍の一七五〇万ポンドの価値の正貨を運搬したが、二二万八千ポンドを受けとるどころではなく、わずか六万ポンドをえたにすぎない。さらに、生糸についてみてみよう。運河開通前の一八六九年度に、わが社は中国・日本産の生糸四万五六一三ベールを運搬し、一一万一千ポンドを受けとった。一八七一年度には、五万七四四ベールを運搬し、かくして競争にもかかわらずわが

第6-2図　1870年代P&Oの事業収入

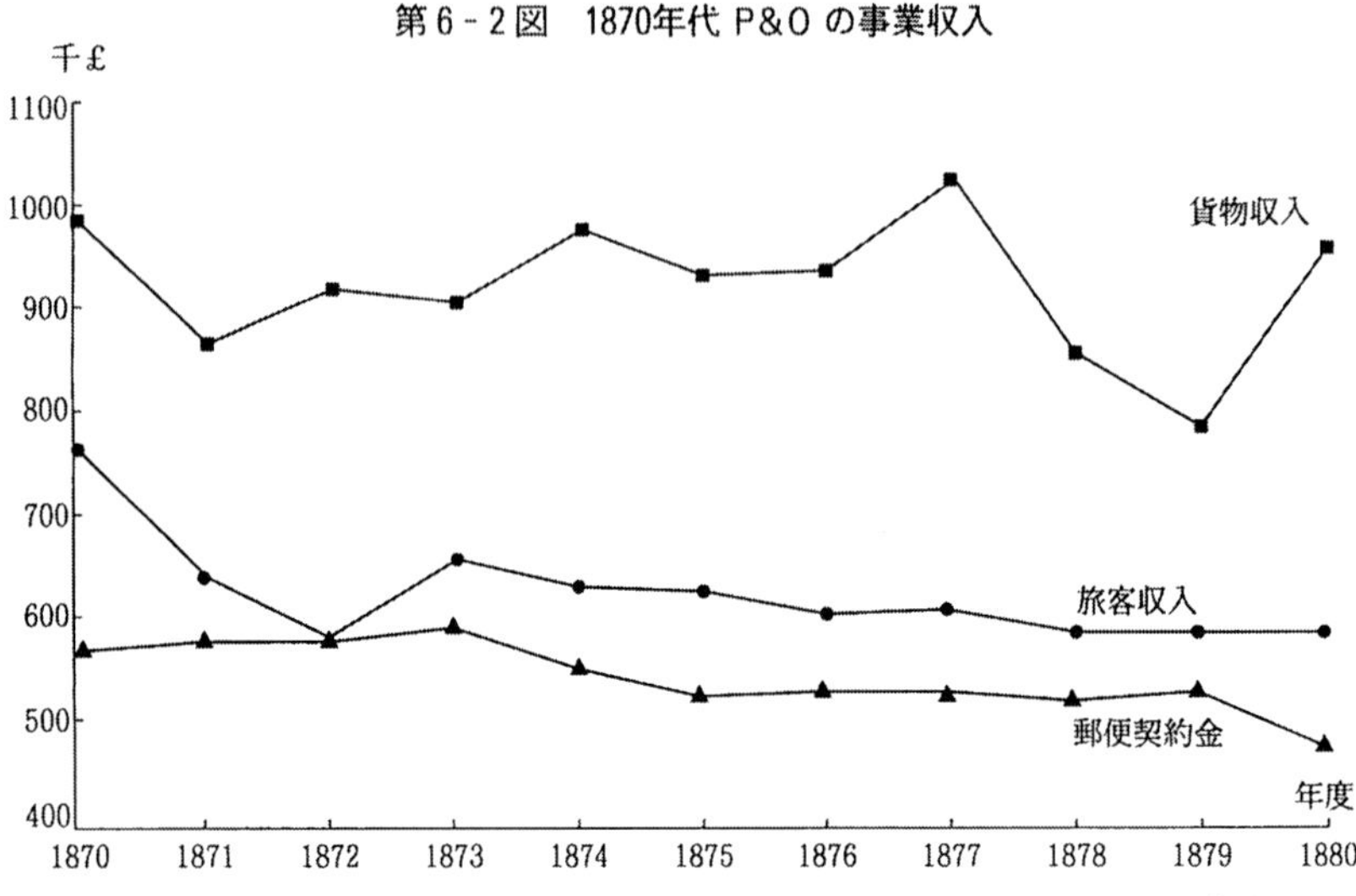

資料：P&O 6/53 Balance Sheets and Profit & Loss Accounts 1861-1880 より作成。

社の取扱量をふやしたが、［旧レートであればえられたであろう］一一万九千ポンドをえるかわりに、わずかに四万四五〇〇ポンドを受けとったにすぎなかった。[13]

（［ ］内は引用者補）

貨客両面にわたる、運賃・運収のこのような大幅な下落は、運河開通にともなう一時的な現象にとどまるものではなかった。イギリスや地中海諸国の貨物定期船企業や郵船企業によるスエズ運河利用は時間をへるごとに増大し、また貿易の繁忙期をえらんで東洋に不定期配船する新参企業がふえ、運賃の下落傾向が一層進んだからである。P&Oの業績の低迷状態は、貨客収入の動向を図示した第6-2図からもあきらかである。同図によれば、P&Oの貨客収入には年々の変動がみられるものの、七〇年代にはいってからは、運賃の下落のために収入水準に大幅な落ち込みが生じたことが明瞭に読みとれる。ちなみに、一八六四年度を一〇〇とすると、一八六五～六九年度の貨客収入の平均が九四であるのに対して、一八七〇～七四年度のそれは八三と、一一ポイントも低下した。とくに一八七〇年代なかばには、P&Oの主要航路の一つであるボンベイ航路において運賃の崩壊が発生し、運河開通以来の業績悪化のピークをむかえた。つまり、このボンベイ航路では、一般に五月から九月は閑散期で航海実績は赤字、対して一〇月から翌四月にかけての繁忙期でさきの期間の損失を回復するというサイクルを繰りかえしたが、七四年一〇月からの時期はかつてないほどに運賃が低落し、損失のとりもどしさえも思うにまかせず、結局、年度上半期の配当を見送らざるをえないという状態におちいったのである。一八七五年度上半期営業報告書は、運収の落ちこみについてつぎのように述べている。

ロンドンからボンベイへの往航運賃は今年度の一〇月から三月の期間、トンあたり二五シリング以上となることはめったになかった。しかも、当社と競合する汽船はしばしば、リヴァプール港でFOB［本船渡し］トンあたり一五シリングに等しい運賃で荷を受けとっていた。［……］ボンベイからの復航運賃についても、昨年との比較は不利な結果を示している。当社は、一八七三／七四年度の対応する六カ月間よりも、平均してみてトンあたりおよそ二〇シリング低い運賃を受けとらざるをえなかったし、それ以後も運賃は低くなっている。［……］事実なのは、ボンベイ航路で当社と競争している船舶のうち定期船とみなせる船舶は、ほんの少数でしかないことである。［競争］船舶は、ヨーロッパや地元の商会が棉花を本国に持ちかえるために投機的に傭船したものが大部分である。(14)（［］内は引用者補）

このような一八七〇年代の運収面での停滞ないしは落ちこみにみられる、スエズ運河開通後の新たな競争局面は、P&Oがそれ以前、とりわけ一八六〇年代のような、せいぜいフランス郵船企業との間で競争しつつ、両社で汽船による東洋貿易のほどんどすべてを掌握できた時代を、まったく過去の、帰らぬ時代としてしまった。P

&Oは、企業間競争による運収面での落ちこみに直面し、業績のたて直しを早急にはかる必要があった。しかし、そのような対策は、アランをトップとするマネジメント体制のもとでは、効果的に打ちだされることはなかった。たしかに、アランは七〇年代の業績の低迷に直面して、すでに述べたように、旅客料金の引きさげや無料ワインの廃止などの措置をこうじたが、それはどちらかといえば守勢的な措置であり、P&Oの苦境を打開していく積極的な方針を呈示するものではなかった。かくして、新たな競争戦略の構想は新たな経営者によって担われることになるのである。

3　トップマネジメントの交替

前章で述べたように、一八六八年一月、アンダーソンは取締役会長兼業務執行取締役に在職のまま死去した。この直後の時点におけるP&Oのトップマネジメントとその補佐役を一覧すれば、第6-2表のとおりである。同表において、サザーランド（Thomas Sutherland）がマネジメント・スタッフの一員となったのは一八六八年初頭で、これは前年の一二月に同スタッフの一員であったマンが辞職したことで生じた空白を埋めるためであった。サザーランドは一八五二年、一八歳のときにP&Oのロンドン事務所に雇員として入社し、ボンベイでの短い勤務をへて、その後長らく香港支店に勤務した[15]。その間の一八六六年から六七年にかけて、取締役会の命をうけて東洋方面の代理店巡回視察の任務におもむき、東洋におけるMIとの競争の現状とその対策について報告したことは、前章で触れたとおりである。その視察活動が高く評価されて、一八六八年はじめにアランの推挙によりマネジメント・スタッフの一員となるべくロンドン事務所に呼びもどされたのであった[16]。第6-2表にしめしたように、この時のかれの給与はマネジメント・スタッフとしては先任者であるブスーンのそれと同額であり、

第6-2表　P&Oのトップマネジメントとその補佐メンバー（1868年初頭）

職　　位	人　　名	年俸ポンド
Managing Director	J. Allan	2,000～3,000
	H. Bayley	2,000
Management Staff	A. Bethune	1,200
	J. Woolley	700
	Captain G. Bain	600
	T. Sutherland	1,200

資料：P&O 3/8 17 January 1868, Allan's Memoより作成。

その若さにもかかわらず、トップマネジメントの一翼を担う人材としてはやくから嘱望されていたことが給与面からもあきらかである。

ところでアンダーソンは死去した時、取締役会長職も兼任していたが、ここでP&Oの取締役員の報酬についても簡単に触れておこう。アンダーソンはウィルコックスのあとを襲って取締役会長となったが、業務執行取締役の報酬があったため、ウィルコックスと同じく、会長職としての報酬については特別の取り決めがなかった。しかしアンダーソンの死後、一八六八年三月に副会長から会長へとあらたに選出されたハドウ（P. D. Hadow）の場合、業務執行取締役ではないが、ほぼフル・タイムの会長職を担うことが予想されたため、ここに会長職の報酬をどうするかが問題となった。この問題の検討のため取締役会メンバーのうち三名からなる委員会が構成され、一八六八年五月につぎのような勧告をふくむ報告がなされた。[17] すなわち、①過去一〇年間、取締役員への会議出席と各種委員会への手当てとして年平均二三八〇ポンドが支払われてきたが、この額を年間四〇〇〇ポンドに引き上げる、②会長職にあるハドウはそのフル・タイムに近い職務遂行に対して年間一〇〇〇ポンドを受けとる、③平取締役各員には年間固定報酬として一五〇ポンドを支払い、役員人数一〇名として年間一五〇〇ポンドを計上する、④残額の一五〇〇ポンドは、各平取締役の会議への出席回数におうじて配分する、というものである。この委員会の提案内容は一八六八年度の年次株主総会で提案され承認を受けた。[18] ほぼ常勤の会長ハドウとその他非常勤の取締役員との間には画然たる報酬差が設けられ、さらにおなじく常勤の業務執行取締役と会長職のハドゥとの間には倍あるいはそれ以上の報酬差が設定されたことになる。P&Oの業務執行取締役員の報酬の高さを知るひとつの参考資料になると思われる。なお、一八六九年に取締役員の一人ユーアト（J. C. Ewart）が死去し、これによってP&Oの創立以来の取締役員はすべて会社を去った。[19]

アンダーソン死去以降のトップマネジメントとその補佐に関する変遷をさらに確認していこう。一八七二年一月、六〇歳代となったアランは取締役会に宛てて、常勤の業務執行取締役としての役職を軽減してくれるよう求めた。[20] アランの年齢や、P&Oの前身企業から数えればおよそ三五年におよぶ勤務期間のながさからして、これは無理からぬ要求であった。だが同時に、当時のP&Oがおかれていた経営環境を考えると、アランの意図は次代のトップマネジメントをはやくに選出することにあったと思われる。というのも、アランは自分の職責の軽減にともなって、第三番目の業務執行取締役を選出する必要があるとして、マネジメント・スタッフの一人、サザーランドをその職位につけるよう同時に要望したからである。取締役会はこの申し出を受けいれた。これによって、アランの取締役員および業務執行取締役員としての職位はそのままとして、重要案件以外での常勤体制が解かれることになり、またその報酬はこれまでの算定基準にしたがいながら半額となった。[21] つづいて、一八七二年なかばには、サザーランドが取締役員に選出のうえ、業務執行取締役として弱冠三八歳でP&Oのトップマネジメントの一員に就任する手続きがとられ、その報酬も年額一二〇〇ポンドからいちやく一八〇〇ポンドへと引き上げられた。[22] このようなサザーランドの大抜擢は、先任のマネジメント・スタッフを飛び越しておこなわれたため、先任者の処遇が微妙となった。マネジメント・スタッフの一人ウーリーは、一八七一年三月に死去したため問題はなかった。一八六六年以来マネジメント・スタッフの一員であったブスーンは、総務部長に配置がえとなった。これは、アランのあとをついで二五年の長きにわたり総務部長を勤めてきたハウエル（C. H. Howell）が一八七二年七月に健康上の理由から引退を申しいれたのを機に、その後任人事としてなされたものであった。[23] かくして一八七二年中頃の時点では、ベイン船長一人がマネジメント・スタッフとして残されるだけとなった（既出第6-2表参照）。

ところがベインは、自分はただ一人残されたアシスタント・マネジャーであると主張し、その旨取締役会も承認するよう求めた。[24] すでに述べたように、業務執行取締役から権限と義務をその時々に委譲されるマネジメント・スタッフと異なり、アシスタント・マネジャーは取締役会から任命され、取締役会に責任を負った。当然、給与もことなるはずであった。ベインの主張は取締役会からは根拠がないものとして否定されたが、ベインはさらに主張を強め、ついにはＰ＆Ｏのトップマネジメントの批判へと進み、その内容をＰ＆Ｏの一般株主に公表するまでにいたった。これらの批判のため、ベインは一八七二年一二月、みずからＰ＆Ｏを辞職する羽目におちいった。[25] 残念ながらベインが公表したといわれる経営陣批判の文書については未見であるが、一八七三年度株主総会でのベイン側の証言やその場で配布したとされる資料によると、Ｐ＆Ｏの船用品購入政策、新造船政策、そして株式配当政策を批判したものと推測される。[26] 株主総会でこれらの批判に逐一反論をくわえ、しかもベインのマネジメント・スタッフとしての働きが精彩を欠いていたことを雄弁に展開したのが、業務執行取締役として就任して間もなかったサザーランドであった。かれはこの総会において一躍その名をたかからしめることになった。そのことは株主総会の終了間際に株主数名からなされた、サザーランドによるベイン反批判に対する特別な賞賛の辞と感謝決議の提案からもうかがえる。[27] かくして、一八七三年度の株主総会は、この特別の縁故もなく、みずからの才覚と努力によって内部昇進をとげた若き海運人が、アンダーソンの亡きあとＰ＆Ｏの最高経営者として公認される舞台となったのである。

一八七二年末のベイン辞任にともない、マネジメント・スタッフがすべていなくなったため、その補充が必要

第6-3表　P&Oのトップマネジメントとその補佐メンバー（1874年1月）

職　　位	人　　名	年俸ポンド
Managing Director	H. Bayley	2,000
	T. Sutherland	2,000
Management Staff	W. Macaulay	1,200
	W. Chisolm	700

資料：本文参照

とされた。一八七四年一月、アランは取締役会にあてた覚書のなかで、それまで事実上スタッフの役割をはたしてきたマコーレー（W. Macaulay）とチザム（W. Chisolm）の二人をマネジメント・スタッフにつけることを要望した。(28) 取締役会はこれを承認し、マコーレーの給与を年間一二〇〇ポンド、またチザムの給与を七〇〇ポンドとした。(29) ちなみに、一八七四年一月時点のトップマネジメントとその補佐を一覧すれば、第6-3表のとおりとなる。この勧告を最後に、アランは一八七四年九月に亡くなった。(30)

かくして、P&Oの新しいトップマネジメントは事実上、サザーランドが業務執行取締役に就任した一八七二年七月までには形成されており、アランの七四年九月の死去によって形式的にも完了したといえる。この新しいトップマネジメント体制の特徴は、一言でいって、専門的な知識をもった俸給経営者による経営体制の確立ということであった。もちろん、初代の業務執行取締役三名を中心としたトップマネジメントも海運の専門的な知識をもつ専門家によって構成されたが、すでにくり返し述べたように、その体制は経営代理的な要素を含む、イギリス海運伝来の性格を色濃く残すものであった。しかし、サザーランドをトップとする新しいマネジメント体制は、サザーランドをふくめて、内部昇進をとげた俸給の経営者によってすべて構成されたのであって、その体制はこれ以降も継続した。そのことを確認するためにも、いましばらく、P&Oのトップマネジメントの変遷をたどっていこう。当然のことながら、焦点は補充された経営者の履歴、とくにP&O内部のキャリア形成にあてられる。

第6-4表は、一八七四年のアラン亡きあと一九一四年にいたるP&Oのトップマネ

第6－4表 P＆Oのトップマネジメントの変遷 1874年-1914年

役 職 者	就任年	退任年	退 任 理 由
Managing Directors			
H. Bayley	1866	1887	死去
T. Sutherland	1872	1914	退職
F. D. Barnes	1886	1899	死去
A. Tait	1896	1896	死去
I. M. Shields	1912		
F. Ritchie	1912		
Management Staff			
W. Macaulay	1874	1879	死去
W. Chisolm	1874	1880	死去
Captain Black	1879	1879	死去
F. D. Barnes	1879	1886	Managing Director に昇格
F. Kendall	1880	1899	General Manager に転任
A. Tait	1882	1895	総務部長後Managing Director に昇格
F. D. Parker	1887	1898	退職
H. W. Uloth	1896	1899	General Manager に転任
H. H. Joseph	1898	1899	General Manager に転任
General Managers			
F. Kendall	1900	1906	退職
H. W. Uloth	1900	1912	退職
H. H. Joseph	1900	1912	退職
I. M. Shields	1906	1912	Managing Director に昇格
F. Ritchie	1909	1912	Managing Director に昇格

資料：P＆O取締役会議事録および陸上職員給与帳簿から作成

第6－5表 P＆Oのトップマネジメントとその補佐スタッフ（1882年6月末現在）

職 位	人 名	年俸 ポンド
Managing Director	H. Bayley	2,500
	T. Sutherland	3,400*
Management Staff	F. D. Barnes	1,500
	F. Kendall	1,500
	A. Tait	1,000

＊取締役会長の報酬を除いた額

資料：P&O 1／122, 14 April and 30 June 1882; P&O 80／16

ジメントとその補佐役の変遷を一覧したものである。同表によりつつ、世紀転換期にいたるまでのP&Oのマネジメント補充に関するおおよその流れを述べていこう。

一八七九年、マネジメント・スタッフの一人マコーレーが死去し、このため同年二月にはブラック船長がその空席を埋めることになった。選出される前、ブラック船長はP&Oの本社があるロンドンのヴィクトリア・ドックで貨物の積み降し、船舶の修繕などに関する総括責任者の地位にあり、マコーレーの後任についたときの給与は、前任者と同じく年間一五〇〇ポンドであった。これは先任者チザムの年間一二〇〇ポンドを上回っており、(31)給与の額から判断すればマネジメント・スタッフとしては上席の地位についたとみられる。しかし、七九年七月、就任間もないブラック船長が急死した。P&Oの取締役会は三四年間にわたる船長の会社に対する貢献に感謝するとともに、遺族には船長の年間給与相当額を弔慰金として贈ることを決定した。(32)他方、後任として七九年八月にはF・D・バーンズをあらたにマネジメント・スタッフに選出した。(33)バーンズは一八五九年にP&Oに入社し、その後香港、シンガポール、上海など極東地域の現地勤務をへて本社スタッフとなった。(34)就任当時の給与は年間八〇〇ポンドであったが、八〇年六月には、就任時点にさかのぼって一二〇〇ポンドへと昇給することが取締役会で決定された。(35)

マネジメント・スタッフのさらなる交替は一八八〇年六月、スタッフの一人チザムが死去したことによって生じた。(36)チザムの後任には、F・ケンダルが選出された。ケンダルは一八五六年にP&Oに入社したあと、ボンベイ、シンガポール、香港、カルカッタ、そしてメルボルンの現地勤務をへて、ロンドンに戻った。かれのマネジメント・スタッフとしての最初の給与は、年額一二〇〇ポンドであった。(37)さらに、一八八二年初頭には、アダム・テートがあらたにマネジメント・スタッフの一人にくわえられた。テートはボンベイでパーサー（事務長）やエージェント代理をながく勤めたあと、本社スタッフとしてロンドンに戻った。(38)この結果、一八八二年なかば時点のP&Oのトップ・マネジメントとそれを補佐するスタッフの構成をみると、第6-5表のとおりとなる。

同表によると、同じく業務執行取締役の地位にあったベイリーとサザーランドとの間には年額九〇〇ポンドにおよぶ俸給差があった。ベイリーの年俸は、一八七七年七月の取締役会で、業務執行取締役員の年俸を七六年一〇月にさかのぼって二〇〇〇ポンドから二五〇〇ポンドへと引きあげるむねの決定がおこなわれたあとの水準であった。(39)サザーランドの年俸がこれを上回っていたのは、かれが取締役会の会長職を兼任していたことによる。すなわち、さきに述べたように、一八六八年のアンダーソンの死去のあとP・D・ハドウがP&Oの取締役会長職に就任したが、かれは一八七六年九月に亡くなった。その後二年ほど会長職は空席となったが、一八七八年七月に、取締役員の一人であったソーリス（W. F. de Salis）が第七代会長に選出された。(40)ハドウの死後会長がすぐには選出されなかった理由、またソーリスが会長に選出された経緯について、これをあきらかにする資料はみあたらない。だがソーリスの就任は、ハドウから次期会長候補として有力視されていた人物までの、一時的なつなぎの役割をはたしたものと考えられる。というのも、ソーリスは就任して二年半後の一八八一年一月には、はやくも辞意を取締役会に申しでているからである。この辞意が即座に受けいれられたあと、ただちに会長職に選出されたのはサザーランドであった。(41)時にサザーランド四六歳であり、かつてのアンダーソンと同じく、業務執行取締役と取締役会長を兼任したのである。かくして、さきの第6-5表で、ベイリーを上回る年俸は、取締役会長の職位にありながら業務執行取締役の役職を遂行することに対して年俸が加算されたためである。(42)

ところで、業務執行取締役の一人であったベイリーは一八八六年一〇月、サザーランド宛てに手紙をだし、P&Oに奉職してから四〇年以上、また二〇年ちかく業務執行取締役の一人として勤続してきたが、健康悪化を理由に実務の第一線から退きたいこと、そのかわりに年俸の減額を受ける用意があることを申しでた。取締役会ではこの申し出を受けいれ、ベイリーは引きつづき業務執行取締役の職責にとどまるものの、日常的な勤務を解かれ、その年俸はアランの前例にならって半額とすることを決定した。ベイリーの年俸はこれによって一二五〇ポンドとなった(43)。同時に、一八七九年にマネジメント・スタッフの一人となったバーンズをベイリーにかわる常勤の業務執行取締役としてあらたに昇格させることを決定した(44)。これによってバーンズの年俸は、一八八七年一月より年額二〇〇〇ポンドとなった。この決定をおこなった八ヶ月後の一八八七年七月、ベイリーは交通事故で亡くなり(45)、業務執行取締役はふたたびサザーランドとバーンズの二人となった。他方、バーンズの昇格によりマネジメント・スタッフはケンダルとテートの二人となったが（第6-5表参照）、一八八七年一〇月にはF・D・パーカーがスタッフの一人として選出された(46)。パーカーは一八五八年一月にP&Oに入社し、一八六二年からはボンベイを中心とする海外勤務にながらく従事したあと、マネジメント・スタッフの一員としてロンドンに戻った(47)。

一八九〇年代にはいって、トップとその補佐スタッフの移動は、総務部長（Secretary）の交替を契機にはじまった。すなわち、ハウェルのあとを引きついで一八七二年から総務部長を勤めてきたブスーンが、勤続五〇年ちかくなることを理由に一八九五年一月一日をもって引退することを申しいれ、取締役会はこれを了承した(48)。かわりの部長職にはマネジメント・スタッフの一人テートがあてられたが、これは一時的なものにすぎず、一八九五年五月にはH・H・ジョセフが年俸一〇〇〇ポンドでこの役職に就任することになった(49)。ジョセフは一八六八年一月にP&Oに入社し、一八七一年九月からは中国での勤務にたずさわり、総務部長として戻る直前には香港で勤務していた。かれはのちに述べるユーロスとともに、日本郵船のボンベイ航路への参入に対して、現地サイドでその競争戦略を遂行したチームの一人であった(50)。ジョセフの就任によって総務部長職をとかれたテートは、一八九五年六月、三人目の業務執行取締役に選出することが決定された(51)。これは、会社の業務が広範かつ複雑になっていることにくわえて、当時郵便輸送契約の更新問題がかさなり、業務執行取締役の職務がサザーランドとバーンズの二人だけでは過重となっていた、という事情があった(52)。テートの業務執行取締役の選出は一八九五年度株主総会で承認され、一八九六年早々、かれはその地位についた。しかし九六年七月、テートは就任一年もしないうちに急死してしまった。[53] だが、その補充はただちには講じられなかった。この時点では、すでに懸案事項の一つであった郵便輸送契約が決着をみていたことが補充を急がせない理由となっていたと考えられる。他方、マネジメント・スタッフでは、一八九六年八月、H・W・ユーロスを年俸一〇〇〇ポンドでスタッフの一員にくわえることが取締役会で決定され、テートの昇格後の空席が埋められた。[54] ユーロスは一八六一年八月、P&Oに入社したあと、セイロン、シンガポール、アデン、ボンベイ、カルカッタと海外勤務をつづけたが、日本郵船のボンベイ航路参入時点ではボンベイの総支配人の地位にあって、香港のジョセフとともに現地での競争を指揮した。[55] さらに一八九八年四月、パーカーが健康上の理由からマネジメント・スタッフから引退し、この空席には総務部長であったジョセフがスタッフの一員として振り替えられた。[56]

以上述べた一八七〇年代半ば以降世紀転換期までの、トップ・マネジメントの人的変遷で注目すべきは、つぎの二点であろう。一つは、業務執行取締役を頂点とするマネジメント・スタッフの補充は、もっぱらP&O内部で昇進をとげた者のなかからおこなわれた。そしてそれは基本的には、P&Oのロンドン本社や近隣地区に勤務した者よりも、海外勤務、とりわけインド、中国などの東洋方面の勤務地においてながく勤めた者のなかから補充された。いってみればサザーランドがそのような補充方法で選ばれた典型であり、その初代の世代に属する人物であった。さらにサザーランドの場合がそうであったように、内部昇進による補充はかならずしも年功序列型ではなかった。一八八二年にマネジメント・スタッフについたテートは一八九六年に業務執行取締役につくが、これは同スタッフの先任者ケンダルを飛びこしての抜擢であった。同じような事態は、二〇世紀にはいってからも繰り返された（第6-4表参照）。年功の要素がまったく考慮されなかったというのではないが、海外勤務の豊富な経験がマネジメント参画の必要条件となったうえで、業務執行取締役にまで昇格できる人物やそのスピード

第6-6表　P&Oのトップマネジメントとその補佐スタッフ（1899年央現在）

職　　位	人　　名	年俸　ポンド
Managing Director	T. Sutherland	3,400*
	F. D. Barnes	2,500
Management Staff	F. Kendall	1,500
	H. W. Uloth	1,200
	H. H. Joseph	1,200

＊取締役会長の報酬を除いた額
資料：P&O 80／17

についてはは個別にスクリーニングがかけられていたといえる。

しかし、もう一つ注目すべき点は、P&Oの経営におけるサザーランドの卓越した地位である。一八八〇年代初頭に会長兼業務執行取締役となったサザーランドは、その後三〇年以上にわたりP&Oの文字どおりの経営代表としてふるまうことになる。業務執行取締役やマネジメントに関わるスタッフの人的ならびに時期的な選出において、またそのトップマネジメントの機構改革において、サザーランドが取締役会に提案した案件は、すくなくとも取締役会議事録をたどるかぎり、重大な反対や留保を求められたことはなく、かれの提案どおりに承認された。その卓越した地位は、かれがP&Oからえた収入のおおきさからもうかがえよう。一体にP&Oでは、マネジメントの任にあたるスタッフの給与は高額であった。たしかにマネジメント・スタッフの場合、その就任当初の給与はかれらが海外で勤務していたときの給与水準よりも若干低下する場合もあった。これは海外勤務にともなう各種の赴任手当てがなくなるためであるが、スタッフに就任して短期のうちに給与は引き上げられ、P&Oでは最高水準の俸給が支給された。また、業務執行取締役ともなると、さらに高額の報酬が支給された。しかし、そのなかでもサザーランドの報酬は、第6-6表に示したように、とびぬけて高額であった。かれの場合、業務執行取締役のみならず取締役会長を兼職したことから、通常の業務執行取締役をはるかに超える年俸を受けとることになったといえなくもない。だが、その高額の報酬は二〇世紀に入ってさらに引き上げられていくのであり、そのような報酬は通常の執行役員報酬という意味合いを失っていくことになる。その具体的な支給形態と展開については、本書第八章でふたたび取り上げよう。

ここでは、サザーランドが周囲の期待を一身に背負いつつ、P&Oの業績回復に向けて、三〇歳代にして経営トップとしてのスタートを切った一八七〇年代前半の時代に戻ることにしたい。以下、郵送契約の改訂をふくむ航路の競争的再編を中心に述べていくことにしよう。(57)

4　一八七四年契約

A　スエズ運河の初期的利用

航路の競争的再編の焦点は、地中海側と紅海側を結ぶ海上郵送ルートとしてスエズ運河を正式に利用することであった。だが、そもそも一八五九年の起工から一〇年の歳月をかけて一八六九年一一月に完成したスエズ運河が競争上どのような影響をもたらすのか、そのためにはどのような対策があらかじめ必要なのかについて、P&Oの側で十二分に検討されていたのであろうか。現在のところ、運河開通に関わる問題をP&Oが事前に詳しく検討していたことを示唆する資料はみあたらない。(58) むしろ、前章でも述べたように、一八六八年契約にいたる政府との交渉とその後の契約改定に多大な経営努力が費やされ、しかもアンダーソン死去にともなう一時的なリーダーシップの欠落から、スエズ運河の利用という重要な案件を運河開通までに十分検討する機会がなかった、というのが実相と思われる。運河の開通後、P&Oは運河が自社の船舶にとって通航可能であるかどうかの技術的検討をおこなった。その結果、一八七一年にはいってからは、本国から新・修造船を東洋に配船する場合、また逆に東洋から船舶を本国に送りかえす場合、従来の喜望峰経由にかえてスエズ運河を利用しはじめた。(59) さらに、このような新・修造船の移動にとどまらず、日本から蚕卵紙を運搬する汽船に関しては、同貨物がデリケートであることにくわえ、輸入業者が頻繁な積みかえをきらったことから、スエズ運河の通航を予定するというように、特定貨物を積載した汽船の運河利用も試みられていた。(60)

しかし、このような新・修造自社船の回航や特殊な積荷運搬にかぎった運河の一時的利用をのぞけば、P&Oの主要航路である郵船ルートの一行程としてスエズ運河を本格的に利用することは、当面の課題とはされなかった。一八七〇年の営業報告書はつぎのように述べている。「［当社汽船の週便ルートとして運河を利用する時期の問題について取締役会がいえることは――引用者補足。以下同じ］最大限の注意をもって運河の航行性を見守りつづけることだけ」であり、また、「運河が、端から端まで二〇〜二四時間以内に当社の大型汽船が安全に通過することを確かにする状態にあるというまで、取締役会は運河を郵便ルートとして採用する許可を政府に願いでる立場にはない」。(61)かくして、前章でも述べたように、一八六八年契約にみるパートナーシップの解消と固定契約金への改定交渉の際にも、P&Oの側からスエズ運河利用の案件は提示されなかったのである。

だが、このような運河の利用に対するP&Oの消極的な姿勢は、当然のことながら、運河利用船社とくらべたP&Oのサービスをいちじるしく不利な立場に追いやることになった。P&O所有の郵船の場合、東洋方面との往来にはすくなくともアレクサンドリアとスエズで二度貨客の積みかえを必要としたのに対し、他社の運河通行汽船ではこのような手間ひまはまったく不要であったからである。スエズ運河開通後の、そのような東洋航路における彼我の違いについて、一八七二年時点のP&O内部の一報告書はつぎのように述べている。

メサジェリ社やホルト社がいまやわが社を上回る顕著な有利性をもち、また、このことがほとんど日々まごうかたなくあきらかとされているという、明白な現実をしめだすことはできません。つい今朝しがた、ここ［上海」の有力な商人がつぎのようにわたしに語ってくれました。かれはいつもできればわが社の船舶に船積みしたいとのことですが、マンチェスターでの梱包室からちょうど取りだしてきたような、清潔で完璧な往航製品を運河経由の本船渡しでもっているかぎりそうはしないし、また、復航で生糸や茶をわが社の船舶に船積みして、積みかえに起こりがちな手荒な取扱にさらすようなことはしたくないのだ、と。(62)

このようなスエズ運河を利用しないP&Oの競争上の不利は、すでにスエズ運河を郵船の正式ルートとして採用している競争企業がフランスの郵船にとどまらず、イタリアやオーストリアの郵船へと広がるにつれて、ますます増大していった。というのも、これら欧州諸国の郵船企業によるスエズ運河を利用した極東方面への配船は、同地域との高級貨物の直取引を促進し、ひいてはイギリスの欧州大陸への再輸出を減少させることになったからである。ちなみに、極東産生糸に関する欧州大陸へのイギリス再輸出をみると、それは一八七〇年代にはいり欧州各国の極東からの直輸入取引の増大のために減少していった。たとえば、イギリスからフランスに輸出された生糸量は一八六八年の二七六万八〇〇〇重量ポンドから一八七九年には一〇六万八〇〇〇重量ポンドへと減少をみている。(63)このような生糸をめぐるイギリス中継貿易の衰退にともなって、最大の生糸輸入国であったフランス市場の確保はもちろんのこと、生糸の主要輸入国のひとつであったイタリアの業者からの生糸運搬契約の確保も、P&Oにとって重要となったのである。(61)かくして、結局、スエズ運河の航行性がひろく確認されるにつれ、P&Oとしてもスエズ運河を正式の郵送ルートとして採用することを最終的に迫られたといってよい。

B　一八六九年契約とスエズ運河

ところで、もともと一八六八年契約の改訂版である一八六九年契約（一八七〇年八月に締結、六九年四月に遡って発効）には、P&O郵船のスエズ運河通航を禁じる規定はふくまれていなかった。それゆえ、P&Oでも遅くとも一八七二年からは、郵船のスエズ通航を常態化する手続きにはいっていったと思われる。たとえば、一八七二年四月にはオーストラリア号（*Australia.* 三六四八総トン、一八七〇年建造）とミルザポール号（*Mirzapore.* 三七六三総トン、一八七一年建造）の二隻の客船がそれぞれカルカッタとボンベイからの復航でスエズ運河を通航した。さらに七月には、スーラト号（*Surat.* 二五七八総トン、一八六六年建造）、スンダ号（*Sunda.* 一六八二総トン、一八六六年建造）、ハイダスペス号（*Hydaspes.* 二九八四総トン、一八七二年建造）、ミルザポール号、ペキン号（*Pekin.* 三七七七総トン、一八七一年建造）が、インド・中国方面の往航に際してスエズ運河通航をおこなう旨の回状をだした。[65] このように、P&Oは郵船の運河通航を既成事実として積みかさねていったわけであるが、そのうえであらためてスエズ運河をインド重量郵便物の郵送ルートとして正式に契約にふくめるようイギリス政府に提案するにいたった。重量郵便物にかぎって、なぜそのような提案が必要であったのかを理解するためには、いますこし当時の郵送事情についてふれておく必要があろう。

一八三九年よりインド方面との郵便ルートは、重量郵便物に関してはサウサンプトンを母港として、また手紙などの軽量郵便物は大陸経由で送られる体制がしかれたことは、すでに第一章第4節あるいは第四章第2節で述べた。この後者の大陸ルートについては、当初はマルセーユが大陸のターミナル港であったが、一八七〇年代にはいってイタリアの南部の港、ブリンディジに切りかえられた。すなわち一八六九年契約では、アルプス山岳地帯のモンスニ・トンネル（フランスのモダーヌからイタリアのバルドネッキア近辺へと通り抜けるトンネル）の完成と、同トンネルを通る鉄道の郵送サービスへの利用という二つの条件がみたされた場合、郵政省はP&Oへの事前通知によって、マルセーユ／アレクサンドリアのかわりに、ブリンディジ／アレクサンドリアを郵送航路として選択することができた。[66] 一八七〇年一二月、郵政省からの要請におうじてP&Oはブリンディジへの切りかえを決定し、翌七一年のモンスニ・トンネルの完成と急行列車の走行をうけて、同年一二月より同ルートの本格的な利用を開始した。[67] 一八六九年契約で決められた就航時間は、マルセーユ／アレクサンドリア間一四一〇マイル、一四一時間に対して、ブリンディジ／アレクサンドリア間八二五マイル、七五時間であった。[68] それゆえ、海上輸送距離の短縮にくわえて、就航スピードも毎時一〇ノットから一一ノットへとはやめられたことになる。これ以降、さきのサウサンプトンからの（重量）郵便物とブリンディジ経由の郵便物は往航でスエズで合流し、東洋方面に一緒になって送られた。この合流のためサウサンプトンの郵便物はブリンディジ経由の郵便物よりもイギリスをおよそ八日半はやく送りだされた。他方、復航郵便物も同じくスエズで合流し、ブリンディジ経由とサウサンプトン向けとに仕分けされ、エジプトの鉄道を使ってアレクサンドリアまでむかい、その後それぞれの仕向地に送られた。ブリンディジ経由の郵便物はサウサンプトン郵便物よりもおよそ一週間はやくロンドンに到着した。サウサンプトンからの郵送料は手紙半オンスまで九ペンス、対してブリンディジ経由は一シリングと、その差額は三ペンスにすぎなかったことから、手紙などの軽量の郵便物はその配送の速さからもっぱらブリンディジ経由となった。[69]

このようななかで、スエズ運河の開通は、エジプト横断に鉄道と運河の二とおりの方法を提供することになった（既出第6-1図を参照）。スエズ運河を利用した場合、その通航には停船時間もふくめておよそ一日半をようした。たとえば、一八七一年から一八七二年にかけてP&Oが実際にスエズ運河を通航させた船の通過時間をしめすと、往航二九隻に関して平均三五時間五四分、最長では五五時間四〇分を、また復航二六隻に関して平均三八時間五〇分、最長では八四時間五分を、それぞれようした。[70] 最短では復航の一五時間三五分という記録があるが、これはスエズ運河通航のための待ち時間がないという、めったにない機会によるものであり、通常は往復航とも待機時間として平均一八時間から一九時間をようした。この運河通航時間に対して、当時のエジプト陸路の横断鉄道はスエズ／アレクサンドリア間を一四時間かからずに連絡することができた。[71] さらに、運河通航は船舶の座礁があれば通航時間は不確定となり、それゆえ郵便物の運搬に関していえば、迅速性、規則性、安全性いずれの点でも鉄道の方が優れていたといえる。郵政省をはじめとするイギリス政府が、エジプトの横断に運河よりも鉄道を強く選好したゆえんである。しかし、P&Oは逆に郵船の運河通航を望んだ。すでに述べたように、絹、インジゴ、正貨といった高価な貨物を独占的に運搬できた時代はとっくに過去のものとなり、貨物収入をえるためには容積のかさばる、あるいは重量のある貨物をますますおおく積みとる必要があった。しかし、P&Oの言い分によれば、エジプト鉄道はこれら貨物の運搬に効率が悪く、このためスエズやアレクサンドリアで郵便物を乗せた郵船がこれらの貨物を待つために足止めされることが頻繁にあるという。[72] 鉄道のかわりに運河を利用すれば、貨物積みかえの手間や損傷のリスクがなくなるので商業関係者にとっては利益があった。また、旅客に関しても、運河を利用すれば、たびたび夜間となる列車の旅の喧騒と疲労からも解放され、より快適な旅行が約束されるはずであった。これらはいずれも、ロンドンにむけて運搬される貨物や旅客に関して、スエズ運河の通航によってP&Oがえられるはずの利便性であった。かくして、郵便輸送と貨物・旅客輸送との間に、エジプト横断の最適手段における違い、つまりイギリス政府は鉄道を、P&Oは運河を、それぞれの観点から最適とする見方の違いが生じたのである。

この両者の違いは、たとえば復航において、スエズで郵便物を降ろし、郵船がスエズ運河を、郵便物はエジプト鉄道を利用する、といったことでは根本の解決にはならなかった。運河と鉄道とのさきの通航時間の違いから、ポートサイドからさらにアレクサンドリアまで航海が必要な郵船よりも、郵便物の方がかなりはやくにアレクサンドリアに到着してしまうことになる。つまり、スエズで郵便物を降ろした船舶が運河をとおってアレクサンドリアで同じ郵便物を受けとるとすれば、必然的に配船手配が二四時間以上は確実に遅れる可能性があった。その場合、一八六九年契約では、アレクサンドリアとスエズをふくむいくつかのターミナル港では郵便物の発着時間に間にあわせた船舶の手配をすること、もしできなかった場合はペナルティとしてそのたびごとに五〇〇ポンドの支払が義務づけられており、しかも手配が二四時間遅れるごとに一〇〇ポンドの追加ペナルティが科されることになっていた。(73) この多額のペナルティ支払を避けるには二とおりの方法があった。(74) 一つは、スエズで郵便物を降ろした郵船はスエズ運河を通行してアレクサンドリアまでむかい、そこでさきにスエズで降ろした郵便物ではなく、つぎのスエズからの郵便物を受けとるよう手配することであった。これは郵便物の輸送についていえば、規則性の厳守という意味から郵政省も納得する措置であるが、アレクサンドリアで郵便物の到着を四日ほど待たなければならないことから、旅客や貨物を考慮すれば――そしてこれが実際、スエズ運河を利用したいとするP&Oのおもな運搬対象であった――とりえない措置であった。もう一つの方法は、実際P&Oがとったものであるが、スエズで合流するインド郵便物と中国郵便物をそれぞれ運搬する郵船の、スエズ到着時間を調整することであった。つまり、どちらか一隻を契約時間よりもはやくにスエズに到着させ、郵便物を降ろした後アレクサンドリアにむかわせ、契約時間どおりにスエズに到着したもう一隻の運搬するサウサンプトン向けの郵便物を待機させることにすれば、ペナルティは科されないことになる。この場合、ブリンディジ郵便物はこれまでどおりの配船体制となるが、イギリス本国向けの旅客や貨物のエジプトでの乗り換えや積みかえはなくなる。他方、往航では、サウサンプトンからの郵船はブリンディジの郵船よりも一日はやくアレクサンドリアに到着するように時間が組まれていたので、実際には二日ほどはやくアレクサンドリアに到着すれば、運河を航行してスエズでブリンディジの郵便物を待機する時間的余裕はもうけることができた。

貨客運搬の利便のためにスエズ運河を利用しはじめたP&Oがとった措置とは、以上のようなものであった。だが、いうまでもなく、スエズ運河を（重量物の）郵便ルートとすることができれば、P&Oにとっては、アレクサンドリアやスエズでの配船手配とそれに付帯するペナルティ規定という煩瑣な拘束が解け、しかも本国向け郵船のアレクサンドリア寄港をカットできるというメリットがあった。かくして、P&Oはスエズ運河を郵船ルートとして利用すべく、郵政省との交渉をはじめることになったのである。

C　一八七四年契約の締結

一八七二年一〇月、P&Oは郵政省宛の手紙のなかで、スエズ運河の郵送ルートとしての利用に言及し、しかし運河通行税の引きあげなどから具体的なプランを呈示するにはいたらない事情を述べながらも、ルート変更に関する郵政省の意向をさぐった。このP&Oの手紙に対する郵政省の返事は、七三年六月に満了となるエジプト政府とのエジプト横断郵便契約が終了する前に、六月以降の就航時刻表をあらかじめ組むことは不都合であるというものであった。それゆえ、七三年上半期だけの就航時刻表、つまり現在認可されているルートにもとづいた、スエズ運河通航を前提としない時刻表を半年分だけ提出するよう要請した。[75] 通常、郵船の就航スケジュール表は一年分を作成するものであるため、この郵政省の半年分だけの作成要請という返事は、七三年七月以降からはスエズ運河通航を前提とした郵便輸送スケジュールを組むことを許すように解釈できる内容であった。事実、P&Oはそのように解釈し、一八七三年三月五日づけの郵政省宛ての手紙のなかで、P&Oはスエズ運河の利用を前提とした暫定的な就航時刻表を提出した。[76] それによると、インド郵便物のうち重量郵便物、つまりサウサンプトン港をターミナルとする郵便物の運搬に、エジプト鉄道のかわりにスエズ運河を往復航とも利用するというものであった。運河利用によるインド重量郵便物の往航の時間は、ボンベイ、カルカッタ、中国・日本で二四時間、オーストラリアで四一時間はやまるというのがP&Oのスケジュールであったが、この時間短縮はおもに寄港・停船に関わる時間の短縮によるものであった。P&Oはこの郵政省に宛てた手紙のなかで、フランスをはじめオーストリアやイタリアの郵船、イギリス政府の軍用輸送船、それに一般商船が運河を利用して、いままで重大な遅滞が生じていないことを指摘し、運河利用の安全性を強調した。しかし、郵政省は自社船か他社船かを問わず、遅延のリスクがゼロではないこと、それに実際に遅延の事例があることに重大な懸念をいだいた。さらにP&Oの提案では、スエズ運河通航によりアレクサンドリアとスエズはターミナル港であることをやめ、スエズ運河の航行時間の明示もなく、たんにボンベイやカルカッタなどへの到着時間だけが予定されているだけであった。たしかに、運河の航行時間を正確に決めることは不可能であり、東洋のターミナル港への到着時間だけを明示することにならざるをえなかった。しかし、郵政省としては、輸送ルート途上のチェックとそれによるペナルティ規定がなくなることも、P&Oの提案をただちには受けいれられない理由となった。それゆえ、郵政省は郵送サービスの効率低下と遅延のリスク増をまねくような契約の改定にはおうじられないという回答をP&Oによせた。(77) 一言でいって、スエズ運河利用によってP&Oは利益をえるかもしれないが、郵便輸送という公的サービスで不利益をこうむるのでは承服できないということであった。

結局、スエズ運河の利用問題は、P&Oが運航上ありうる遅延に対してどのような措置と譲歩をすれば政府の合意をえられるか、にかかってくることになった。まさに「契約者の必要性は大蔵省［政府］の好機」（［］内は引用者補足）となったのである。(78) その後のP&Oの提案とそれに対する郵政省の対案をへて、七三年六月一二日にはP&O側からつぎのような譲歩案が提示された。(79) ①郵便物の運河通航を支援する目的で、P&Oは運河用の引船を常置する、②契約時間内で郵便物を迅速に運搬した場合に受けとる報奨金（一八六九年契約では各港で二四時間短縮するごとに二五ポンド）を将来的に廃止する、③ターミナル港での遅延によるペナルティを現行の二四時間ごと五〇ポンドから二〇〇ポンドに引きあげる。ただし、香港／横浜、香港／上海は現行どおりのペナルティ額とする、④サウサンプトン港からの郵船の出港日を現行よりも一日はやめ、ブリンディジ郵便物のインドへの輸送を迅速化する。[80] また出港日を一日はやめることに対して、P&Oは年間一万四〇〇ポンド（＝一日の超過ペナルティ二〇〇ポンド×五二週分相当額）におよぶ契約金の減額に同意する、以上である。

①は運河航行中の自社船に故障が生じた場合の対策であり、②は順調に航行した場合にP&Oが受けとれるかもしれないプレミアムの放棄であり、③はそれでもなお遅延が生じた場合に支払うペナルティの引きあげであった。さらに④は、当初の提案ではサウサンプトン港からの重量郵便物のスエズ運河通航のリスクを勘案しての、一日早い出港に対するP&O側のペナルティ支払いであったが、郵政省はブリンディジ郵便物の加速化を同時に要請し、これを受けいれたものである。なお、ペナルティの金額についてはP&Oは当初現行規定の二倍を提案したが、郵政省はありうる遅延の回復のためには高馬力の汽船を就航させる必要があり、そのためには重いペナルティを科す必要があるとして四倍の引きあげを主張していた。[81] P&Oはこの要求を受けいれたわけである。しかしながら、このP&Oの譲歩案ではなお郵政省の主張する年間三万ポンドの契約金の引きさげには同意しなかった。運河を利用すれば年間八万ポンドにおよぶ運河通航料の支払いが必要となり、また郵便物の加速に年間二万ポンドの追加焚料費がかかるために、契約金の大幅減額にはおうじられないというのが理由であった。[82] 郵政省はこの最後の契約金の減額に関する両者の開きから、P&Oの譲歩案を受けいれられないとしながらも、問題の重要性に配慮して、大蔵省の意見を求めることになった。[83]

大蔵省では判断材料を収集するのに時間を要したため、すぐには意見を開陳することにならなかった。これを待っている間に、P&Oは、すでに述べたような方法によって郵船のスエズ運河通航を実施していた。[84] それだけではなく、さらにボンベイ向け郵船では本国の母港であるサウサンプトンからリヴァプールまで延航し、そこで貨物の積み降ろしもはじめた。[85] また郵船ではないが、臨時貨物便（extra cargo steamer）と称して、リヴァプールから中国方面への貨物の積取もはじめた。これらの運河を利用したリヴァプールへの郵船や商業船の配船は、リヴァプールに本拠をおき、一八六六年から中国方面への配船に従事していたホルト社をいたく刺激した。ホルト社は郵政大臣に宛てて、P&Oが申しでている重量郵便物のスエズ運河通航を認可しないように訴えた。ホルト社によると、郵船は運河通航に一般商船よりも優先権があたえられ、商船はこのため待機を余儀なくされること、またシーズン最初の中国茶のロンドン運搬には特別の運賃があたえられるが、郵船がこの運搬に利用されると、さきの運河通航の優先権から特別に有利な立場にたつことが説明されていた。現行契約の競争再入札という手続きをへずに、このような有利性をP&Oにあたえることは認められるべきではない、というのがホルト社の主張であった。(86)

このような反対の声があがるなかで、一八七四年一月には大蔵省からP&Oに宛てた手紙がだされた。そのなかで、大蔵省は、運河の利用によってP&Oが受ける利益は大きなものであるのに対して、P&Oが提示する譲歩はまったくの名目的なものか、ごく微少なものにすぎないと指摘し、重量郵便物の運河利用問題については「ことなる視点とことなる基礎から」アプローチするのでなければ、これ以上の交渉をつづけることは無意味という意見を述べた。(87)大蔵省がどのような資料にもとづいて、運河利用によってP&Oの受ける利益が大きいと判断したのかは不明である。しかしながら、この事実上の拒否回答を受けとったP&Oはさらなる譲歩を提示するほかはなかった。この作業は、P&Oの業務執行取締役に就任して間もないサザーランドと、郵政省次官ティリー（Tilley）との間で詳細が詰められた。その結果、一八七四年三月には、第二次の譲歩案がまとまった。そのおもな内容を一覧すれば、第6-7表のとおりとなる。この第二次案が前年六月に出された（第一次の）提案とくらべて大きく譲歩をした点は、ペナルティにかかわる規定である。すなわち、ターミナル港での最終引渡し時間に遅れた場合、科せられる条件は無条件ペナルティとなった。これは遅延の原因がP&O船舶の船体や機関の故障による以外の、いかなる原因によろうとも、ペナルティが科せられるというものであり、P&Oのコントロー

第6-7表　P&Oのスエズ運河利用にともなう譲歩案（1874年3月25日）

1）スエズ運河用タグの常設

2）現行航海時間よりも24時間短縮

現行航海時間よりも24時間短縮	現行航海時間と同一
ブリンディジ／ボンベイ	ボンベイ／ブリンディジ
ブリンディジ／ガール	ガール／ブリンディジ
ブリンディジ／上海	ボンベイ／サウサンプトン
	ガール／サウサンプトン

3）報奨金の廃止

4）ブリンディジからの往航汽船とサウサンプトンへの復航汽船は、約定時間を12時間オーバーした場合100ポンドの、またさらに12時間経過するごとに100ポンドの無条件ペナルティ

5）契約金を年間2万ポンド減額

資料：Post 29／190 Pkt. 396Z／1874 Bethune to The General Post Office, 25 March 1874より作成。

ル内にはない原因による遅延についても責任をとるということであった。(88)もう一つ譲歩した大きな点は、契約金の二万ポンドの減額におうじたことである。これはしかも、P&Oが主張する、サウサンプトン港からの一日早い出港に対する補償という意味ではなく——出港は従来の現行契約どおりの曜日となった——、純然たる引きさげにおうじたものである。

郵政省では、P&Oの第二次提案が無条件ペナルティを裏づけに郵便物の加速を約束するものであること、また契約金の年間節約額も二万四〇〇〇ポンド（＝契約金の減額二万ポンド＋報奨金の放棄年間二〇〇〇ポンド＋エジプト政府への鉄道による郵便物輸送の節約二〇〇〇ポンド）に達することから、この提案を受けいれるよう大蔵省に働きかけた。(89)しかし、大蔵省はまたしても、P&Oの提案を拒否した。大蔵省によれば、(90)一八六八年契約を改定した一八六九年契約を締結する時点でスエズ運河はすでに開通しており、その影響については十分考慮に入れられたはずであり、契約金が最低支給額の四〇万ポンドから五万ポンド引きあげられて四五万ポンドの固定額となったのも、P&Oの郵船がスエズ運河を利用しないことに対する公正な代価と考えるべきものであると指摘した。したがって、P&Oの財務悪化を理由に郵便ルートを鉄道から運河へ変更することは不適当であるとしりぞけた。さらに大蔵省はつづけて、運河の利用を前提に郵便ルートを設定するのであれば、公開入札に

あらためてかけることによって契約金の大幅な減額が可能になると期待されるが、P&Oがおこなっている提案は、この競争入札のかわりに私的交渉によって新規契約を獲得しようとしていることにほかならない、と断じた。

大蔵省が指摘するように、一八六九年契約を結ぶにあたって、P&Oは郵送ルートで運河利用の件を持ちださなかった。上記の大蔵省の見解に対するP&Oの反論では、「不確かな偶発条件」(運河の利用のこと―引用者補)を当時の契約改定の複雑な話合いのなかにいれることをさし控えただけだとし、スエズ運河の航行性が十分実証されれば、運河利用の件はただちに政府の受けいれるところとなるとの感触をえた、と反論した。(91) だが、すでにみたように政府は運河よりも鉄道をエジプト横断の手段として選好しており、P&Oのこの期待は正当な根拠をもっていなかった。さらに、一八六九年契約を結ぶにあたってスエズ運河の利用を申しでなかったのは、前章でも指摘したように、なによりもP&O側の準備がととのっていなかったためといえる。運河利用の準備をととのえ、懸案の申し出をしたのはP&Oの経営的理由からであり、それゆえに大幅な譲歩をすることを求められたのであるが、それはまさに「契約者の必要性は大蔵省の〔契約金引きさげの〕好機」となったのである。

しかし、P&Oの側でもこれ以上の譲歩はできなかった。第二次案が大蔵省に拒否されたあと、郵政省との間でさらなる譲歩が可能かどうかの交渉がもたれたが、P&Oは契約金のこれ以上の減額が不可能であること、もしさらなる譲歩ということであれば、契約金の減額にかえて、一八六八年契約でとられた損益シェアリング方式をふたたび採用し、八パーセント配当をして余剰となる金額の四分の一のかわりに二分の一を政府に提供することを申しでた。(92) だが当然のことながら、この提案は郵政省によって拒否された。しかしながら、P&Oにとってさいわいであったのは、郵政省がP&Oの第二次提案に基本的に同意していたことである。郵政省は大蔵省に宛てた手紙のなかで、P&Oの提案は公益にかなうものであり、その受けいれを強く大蔵省に求めた。(93) これ以上の譲歩が引きだせる見通しがないにもかかわらず、P&Oの提案を拒否すれば、年間二万四〇〇〇ポンドにおよぶ郵送契約上の節約額を現行契約が終了する一八八〇年まで断念することになるからであった。大蔵省もこの郵政省からの強い勧奨があって、一八七四年六月二四日、郵政大臣宛てに、P&Oの第二次提案にそって新しい契約を締結することを認めた。(94) かくして、スエズ運河の利用を認めた新契約は一八七四年八月一日、P&Oと郵政長官との間で締結された。(95) 契約金は従来の四五万ポンドから四三万ポンドへと引きさげられたが、契約期間は前と同様、一八八〇年二月一日までであった。この新契約の国会での承認審議では、リヴァプール海運関係者は最後まで成立に抵抗したが、下院議会は新契約を承認した。(96)

5　おわりに

一八七四年契約は、一八六九年契約と同じく、基本的には一八六八年契約の改訂版であった。どちらの契約も、六八年契約が締結された後の経営環境の変化におうじて、イギリス政府とP&Oの両当事者間の交渉をつうじて改定の合意に達したものである。P&Oは当事者間の事後的な調整によって契約の改定をおこなうことを選好したが、政府は特定の契約相手との交渉によって契約を継続する方法をできるかぎり退けた。六九年と七四年にP&Oとの交渉により郵送契約を改定したのは、基本契約である一八六八年契約が政府側の提唱で一二年間という長期の契約期限をもち、契約当事者のどちらもこの期限を交渉のベースとしていたためと考えられる。くわえて、とくに七四年契約では政府が交渉上優位な地位を占め、交渉をつうじて六八年契約での失地を回復する機会が与えられた。つまり、P&Oが自社の貨客収入の増加をはかるためにスエズ運河の利用を交渉のテーブルに持ち出したのに対して、イギリス政府側は郵送ルートの一環として運河を利用しなければならない必要性と緊急性はなかったという事情である。このいわば、P&Oにおける民間企業としての私的利益と郵船企業としての公的利益

第6-8表 1874年8月1日の郵便輸送契約

(a)契約航路

航　路（往復航）	就航回数	寄　港　地
1 サウサンプトン／ボンベイ（スエズ運河経由）	週1回	ジブラルタル、マルタ、スエズ、アデン
2 ブリンディジ／アレクサンドリア	週1回	なし
3 スエズ／カルカッタ	2週1回	アデン、ガール、マドラス
4 ボンベイ／上海	2週1回	ガール、ペナン、シンガポール、香港
5 香港／横浜	2週1回	なし

注：サウサンプトンはリヴァプールまたはプリマスに変更可能

(b)おもなターミナル港間の航海時間とペナルティ

航　路	約定時間	延着時間	ペナルティ
往航			ポンド
ブリンディジ／ボンベイ	422	12	100
ブリンディジ／ガール	472	12	100
ブリンディジ／上海	965	12	100
ブリンディジ／カルカッタ	646	12	100
サウサンプトン／ボンベイ	677	12	100
サウサンプトン／ガール	727	12	100
ボンベイ／上海	618	12	100
香港／横浜	170	12	100
復航			
ボンベイ／ブリンディジ	424	12	200
ガール／ブリンディジ	488	12	200
上海／ブリンディジ	1,008	12	200
カルカッタ／ブリンディジ	663	12	200
ボンベイ／サウサンプトン	666	12	100
ガール／サウサンプトン	730	12	100
上海／ボンベイ	611	12	100
横浜／香港	170	12	100

資料：BPP 1874 vol. XXV, paper 351, Post Office(East India, China and Japan Mails Contract)より作成。

との乖離に乗じて、イギリス政府はP&Oからおおくの譲歩を引き出しえたのである。

その結果成立した一八七四年新契約における就航航路と所要航海時間を一覧すれば、第6-8表のとおりである。契約金の減額と無条件ペナルティという不利益を受けいれてまで郵送ルートとしてスエズ運河を採用することによって、P&Oは一八七〇年契約とくらべどのような利益を手にいれたのであろうか。これについては、つぎの二点を指摘できよう。第一に、サウサンプトンからインドへの（あるいはその逆方向からの）郵便物を運搬する週便汽船は、往復航ともにスエズ運河経由となり、これまで必要であったアレクサンドリアへの寄港と、スエズおよびアレクサンドリアでの積み降しの手間がなくなった。(97) これはもちろん、P&Oにとってプラスの効果であったが、それと同じように重要であったのは、東洋方面における郵送ルートの改編であった。

つまり第二に、インド／中国の二週一便の航路では、これまでのボンベイ／香港にかわって、ボンベイ／上海の直航便が郵送ルートとして組みこまれることになった。ボンベイから上海へのルートはP&Oの場合、それまではボンベイから香港、さらにそこから上海へと二つの郵送ルートを経由する必要があったが、上海とボンベイ、およびイギリスとの貿易取引の拡大は、香港での積みかえを必要とするP&Oの郵船を競争上不利とさせた。その事情については、一八七二年に東洋への視察旅行をおこなったP&Oの雇員で、やがてマネジメント・スタッフの一人にくわえられることになるマコーレーの、業務執行取締役宛ての報告でつぎのように語られている。

イギリス／中国間の貿易は巨大な規模となっていますが、現行システムのもとでは、わが社は復航の茶貿易から、また往航のマンチェスター貿易から事実上しめだされています。中国貿易における第一位の運送会社の地位を完全に再建する唯一の手段は、できるかぎりはやく、往航ではロンドンまたはリヴァプール／上海間の、また復航では上海／ロンドン間の直航ラインに大型貨物汽船を配船することです。(98)

マコーレーは視察に旅だつ前に、ボンベイ／香港線を上海にまで延航する件についてサザーランドと打ちあわせていたが、現地の視察を踏まえて、その措置の早急な実施を提言するにいたったのである。(99) この提言はほぼそのまま、一八七四年契約に盛りこまれた。すなわち、上述のようにインド／中国航路は上海までの路線が契約ルートとなって、香港／上海線は廃止された。(100) また、イギリス本国の郵送ターミナル港は、七〇年契約と同じく、サウサンプトンからリヴァプールに切りかえられる規約が契約に盛りこまれた。さらに、これは郵便契約に直接関わることではないが、P&Oは一八七四年に本国の貨物ターミナルをサウサンプトンからロンドンに移転することを決定した。(101) これら一連の措置は、スエズ運河の開通によって生じた東洋貿易の構造的な変化――競争による運賃の低落、汽船運搬貨物の品目構成の変化、そして東洋方面での帆船の代替、といった変化に適応するためのものであり、P&Oはこれによって貨物積載容量の大きい船舶を直行便として東洋方面に配船する準備をととのえたのであった。だが、これらの措置は同時に、郵船企業と貨物船企業との間の対抗関係を強め、それぞれの得意取引分野への相互侵食をまねくものであった。この点でとりわけ、リヴァプールを本拠とする海運企業との関係は、P&Oにとって厳しいものとなった。その対立局面は、一八六八年契約のもともとの有効期限である一八七〇年を迎えるにつれて、その頂点に達することになったのである。

(1) 汽船と帆船の交代および両者の棲み分けについては、つぎの文献を参照のこと。Graham 1956; Harley 1971. また、国別の帆船と汽船との交代過程については、Knauerhase 1968; Fritz 1980; Gjolberg 1980; Hornby and Nilsson 1980; Kaukiainen 1980 をそれぞれ参照のこと。

(2) Harley 1971: 224.

（3）Farnie 1969.
（4）Farnie 1969: 98; Hyde 1967: 37.
（5）Farnie 1969: 97.
（6）Farnie 1969: 107. 同便は普仏戦争のために、七〇年一〇月に月一回へ減便となったが、七一年七月にふたたび二週一回のスケジュールを回復した。Ibid., p.118.
（7）Farnie 1969: 166.
（8）Farnie 1969: 167.
（9）Farnie 1969: 166.
（10）Farnie 1969: 188.
（11）P&O 3/9 6 January, 1871. 同じ比較期間について、ボンベイ方面では、四万ポンドあまりの増加となっている。これはボンベイ方面に就航する運河通行汽船がもっぱら貨物汽船であり、旅客輸送ではP＆Oと直接の競合関係にたたなかったためである。さらに、極東・オーストラリア方面での競争関係はスエズ運河を利用する船社よりも、北米経由太平洋ルートを使う船社との競合がつよかったという。Ibid.
（12）P&O 6/7 Half-Yearly Report, 31 March 1871.
（13）P&O 6/10 Minutes of Proceeding at the Annual General Meeting, 5 December, 1873.
（14）P&O 6/10 Annual Report, 31 March, 1875.
（15）Howarth 1986: 102-3.
（16）P&O 3/8 Memorandum from Mr. Allan in reference to the Management, 17 March 1868.
（17）Report 25 May 1868. 同報告書は、P&O 1/107 29 December 1868 に掲載されている。
（18）P&O 6/7 Annual Report of 1868.
（19）P&O 6/7 11 June 1869.
（20）P&O 1/108 30 January 1872. および P&O 100/14 "James Allan" より。
（21）P&O 1/108 30 January 1872.
（22）P&O 1/108 21 June 1872.

(23) P&O 1/108 12 July 1872. ブスーンの給与も年間一二〇〇ポンドから一四〇〇ポンドへと引きあげられた。

(24) P&O 3/18 Memorandum re Appointment of Managing Directors, Assistant Managers, and Management Staff, 21 November 1872. ベイン船長は、婚姻関係をとおしてアンダーソンの甥となった。かれが社内で特別の地位にあると考え違いしたことも、ここに原因の一つがあったかもしれない。Rabson 1988: 78.

(25) P&O 1/109 13 December 1872.

(26) P&O 6/10 Minute of Proceedings at the Annual General Meeting, 5 December 1873.

(27) たとえば、株主総会で一株主は、つぎのように述べている。「ベイン船長の告発に対するサザーランド氏のすばらしい答弁は、この［株主］総会からの表彰に値するものと考えます。（喝采）…もし許されるのであれば、この会社の経営に対するベイン船長の告発への、かの有効な答弁にかんがみて、わたくしはサザーランド氏に特別の感謝決議をおこなうようあえてご提案申しあげるものであります。」（Gliddon発言）この提案にしたがって、サザーランドへの感謝決議がなされた。P&O 6/10 Minutes of Proceedings at the Annual General Meeting, 5 December 1873.

(28) P&O 3/18 Memorandum by Allan, January 1874 [no date].

(29) P&O 1/109 13 January 1874. 同時にこの取締役会でサザーランドの給与を年額二〇〇〇ポンドに引き上げることが決定された。給与面でもスピード昇給であった。

(30) P&O 1/109 25 September 1374.

(31) P&O 1/111 25 February 1879. なお、チザムの給与はこの同じ月に九〇〇ポンドから一二〇〇ポンドへと引き上げられたものである。

(32) P&O 1/111 29 July,1879.

(33) P&O 1/111 1 August,1879.

(34) P&O 80/16

(35) P&O 1/111 29 June,1880.

(36) 取締役会はチザムの遺族に対して一〇〇〇ポンドを与えるとともに、チザムの最後の任務となったエジプトとイタリアへの特別出張を考慮して、さらに五〇〇ポンドを贈った。P&O 1/111 29 June,1880.

(37) P&O 80/16

（38）　P&O 80/16
（39）　P&O 1/110 17 July, 1877.
（40）　P&O 1/111 2 July, 1878.
（41）　P&O 1/111 4 and 14 January, 1881.
（42）　P&O 1/112 30 June, 1882. サザーランドがＰ＆Ｏからえた年収の内訳はつぎのとおりとなる。業務執行取締役員として年間二五〇〇ポンド、会長職兼任サービスに対して年間九〇〇ポンド、そして会長職の報酬として年間六〇〇ポンド、合計四〇〇〇ポンドである。
（43）　Bayley to Sutherland, 29 October 1886. in P&O 1/113 5 November 1886; P&O 80/3.
（44）　P&O 1/113 5 November 1886.これによってバーンズの年俸は、一八八七年一月より年額二〇〇〇ポンドとなった。
（45）　P&O 1/113 8 July 1887.
（46）　P&O 1/113 21 October 1887. 選出時のパーカーの年俸は一二〇〇ポンドであった。
（47）　P&O 80/16.
（48）　P&O 1/114 28 December 1894.
（49）　P&O 1/114 17 May 1895.
（50）　P&O 80/17.
（51）　P&O 1/114 21 June 1895.
（52）　P&O 6/14 the half-yearly Report of 31 March 1895.
（53）　P&O 1/115 17 July 1896.
（54）　P&O 1/115 7 August 1896.
（55）　P&O 80/17.
（56）　P&O 1/115 15 April 1898. ジョセフの後任には、ジョンソン（G. F. Johnson）が年俸一〇〇〇ポンドで総務部長に就任した。
（57）　一八七〇年代の、Ｐ＆Ｏの業績回復に向けた経費の削減や船隊の更新などの施策については、本書では触れることがでぎなかった。これらの点については、後藤 1987、とくに二〇二―二二六頁を参照されたい。

（58） P＆Oの営業報告書をみていくと、スエズ運河にはじめて言及するのは、運河がすでに完成したあとの一八六九年度報告書（同年一二月四日発行）であり、それもP＆Oの船舶がスエズ運河開通式に参加したことを簡単に記述しているにすぎない。P&O 6/7 Annual Report, 30 September,1869.

（59） この配船・返船ルートを喜望峰経由からスエズ運河経由に変更したことによって、P＆Oはこれまで年間およそ三万ポンドにものぼった配船費用を全て節約することができた。P&O 6/7 Annual Report, 30 September, 1871.

（60） P&O 6/7 Annual Report, 30 September, 1870.

（61） P&O 6/7 Half-Yearly Report, 31 March, 1870; Annual Report, 30 September,1870.

（62） P&O 37/2 Macaulay's Report to Managing Directors, 22 June, 1872.

（63） BPP 1883: 22.

（64） P＆Oは一八七二年にイタリア政府との間で、ヴェニス／アンコナ／ブリンディジ間の郵送契約を年間五〇万リラ（およそ一万九〇〇〇ポンド）の契約金で締結し、同年七月よりサービスを開始した。これによって、P＆Oの、さきのブリンディジ／アレクサンドリアの郵送ラインをかいして、イタリア中部ならびにマルセーユとスエズ以東のラインとの接続がなされ、同時にイタリア鉄道に支払う貨物運賃の節約が可能となった。これは、とくに生糸など高級貨物の積取りをめぐる、スエズ運河利用船社との競争力を回復することを意図したものにほかならない。P&O 6/7 Half-Yearly Report, 31 March, 1872; Annual Report, 30 September, 1872.

（65） P&O 3/18 17 April 1872; 1/108 19 July 1872.

（66） BPP 1870: §12.

（67） R. Kirk 1980: 4, 34.

（68） BPP 1870 : Schedule; P&O 3/7 Annual Report, 30 September 1870.

（69） Post 29/191 Pkt. 396Z/1874. Memorandum by the Surveyor of the Post Office in the Mediterranean, dated 2 June 1874.

（70） P&O 17/4 5 March 1973.

（71） Robinson 1964: 198-99.

(72) Post 29/190 Pkt. 396Z/1874. Bethune to the Secretary of the General Post Office, 5 March 1873.

(73) BPP 1870 : §20.

(74) Post 29/191 Pkt. 396Z/1874. Memorandum by the Surveyor of the Post Office in the Mediterranean, dated 2 June 1974. 以下の既述は、断りのないかぎり同メモによった。

(75) P&O 17/1-3, P&O to the Secretary of General Post Office, 21 October, 1872; the Secretary of General Post Office to the Secretary of the P&O, 14 November, 1872.

(76) Post 29/190 Pkt. 396Z/1874, Bethune to the Secretary of the General Post Office, 5 March 1873.

(77) Post 29/190 Pkt. 396Z/1874. J. Tilley to Bethune, 12 April 1873.

(78) Post 29/191 Pkt. 396Z/1874. Memorandum by the Surveyor of the Post Office in the Mediterranean, dated 2 June 1974.

(79) Post 29/190 Pkt. 396Z/1874. Bethune to the Secretary of the General Post Office, 12 June 1873.

(80) サウサンプトン港からの一日はやい出港は、ブリンディジ経由の郵便物がスエズで重量郵便物を待機して足止めされるのを防ぐ目的があった。サウサンプトン郵船はビスケイ湾や地中海の悪天候のため遅れがちであったという。また運河通航の際の不慮の原因による遅れが考慮されたためである。Post 29/192 Pkt. 396Z/1874. Tilley's Memorandum, 9 March 1874.

(81) Post 29/190 Pkt. 396Z/1874. GPO to the Treasury, 23 July 1873.

(82) Post 29/190 Pkt. 396Z/1874. Hill to the Secretary of the General Post Office, 30 July 1873.

(83) Post 29/190 Pkt. 396Z/1874. Page to Bethune, 26 July 1873.

(84) Post 29/190 Pkt. 396Z/1874. General Post Office to the Treasury, 23 July 1873.

(85) P&O 1/109 8 April 1873.

(86) Post 29/190 Pkt. 396Z/1874. Holt to Honsell (Postmaster General), 16 June 1873.

(87) Post 29/190 Pkt. 396Z/1874. Dodson to the Secretary of the P&O, 16 January 1874.

(88) もっとも、中間港での引渡時間の遅れについてこれまで科せられてきたペナルティは、全廃された。P&O 6/10 Annual Report, 30 September, 1874.

(89) Post 29/190 Pkt. 396Z/1874. Tilley to the Treasury, 26 March 1874.

(90) Post 29/192 Pkt. 396Z/1874. Treasury to the Postmaster General, 15 May 1874.

(91) P&O 17/4 Bethune to the Secretary of the General Post Office, 6 June 1874.

(92) P&O 17/4 Bethune to the Secretary of the General Post Office, 6 June 1874.

(93) Post 29/190 Pkt. 396Z/1874. Tilley to the Treasury, 10 June 1874.

(94) Post 29/192 Pkt. 396Z/1874. Treasury to the Postmaster General, 24 June 1874.

(95) 郵政省との間では、一八七四年七月八日にいったん契約が締結された。しかし、その契約内容、とくに通航所用時間規定の明文化とペナルティ条項の適用について大蔵省からクレームがなされ、その部分を修正したうえで、あらためて一八七四年八月一日に新契約が締結された。BPP 1874 VOL XXV, Paper 301, 305.

(96) たとえば、ラズボーン（Rathbone）議員は、もし契約金の減額なしに契約条項の規定が緩和されれば、それは余剰資金をＰ＆Ｏにあたえて、運河通行汽船からの競争を抑圧するために使用させることになる、という反対演説を展開した。Hansard's, Vol.CCXXI, 4 August 1874, pp.1310-1.

(97) ただし、ブリンディジの郵便物あるいは速達便の運搬については、従来どおりアレクサンドリアに揚げられ、鉄道を利用してエジプトを横断した。同郵便物の復航ルートも同様であった。Ｐ＆Ｏが運搬するすべての郵便物に関してスエズ運河経由となるのは、一八八八年二月から発効した新たな契約においてである。P&O 6/10 Annual Report, 30 September, 1886.

(98) P&O 37/2 Macaulay's Report, 22 June 1872.

(99) P&O 37/2 Macaulay's Report, 8 June 1872. マコーレーはまた、アメリカの郵船企業パシフィック・メール社が二週一便のサンフランシスコ／横浜／香港線を開設予定であること、さらに日本の郵便物の大半が太平洋を横断して北米経由で運搬されていることから、香港／日本線を郵船ラインから外すことも提案したが、これは本社の受けいれるところとはならなかった。P&O 37/2 Macaulay's Report 18 May 1872.

(100) 一八七六年二月、Ｐ＆Ｏは六八年契約で郵送航路となったがその後の改定で郵送航路からはずれた横浜／上海線を、自社の商業路線として再開した。これが、当時パシフィック・メール社との競争で勝ちを収めた三菱会社にとって第二の外国船社との闘い、といわれた路線である。だが、三菱会社にとっての位置づけはともかく、この横浜／上海線はＰ

＆Ｏにとって、余剰船腹の運用をはかるため試験的に再開したものにすぎず、日本とのメイン・ルートは郵送ルートの香港／横浜線におかれていた。上海／横浜線の再開は極東の代理人からの提案にもとづくもので、Ｐ＆Ｏはオリッサ号（*Orissa.* 一六四七総トン）とコロンビアン号（*Columbian.* 二一八〇総トン）の二隻を配船した。しかし、当初の見通しとはことなり、同船の航海収支は償わず、はやくも七六年五月には二隻の引きあげとボンベイへの回航が決定された。P&O 3/18 A Report by H. Bayley, 23 May 1876. 使用した船舶のうちオリッサ号は一八五八年の、またコロンビアン号は一八五九年の建造であり、就航当時は船齢二〇年に近い老船であった。どちらも鉄製スクリュー船であったが連成機関を装備せず、スエズ運河開通後は技術的に陳腐化した船であった。ちなみにオリッサ号は一八七八年に上海で、またコロンビアン号は一八七七年にボンベイで、それぞれ売却処分された。Rabson 1988: 57,60.

(101)　これはもともと、ロンドンで積み降しする貨物の比率がしだいにましていったことが基本的な背景となっていたが、ターミナル港の移転を決定的なものとしたのは、スエズ運河の開通であった。すなわち、第一に、Ｐ＆Ｏと対抗関係にあった、他の汽船会社のスエズ運河通行汽船は、荷主に対してロンドンで直接積み降しするサービスを提供した。しかし、これに対し、Ｐ＆Ｏ船舶は郵便契約の本国ターミナル港であるサウサンプトンで貨物を陸揚げし、サウサンプトン／ロンドン間は鉄道によって運搬する、という積みかえの手間がかかり、荷へのありうる損傷をふくめ、その分不利な立場にあった。また第二に、競争企業の出現による運賃の低落は、サウサンプトンでの倉庫料や鉄道運賃という、追加チャージをＰ＆Ｏが負担することをしだいに困難とし、かといってこの費用を全面的に荷主に転嫁することも競合ラインの存在からして不可能であった。この結果、長年イギリス本国でのターミナル港であったサウサンプトンは施設の縮小、つまり、郵便契約に定められた本国寄港地という役割に相応する施設規模を残して、あとは大幅に縮小されたのである。この結果、一八七五年には、サウサンプトン施設の年間維持費は、一万二〇〇〇ポンドまでに減少した。P&O 6/1 Annual Report, 30 September 1874; Annual Report, 30 September 1875

第七章　一八八〇年契約——政府部内の意見対立と入札の逆転

1　はじめに

Ｐ＆Ｏが、契約金の引き下げと無条件ペナルティを受け入れて、スエズ運河通航を重量郵便物の正式な郵送ルートとして組み込んだことは、前章で述べた。その際、郵船企業への契約金は非郵船企業に対する競争手段、つまり運賃の引き下げに利用されることになるため、郵船企業にスエズ運河通航を認可することに反対する声が、とくにリヴァプール海運関係者からあがったことを指摘しておいた（第六章第4節）。イギリス政府部内でも、旧契約金年間四五万ポンドはスエズ運河利用を断念することの代償手当てをふくんでいたという見解もあって、契約金ほかの譲歩を強く求めた。とはいえ、たびかさなるこのような譲歩の果てに、Ｐ＆Ｏは一八八〇年まで東洋方面への郵送契約を獲得することに成功し、じつに創立以来四〇年間にわたって、あるいはスエズ以東への配船を開始してからでも三五年の長きにわたり、その郵船企業としての地位を保持することになったのである。

しかしながら他方で、スエズ運河の開通を契機に、東洋方面に配船する貨物汽船企業はその数をまし、配船トン数は飛躍的に増大した。カニング委員会が想定し、また郵政省が期待した、信頼できる応札可能企業の数が現実に増大し、郵政省はこの状況を新たな公開入札によって有利に活用できる機会が開かれたのである。その機会は、もともとの一八六八年契約の有効期限が切れる一八八〇年の契約改定で訪れた。この新しい契約の入札で、P&Oはリヴァプールからの競争企業によってその東洋方面の郵送契約を失う寸前にまで追いつめられた。つまり一八七〇年代末までに、P&Oは対外的にはもちろんのこと国内的にも、かつてのような東洋方面における独占的な郵船企業という地位を失ったのであり、郵送契約企業として残りえたのは多分に偶然的な要因によるものであった。

このような事態の展開は、一見すると、イギリス政府の郵送契約に関する原則や基本方針の全面的な成就のための現実基盤が整備されたものと考えられるかもしれない。すなわち、一八五一年のジョスリン委員会が提唱した公開入札と入札航路の細分化という方針のもとに、一八五三年のカニング委員会が打ちだした費用対効果の観点から短期契約を中心として、そして一八六〇年の郵政省が契約の基本方針のひとつとして提示した信頼できる当事者との契約締結という、長年の政策課題が、ここでようやく実現する確かな見通しがえられたかのごとくであった。しかし実際には、このような政策課題はその実現の一歩手前で頓挫した。それは直接的にはのちに詳しく述べるように、政府部内の意見対立によるものであった。だが、より長期的な視点からみるならば、政府側における新たな政策課題、つまり植民地や自治領の発言力の増大をふまえながら海外郵送システムをどのように設計・維持していくのかという新たな問題が浮上し、そのことが従来の原則や基本方針をそのままで成就することを阻んだためといえる。

本章では、一八八〇年のインド・中国郵送契約の入札から落札にいたる経緯を中心に、イギリス政府部内に選考意見の食い違いを生じさせた原因と、その背後にあってP&Oを引きつづき契約企業として選択させるに貢献した、郵送システムとしてのサービスの完全性という考え方の登場について論じる。以下、第2節では、東洋航路の一環としてあるオーストラリア航路の一八八〇年までの郵送契約をP&Oとの関わりで簡単に概括する。第3節では、一八八〇年のインド・中国郵送契約の入札から締結にいたる経緯を述べる。第4節では、八〇年契約の契約金分担をめぐるイギリス政府間の調整過程をとおして新たな政策課題が浮上してきたが、それと郵船企業のサービスとの関連についてまとめる。

2　一八七〇年代前半までのオーストラリア郵便輸送契約

一八七四年八月に締結されたインド・中国郵便輸送契約は一八八〇年一月三一日に満期日を迎えることになっていた。その更新を論じるためには、この契約とは直接の関係にはなかったオーストラリア航路の郵送契約を簡単にふり返っておく必要がある。というのも、この一八八〇年の東洋航路の郵便輸送契約は、オーストラリア航路に関する郵便輸送の継続問題をからめる形で入札者の選定がおこなわれたからである。

一八六一年四月一六日にP&Oと郵政省との間で締結された契約によって、オーストラリアの郵便輸送はセイロン／シドニー間月一回の配船となったことは、すでに述べた（第四章第5節Dを参照）。この契約はとくに契約期限がもうけられず、どちらか一方の六ヶ月前の通知があれば解約可能となっていた。一八六四年一一月、大蔵省はこの契約を一八六六年二月をもって打切る決定をおこなった(1)。これは、この時までに、一八五九年二月に海軍省との間で結ばれた元の契約から起算してちょうど七ヶ年が経過することになり、契約の再入札が適当と判断されたためであった。入札の公示は一八六五年一月二六日で、入札は四月一〇日に受理されることになっており、応札のための準備日数としては余裕があった。しかし、応札したのはP&Oだけであった。その内容は、現行契約と同一の、セイロンのガールをターミナル港として、途中キング・ジョージ・サウンドとメルボルンに寄港してシドニーにいたるルートで、しかし配船頻度におうじてそれぞれことなる契約金の呈示がなされた。すなわち、月一回の配船の場合は年間契約金が一二万ポンド、四週に一回の場合は一三万ポンド、月二回の場合は一七万ポンド、そして二週に一回の場合は一八万四一六六ポンドであった。[2] このP&Oの入札は、現行契約月一回の配船の契約金額一三万四六七二ポンドよりも低いことから、郵政省としてはこれを受けいれることを有利と判断し、大蔵省もこれを了承した。[3] かくして、一八六五年一一月一七日、P&Oと郵政省との間で郵便輸送契約（一八六六年契約）が結ばれたが、契約期限はとくにもうけられず、どちらか一方の二四ヶ月前の事前通知により解約が可能であった。[4] 配船は当面月一回で、したがって契約金も一二万ポンドであったが、一八六八年三月より四週一回の配船となり、契約金も一三万ポンドに引きあげられた。[5]

この一八六六年契約は、その後ヴィクトリアとニュー・サウス・ウェールズの両政府が契約にともなう負担金の支払いを中止したいとの意向を本国政府に告げたため、一八七一年一二月、郵政省からP&Oに対して七三年末をもって現行契約を解約するという事前通知がだされた。[6] 植民地側では、汽船交通の最適航路と条件を求めて契約の打ち切りに踏みだしたわけである。本国政府（大蔵省）は、植民地側との郵便費用の負担問題もあわせる形で、つぎのような航路と分担金の提案を植民地政府に提示し、その了解を求めようとした。すなわち、①一八六六年契約の終了とともに、イギリス本国とガール間との郵便輸送に対して植民地政府が負担していた分担金を廃止し、本国／ガール間のオーストラリア郵便物をすべて本国政府の負担で運搬する、②植民地側では自分たちがもっとも便利のよいと考えて選んだオーストラリアの港とガールとを結ぶ航路で郵船を四週一回の頻度で就航させ、本国政府はその費用のうち半分を、ただし年間四万ポンドを越えない限度枠のなかで負担する、というものであった。[7] だが、まさにオーストラリア側のターミナル港をどこに統一するかで、植民地の意見が分かれた。南オーストラリアや西オーストラリアは、スエズ経由でガールをターミナル港とするのであればメルボルンをオーストラリアのターミナルとすることを主張した。他方、ニュー・サウス・ウェールズ（とニュージーランド）はシドニーをターミナルとすることを主張した。このほか、クイーンズランドはガールのかわりにシンガポール接続で、ブリスベンをターミナルとすることを望んだ。このように植民地はたがいに最初に寄港し最後に出港する地であることを望んだために、とりわけその点でメルボルンとシドニーの間の対抗関係が激しかったために、最適航路に関する統一見解はまとまらなかった。(8) 結局、本国政府ではどの航路を選んでも植民地側に満足のいくサービスを提供することにはならないとして、オーストラリア郵便の契約当事者となることを断念し、最適航路とターミナル港の選定に関しては植民地側の裁量を認めることになったのである。

この結果、植民地政府はそれぞれ最適と考える航路について個別に民間企業と契約を結ぶことになった。すなわち、ヴィクトリアは一八七三年六月に、ガール／メルボルン間（途中キング・ジョージ・サウンドに寄港）の郵送契約をP&Oとの間で締結し、クイーンズランドはトレス海峡経由シンガポール／ブリスベン間の郵送契約をイースタン・アンド・オーストラリアン社（Eastern and Australian Co.）との間で締結し、さらにニュー・サウズ・ウェールズ（とニュージーランド）は英米合弁事業との間で、ホノルル経由サンフランシスコ／シドニー間の郵送契約をそれぞれ結んだ。(9) 各植民地の郵便輸送契約はいずれも四週一回の頻度であった。オーストラリアとガール、シンガポール、サンフランシスコ間の費用はそれぞれの植民地が費用を負担し、本国政府はガール、シンガポール、サンフランシスコと本国間の費用を負担することになった。(10)

このような一八七〇年代前半までの、オーストラリア郵便物輸送をめぐる一連の交渉と措置によって、さしあたってP&Oにかぎってみれば、一八七〇年代末のインド・中国郵送契約の更新問題との間に、間接的ながらつぎのような関係が生じることとなった。第一に、P&Oがヴィクトリア政府との間に結んだ契約は一八八〇年二月一日が満期日となっており、これはP&Oがイギリス本国政府との間で結んでいたインド・中国郵便輸送の契約期限一八八〇年一月三一日と、ほぼ同じ契約終了日となった。第二に、ヴィクトリア政府と結んだオーストラリア航路は、ガールをターミナル港としていたが、これはこの港でP&Oの幹線であるインド・中国航路との接続を予定しており、オーストラリア航路単独ではその郵便物をイギリス本国との間に輸送することはできなかった。だが第三に、復航を例にとれば、ガールまでのオーストラリア郵便物は植民地政府との間で、またガールから本国までは本国政府との間でというように、郵便契約の政府当事者がそれぞれ別々であり、各政府は可能性としては郵送契約の相手を別々に決定できた。以上のような契約改定日時の近接性、ガールをターミナル港とするオーストラリア郵便輸送の非完結性、そして契約決定権限の分散化による郵送システム分断化の危険性といった関係は、イギリス政府側にインド・中国航路の郵送契約の更新を考える際に、オーストラリア航路についてこれをまったく配慮の外におくということを困難にした。以上のことを背景におきながら、つぎにインド・中国航路の郵送契約の更新問題をみていこう。

3　一八八〇年インド・中国郵便輸送契約

さきにも触れたように、一八七四年に締結されたインド・中国郵便輸送契約は、一八八〇年一月三一日に満期日を迎えることになっていた。郵政省でははやくから、二四ヶ月前の解約通知をP&Oにだす意向を固めていた。スエズ運河の郵船通航を認める七四年契約に際して、リヴァプールの船主から反対があったこと、また下院でも同様の反対演説がおこなわれたことなどから、契約の自動延長という方針は郵政省もとりえなかった。(11) 大蔵省もこの方針を承認した。(12) かくして、東洋への郵便輸送は現行契約の満期打ち切り、再入札にかけられることになったが、入札航路は現行契約の再現とはならなかった。すなわち、郵送航路の選定作業にあたった郵政省はこれまでのサウサンプトンをターミナル港とする地中海航路を廃止し、重量物をふくむすべての郵便物をブリンディジ経由に切りかえる方針をたてた。さらにスエズ以東ではガール／カルカッタ航路を廃止して、インドへのターミナル港をボンベイに集約することとした。このほか、香港／横浜航路は新たな入札にふくめるかどうかは疑問であるとした。(13)

上記の入札航路の再検討において、サウサンプトンをターミナル港とする重量郵便物の輸送ルートを郵送ルートから取りのぞくという郵政省の方針がどのようにして決定されたのかについて、これを明らかにする資料はいまのところえられていない。推測するところ、郵便料金の引き下げにより、ブリンディジ経由の速達便料金との差が縮まって、従来サウサンプトン経由の郵便がブリンディジ経由となり、輸送量としてもそれほどおおくなくなったことが考えられる。(14)一八七八年三月にボンベイで開かれた、インド郵便物の加速化を求める公衆会議では、重量郵便物をブリンディジ経由で送るか、東洋に定期的に配船する船にシップ・レターとして積みこむほうが、郵便契約金を支払うよりも低廉であり、したがってサウサンプトン航路を契約航路から取りのぞくよう決議がなされた。(15)後述の第4節でも触れるように、インドは東洋への郵便輸送コストの負担において本国政府につぐ負担額のおおい植民地であり、一八八〇年契約の入札航路の選定に際してはブリンディジ／ボンベイ以外を望まず、またそれ以外の航路への分担金支払いをこばむ態度を示していた。(16)このようなインドの姿勢は、当然に本国政府による入札航路の選考過程に影響をあたえたと思われ、事実、入札からはサウサンプトン航路を除外することが大蔵省によって承認された。さらに同省は、郵政省が存続を疑問としていた香港／横浜航路については、フランスの郵船が同国政府との契約で二週　回の頻度で配船していること、また日本／イギリスの郵便物に関してはメイン・ルートがサンフランシスコ経由の西方ルートにあることを理由に、入札航路から外すことを決定した。(17)

第7-1表　1878年の入札航路

入札航路	就航頻度	寄港地
スエズ／上海	2週1回	アデン、ガール、ペナン、シンガポール、香港
ブリンディジ／アレクサンドリア およびスエズ／上海	2週1回	アデン 上記同一航路に同じ
ブリンディジ／上海（スエズ運河経由）	2週1回	ポートサイド、スエズ、アデン、ガール、ペナン、シンガポール、香港
ブリンディジ／アレクサンドリア スエズ／ボンベイ スエズ／上海	週便 週便 2週1回	上記に同じ アデン 上記同一航路に同じ
ブリンデイジ／ボンベイ（スエズ運河経由） スエズ／上海	週便 2週1回	ポートサイド、スエズ、アデン 上記同一航路に同じ

郵政大臣のオプションによりポイント・デ・ガールはコロンボに代替可能

資料：Post 29／274 Pkt. 16F／1880. Contracts for the Conveyance by steam vessels of the East India and China Mails by the General Post Office, dated 26 June 1878.

かくして入札航路の確定がなされて、七八年六月には入札の告示となった。その航路を一覧すれば、第7-1表のとおりとなる。入札航路は全部で五つあり、そのうちどれ一つでも入札が可能であった。このような分割入札制に対しては、七八年七月に、ロスチャイルドやサッスーン商会など、東洋貿易に関係するおもだったロンドンの銀行や商社より、反対を表明する文書が郵政省に送られた。その主張によれば、(18)東洋郵便物の運搬における「均質的なシステムを保持するかわりに、東洋郵便サービスをいくつかに枝別れさせること［は］…インド郵便サービスと中国郵便サービスの分離へと、またおそらくこれら郵便物の配達日の違いへと導くことで、わが国全体が東洋と関係した取引をおこなう際にかくもあますところなくなじんできたところの、優れたシステムを破壊することになる」という。このような主張の背景には、インド取引に従事する商社の大半が同時に中国取引にも関係しており、商取引にともなう金融取引をふくめて、イギリス／インド／中国間の緊密なコミュニケーション網の維持はこれらの取引の円滑な遂行に不可欠な前提となっているという認識があった。したがって、「確定した、規則的な郵送サービスに変化があれば、それは貿易の進行に、とりわけ銀行・貿易業務に重大な障害となる」との懸念が表明されたのであった。

このような商業界の意見に対する郵政省側の考え方は、P＆Oをふくむ有力な入札者は全航路に関するサービスを提供するであろうから、分割による支障は生じないであろうというものであった。[19] つまり、分割入札を公示しながらも、郵政省はそれで複数の契約者と契約することになると予想していたわけではなく、またそれを望んでいたわけでもなかった。事実、一八七八年七月二五日の入札受理で応札した企業は四社あったが、このうちすべてのサービスの提供を申しでたのは、P＆Oとホルト社の入札であった。残りの二社、すなわち、スエズ運河経由のブリンディジ／ボンベイ航路に応札したリヴァプールの企業サン・シッピング社（Sun Shipping Co. ホール・ライン）と、ブリンディジ／アレクサンドリア航路ならびにスエズ／ボンベイ航路に応札したグラスゴーの企業ジョージ・スミス社（George Smith & Co.）については、「完全なサービス（complete service）」を提供するものではないとして、最初から選考の考慮外におかれたのである。[20]

そこで、入札はP＆Oとホルト社との間の競争となったが、両社の入札は航海速力、契約年数、軽量郵便物のスエズ運河の利用いかんで、それぞれことなる契約金を呈示するものであった。それらの提案のうち、政府の間で検討された両社の条件——契約期限八ヶ年、鉄道によるエジプト横断——を一覧すれば、第7-2表のとおりとなる。同表で、「全額（full amount）」とは無条件ペナルティを受けいれた場合の契約金額であり、また「減額（with abatement）」とは自己のコントロール以外の要因で郵便輸送の遅延が生じた場合にはペナルティを科せられないという条件での契約金の呈示額である。なお、P＆Oは七月二五日の入札の際には、入札番号一と二において、無条件ペナルティの場合の契約金額は呈示していなかった。表では、郵政省からの八月にはいってからの問い合せにおうじて、同月一五日に回答した金額をカッコにくくって記載しておいた。したがって、郵政省

第7-2表　P&Oとホルト社の入札比較

P&Oの入札

No	航　　路	速力 ノット	全額 ポンド	減額 ポンド	ボンベイまでの時間	セイロンまでの時間	上海までの時間
1	ブリンディジ／アレクサンドリア スエズ／ボンベイ スエズ／上海	14 11 11	(420,000)	410,000	363	403	841
2	ブリンディジ／アレクサンドリア スエズ／ボンベイ スエズ／上海	14 11 10.5	(410,000)	400,000	363	417	873
3	ブリンディジ／アレクサンドリア スエズ／ボンベイ スエズ／上海	11 11 11	380,000	370,000	379	419	857
4	ブリンディジ／アレクサンドリア スエズ／ボンベイ スエズ／上海	11 11 10.5	370,000	360,000	379	433	889

ホルト社の入札

No	航　　路	速力 ノット	全額 ポンド	減額 ポンド	ボンベイまでの時間	セイロンまでの時間	上海までの時間
1	ブリンディジ／アレクサンドリア&スエズ／ボンベイ セイロン／海峡／中国	12 11	454,000	446,000	351	413	851
2	ブリンディジ／アレクサンドリア&スエズ／ボンベイ セイロン／海峡／中国	11 10	384,000	376,000	379	450	924
3	ブリンディジ／アレクサンドリア&スエズ／ボンベイ ボンベイ／セイロン／海峡／中国	12 11	404,000	396,000	351	442	880
4	ブリンディジ／アレクサンドリア&スエズ／ボンベイ ボンベイ／セイロン／海峡／中国	12 10	389,000	381,000	351	450	924
5	ブリンディジ／アレクサンドリア&スエズ／ボンベイ ボンベイ／セイロン／海峡／中国	11 10	336,500	328,500	379	478	952

注：P&Oのカッコ内の数値については本文を参照のこと。

資料：Post 29／273 Pkt. 16F／1880 Memorandum. [no date]

が両社の入札を最初に比較検討した時点、つまり七月末時点では、これらの金額はだされてはおらず、P&Oは入札番号一と二については無条件ペナルティのもとで運航することは事実上考えていなかった、あるいは拒否していた、といえる。

両社が呈示した入札条件のうち最速のサービスは、P&Oとホルト社のそれぞれ入札番号一であった。P&Oがここでだした条件は、速力、契約金額ともにホルト社のそれよりも有利な条件であり、郵政省もその魅力については認めた。だが、その際、郵政省が着目したのはホルト社の入札番号三であった。これは同社の入札番号一と同一の速力であったが、契約金額は大幅に減額されていた。この入札番号一と三の違いは、中国向け郵便サービスにあった。つまり、入札番号一がスエズからの郵船でセイロンを経由して運搬するのに対して、入札番号三はボンベイ経由となっており、そのためボンベイに寄港する後者のほうが前者よりもおよそ二九時間遅くなることであった。しかし、このホルト社の入札番号三は、同社の最速入札一と同一の速力をもち、条件付ペナルティの場合でP&Oの最速の入札番号一よりも金額的に下回っていた。しかも、P&Oはこの時点で、無条件ペナルティのもとでの契約金額は呈示していなかった。契約遂行上の規則性と厳格性を守るには無条件ペナルティが必要と考えていた郵政省にとって、ホルト社の提案はその意にそうものであった。両社の比較で郵政省がさらに着目したのは、経済性を重視した場合の契約金の比較であった。ホルト社のもっとも低い契約金額は入札番号五であり、無条件ペナルティで三三万六五〇〇ポンドであった。これに相応するP&Oの入札は番号四であり、金額は無条件ペナルティのもとで三七万ポンドと、ホルト社のそれを三万ポンド以上上回っていた。もちろん、速力ではP&Oの入札のほうが優れ、中国航路で時間当たり半ノット速かった。だが、郵政省の判断では、ホルト社の入札でも現行契約よりも一〇時間はやく上海に到着でき、またP&Oのホルト社にくらべた速さ（中国向けで約三日）のために年間三万ポンド以上のコスト負担の増加を認める必要はないであろうというものであった。[(21)] かくして、郵政省は、P&Oが四〇年間にわたり東洋航路の郵便輸送を堅実に担ってきた功績を認めたものの、一八八〇年二月一日からのインド・中国郵便契約はホルト社との間で締結することを認めるよう大蔵省に提案するにいたった。

通例、郵政省による入札選考の意見結果は、そのまま契約交渉の相手として大蔵省の認めるところであった。事実、ホルト社を選んだ郵政省では、同社との契約書の草案まで作成して、交渉準備を進めていたのである。(22)しかしながら、契約金の負担を分担する政府関係機関のなかから郵政省とことなる意見がだされたため、郵政省の選考意見はそのまま通ることにはならなかった。契約金を分担するインドを代弁したインド省は、郵政省のホルト社を契約相手とするという見解を支持した。(23)これはすくなくともインドに関するかぎり、両社の提出したもっとも契約金の低い入札では速力に差がなく、しかもホルト社のほうが契約金の負担ではすくなくなるという利点があったためである。ところが、一八八〇年契約から郵送費用の分担をすることになった東洋の植民地、すなわちセイロン、シンガポール、それに香港の、本国における管轄省である植民省は、東洋への植民地によりはやく郵便物を送れることを理由に、P&Oの入札を強く支持した。さらに、植民省では、今回の入札には直接関係しないものの、間もなく期限満了となるオーストラリア郵便輸送契約に触れて、もしインド・中国郵便契約がホルト社と結ばれた場合、P&Oが契約金の低さからみてオーストラリア航路を単独で契約更新をするとは考えられないこと、その際ホルト社をはじめとするほかの企業がオーストラリア航路を引きうける保証がなければ、同植民地の通信に重大な支障が生じることになると指摘し、P&Oの応札を受理するよう訴えた。(24)

このように、本国政府とともに契約金の分担責任を負ったインドと植民地を管轄するそれぞれの省で意見が食い違い、郵政省とインド省はホルト社を、植民省はP&Oをそれぞれ契約相手として推したために、大蔵省ではただちに契約交渉の相手を決定することができなかった。そのため、政府内部の意見調整をはかる必要からインド省、植民省、陸軍省、海軍省、それに郵政省の各大臣からなる閣内委員会が結成され、入札の比較検討がおこなわれた。(25) その結論は、郵政省の最初の入札意見とは逆に、P&Oの入札を有利とするものであった。理由として、二つあげられていた。一つは、P&Oのサービスがスエズからセイロン、中国への直通サービスであるのに対して、ホルト社のそれはボンベイ経由の迂回サービスであり、時間的なロスが大きいと判断されたことである。もう一つは、P&Oとホルト社の運搬スピードの違いであり、最低価格帯の入札をくらべても、ブリンディジ／セイロン間は四五時間、ブリンディジ／シンガポール間は五二時間、そしてブリンディジ／上海間では六三時間の到着時間の差があることが重視された。もとより、時間の速さと契約金の大きさはトレードオフの関係にあり、そのどちらをより重要視するかで選考結果はことなる結論を導きだすといえる。ただ、金額の多寡をより重視した郵政省の意見からスピードをより重視した植民省の意見への振れは、さきにも触れたように、この契約自体とは直接関係のないオーストラリア郵便の契約更新と運搬問題が関わっていたといえる。閣内委員会の意見でも、ホルト社の入札では、ブリンディジ／ガール間の航行時間はボンベイを経由するために現行の契約時間よりも六時間余計にかかることが指摘された。ガールを郵便物の接続ターミナルとしていたオーストラリア植民地にとって、遅くなること自体我慢のならなかった問題であるうえに、契約者がことなることから郵便運搬の中継や継続に疑念を生じさせるものであった。(26) それゆえ、ホルト社の契約でも現行より一〇時間はやく中国郵便が到着するという郵政省の意見は、オーストラリア側の遅れに対する不満や運搬上の疑念を払拭するものとはならなかった。

かくして、閣内委員会の結論を受けて、大蔵省の結論はホルト社ではなくP&Oと契約を結ぶよう郵政省に求めた。その後につづく交渉の結果、一八七九年二月七日にP&Oと郵政省のとの間で結ばれた契約を一覧すれば、第7-3表のとおりである。契約期限は一八八〇年二月一日より八ヶ年、契約金額は無条件ペナルティのもとで年間三七万ポンドとされたが、契約の第五〇項で、郵政大臣に条件付ペナルティ（運送契約者のコントロール以

第7-3表　1880年契約航路一覧

航　　　路	就航頻度	平均速度 ノット	通航時間
ブリンディジ／アレクサンドリア	週便	11	
スエズ／ボンベイ	週便	11	
スエズ／上海	2週1回	10.5	
ブリンディジ／ボンベイ			368
ボンベイ／ブリンディジ			375[1)]
ブリンディジ／上海			875[2)]
上海／ブリンディジ			910[3)]

注　1）南西モンスーン期には423時間，2）北東モンスーン期には947時間
　　3）南西モンスーン期には1006時間
資料：BPP 1878／79 vol.XLII, paper 30. East India and China Mails. より作成。

外の要因で生じた契約時間の遅れについてはペナルティを科せられない）へのオプション権が与えられており、その場合の契約金額は年間三六万ポンドであった。P&Oはもとより無条件ペナルティには反対であった。スエズ運河利用の代償として認めざるをえなかったこのペナルティによって、P&Oは一八七四年八月から一八八〇年一月までに合計三万一二〇〇ポンドのペナルティを支払っていた。(27) 他方、政府の側でも、無条件ペナルティにかならずしも固執はしていなかった。すなわち、新たな契約で無条件ペナルティを導入すべきかどうかの問合せを郵政省から受けた海軍省は、かつてのように郵便係官を郵船に乗せて常時監視する体制をとるのであれば無条件ペナルティを科する必要はないこと、逆に係官を乗せずに無条件ペナルティを放棄することは航行の規則性をチェックするうえで困難であるとした上で、結局は郵船に対抗する競争企業の存在の有無が規則性を守らせるうえで重要であるとの回答をよせた。(28) 無条件と条件付との間では年間一万ポンドの契約金の差があり、これは契約期間全体で八万ポンドのひらきとなること、またスエズ運河開通以来東洋へ配船する非郵船系の海運企業数は相当の増加をみていることから、郵政省は無条件ペナルティのかわりに条件付ペナルティとすることを決定し、大蔵省の承認をえた。(29)

P&Oとの契約条件の細部をつめている間に、郵政省はフランスとイ

タリアの郵政当局に対して、イギリスの東洋郵便物をすべてブリンディジ経由とした場合どれほど通行料（鉄道による郵便運搬料）を引きさげてくれるか問いあわせをおこなった。その回答によれば、カレー／モダーヌの運搬を担当していたフランス郵政当局は、手紙についてはおよそ三六パーセントの、またその他郵便物については一七パーセント（書籍ほか）から五九パーセント（新聞）の引きさげを提案した。またモダーヌ／ブリンディジの運搬を担当したイタリア郵政当局はおよそ三五パーセントの料金引きさげを回答した(30)。この回答をえて、郵政省は受領郵便物をふくむすべての東洋郵便物をブリンディジの速達ルートで運搬することを決定し、大蔵省の承認をえた(31)。

かくして、サウサンプトン航路は一八八〇年契約から契約航路としては廃止されたが、P&Oのほうとしてもこの決定を歓迎した。というのも第六章で述べたように、P&Oはすでに一八七四年から、貨物の積み降ろしに関してはサウサンプトンではなくロンドンをターミナル港としており、郵船のサウサンプトン寄港は郵便や一部旅客のためだけのものであり、そのために陸上諸施設や人員配置の維持を必要としていたからである。一八八〇年契約の発効とともに、往航ではただちにサウサンプトン寄港が中止されたが、復航では海峡通航を嫌う旅客のために復航プリマスへの寄港とそこからのグレート・ウエスタン鉄道によるロンドンやほかの地への鉄道運搬の手当てをおこなったうえで、一八八一年一二月をもって寄港を中止した(32)。

P&Oと郵政省との間でかわされた契約は、一八七九年八月八日、イギリス下院で承認を受けた。この日の下院での審議では、リヴァプールの海運界の利害を代表するラズボーン議員がP&Oとの契約期間を八年から三年に短縮せよとの動議を提出したが、五四対一四二で否決された(33)。これは、ホルト社の入札からはじまる一連のリヴァプール海運界の、反P&Oキャンペーンの最終局面となった。それは同時に、東洋へ配船する郵船企業としてのP&Oの地位を、政府機関のみならず非郵船企業も認めることを意味していた。これ以降、郵便契約はあいかわらず公開入札の方式をとったが、この一八八〇年契約におけるような、P&Oの地位を脅かすような入札となることは二度となかったのである。

本節の最後に、インド・中国郵便輸送契約の選考結果に影響をあたえたオーストラリア郵送契約の更新についても簡単にふれておこう。

一八七八年一〇月一〇日、ヴィクトリア政府は、一八八〇年二月一日からはじまる新しい郵送サービスの入札を告示した。それによると、[34]入札航路は二つあり、一つはサウサンプトン（またはプリマス）からスエズ運河を経由してメルボルンにいたる直行サービスで、月一便、片道航海日数四二日間となっていた。もう一つは、アデンまたはコロンボからメルボルンにいたるサービスで、片道航海日数はアデンの場合二五日間、コロンボの場合一八日間であり、サービス頻度は四週一便または隔週一便のいずれかを入札者が選択できた。どちらの入札も契約期間は八年とされた。

この入札の締め切り日は一八七九年二月一二日であったが、公式に応札したのはP&O一社だけであった。P&Oはコロンボ／メルボルン間、隔週一回のサービスを年間八万五〇〇〇ポンドの補助金で引き受けることを申しでた。[35]これは、現行契約四週一便のサービスを倍増し、対して契約金は現行よりも五〇〇〇ポンド引きさげるという内容であった。P&Oは入札に添付した手紙のなかで、サービスをこのように倍増して、しかも低廉に提供できるのは、頻繁なサービスにより大幅な増収を期待してのことであり、ヴィクトリア政府がほかのサービスをP&Oの提案と抱きあわせで導入すれば、採算ベースがことなってくるために、P&Oが申しでた契約金ではすまなくなることを強調した。ここでいうほかのサービスとは、本国との直行便のことであるが、実は、ヴィクトリア政府はP&Oとは別の企業に対して、この月便直行サービスの引き受けを打診していたのである。さきのP&Oの思い切った入札内容と並走ラインとの両立不可能という主張は、この潜在的な競争企業に対する牽制をふくんでいたことはいうまでもない。ここでP&Oが対抗企業としてみていたのは、オリエント社であった。

オリエント社（the Orient Steam Navigation Co.）は一八七八年三月に、ロンドンのシップ・ブローカー、アンダーソン・アンダーソン社（Arderson, Anderson & Co.）が同業のグリーン社（Frederick Green & Co.）と共同で発起した汽船会社で、イギリスのプリマス港を起点に喜望峰経由でオーストラリア直行航路を経営した。(36) 新設間もない会社とはいえ、その経営を担当した商会は経験を積んだブローカーであり、会社設立の一年前からすでにパシフィック社（the Pacific Steam Navigation Co.）が提供する船隊を利用して、オーストラリア航路に配船していた。(37) ヴィクトリア政府も非公式に往航喜望峰経由、復航スエズ経由で月便の直行サービスを開始するよう打診していたが、オリエント社は最終的に応札することを断念した。理由は、要求される航海速力が高く（一一・五ノット/毎時）、この速力のサービスを遂行するために必要な契約金は、植民地が提供してもよいと考える額を上回ることがあげられていた。(38) いまだスエズ運河経由でオーストラリア・ルートを開設するに、準備が十分ではなかったといえる。このため、オリエント社の入札辞退によって唯一の入札企業となったP&Oが、ヴィクトリア政府との一八八〇年契約を獲得することになった。契約はコロンボ/メルボルン間隔週一回のサービスを年間八万五〇〇〇ポンドの契約金で、八年間提供するというものであった。これは一八七三年契約にくらべ、サービスは四週一便から隔週一便に、また年間契約金は九万ポンドから五〇〇〇ポンド引きさげられた。(39) インド・中国郵送契約の獲得後の、またこの幹線との接続を前提とした契約であり、サービスと金額ともにこれまでとくらべ破格であった。かくして、P&Oは幹線のインド・中国航路とともに、それとの接続で運営するオーストラリア航路をも引きつづき郵船航路として保持したのであった。

4　一八八〇年契約の分担金問題

一八八〇年契約の成立にいたる経緯は以上述べたとおりであるが、契約成立直後から問題となったのはイギリス政府側で契約金をどのように分担するかということであった。もし、契約締結以前にこの問題が取りあげられ論じられていたならば、一八八〇年契約がはたしてP&Oとの間で結ばれたかどうかはおおいに疑問であった。それゆえ、本国と植民地との間の契約金の分担問題をここで論じておくことは適当と思われる。ところで、郵送コストの分担問題は、古くは一八四五年の郵便契約における本国政府と東インド会社との間の配分問題にまでさかのぼれる。それ以降、負担の配分問題には紆余曲折があり、非常に錯綜した展開をとげた。ここでそのすべてを取りあげることは、本章の課題からして不必要であろう。ここでは、当面の一八八〇年契約に関係ある事柄を必要限度内で言及していくことにしたい。

東洋におけるイギリス帝国領のうち、インドはすでに長い間郵便輸送サービスのコストを本国政府との間で分担してきており、一八八〇年契約でも分担を引きうけた。一八八〇年契約であらたに負担を引きうけることになったのは、東洋植民地のセイロン、海峡植民地（マレー半島の西・南岸地域および近隣諸島）それに香港であった。これら植民地はそれ以前は、すべて本国政府（とインド）との負担で郵便サービスを享受していた。[40]一八七九年五月、大蔵省は植民省に対して、一八八〇年契約の発効とともに三植民地が公平にコストを負担すべき段階にきたとして、分担金の支払いを引きうけるよう求めた。[41]植民省としてはコストを負担することに原則的に同意したものの、問題となったのはその負担額の大きさであった。

一八八二年五月、郵政省が算定の基準までふくめて詳しく呈示したコストの分担金は、第7-4表に示される

第7-4表　東洋郵便物のコスト配分

セクション・ライン (1)	年間マイル数 (2)	契約金の配分 ポンド (3)	本国政府の負担分 ポンド (4)	運搬手数料に応じた植民地ほかへの負担分　ポンド セイロン (5)	海峡植民地 (6)	香港 (7)	インドほか (8)	合計 (9)
地中海	85,800	39,767	19,883	355	293	341	18,895	19,884
スエズ／ボンベイ	309,088	143,258	71,629	0	0	0	71,629	71,629
スエズ／ガール	178,984	82,956	41,478	2,217	1,909	2,146	35,206	41,478
ガール／シンガポール	82,888	38,417	19,209	83	3,958	3,979	11,188	19,208
シンガポール／香港	74,724	34,634	17,317	43	605	7,066	9,603	17,317
香港／上海	45,240	20,968	10,484	23	306	239	9,916	10,484
合計	776,724	360,000	180,000	2,721	7,071	13,771	156,437	180,000

資料：Post 29／362 Pkt. 334K／1884. Memorandum by Chetwynd(Receiver and Accountant General Post Office), 22 May 1882.

ものであった。この分担金の算定方法は、つぎのようなものであった。まず、すべての契約航路をいくつかのセクションに分け（表の第一欄）、年間就航マイル数をそれぞれ計算する（第二欄）。つづいて、契約金をこのマイル数に比例して按分し、セクションごとの契約金額をだし（第三欄）、そのように算定した各セクションごとの契約金を本国政府と植民地ほかで折半する（第四欄および第九欄）。ここまでの手順では、契約航路と契約金額に変更がないかぎり、毎年同じ額が算定される。毎年変動するのは、その後の手順による算定額であり、それは折半した金額の植民地の間での配分額である。その配分方法は具体的には、各セクションのサービスをつうじて運搬される年々の手紙の数におうじて配分するというものであった。それゆえ、前掲表において、スエズ／ボンベイ間のセクションで「インドほか」以外の植民地の分担金がゼロとなっているのは、同セクションのサービスをつうじて運搬される手紙はインド（への・からの手紙）以外になかったためである。このようにして、各植民

第7-5表　植民地の実質負担額

植　民　地	コストの負担分 ポンド	海上郵便料の受取り　ポンド	植民地負担の実質額　ポンド
セイロン	2,721	1,321	1,400
海峡植民地	7,071	1,071	6,000
香港	13,771	1,071	12,700

資料：第7－4表に同じ。

地間で負担すべき金額の配分がなされ、それぞれの分担金の額が確定する（第五～八欄）。各植民地が実際に支払う額は、この分担金から、本国政府との間で折半する海上郵便料金の受取額を差し引いた額となる。第7-5表に、一八八〇年契約で三植民地が支払として求められた額をかかげておいた。それによれば、セイロンは一四〇〇ポンド、海峡植民地は六〇〇〇ポンド、そして香港は一万二七〇〇ポンドであった。手紙の数におうじて配分比率と分担額が変動するとはいえ、郵政省の算定方式では、ほぼこの規模のコスト支払いが毎年求められることになったのである。

植民省がコストの負担を原則的に受けいれながらも、難点を示したのはとりわけ香港にみられる、毎年巨額にのぼる負担金であった。おそらく、植民省はこのような額の負担を引きうけることになるとは考えていなかったと思われる。契約締結後の一八八〇年六月、植民省は大蔵省から示された原則、つまり本国と植民地との間でコストを等分に負担するという原則を承認したものの、その配分方式の原理がなぜもっとはやくに同省に呈示され、要求されなかったのかを遺憾とし、またなぜにそのような額が負担金として算定されたのかの十分な情報を提供してくれるように大蔵省に求めているのである。[42] 上記の算定方式をよく知っていたのは、ながらくコストの負担をしてきたインドや本国のインド省であった。同省が、郵政省と同じく、契約金額の低い、しかもインドに関してみればP&Oと同一のサービス内容であるホルト社の入札を支持していたことはすでに述べた。それゆえ、同省はP&Oとの契約がなされたあとも、インドの負担金をホルト社の入札にもとづいて算定すべきだと主張した。[43] もちろん、この主張は、すでにP&Oとの契約がなされた後では、正当性をもつ要求とはいえなかった。しかし、インド省としては、割高なP&Oの入札が東洋三植民地の利害のためだけで選考されたとするならば、その割高の負担はすべて三植民地が負うべきであり、インドについてはP&Oとほぼ同一のサービスを提供するとしたホルト社の低い入札価格にもとづいて分担金を算定すべきだと考えたのである。この主張にはそれなりの根拠があったといえよう。ましてや、植民省が、負担金算定原則を一時棚上げして、三植民地の負担金の大幅な減額を大蔵省に申しでるにいたったこととくらべれば、インド省の要求は配分原則に則してなされた分だけまだましであったというべきかもしれない[44]。結局、東洋植民地のコスト分担金問題は、配分方式原理の正当性の問題というよりも――正当性については植民省も認めていた――、植民地の財政的な負担力の問題となり、そこで現実的な妥協がはかられた。すなわち、一八八四年一月、セイロンの支払金は実際の支払算定額と同一の一四〇〇ポンド、また海峡植民地と香港はそれぞれ毎年六〇〇〇ポンドの固定額を支払うということで決着をみたのである[45]。三植民地が負担をまぬかれた分は本国政府が負担することになった。

以上のような郵送サービス・コストの分担問題の経緯で注目すべきは、つぎの点であろう。第一に、東洋植民地のコスト負担問題がP&Oとの契約決定後に持ちだされたために、植民省では負担問題自体や郵政省による分担金確定の原理を知らぬままに、入札の選考をおこなったことが明らかである。もし、分担の問題やその配分原理を事前に知っていたならば、植民省がスピードの点で優れているとしてP&Oの入札を強く推したかどうかはおおいに疑問とするところである。別様にいえば、一八八〇年契約がP&Oに決まったのは、きわめて微妙な偶然に依存していたといえる。

第二に、郵政省による分担金算定基準には、サービスの速力を勘案する要因がふくまれていなかった。つまり、インド航路と中国航路とでは就航スピードがことなり、それゆえ航海経費もことなってくるが、それらの違いが算定基準では考慮されていなかった。算定基準によれば、契約金が低ければ低いほど植民地の分担金がすくなくなり、したがって契約金の引きさげ圧力が働く仕組みとなっていた。しかし、ある地域が契約金よりもスピードを選好した場合、関係植民地等でそれをどのように配分するかはこの基準からは決定できなかった。それゆえ、分担金を負担する地域が増加するにつれて、スピードと契約金のトレードオフの関係についてさまざまな意見がだされてくることが当然予想された。事実、一八八〇年契約では、契約金の水準を重視した郵政省とインド省に対して、スピードを重視した植民省の意見が対立し、後者の主張がとおる形で決着をみたのであった。

第三に、郵便契約金のコストを分担する植民地地域が広がることは、郵便契約に関する政府側の意思決定に、本国政府だけではなく、植民地もひろく参加することを意味した。いうまでもなく、大蔵省と議会の承認をえるという条件付ではあるが、P&Oとの郵送契約の政府当事者は郵政省であって、東洋の植民地ではなかった。だが、植民地の意向は植民省をとおして十二分に反映されたことは、一八八〇年契約の成立経緯からもあきらかであろう(46)。このような政府側の契約決定過程における、大蔵省－郵政省ラインから関係諸省庁間の協議ラインへの拡大と分散化は、政府内の意見調整作業をこれまで以上に複雑とした。それと同時に、この意思決定担当者の拡大・分散化は、政府側に郵送システムの統一性を維持する重要性をあらためて認識させることになった。

政府側の意思決定担当者の分散化と郵送システムの統一性が両立できるかどうかという問題は、はやくにはオーストラリア植民地で事実上提起されていた。本章第2節で述べたように、ここでは本国政府による意見調整の失敗から、一八七三年からは植民地政府がそれぞれ独自に郵送契約を締結することが認められた。P&Oに関していえば、一八七三年契約をヴィクトリア政府との間に結び、さらにこの契約の更新である一八八〇年契約も、ヴィクトリア政府との間で締結した。コストを負担すれば本国政府が結ぶ契約に発言権をもつこと、またさらに進んで独自の契約権限をもつことも認められるとすれば、海上郵便に必要な輸送システムとしての統一性は、だれによって、どのように保証されるのかという問題が浮上してくる。オーストラリア契約で提示されたこの問題は、一八八〇年契約の入札まで事実上政府当局に認識されてはいなかったように思われる。一八八〇年契約の選考でホルト社を推した郵政省は、植民地間の郵送システムをどのように維持していくかについてはあいまいであった。オーストラリアをふくめて、東洋の植民地間の郵送システムの維持の必要性を強調した植民省に最終的に押しきられたゆえんであろう。だが、このことは逆に、P＆Oがもつ優位性をも明らかにしている。その経営航路がそのまま東洋における郵便輸送システムとして機能していたことは、ホルト社を上回る優位性であった。この強みはたんに郵船企業としてP＆Oが先発者であったということだけではなく、東洋において「かくもあますところなくなじんできたところの、優れたシステム」（一八八〇年契約の分割入札に反対する東洋貿易関係者の訴え）を長年にわたって提供してきたことによるものであった。かくして、郵送契約も、たんに契約金の多寡やスピードの量的な基準から、システムとしてのサービスという質的な基準へと選考の軸が移動していきつつあったといえよう。一八八〇年契約を契機として、郵政省もP＆Oのシステムとしてのサービスを評価する立場へと漸進的に移行したと思われる。これ以降、幹線の東洋航路では、郵政省がP＆Oにかえて新しい企業を選択するということはいっさいみられなくなったのである。それはP＆Oと郵政省との間の、新たなしかも暗黙裡のパートナーシップの形成と呼べるものであった。

注

（1） Post 29/127 Pkt. 428R/1866. Peel to Rogers, 16 November 1864.
（2） Post 29/127 Pkt. 428R/1866. P&O Co.'s Tender.
（3） Posr 29/127 Pkt. 428R/1866 Hill's Memorandum, 27 April; Treasury to the Postmaster General, 15 May 1865.
（4） Post 29/127 Pkt. 428R/1866. Australian Mail Contract.
（5） P&O 6/1 27 May 1865; 6/7 4 June 1868.

（6）Post 29/177 Pkt. 81Y/1873. Post Office to Howell, 5 December 1871.
（7）Post 29/177 Pkt. 81Y/1873. Stronge (Treasury) to Herbert (Colonial Office), 14 August 1872.
（8）Post 29/286 Pkt. 314F/1880. South Australia Correspondence relating to Division of Postages between Great Britain and Australian Colonies, 16 September 1879.
（9）anonymous writer (London), 1879:24-25,34-35; Moubray 1992: 209-210.
（10）Post 29/286 Pkt. 314F/1880. South Australia Correspondence…, ibid. 各植民地政府の契約金は、ヴィクトリアが年間九万ポンド、ニュー・サウス・ウェールズが七万二五〇〇ポンド、クィーンズランドが二万ポンドであった。
（11）Post 29/272 Pkt. 16F/1880. Tilley to the Treasury, 13 July 1877.
（12）Post 29/272 Pkt. 16F/1880. Stronge to the Postmaster General, 9 August 1877.
（13）Post 29/274 Pkt. 16F/1880. Manners to the Treasury, 28 January 1878.
（14）一八七八年時点で、東洋郵便物のうち復航でのサウサンプトン陸揚げ部分は年間平均してつぎのような分量であった。インドより週三二袋、中国・セイロンほかの東洋植民地より二週一〇袋、メルボルンより月二七五袋、ブリスベンより月三七袋。Post 29/475 Pkt. 42F/1880. Tilley to Monteath, 10 January 1879.
（15）Post 29/274 Pkt. 16F/1880. Resolutions on the 1 of March 1878 (Bombay).
（16）Post 29/607 Pkt. 65X/1897. Eastern Mail Service: Notes on the History of the Division of the Cost. [no date]
（17）Post 29/274 Pkt. 16F/1880. Law to the Postmaster General, 20 June 1878.
（18）以下の叙述は、断りのないかぎり Post 29/274 Pkt. 16F/1880, Rothchild & Sons, and others to Manners, 27 July 1878 によった。
（19）Post 29/274 Pkt. 16F/1880. Minute, dated 27 July 1878.
（20）Post 29/273 Pkt. 16F/1880. Manners to the Treasury, 29 July 1878.
（21）Post 29/273 Pkt. 16F/1880. Manners to the Treasury, 29 July 1878.
（22）旧郵政省の公文書館にはこのホルト社との契約草稿が残されている。Post 29/273 Pkt. 16F/1880 所収。
（23）BPP 1878/79 VOL XLII, Paper 103: Mallet (India Office) to the Secretary to the Treasury, 2 August 1878.
（24）BPP 1878/79 VOL XLII, Paper 103: Herbert to the Secretary to the Treasury, 8 August 1878.

(25) Post 29/273 Pkt. 16F/1880. Treasury Minute, dated 23 August 1878. 以下、断りのないかぎり、同文書によった。

(26) 大蔵省の上記覚書で、オーストラリア航路との継続性——サービスと契約双方——の問題がとくに指摘されたことは、さきの閣内委員会で植民省の主張に重きがおかれたことを示唆している。

(27) Post 29/283 Pkt. 294F/1880. Bethune to the Secretary of the General Post Office, 9 July 1880.

(28) Post 29/273 Pkt. 16F/1880. Admiralty to the Postmaster General, 20 August 1878.

(29) Post 29/273 Pkt. 16F/1880. Minute, 16 October 1879: H. Selwin-Ibberson (Treasury) to the Postmaster General, 28 October 1879.

(30) Post 29/475 Pkt. 42F/1880. Minute 7 June 1879. 具体的な数値をあげれば、フランスの回答は、手紙についてキログラム当たり（以下同じ）現行料金一五フラン五二サンチームを一〇フランに、新聞について六〇・五サンチームを五〇サンチームに、そして書籍ほかについては一フラン二一サンチームを五〇サンチームに引きさげるというものであり、またイタリアの回答は、手紙の現行料金一〇フランとその他郵便物五〇サンチームをおよそ三五パーセント引きさげる、というものであった。

(31) Post 29/475 Pkt. 42F/1880. the Treasury to the Postmaster General, 23 October 1879.

(32) P&O 6/10 6 December 1881.

(33) Times 9 August 1879.

(34) Post 29/286 Pkt. 315F/1880. Australian Steam Postal Service, Forms of Tender and Conditions, 10 October 1878.

(35) Post 29/286 Pkt. 315F/1880. Bethune to the Agent-General for the Government of Victoria, 12 February 1879. 以下断りのないかぎり、同文書によった。

(36) Maber 1967: 100-101.

(37) オリエント社の船舶はP&Oがいっさい便宜を提供しなかった三等旅客、つまり移民の輸送施設を十分に備えており、それを重要な収益源としていたと考えられる。Maber 1967: 101-102.

(38) Post 29/286 Pkt. 315F/1880. Report upon the Affairs of the Post Office and Telegraph Department of the year

1879 (Victoria): 50-51.

(39) Post 289/286 Pkt. 315F/1880. Bethune to the Agent-General for the Government of Victoria, 12 February 1879.

(40) 正確を期するために述べれば、これら植民地が一八七七年四月一日に国際郵便協定に加入して郵便料金が引きさげられたとき、値下げの結果発生する損失（コスト）の増加分について、その半額をはじめて負担した。その額は、一八七七／七八年度と七八／七九年度について、それぞれ、セイロンが二〇九一ポンド（以下同じ）と一八一六、海峡植民地が三一三四と二八三〇、香港が二四六七と二四五六であった。Post 29/362 Pkt. 334K/1884. GPO to the Treasury, 28 April 1882.

(41) Post 29/362 Pkt. 334K/1884. Ibbetson to Herbert, 16 May 1879.

(42) Post 29/362 Pkt. 334K/1884. Herbert to the Secretary to the Treasury, 26 June 1880.

(43) Post 29/607 Pkt. 65X/1897. Eastern Mail Service: Notes on the History of the Division of the Cost. [no date]

(44) 植民省は一八八二年はじめの段階で、各植民地の負担金を年額二五〇〇ポンドとすることを申しいれた。Post 29/362 Pkt. 334K/1884. Herbert to the Secretary to the Treasury, 23 February 1882. また、インド省は一八八三年二月にはP＆Oの契約金を算定の基準とすることに同意した。Post 29/607 Pkt. 65X/1897. Eastern Mail Service: Notes on the History of the Division of the Cost. [no date]

(45) Post 29/362 Pkt. 334K/1884. Coutney (Treasury) to the Postmaster General, 31 January 1884.

(46) ちなみに、植民地はP＆Oとの契約決定になんらの発言権もないとする植民省大臣キンバリー卿（Lord Kimberley）の主張に対しては、郵政省側からのつぎのような反論があった。「植民省は植民地のために行動することで、この［P＆Oとの契約］問題で強い発言権をもっていた。P＆Oとの現契約が選好されたのは、植民地利害に関する植民省の見解によるところがすこぶるおおかったのである。」Post 29/362 Pkt. 334K/1884. Memo by G. Richardson (Assistant Receiver and Accountant General of GPO), 21 March 1882.

第八章　一八九八年契約——政府との新たなパートナーシップの形成

1　はじめに

前章で述べたように、一八八〇年契約はP&Oにとって微妙な条件のかさなり合いから成約されたものであり、条件の組み合わせなりタイミングなりがことなれば、入札競争企業のホルト社に契約が決まる可能性は十分にたかかった。そのなかでP&Oが契約をかちとるに決定的であったのは、同社の東洋方面への郵送航路がもつシステムとしての完備性であった。この完備性は、自社の郵送ラインだけでインド、中国、オーストラリアの各地を本国と結ぶことができるという意味で、自己完結的なシステムと呼ぶことができよう。

この自己完結的なシステムがもたらすインフラ上の便益はすでにイギリス商工界から評価を受けていたが、イギリス政府、とりわけ郵政省がこれを肯定的に認めていくのは一八八〇年契約以降のことと思われる。この過程は、郵送契約における公開入札、入札航路の細分化、そして短期契約という一八五〇年代にたてられた基本原則を一挙に葬りさるというものではなかった。だが、それはしだいにこれら原則を形骸化し、ついには契約の自動延長の繰り返しという方法をとることで、原則の事実上の放棄へと導いたのである。

このP&Oの自己完結的な郵送システムをイギリス政府が肯定的に評価する過程は、同時に政府側でシステムとしての維持責任を自覚する過程でもあった。郵送コストを植民地間で分担する関係の拡がりは、就航ルート、郵船の速力、契約期間などの入札条件やコストの按分問題をめぐって、利害関係者の調整手続きを複雑化した。その衝にあたった郵政・大蔵両省は一八七〇年代のオーストラリア航路にみられるように、調整を断念することもあった。しかし、一部とはいえ契約航路を植民地政府の裁量にゆだねることは、本国政府の権限に残された契約航路についても本国政府の意のままには決定できないという事態をまねくことになった。一八八〇年契約の決定過程における郵政省の敗北は、このことを如実に物語るものであった。本国郵政省がこのことからどのような教訓を学んだかについては、これをあきらかにする資料はみあたらない。しかし、その後の郵政省の行動をみると、すくなくとも東洋における郵送航路については本国政府のもとに管轄していく方針があきらかであり、また事実そのような措置を講じていったのである。この本国政府の郵送システムの維持責任の自覚は、P&Oの航路経営の存続と一体化したものとなり、それゆえここに両者のあらたなパートナーシップ――一八六八年契約にみられた短期に終息するものではなく、しかしそれとして明文化されたものではない暗黙のパートナーシップ――の形成がなされていったといえよう。

本章では、このあらたなパートナーシップの形成過程を分析することが課題となる。この過程は徐々に時間をかけて形づくられていったため、これまでのように契約の更新・改定ごとに区切った形で論じることがむつかしい。できるかぎり時間的経緯をふまえながら、しかしパートナーシップ関係の形成に核となる事項を中心にして分析を進めていくことにしたい。以下、第2節では一八八〇年代後半にオーストラリア航路の契約権限をふたたびイギリス本国政府が回収するまでの経緯を手短にまとめる。第3節では、一八九四年から九六年にかけて中国

・インドそれにオーストラリア航路の新規入札問題を検討したジャクソン委員会での討議事項を紹介する。ここでは本国政府が植民地政府の要求をしりぞけて、本国政府の方針で航路入札をおこない選考したこと、またそこでは郵送システムとしての維持が重視されていたことをあきらかにする。第4節では、一八九八年契約の更新問題を検討したセシル委員会（一九〇三年）での討論内容を紹介する。ここではP&Oの契約航路独占に関する政府部内での討議内容と、そのなかで示された郵政省の見解が注目すべき点となろう。そして第5節では、セシル委員会以降の郵送契約について簡単にまとめるとともに、二〇世紀初頭までには確固として形成されたと考えられるP&Oと郵政省とのあらたなパートナーシップとそれがP&Oのマネジメント体制にもたらした影響について考察をくわえることで、本章のまとめとしたい。

2　一八八八年オーストラリア契約

オーストラリア航路の契約権限がふたたび本国政府のもとに回収される契機となったのは、P&Oとの一八八〇年インド・中国郵送契約の満期終了後どうするかの見直し作業であった。一八八〇年契約は一八八八年一月三一日に満期をむかえる予定であったが、イギリス政府はこの契約をふくめた東洋全般にわたる郵送契約の再検討をおこない、そのなかでオーストラリア航路の契約も見直しがなされた。それゆえ、一八八〇年インド・中国契約の満期改定でどのようなことがイギリス政府部門で検討されたのか、あらかじめ言及しておく必要がある。しかし残念ながら、結局はP&Oと再契約されることになる一八八八年インド・中国郵送契約については、旧郵政省文書館に資料が残されておらず、契約締結にいたる経緯の詳細について十分にすることができない。[1] したがって、以下の一八八八年インド・中国郵送契約に関係する記述は経過の素描以上のものではないことをあらかじめ断っておきたい。

P&Oとの一八八〇年契約は一八八八年一月三一日が満期日であり、満期終結するには二年前の事前通知が必要であった。だが郵政省はそれよりもかなりはやい時期の一八八四年五月には、満期後の検討を開始していた。すなわち、同月大蔵省に宛てた書簡のなかで、郵政大臣フォーセット（Henry Fawcett）は、特定の会社に補助金を与えるという現行方式をやめ、きたる九月から大西洋航路で実施される予定の郵便物重量による支払方式に切りかえるべきとの意見をあきらかにした。(2) フォーセットによると、運搬した通信文書の重量におうじて支払う方式をとれば大幅なコストの節約が期待でき、また運搬する汽船もその時々に利用可能な船舶を使用することから郵送サービスの頻度もますことになるという。さらに重量による支払方式によって、あらゆる補助金に不可避的に結びついている「害悪（evil）」、つまり「一社を優遇することで、自由競争の利益を損なう」という弊害をさけることができると指摘していた。このフォーセットの主張は、かのカニング委員会の郵送契約に関する基本原則を再確認する内容といえた。だが、このようなフォーセットの固定契約金方式から重量支払方式への切りかえ提案の背後には、契約のたびごとに配分をめぐって煩瑣な交渉過程を必要とした、イギリス東洋植民地との郵送コスト負担問題を一挙に簡素化しようとの思惑があったと想定できる。しかしそうではあっても、重量方式への切りかえとなれば、本国と植民地間、また植民地間でのそれぞれのコスト配分を見直すことが必要となる。それはインド、セイロン、海峡植民地、それに香港にとどまらず、これまで個別の契約方式をとってきたオーストラリアについても見直しが必要となったのである。

オーストラリア植民地の郵便輸送に関しては、第七章で述べたように、一八七四年からは本国政府がイギリス本国から一定地点までの郵便輸送を引きうけ、それ以降オーストラリアの各地点にはそれぞれの植民地政府が個別に企業と契約するという体制がとられた。この体制は一八八八年のオーストラリア郵便契約までつづくが、そ

第8-1表　オーストラリアの郵送契約　1885年初頭

契約会社	補助金額	支払い
P&O	年間8万5000ポンド	ヴィクトリア
パシフィック・メール・スチームシップ社	年間3万1250ポンド	ニュージーランド
オリエント社	手紙1重量ポンド当たり12シリング 小包1重量ポンド当たり1シリング 新聞1重量ポンド当たり6ペンス	ニュー・サウス・ウェールズ
BI	年間5万5000ポンド	クィーンズランド

資料：Post 29／428 Pkt. 119N／1887. Report by the Secretary to Post Office, New South Wales. 29 January 1885.

の間にP&Oは一八八〇年にヴィクトリア政府との間で郵便輸送の契約を更新した。一方、オーストラリアのもう一つの中心であったニュー・サウス・ウェールズは、一八八三年にオリエント社との間で郵便輸送契約を結んだ。オリエント社は一八八一年より、それまでの喜望峰経由のオーストラリア航路と併用してスエズ・ルートを採用したが、一八八三年一一月からはニュー・サウス・ウェールズとの郵便契約にもとづいてスエズ経由にすべて切りかえた。ここにP&Oとは別に、スエズ経由の郵船企業が誕生することになったわけである。[3] ただし、オリエント社のサービスはスエズ／シドニー間隔週一便であり、スエズでP&Oの郵船と時間的にうまく接続できなかった場合にはイタリアまで自社の費用で運搬する義務が課せられていた。[4] なお、一八七四年の協定にしたがって、コロンボ（P&Oの場合）とスエズ（オリエント社の場合）までの（からの）運搬コストは引きつづき本国政府が負担した。ちなみに、一八八五年一月現在のオーストラリア植民地による郵送契約を一覧すれば、第8-1表のとおりである。この表にはかかげていないが、このほかフランス郵船MMによる定期配船がなされており、またドイツ企業によるオーストラリア配船も間もなく開始されることになっていた。

このようなオーストラリア郵便輸送体制は、さきに述べたように、本国政府の東洋における郵便契約方式の見直しのなかで再考する機会があたえられた。すなわち、郵政大臣の提案にもとづいて、郵政省、植民省、インド省それに大蔵省を交えた新契約方式の検討がすすむなかで、一八八五年二月初旬、大蔵省承認のもと、本国植民相よりオーストラリアに対してつぎのような事項についての問いあわせがなされた。[5] ①東洋郵便物の運搬に関する既存契約終結の際、植民地政府はブリンディジまたはその他欧州大陸の港とオーストラリア間の郵送サービス確立に本国政府と協同する意志があるかどうか、②全般的協定に参加することに同意する場合、そのコスト負担においてインドその他でとられている方式、つまり本国政府がコストの半分を負担し、植民地が残り半分を通信文書と距離におうじて按分負担する方式に賛成するかどうか。この本国政府の問いあわせは、これまで別々に運営されてきたオーストラリア郵送サービスを直通サービスとして本国政府の契約のなかに組み込み、そのうえでインドその他の植民地と同じような費用負担のベースに乗せて、これを処理しようとする提案であった。

この本国政府からの問いあわせに対して、オーストラリアのおもな植民地であるニュー・サウス・ウェールズ（NSW）、ヴィクトリア、それにサウス・オーストラリアの間で話し合いがもたれ、一八八五年八月、つぎの点で基本的合意に達した。[6] ①本国政府がオーストラリア郵送サービスのための入札をおこなうこと、②その週一便サービスの入札はほかのサービスとは明瞭に区別されたものとしてなされること、③入札では郵便物の重量方式による支払い方式が前提となるべきこと、④郵便サービスで生じた正味コストは本国との間で折半すること、⑤入札での契約期間は五年とすること、などである。①はオーストラリア郵送契約の権限を本国政府にふたたび戻すことを承認したものであり、②はそのようなサービスがインド・中国サービスとは独立したものとして運航されることを要求したものであった。③の重量方式による支払いは本国政府も提案していたものであるが、オーストラリアではすでにこの方式が一部実施されていた。既出の第8-1表にかかげている、オリエント社とNSWとの間の郵送契約がそれであり、ここでとられている方式を本国政府がおこなう入札にも適用するというのが③の主旨であった。さらに④は、本国政府が提唱するコスト負担原則の承認であった。このような合意はさきの三植民地間のものであったが、NSWはクイーンズランドとニュージーランドに、ヴィクトリアはタスマニアに、またサウス・オーストラリアはウェスタン・オーストラリアに、それぞれ合意協定への参加を呼びかけることになっていた。

この植民地間の合意をうけて、本国郵政省は一八八六年二月、オーストラリア航路の入札公示をおこなった(7)。四月三〇日の入札日に応札したのはP&Oとオリエント社の二社だけであった。入札では、P&Oは重量による契約金支払いを拒否し、七ヶ年契約であれば年額一一万五〇〇〇ポンド、また一〇ヶ年契約であれば年額一〇万ポンドの固定額を要求した。他方、オリエント社は重量による支払いを承諾したものの、それとあわせて片道一航海ごとに七五〇ポンド、年間では三万九〇〇〇ポンドの固定額の支払いと契約期間一〇ヶ年を要求した。ともにサービスは二週一便で、P&Oはブリンディジ／アデレード間片道航海三二日と半日、オリエント社はナポリ／アデレード間三二日であった。両社の配船を交互に組み合せれば、本国とオーストラリア間週一便の輸送体制が確立する予定であった。P&Oとオリエント社が入札に際して事前に協議したかどうかは不明である。だが両社とも純然たる重量方式による支払いは拒否し、固定額を要求した。また両社とも公募入札での契約期間五年を上回る契約期間をそれぞれ提示した。このような歩調のあった要求がなされたことは、本来ならば入札での競争関係を利用して優位な立場を確保できるはずの郵政省にとって、落胆すべき事態であった。

もっとも、郵政省側でも純然たる重量方式が東洋において採択できるかどうかに確たる見通しをもっていたとはいえなかった。というのも重量による支払方式は、一八八〇年インド・中国契約の改定の際にももちだされ、P&Oによって同じく拒否されたからである。すなわち、すでに述べたように郵政大臣フォーセットは、一八八四年にオーストラリアと同じくインド・中国急便に関しても、固定補助金にかわって重量による支払い方式へ転換させようとこころみた。しかし、大西洋とことなり、東洋でこの方式を適用することには無理があることが判明した。P&Oの説明によれば、東洋郵便物はアメリカにくらべその重量が九分の一とすくなく、他方、航行距離の長さから石炭補給のための途中寄港がおおく、停船時間もとられること、さらに紅海という航行上の危険地帯をとおることなど、重量方式による運搬では航路採算が引き合わない、という事情があった。(8) この結果、八〇年契約の改定である一八八八年契約では重量支払い方式は放棄され、従来どおりの固定額の補助金支払い方式がとられた。このような東洋の事情はオーストラリアにも多かれすくなかれあてはまり、本国政府や植民地も重量による支払方式に固執することはなかった。そこで問題は、配船スピードとの関係で、契約金額と契約期間について、郵政省側と入札企業側がどこまで歩みよれるかということにしぼられた。

この問題に関するおよそ一年あまりにおよぶ交渉をへて、つぎの点で両者の基本的な合意が成立した。(9) ①P&Oとオリエント社に対しては、それぞれ二週一回のサービスに対して年間八万五〇〇〇ポンドの固定額の補助金を与える。したがって合計金額は年間一七万ポンドとなる、②P&Oのサービスはブリンディジ／アデレード間三二日と半日、またオリエント社のそれはナポリ／アデレード間三二日の航行日数とし、いずれもスエズ運河経由とする、③契約期間は七ヶ年とし、一八八八年二月一日より開始する、④P&Oは自社の裁量により、ブリンディジ／コロンボ間のオーストラリア郵船で中国郵便物を自由に運搬することが許される、などである。この最後の点は、入札での金額を減額することの見返りとしてP&O側が要求したものであった。インド・中国航路とオーストラリア航路は本国政府が入札したものとはいえ、別々に入札されたものであり、本来は区別して取り扱うべきであった。大蔵省は、オーストラリア航路に就航する郵船が中国郵便物を運搬するのであれば、一八八八年のインド・中国郵便契約の契約金からリベートをとるべきだと主張した。(10) 東洋郵便契約では関係植民地がそれぞれ分担金を支払っているのであり、その郵便物の一部が東洋航路に就航する郵船ではなく、別の航路——オーストラリア航路——に就航する郵船によって運搬されるのであれば、東洋航路の契約金はその分だけリベートとして戻すべきだというのが、大蔵省の言い分であった。これに対してP&Oは、オーストラリア航路の入札金額の減額におうじたのは、その当時まだ決着をみていなかったインド・中国郵送契約がP&Oとの間で締結されるであろうこと、さらにとりわけ中国郵便物の発着日時がオーストラリア郵便物のそれと調整されるであろうこと、この二つの条件を想定してなされたことを強調し、リベートの支払いは不当と主張した。(11) 結局、このオーストラリア郵船で中国郵便物の一部を運搬するという問題は、P&Oが契約航路において二隻のかわりに一隻だけを配船することを認めるものではないということをP&O側も確認することで決着をみた。(12)

かくして、一八八八年一月一九日、オーストラリア郵送契約は本国郵政省とP&O、ならびにオリエント社との間で正式に締結された。本国政府はこれによってオーストラリア郵便輸送における統轄権限をふたたび回復することになった。またオーストラリア側では、念願であった郵便輸送航路としての自立性、つまり本国との郵送直通ルートを確立した。他方、P&Oは、オーストラリア郵便とインド・中国郵便の両者を郵送契約のうえでも密接に関わらしめることで、自社の運営する航路システムとしての完備性の価値を高めたのである。それは郵政省をしてますます東洋への郵送システムとP&Oの航路経営とを一体化して考える傾向を強めることになった。これを具体的にみる前に、次節の主題との関係で、一八八八年インド・中国の郵送契約の改定に関わる事項について簡単にふれておこう。

この契約に関してすでに述べた資料的な制約から、ここではつぎの二点だけを指摘するにとどめたい。第一に、この一八八八年東洋郵送契約とともに、ブリンディジ積み降しの東洋の郵便物はすべてがスエズ運河経由となった。既述のように、重量郵便物は一八七四年契約でスエズ運河経由となったが、このたびスエズ運河経由となったのは軽量の速達便であった。鉄道を選好していたイギリス政府がエジプト横断ルートを鉄道から運河に全面的に切りかえたのには、一つには一八八〇年代に頻発した疫病の影響がある。エジプトやイタリア・フランスで発

第8-2表　P&Oの資本減資と株式転換　1889年

株式	資本金または減資幅		合計
＜減資前＞			
1株　£50　全額払込済株式　50,000株	£2,500,000		
1株　£50　£20払込済株式　20,000株	400,000		£2,9000,000
＜減資＞			
£50全額払込済株式（50,000株）を£40に	£ 500,000		
£20払込済株式（20,000株）を£16に	80,000		£ 580,000
＜株式転換＞			
£40払込済株式をつぎの二つに等分：			
額面£20優先株　50,000株			
額面£20後配株　50,000株			
£16払込済株式をつぎの二つに等分：			
額面£8優先株　20,000株			
額面£8後配株　20,000株			
＜転換後＞			
優先株£20　50,000株	£1,000,000		
£8　20,000株	160,000	£1,160,000	
後配株£20　50,000株	£1,000,000		
£8　20,000株	160,000	£1,160,000	£ 2,320,000

資料：P&O 6／10, December 1889; 30／21 the Ninth Supplemental Charter より作成。

生した疫病は検疫体制の強化から、郵船の待機期間を長びかせ、郵便輸送の規則性をそこなった(13)。鉄道運搬ではスエズとアレクサンドリアで二度の陸上での積みかえが必要であるが、運河経由であれば一切の積みかえなしにブリンディジと東洋とを直接に結ぶことが可能であった。だが、スエズ運河への切りかえを政府に決断させたより大きな要因は、運河利用によって可能となる大幅な経費の削減であった。P&Oは、運河経由への全面切りかえによってブリンディジ／アレクサンドリア間の急行便の就航をはぶくことができるため、年間六万ポンドにおよぶ契約金の減額を申しいれた。また、スエズ運河通航によって、イギリス政府はエジプト政府に支払ってきた年間一万二〇〇〇ポンドにおよぶ陸上移送手数料を節約することが可能であった。これにくわえて、一八八八年契約では、契約期間の延長という郵政省側の譲歩もあって、さらにP&Oに対して三万五〇〇〇ポンドの契約金の減額を了承させた(14)。この結果イギリス政府は、前の契約にくらべて契約金で九万五〇〇〇ポンド、エジプト陸上移送コストで一万二〇〇〇ポンド、あわせて一〇万七〇〇〇ポンドの節約が一八八八年契約で達成できたのであった。

かくして第二に、一八八七年三月二一日に結ばれた一八八八年契約では、契約期間は前の契約の七年から一〇年へと長期化したが、契約金は年間三六万ポンドから二六万五〇〇〇ポンドへと大きく減額となった。この減少した契約金のもとで、P&Oはこれまでどおりの資本配当をおこなうことは困難になったと判断して、減資に踏みきった。すなわち、一八八九年、P&Oは第8-2表にかかげたような資本減資と株式転換を株主に提案し、承認をえた。同表にかかげた要点を確認すれば、①払込資本金二九〇万ポンドの二〇パーセントに相当する額を株主に返済することで払込資本金を二三二万ポンドに減資する、②減資後の資本は等分割して、それぞれ五%累積優先株と後配株とに転換するというものである。この株式配当金額は抑えつつも配当率は高めに維持するという減資策は、一応の成功をおさめたといえよう。株式配当は一八九一年度から四ヶ年平均七・五パーセントを維持し、減資前の四年間（一八八六～一八八九年度）の平均配当率五・五パーセントよりも高めに推移した。だが、その配当金額は減資以前であれば六パーセントの配当率にしか相当しなかったのである。

3　ジャクソン委員会の審議

A　ジャクソン委員会の成立経緯

前節で述べた一八八八年のオーストラリアとインド・中国の郵送契約は、それぞれ有効契約期間が七年と一〇年というように三年の違いがあった。はやくに契約満期をむかえるオーストラリアでは、一八九三年三月に開かれたオーストラリア植民地会議で契約の再入札が検討されたが、入札条件を調整して統一するにはいますこし時間がかかることが判明した。そこで本国の郵政省は、オーストラリア契約を三ヶ年延長し、九八年一月に満期をむかえるインド・中国航路と一括して再検討することを提案した。大蔵省の承認を受けたこの提案は、一八九四年三月にニュージーランドのウェリントンで開かれたオーストラリア郵便・電信会議（ニュージーランド会議）で承認され、また契約企業の二社、すわわちP&Oとオリエント社もこれに同意した。[15]郵政省は、他方で、延長予定のオーストラリア契約とインド・中国契約とを一緒に再考するために省間委員会を結成し、そこでこの問題を検討するよう大蔵省に提案した。[16]この提案は大蔵省の承認するところとなり、かくして、一八九四年四月、議員のジャクソン（W.L.Jackson）を長とし、郵政省、植民省、大蔵省、インド省の各選出委員からなる「東洋およびオーストラリア郵便サービス委員会」が発足することになった。[17]以下、同委員会を委員長名にしたがってジャクソン委員会と呼んでいくことにしたい。

ジャクソン委員会は一八九四年四月一一日に第一回会合を開いてから一八九六年七月三〇日に最後の第一七回会合をもつ間に、四つの報告書をまとめて国家財政委員会宛に提出した。一八九五年九月六日づけで提出された第一回報告書は、一八九四年夏にオタワで開催の植民地会議で提起されたカナダ経由オーストラリア郵便ルートの開設問題にかかわるものであった。第二回報告書はオーストラリア郵便輸送の新契約に関する入札条件を、また第三回報告書はインド・中国契約に関する入札条件をあつかったもので、それぞれ一八九五年一一月二五日と一八九六年二月一七日に提出された。そして最後の報告書は東洋郵便物の輸送に応募した企業の入札を評価したものであり、これは一八九六年八月七日にだされた。ここでは委員会でもっとも重要な問題となったオーストラリア航路の入札条件を取りあつかった第二報告書を中心に、委員会が直面した問題とその審議結果をみていくことにしよう。

B　オーストラリア航路の入札条件

ジャクソン委員会がオーストラリア航路の入札条件の検討にはいったとき、それはまったくの白紙状態からはじめたのではなく、すでにオーストラリア側から要求のあった事項（の是非）の検討からはじまった。すなわち、一八九五年一月末に満期をむかえるオーストラリア郵便契約を三ヶ年延長するかどうかを審議したさきのニュージーランド会議では、将来の郵便輸送契約に関する条件をも審議し、決議していた。そのなかで、ジャクソン委員会の第二報告書（オーストラリア郵便契約の入札条件に関する勧告）としてまとまる審議事項の中心的な問題は、郵船の冷凍施設と有色船員の問題であった。

郵船の冷凍施設問題は、オーストラリアからの冷凍肉、バター、果物など腐敗しやすい食品や温度管理を必要とする食品の運搬について、その提供する冷凍スペースと最高運賃を郵送契約の入札条件のなかにいれるべきだとする、オーストラリア側の要求であった。この主張のよってきたる理由を理解するためにも、いますこしオーストラリアからの冷凍貨物の輸送事情について補足的な説明をくわえておこう。

オーストラリアからイギリス本国に、缶詰にかえて、鮮度の高い冷凍肉を運搬しようとするこころみは一八七〇年代からおこなわれていたが、この種のこころみで最初に成功したのは、一八七九年のストラスレーヴン号（*Strathleven*）の航海である。同船はベル＝コールマン式冷凍施設を備え、牛肉と羊肉四〇トンを積んで、七九年一一月二九日にメルボルンを出航し、翌年の二月二日、ロンドンに到着した。オーストラリアで一重量ポンドあたり一・五〜二ペンスのコストで処理された肉は、ロンドンで牛肉については四・五〜五・五ペンスの、また羊肉については五・五〜六ペンスの値がついたといわれる。(18) この成功を機に、オーストラリアでは冷凍肉の輸出が増大するとともに、温度管理を必要とするほかの食品、つまりバターや果物へとその輸送品目がひろがっていった。これら食品はオーストラリアの新たな輸出産業を形成しつつ発展していったが、一般にその運搬は不定期船ではなく、定期船が担当した。船倉の一部を冷凍施設のためのスペースとして割りふる必要から、就航路と貨物を選ばない不定期船は冷凍貨物の運搬には適さなかったのである。この事情により、オーストラリアに配船する定期船企業はこの種の貨物運搬に関する排他的な地位をえることになった。これは移民輸送を例外として、不定期船からの競争に悩んだオーストラリア航路で、定期船企業がようやく有望な運搬貨物を確保しえたことを意味する。オリエント社ははやくも、一八八一年に運航汽船三隻に冷凍施設を装備して冷凍食品の運搬を開始した。[19] P&Oの動きはこれにやや遅れ、一八八七年のヴィクトリア号（*Victoria*. 一八八七年建造、六五二二総トン）が最初の冷凍肉の運搬船となった。[20]

しかし他方で、冷凍食品の運搬需要の増大は新規の参入をまねいた。一八九〇年には南米の食肉運搬に従事していたホウルダー社（Houlder Bros. & Co.）が、九二年にはアバディーン・ライン（Aberdeen Line）が、翌九三年にはのちのフェデラル・ライン（Federal Line）を形成する事業がそれぞれオーストラリア食肉運搬業務を開始し、さらに遅れて一八九九年には北大西洋と南米を主要航路としていたホワイト・スター・ライン（White Star Line）がこの事業に参入した。[21] このような冷凍食品をめぐる新しい企業の参入は、これら企業間で激しい競争を誘発する可能性があった。とくに、オーストラリア航路では、イギリス本国からの往航においてデーヴィス（Davis）と呼ばれた海運同盟――特定航路ごとに結成された定期船企業のカルテル組織――が存在し、運賃ほかの協定を結んでいたが、復航ではこのような同盟組織が存在しなかったのである。[22] だが、この新たな競争は実際にはおこらなかった。というのも、本節で対象となっている一八九〇年代半ばごろにはつぎのような基本的な了解事項が定期船会社の間に存在しており、運賃カットをはじめとする競争戦は回避されていたのである。この了解とは、バター、果物、冷凍肉の輸出については、郵船企業が長い間その運搬契約を締結してきており、また当該産業の一部では最初の輸出から郵船企業に全面的に依存していたという事実を考慮して、P&O

とオリエント社の郵船企業二社に輸出のための輸送契約をゆだねるという内容であった。[23] この了解のもと、郵船企業二社はバターと果物についてはオーストラリア各政府との間で、また冷凍肉については大手業者二社との間で運搬契約を排他的に結んだ。前者の二食品については、現地メーカーは政府との間で納入契約をおこない、郵船二社は政府との契約で輸出の全量を輸送することになった。また後者の一食品については、大手業者二社のすべての輸出の輸送を契約した。郵船企業二社は、自社の船隊設備で契約数量を運搬できない場合には、必要船舶を外部から用船して冷凍設備を供給する義務をおった。[24] 他方で、オーストラリアの往航同盟に加入する定期船企業は、自社配船の船舶に備えられた冷凍施設能力にかぎって、しかも郵船企業と運賃面で競争しない形で、冷凍貨物を運搬することを約していた。

このような基本的了解事項に対しては、オーストラリア側の不満がつのった。とくに輸出用のバターと果物を政府に納入する荷主側では、郵船企業が不当に運賃を釣りあげているのではないか、また釣りあげていないまでも、競争原理が働けばもっと低下するであろう運賃の下落が阻止されているのではないかと考え、郵船企業に対抗する勢力の出現に期待をかけた。かれらは非郵船企業に働きかけ、政府との輸出契約を結ぶよう画策した。[25] オーストラリアの政府部内でもこれに同調する動きがあり、[26] それがさきのニュージーランド会議での、冷凍施設スペースの一定料金での提供という条項を郵便契約にふくませるという決議につらなったのである。この要求は、郵船のもつ冷凍施設がシドニーで満杯となり、南オーストラリアやヴィクトリアからの積みだしができないという事態がたびたび生じたために、さらに強められることになった。[27]

しかしながら、本国の郵政省は、この冷凍貨物の運搬を郵送契約の一条項とすることは「非常に重大な新機軸(innovation)」としながらも、基本的には不同意を表明していた。[28] 同様の立場は、この問題を検討したジャクソン委員会のとるところとなった。すなわち、同委員会が提出したさきの第二回報告書によれば、冷凍貨物の運搬を郵送契約のなかに取りこむことは、つぎの三つの理由で妥当ではないと判断された(29)。第一に、冷凍貨物運搬によって、郵送契約金の引きあげというリスクが生じる可能性があった。契約企業は契約期間中、規定の最高料率で一定の冷凍スペースの提供を義務づけられるが、オーストラリア側ではそのスペースを利用するかどうかについては、非郵船企業の提供する冷凍スペースの運賃との比較で裁量的に決定することができた。このような条件のもとでは、入札企業は冷凍施設の提供に特別の見かえりを求めざるをえないことになり、それは契約金の引きあげにつながると判断された。第二の理由は、本国政府が、イギリス農業と競合することになるオーストラリアからの貨物運搬サービスに補助金を支払うことには問題があるというものであった。そして最後の理由として、契約への組みこみにオーストラリア側がすべて同意していたわけではなかったことがある。冷凍貨物の輸出をしていなかったクイーンズランドは、貨物運搬サービスの追加費用については支払いを拒否することが見こまれたのである。

かくして、ジャクソン委員会は冷凍貨物の運搬条項を郵送契約のなかに入れることに反対との結論をだした。だが、同委員会は、それでもなおオーストラリア側が冷凍貨物の運搬を郵船企業に求めるのであれば、それは郵送契約とは別個の入札とすべきであり、それについて本国政府は一切関係をもつべきではないと勧告した(30)。さらに、別個の入札とした場合、本国政府とオーストラリア政府との間で入札選考に際して郵送と冷凍貨物で優先順位に違いが生じたときには、本国政府がオーストラリアの同意にもとづいて郵送契約をおこなう現行方式は破棄されるべきであり、すくなくともオーストラリアからの復航についてはオーストラリア側がその郵送費用を負担すべきであるとした(31)。

ジャクソン委員会が審議したもう一つの中心的問題は、郵船における有色船員の問題であった。一般に、郵船の船員については、郵便輸送契約でも法的資格を持つ適格職員と熟練部員を十分な人数乗せることが規定されていた。オーストラリア側の要求で問題となったのは、政府が費用を分担する郵送サービスには白人船員だけを配乗すべきであり、それを郵送契約に盛りこもうとしたことである。この要求がとおることになれば、オリエント社の場合は問題ないとしても、ラスカー（Lascar）と呼ばれたインド人水火夫や、中国人船員を多数使用していたP&Oの郵船は、オーストラリア航路に就航できなくなるおそれがあった。P&Oがそもそもアジア人船員を郵船に配乗させたのは、東洋方面に進出して間もないときであり、その歴史は半世紀近くにもおよんでいた。スエズ運河が開通した際、P&Oはヨーロッパ人船員だけを配乗した船を東洋方面に就航させようとしたが、このこころみは失敗におわった。というのも、スエズ以東の勤務でこれらヨーロッパ人船員の間に頻繁に発生した不服従、不節制、非効率のために、郵船の規則的な就航の維持が危険にさらされたからであった。(32)このため、アジア人船員との混乗システムをすぐに復活させることになった。それゆえ、P&Oにとってアジア人船員の雇用は船内規律と郵船の規則的な就航の確保をはかるためのものであり、そこには白人船員をアジア人船員に置きかえて、経費の節約をはかるという目的はなかった。(33)この事情はジャクソン委員会でも認識されており、P&Oの郵送サービスが多年にわたりその優秀性を証明しており、船員雇用上の制限をもうけることは不必要という見解をとった。さらに委員会は、肌の色で女王の臣下を帝国サービスから排除するような協定に本国政府はかかわるべきではないとの基本姿勢を打ちだし、オーストラリア側に再考を強く求めたのである。(34)

冷凍貨物と有色船員に関するジャクソン委員会の勧告をふくんだ第二報告書は、本国の郵政省はもとより、大蔵省からの支持を受けて、その内容がオーストラリアの関係当局に知らされた。オーストラリアでは冷蔵貨物の運搬については契約に盛りこむことをはやくに断念したが、有色船員問題では引きさがらなかった。ニュー・サウス・ウェールズの郵政長官で植民地会議の議長役を勤めていたクック（Joseph Cook）によれば、郵送補助をおこなっている国の労働者が雇用から排除され、サービスの維持になんら寄与していない国々の労働者に区分的な選好が与えられていることを考慮すれば、サービスを補助する国の白人労働者が雇用されるべきであるとの規定はなんら不公正なものではないと、その正当性が主張された。[35] くわえて、白人船員の規定がなければ議会での承認もえられないとして、本国政府の同意を求めた。[36] これに対する本国植民省の返事は、ジャクソン委員会の勧告にそったものであり、白人労働者の雇用にあくまで固執するのであれば、往航と復航を分けて、本国政府とオーストラリア政府がそれぞれ別個に入札するしかないというものであった。[37] そこで植民地会議の議長クックは、入札の際に雇用予定の労働者の種類（class）を明記させてはどうかとの妥協案を提示したが、選考の際に肌の色を考慮に入れることにかわりはないとして一蹴された。[38] かくして、ついに一八九六年四月、クックは「自己の勘定で入札を求める立場にはなく、［白人労働者の雇用規定を除外すべきとの本国政府の］提案にしたがうほかはない」（［ ］内は引用者補足）との回答を本国政府によせた。[39] 一八九五年一一月二五日に第二報告書がだされてからおよそ五ヶ月かかって、オーストラリア航路の入札条件が本国政府とオーストラリア政府との間で合意をみたのであった。

C　一八九八年契約の入札と選考結果

このようにオーストラリア航路の入札条件をめぐっては本国と植民地との間で紛糾する過程があったが、インド・中国のいわゆる東洋航路の入札条件では大きな意見の違いはなく、比較的容易に第三報告書がまとまった。これらの結果にもとづいて、郵政省は一八九六年四月七日、インド・中国およびオーストラリアをあわせた郵送サービスの入札を公示した。[40] 以下、この入札と選考についての概要を述べていこう。

郵政省が公示した入札航路は第8-3表にまとめた五つの航路であった。応札は一つの航路から五つの航路すべてまで個別に入札可能であり、入札では五年、七年または一〇年の契約期間を想定した入札価格を呈示するよ

第8－3表　1896年の入札航路

航　　路	就航頻度	寄　港　地
1 イギリス／シドニー	週1便または隔週1便を交互に2回	ヨーロッパ南部／アデン／コロンボ／アルバニーまたはフレマントル／アデレード／メルボルン
2 ヨーロッパ港／ボンベイ	週1便	アデン
3 アデン／ボンベイ	週1便	
4 カラチ／アデン	週1便	
5 コロンボ／上海	2週1便	

資料：Post 29／805 Pkt. 87E／1904. GPO: Contracts for the Conveyance of Her Majesty's Mail. 7 April 1896.

第8－4表　1896年応札の比較——P&Oとホルト社

応札航路	P&Oの入札		ホルト社の入札	
	マルセーユ経由（第1）	ブリンディジ経由（第2）		ホルト社の年間契約金
／ボンベイ	14.5ノット 342時間	14.5ノット 302時間	ブリンディジ経由 14.5ノット 302時間	115,500ポンド
／上海	13.3ノット 782時間	13.3ノット 736時間	アデン／上海 13.75ノット 435時間	83,500ポンド
／アデレード	14.0ノット 732時間	14.0ノット 686時間		
P&Oの年間契約金	310,000ポンド	330,000ポンド	ホルト社　計	199,000ポンド

資料：Post 29／607 Pkt. 65X／1897. Minute by the Director-General of the Post Office of India, 16 September 1896; Holt to the Secretary of the Post Office, 24 July 1896.より作成。

う求めていた。入札の締切日は七月七日に設定された。

入札にはP&Oのほか、ホルト社、オリエント社、それにチャイナ・ナヴィゲーション社(China Navigation Co.)の四社がおうじた。ほぼ完璧な郵送サービスを提供する入札はP&Oのそれであり、インド・中国の東洋航路とオーストラリア航路の両方をふくんでいた。ホルト社の入札は東洋航路だけであったが、P&Oが入札をしなかったアデン／カラチ航路をふくんでいた。オリエント社はオーストラリア航路だけを入札した。最後にチャイナ・ナヴィゲーション社は、公募入札にはなかったカルカッタ／上海航路を入札していた。オリエント社もチャイナ・ナヴィゲーション社も、それだけではシステムとして自足的な郵送サービス網を形成しえなかった。実際、オリエント社は入札したオーストラリア航路でP&Oとの隔週の交互配船を想定していた。またチャイナ・ナヴィゲーション社は、その創立者となったスワイア社（John Swire & Sons）がホルト社の東洋エージェントを長年勤めてきたことからもわかるように、ホルト社と共同して運航する体制を想定していた。[41] したがって、実質的な競争入札と目されたのはP&Oとホルト社のそれであった。両社がおこなった各種入札のなかからほぼ条件が等しいものを取りだして比較してみると、第8-4表のとおりとなる。同表は、両社の就航スピードがほぼ同じで、契約期間七ヶ年という条件の入札を比較したものである。

同表からもあきらかなように、ホルト社の入札は、P&Oのそれとくらべて、価格の点では魅力的であった。P&Oの入札では東洋航路とオーストラリア航路とに分けた形では入札金額が出されてはいなかったが、いままでのオーストラリア航路の契約金年間八万五〇〇〇ポンドを控除した額を東洋航路の金額と考えれば——この手続きは、のちにP&O自身も認めた[42]——、第二入札では年間二四万五〇〇〇ポンドになるが、これはホルト社のそれにくらべ年間四万六〇〇〇ポンドも高かった。契約期間七年を想定すれば、両社の入札値段のひらきは契約期間全体で三二万ポンド以上となる。しかしながら、入札の評価にあたったジャクソン委員会は、ホルト社の入札をしりぞけた。その理由は多岐にわたるが、おもな理由は以下のとおりである。[43]

第一の理由は、P&Oの入札をしりぞけた場合、予想される結果が思わしくないことであった。ホルト社の入札をチャイナ・ナヴィゲーション社のそれとともに採用すれば、オーストラリア航路については再入札の必要が生じ、入札してもオリエント社以外応札する企業の見込みはなかった。P&Oが、同社にとって採算の難しいオーストラリア航路だけを年間八万五〇〇〇ポンドで引きうける見込みはなかったからである。かりに、オーストラリア航路の問題がなんらかの手段で解決をみたとしても、ホルト社のサービスに種々な難点があることが、同社の入札を受けいれられない第二の理由としてあげられた。すなわち、ホルト社は郵便輸送に関して独自の考えをもっており、その実現をはかるために特殊な船舶を就航させるという構想が、政府の受けいれるところとはならなかった。その独自の考えとは、郵送サービスを旅客・貨物運搬サービスと一緒にすることは誤りであるというもので、ホルト社によれば、これらサービスを一緒にすることによって、一方で旅客施設・便宜面での不便を生じ、他方で貨物輸送で競争企業を上回る不公正な有利性を郵船企業に与えることになる、というものであった。したがって、ホルト社は、郵便はそのためだけに建造された専用船で輸送されるべきであり、そうすることによってさきの不都合を回避できると主張した。ホルト社が提案した船舶は一一〇〇総トンの小型船で、建造費は一隻あたり二～三万ポンドと、P＆Oの郵船のおよそ一〇分の一ですみ、運航経費のすくないこのような船舶をブリンディジ／ボンベイ間に六隻就航させれば郵便輸送サービスには十分であるという計画内容であった。しかし、政府はこの計画に難点をしめした。このような郵船はいままで建造されたことがなく、その有効性は未検証であること、また失敗した場合に代替サービスを提供する手段をホルト社は提示していないことに不安をもった。このような不確実性にくわえて、これら小型専用船の居住スペースは船員や郵便局員用に限定されることから、いままでの契約で慣例であった、兵員をふくむ政府関係者の優先的な乗船の余地がなく、したがってまた緊急時の郵船から輸送船への転用の道が閉ざされていた。

このように、ジャクソン委員会はホルト社の郵船に対する独自の構想をしりぞけたが、さらに同委員会が反対した最後の理由として、ボンベイ航路をブリンディジ寄港後ロンドンまで延航した場合に、ホルト社の提示した金額が七ヶ年契約で年額一七万四五〇〇ポンドであり、これにさきのアデン／上海間の契約金八万三五〇〇ポンドをくわえると合計二五万八〇〇〇ポンドとなって、かならずしもP＆Oの入札金額にくらべて低くはならないということがあった。(44)

かくして、ジャクソン委員会はホルト社の入札をしりぞけ、P&Oとオリエント社の入札を東洋とオーストラリアの郵便契約として唯一有効な組み合わせと判断した。ただし、P&Oのヨーロッパのターミナル港をマルセーユとする第一入札は、第二入札にくらべ契約金が年間二万ポンド減額になるものの、およそ一日の運搬日数の遅れが生じることから反対された。それゆえ、ジャクソン委員会の結論は、P&Oの第二入札とオリエント社の入札を契約交渉の対象とすべきというものであり、その結論と報告内容は国家財政委員会宛てに送られるとともに、関係植民地に通知された。

この後、各植民地でP&Oの入札が検討され、またその間にP&Oとの交渉が繰りかえされたが、最終的には一八九七年一月八日、郵政省がP&Oに対して入札番号二番、つまり年間契約金三三万ポンド、七ヶ年契約という入札を応諾することで決着をみた。かくして、一八九八年契約は、一八九七年五月二五日、P&Oと郵政省との間で結ばれた(45)。契約期間は一八九八年二月一日から七ヶ年であった。

D　一八九八年契約の特徴

以上のような一八九八年契約の成立にいたるまでの過程で特徴的なことは、郵政省をはじめとするイギリス政府側の、東洋郵便輸送を体系的なシステムとして維持していこうとする強い意向であった。政府は、契約期間のことなっていたインド・中国契約とオーストラリア契約について、後者の契約期間の延長によってこれらの入札時期を同期化し、東洋における郵送契約を一括して公募したのである。たしかに、公開入札では郵送航路が個々別々に入札できる仕組みとなっていたが、実質的にはシステムとしての航路運営を期待していた。このことは、単独航路を申し込んだオリエント社やチャイナ・ナヴィゲーション社の入札が、それぞれP&Oとホルト社との組み合わせで、またそれとの関連でのみ考えられていたことからもうかがい知れる。実質的に比較考量されたP

&Oとホルト社のそれぞれの入札は、すでにみたように前者の落札となった。P&Oに勝利をもたらした一つの重要な要因は、同社が提供するサービスの体系性であった。もし、P&Oの入札をしりぞけた場合、オーストラリア航路については単独での再入札が必要となり、その場合、オリエント社と対となるP&Oほどに安価なサービスを提供する第三者の出現は期待できない、という政府側の判断があったのである。

このような東洋における郵送サービスの体系性を重視する考え方は、郵送航路と一体化した航路経営をおこなうP&Oの立場をより強固としたが、これは反面で郵送サービスにおける新しい競争相手なり新しいこころみを排除する可能性をもっていた。一八九八年契約で、郵送サービスに関するホルト社の新しい提案がしりぞけられたことはイギリス政府側の新機軸に対する消極的な姿勢を例証するもの、という見方が提示される所以である(46)。しかしながら、ホルト社による郵送サービス専用船という提案は、実現可能性をもったものとしてどこまで煮つめられたプランであったかは問題である。ホルト社はもともと、郵船が補助金をえて一般商船と競合関係にたつことに反対しており、郵送専用船もこの観点から構想された可能性が高い(47)。だが、専用船が経営的に成り立ったためには、規模の経済があることが不可欠である。はたして郵便物の運搬だけに特化した専用船に規模の経済を期待できたであろうか。すでに述べたように、この専用船は、その運航のために必要な補助金額が従来タイプの郵船とほどんどかわらなかった。この従来タイプの郵船とは、郵便物のみならず、貨客を運搬し、さらに事情によっては兵員輸送船としても転用できるという、複数のサービスを提供できる船種であった。つまり、郵送サービスにおいて必要とされる船舶は、いわば範囲の経済を享受できるタイプでなければならず、規模の経済のないところで専用船タイプを構想することは土台無理な提案であったといえる。ホルト社の提案がイギリス政府によってしりぞけられたのも当然といえよう。

かくして、郵送契約を経営航路と一体化したP&Oが引きつづき郵政省との契約相手となり、その航路システムの完備性が郵送サービスの統一性と同値となったのである。だが、このようなシステムとしての統一的な郵送サービスも、不安材料がなかったわけではない。契約金の分担をめぐる本国政府と植民地との間の駆け引きはあいかわらずつづき、とくにインドは負担金の大きさにからめて輸送スピードの迅速化にこだわった。とはいえ、分担金の問題は契約金自体の引きさげとともに、かつてほど紛糾の争点となることはなくなった。それにかわって新たな火種となったのは、オーストラリアの提示した政治的な要求である。植民地から連邦自治領へと政治的な独立性を強めていく過程で、オーストラリアは郵送契約の条件のなかに、これまでとは性格がことなる要求を盛りこもうとした。それまでは植民地政府の相互牽制から郵送ルートの選定がおおきな紛糾の種となったが、政治的統一の高まるなか、郵送プロパーの問題からむしろ自治領としての自負をこめた要求、すなわち郵船からの有色船員の排除を打ちだしたのである。この自国船員の優先的な雇用をはかるという保護的な政策主張は、イギリス本国政府の一致した反対と強硬な姿勢により一頓挫をきたした。しかし、このオーストラリアのいわゆる白豪主義はこれによって沈静化するのとは逆に、一九〇一年の連邦の結成とともに、むしろ高まることになったのである。そのなかで、イギリス本国の郵政省は郵送ルートのシステム的な統一を維持しようとしたが、それは同時にP&Oとの連携をさらに深めていく過程でもあった。節をあらためて、二〇世紀初頭に開設されたセシル委員会の討議内容をみていくことにしよう。

4　セシル委員会の審議

A　セシル委員会の成立経緯

すでに述べたように、一八九八年契約の有効期限は一八九八年二月一日から七ヶ年であった。七ヶ年後の満了日に、つまり一九〇五年一月三一日にこの契約を打ち切るかどうかは、郵政省あるいはP&Oのどちらかが、二四ヶ月前の解約通知を契約相手側にだすことが必要であった。もしこのような解約通知がどちらの当事者からもだされない場合、契約はそれがだされるまで自動的に更新されることになっていた。それゆえ、解約するかどうかは、おそくとも一九〇三年一月末までに決定する必要があった。郵政省では、既存契約のもとでの郵便輸送が規則的に処理されていること、また海外郵便輸送の環境条件が大きくかわろうとしていることなどを考慮して、新規入札と選考をへて長期にわたる新たな契約を結ぶことよりも、既存契約の一定期間の延長をおこなうことを有利と判断していた。ここで海外郵便輸送をめぐる環境条件の変化とは、シベリア鉄道の開設、ペルシャ湾鉄道の建設計画、それに北アメリカ経由のオーストラリア郵便輸送計画の浮上であり、いずれも郵送ルートとしての実行可能性があきらかになったときには、既存郵便ルートの有力な代替ルートとなることも考えられた。(48) だが、この郵政省の契約延長の方針は、そのままでは実現しなかった。連邦自治領オーストラリアがあらたな法律を制定したため、一八九八年契約の自動延長という道が閉ざされたからである。

郵政省は一九〇二年より、関係植民地と自治領に対して、一八九八年契約を解約するか否かの問いあわせをおこなうが、その返事がでそろうのは一九〇三年はじめのころであった。郵政省としてはさきの環境条件の見通しをつけるためにも三ヶ年程度の契約延長を望ましいものと想定していたが、各植民地・自治領の回答はつぎのようなものであった。(49) インドは一九〇五年より三ヶ年延長することに同意したが、その場合ブリンディジ／ボンベイ間の航海速力を往復航とも二四時間短縮することを条件とした。もし短縮ができなければ、ただちに契約の解約を通知すべきとの意向であった。セイロン、海峡植民地、それに香港はいずれも、航海速力のスピード・アップを条件に契約を三ヶ年延長することに同意した。これら東洋植民地がスピードの増大を条件にP&Oとの契約を延長する意向であったのに対して、オーストラリア政府は契約の打ち切りを主張した。オーストラリア側では、スピードの増大と補助金の引きさげを要求しただけではなく、九八年契約の際にいったんは引きさげた要求、すなわち郵船の冷凍施設に関する協定と白人以外の労働者の雇用排除をふたたび持ちだし、このために既存契約の打ち切り、新規契約のための再入札をおこなうよう求めた。このオーストラリアの回答をえた郵政省では、現在よりも低い補助金で改善されたサービスをえる見込みは「ほとんどありそうもなく」、冷凍施設の特別協定を契約者に強制することは「いちじるしく困難であり」、さらに有色労働者の雇用排除を本国政府の契約に盛りこむことは「まったく問題外」の要求と考えた。しかしながら、オーストラリア側でも、これらの要求、とりわけ有色労働者の契約航路での雇用については、前回とことなり簡単には撤回できなかった。というのも、一九〇一年の連邦郵便・電信法の第一六条によって、連邦政府は有色船員の雇用を認めるような協定の当事者となることを禁じられたからである。[50]

オーストラリア側がこのような法的規定に拘束されていたため、オーストラリア航路については妥協の余地はなかった。かくして郵政省は、同航路をふくめた東洋航路全体に関する一八九八年契約について、契約企業二社――P&Oとオリエント社――に解約通知をすることを決定した。[51] だが、この郵政省の解約通知はオーストラリア側に契約終了・改定のフリーハンドを与えるためのものであり、郵政省自体には一八九八年契約を文字どおり一九〇五年一月三一日づけをもって解約し、入札―再契約の手順をとる意向はなかった。第一に、すでに紹介したように、郵送にかかわる環境条件の変化が予想されるなか、契約の再入札―新たな契約の締結という方針はとりづらかった。第二に、契約の延長を問われて、東洋各植民地は、条件つきながら九八年契約の延長に同意していた。さらに、オーストラリア航路については、本国政府とP&Oとの間で結ばれる契約であれば、オーストラリアの有色労働者の排除規定に抵触しない可能性があった。つまり、さきの連邦郵便・電信法は、オーストラリア政府が当事者となる契約において有色労働者の雇用排除を規定したものであり、本国政府と契約を結んだ企業

第8-5表　セシル委員会のメンバー

Evelyn Cecil, M. P.	(Chairman)
H. Buxton Forman	Assistant Secretary, Post Office
Sir John Anderson	Principal Clerk, Colonial Office
F. C. Holiday	Auditor of Home Accounts, India Office
S. J. Graff	Civil Assistant to the Director of Transports, Admiralty
W. E. Smith	Superintendent of Construction Account, Admiralty
Sir T. W. P. Blomefield	Assistant Secretary for the Finance Department, Board of Trade
E. A. Doran*	Deputy Director-General of the Post Office of India
A. G. Ferard	(Secretary)Post Office

括弧内は委員会での役職、その他は所属機関での役職　*1903年6月に追加

資料：Post 29／805 Pkt. 87E／1904. GPO to Evelyn Cecil, M.P., 27 May 1903; GPO to the India Office, 6 June 1903.

が、その郵船に有色船員を配乗してオーストラリア郵便物を運搬しても、さきの規定には抵触しないとの判断がオーストラリア側から示されたのである。(52) かくして、一八九八年契約の延長問題は、オーストラリア政府の同契約の離脱によって形式的には解約という結末をむかえたわけであるが、実質的には本国政府がP&Oのサービス全体をいかに延長・維持していくかという観点から処理されることになったのである。

郵政大臣は、さきのジャクソン委員会と同様、省間委員会を結成して一八九八年契約の更新問題を討議するよう大蔵省に提案し、了承をえた。(53) かくして一九〇三年五月、郵政省、植民省、インド省、海軍省、商務院から選出された委員七名からなる省間委員会が結成され、委員長には下院議員のセシル（Evelyn Cecil）が就任した。以下では、同委員会をその委員長名にちなんでセシル委員会と呼ぶことにしたい。(54) そのメンバーを一覧すれば、第8-5表のとおりである。セシル委員会は、一八九八年契約におけるジャクソン委員会とはことなり正式な中間報告書を公刊しなかったが、最終報告書とそれにいたる議事録ならびに会議資料が残されている。(55) 以下、これらの資料をもちいながら、セシル委員会で審議された事項——とくにP&Oとの郵送契約問題についてみていこう。

B　「独占」の是非論

セシル委員会で問題の焦点の一つとなったのは、P&Oによる契約独占の問題であった。たとえば、一九〇三年六月一九日に開かれた第三回委員会では、植民省のアンダーソンは、政府はP&Oとの契約を「恒久的に固定化しているのではないか」、そのことによって特定の会社に契約金を補助金として支給することになっているのではないか、との問題提起をおこなった。(56) 委員長のセシルもこれに賛同して、P&Oの独占は「事実上競争がないという局面をむかえている」と発言した。さらに六月二三日に開催された第四回委員会でも、契約航路をセクションに分けてそれぞれ別個に入札可能とするこれまでの入札方式の再考を求めた郵政省に対して、委員長のセシルは、独占企業を助長せざるをえなくなっていることが郵政省の弱点となっている、との異論が呈示された。(57) これらの独占批判に対して、政府契約の当事者である郵政省のフォアマンは、P&O以外からは「インチキな(bogus)入札」しかなく、事実上郵政省は独占企業を相手とせざるをえない実状を訴えた。(58) また、郵政省は郵送のために「大きなマシーンを必要としており、そのマシーンが独占企業なくしてはえられないならば、マシーンを破壊するよりも、むしろ独占企業を利用する」必要性をのべたのであった。(59) しかし、かれはさらに「[イギリス]政府が本当にペニンシュラー・アンド・オリエンタル社の独占を打ち破ろうと望んできたかどうか疑問である」とのべ、この独占を打ち破ろうとすることは、「宇宙の諸事実(facts of the universe)に干渉しようとするものと思われる」とまで答えたのである。(60)

この郵政省が擁護し、「宇宙の諸事実」とまで称されたP&Oの東洋航路システムは、一九〇三年当時、おおよそつぎのような配船体制をとっていた。(61) ①ある週の木曜日または金曜日にロンドンを出航した郵船は、ジブラルタル、マルセーユに途中寄港しながらポートサイドに到着する。ここで、ブリンディジ／ポートサイド間に就航する高速船からヨーロッパ大陸経由の郵便物を受けとる。②その後この郵船はスエズ運河をとおってアデンに向かい、アデンで同港向けの郵便物とボンベイ向けの郵便物を陸揚げする。アデン／ボンベイ間には二週一回の頻度でP&Oの郵船が就航しており、ボンベイ郵便物を運搬する。③イギリス本国からの郵船はさらにアデンからコロンボにむかい、そこで中国とオーストラリア向けの郵便物を陸揚げする。コロンボで一定期間停泊したあと、郵船はロンドンに向けて復航の航海を開始する。④中国とオーストラリア向けには、二週一回の割で就航するP&Oの郵船がコロンボで郵便物を受けとって、それぞれの方面に郵便物を運搬する。⑤ある週に出航したコロンボ向け郵船につづいて、つぎの週の同じ曜日に別の郵船がロンドンを出航する。同船はコロンボ向け郵船と同じルートをとおってアデンにいたり、その後そのままボンベイにむかう。これによって同船はインド向け郵便物を目的地まで運搬するが、中国向けとオーストラリア向け郵便物は、それぞれ二週一回の割で就航しているフランス郵船MM（マルセーユ／中国）とオリエント社（ナポリ／オーストラリア）に積みかえて輸送してもらう。以上が当時のP&Oの郵送に関する配船体制であった。

かくして、P&Oの単独配船でみれば、インド航路には週一便、中国とオーストラリア航路には二週一便の郵送サービスがおこなわれており、また他社との組み合わせによれば、中国とオーストラリア航路についても週一便のサービスが形成されていた。このほかP&Oは、非郵船航路を、つまり独自の採算による純粋の商業航路を運営しており、カルカッタおよび中国・日本に向けてそれぞれ隔週一便の配船をおこなっていた。このようなP&Oの広範囲におよぶ郵送システムになんらかの変更をくわえるとすれば、それは「必然的に不都合をかこつことになり、[…それゆえ]ペニンシュラー・アンド・オリエンタル社の航路運営はできるかぎりこれを乱さないことが肝要である」、と郵政省側では認識されていたのであった(62)。

このような考え方をとるのは郵政省だけではなかった。インド・中国方面への官吏や兵員の輸送を担当した海軍省でも、郵船企業に政府旅客料金の特別割引を求め、経費の削減を図ろうとしたものの、郵船企業が提供するサービスを維持することはすべてにまさる課題とみていた。すなわち、セシル委員会のメンバーの一人、海軍省の輸送担当官S・J・グラーフは、委員会に宛てた覚書のなかでつぎのように述べている。

「適切な宿泊設備を提供する、イギリスの競合ラインをときおり使いはするものの、イギリス船舶による全イギリス領土にむけた、定期的で・信頼ができる・完璧な旅客コミュニケーションを維持することの重要性がまず最初に考慮されるべきである。ペニンシュラー・アンド・オリエント社が提供するような、ふるくからある包括的なサービス範囲を阻害するような、でまかせの競争を奨励することは健全な政策とはいえず、またこの問題は単純に経済的な観点から考察することもできない[(63)]」。

かくして、郵送というコミュニケーションの観点からも、また政府官吏や兵員の輸送といった政治・軍事的観点からも、いまや東洋方面におけるP&Oの配船システムは、必要不可欠の輸送手段として位置づけられ、それは時として「経済的な観点」を超えるものと見られるようになっていた。とはいえ、イギリス政府側の考慮のなかで、P&Oの航路サービスを郵送航路としてそのまま維持していくに決定的であったのは、この「経済的な観点」であって純政治的・軍事的な観点ではなかった。その経緯については、つぎの契約延長の決着の仕方であきらかになろう。

C　契約の延長問題

P&Oの郵送サービスを高く評価した郵政省は、一八九八年契約の打ち切り後の対策においても、P&Oの現行の郵送サービスをそのまま継続することを最良の選択肢と考えた。すなわち、オーストラリア政府の有色船員の雇用排除政策からP&Oとオリエント社との一八九八年契約を解約したあとの郵送システムについては、つぎの三つの選択肢が考えられた。①オーストラリアへの週一便のサービスをすべて破棄し、オーストラリア側がコロンボ／オーストラリア間の郵便支線を開設する、②往航週一便のサービス（イギリス本国からの郵便物をオーストラリアまで運搬するサービス）は本国政府の契約によって提供し、復航週一便のサービス（オーストラリアからの郵便物をイギリス本国まで運搬するサービス）はオーストラリア側で提供する、そして③P&Oのサービスをそのまま残し、オリエント社のサービスを打ち切ることによって、イギリス本国は往復航二週一便のサービスを提供し、対してオーストラリア側は独立に締結した郵送契約によって同じく二週一便の往復航サービスを提供する、というものである(64)。

第一案のオーストラリア側による支線サービス開設の場合、支線の終始点をコロンボ（セイロン）にするかどうかは不明であり、コロンボ以外であれば、P&Oのインド・中国線と連結する方策を新たに手当てする必要があった。また、かりにコロンボがターミナル港となった場合でも、P&Oのボンベイ向け郵船がロンドンを出航したその週には、コロンボ向け郵船のロンドン出航はないために、この週のロンドンからコロンボに向けての郵便物運搬手段がないことになる。というのも第一案では、P&Oはもちろんのこと、オリエント社のオーストラリア航路も契約打ち切りとなっているからである。つぎに往復航の契約をそれぞれ分けるという第二案の場合、オリエント社に問題はなくとも、P&Oについては問題があった。オーストラリアの有色船員排除という政策のもとでは、これに抵触しないオリエント社はイギリス本国政府とオーストラリア政府両方の契約を獲得できる可能性があったが、P&Oの場合にはオーストラリア政府からの復航契約をえる見込みはまったくなかったからである。これまでの郵送契約金のほぼ半減を覚悟してまで、P&Oが片道契約でオーストラリア航路を引きうけることは考えられなかった。[65] それゆえ、残る第三案が、既存のＰ＆Ｏの郵送システムに「なんらの変更もくわえないために、もっともうまく運びそうな解決策」と判断されたのであった。

かくして、郵政省としてはＰ＆Ｏの郵送システムをそのまま維持することをベストとしたが、これに対してＰ＆Ｏがどのような意向であるのかを確かめる必要があった。一九〇三年七月二一日、セシル委員会はＰ＆Ｏの会長サザーランドを委員会にまねいて、その意見を徴した。席上、サザーランドは、三ヶ年の契約延長が現行の金額と就航スピードのままなされるのであれば、延長に同意するが、契約金の減額やスピードの向上を条件とするのであれば、別の話し合いが必要になると申し述べた。[66] さらに、サザーランドはオーストラリア航路の継続問題に触れて、もしＰ＆Ｏのオーストラリア郵送契約がなくなった場合、それでもインドに週一便、中国に二週一便のサービスを維持するというのであれば、そのためにはスエズ運河を通航する別の船隊が必要となり、そのような船隊の運河通行料だけで年間四〜五万ポンドを必要とすることになると指摘した。[67] このサザーランドの指摘は、一八八八年契約で認められて実施されていた、インド・中国郵便物の一部をオーストラリア航路に就航する郵船によって運搬する便宜を意味していた。それゆえ、Ｐ＆Ｏのオーストラリア航路の中止は、インド・中国航路の郵送契約金の引きあげにつながりかねない問題であることが指摘された。

このＰ＆Ｏの契約延長とオーストラリア航路の位置づけを聴聞したあと、郵政省はセシル委員会がとるべき方針として、つぎのような草案をまとめた。短い文章なので、全文をかかげておこう。

「有色労働者が雇用されている郵送サービスに参加しつづけることに対する、オーストラリア連邦の拒否にかんがみて、またその結果、オーストラリアが受理できる条件でそのサービス部分を提供する、最善の取り決めをおこなう機会を連邦政府に与えるという必要にかんがみて、

そして、東洋郵送サービスを部門ごとに入札にかけることで有効な競争を最終的にえることが重要であるということにかんがみて、

当委員会はペニンシュラー・アンド・オリエンタル社との契約を、その他決議をとりあつかう詳細についての一定の修正を踏まえて、三ヶ年を限度として更新するこころみを勧奨する」。[68]

この草案にみられるように、郵政省はP&Oの郵送サービス全体をそのまま三ヶ年間温存することを方針としていたわけであるが、このことの裏面にはオリエント社との本国政府の契約を九八年契約の条文どおり最初の有効期限をもって打ち切ることがふくまれていた。さきにも触れたように、有色船員問題に抵触しないオリエント社であれば、オーストラリア政府との契約候補企業として問題ないと考えられたからである。

だが、一九〇三年七月二四日に郵政省の草案を討議したセシル委員会では、植民省のアンダーソンから、オリエント社との契約打ち切りは、オーストラリア航路における将来の競争の機会を減らし、P&Oの独占を強めることにならないかとの疑問が提示された。[69] これに対する郵政省フォアマンの答弁は、つぎのようなものであった。すなわち、オリエント社の背後にはパシフィック・スチーム・ナヴィゲーション社（Pacific Steam Navigation Co.）があり、オリエント社のオーストラリア航路も「オリエント＝パシフィック・ライン」として運航されていること、またこのオリエント社とパシフィック社との結合はP&Oに対抗できるほどに強力であり、したがってオリエント社との契約打ち切りがP&Oの独占を強化するという心配はない、というものであった。[70]

結局、この日の委員会審議では結論がでずに、七月二九日にふたたびこの問題が討議された。冒頭、委員長のセシルは、P&Oとオリエント社との契約のどちらを打ち切るべきかを注意深く再検討した結果、オリエント社の契約を打ち切るべきとの結論に達したことを述べた。[71] すなわち、もしP&Oの契約を打ち切った場合、オース

第8－6表　オーストラリア郵送契約の負担見積り　1903年推計

（ポンド）

	現行方式		提案方式	
	受取り	支払い	受取り	支払い
企業への補助金		170,000		85,000
第3国からの受取り推計	6,600		3,300	
植民地の分担金	72,000			
オリエント社運搬イギリス郵便物への支払				29,000
P&O社運搬オーストラリア郵便物からの受取り			12,000	
計	78,600	170,000		114,000
コスト負担（ネット）	91,400		98,100	
現行方式と提案方式の差額	6,700			

資料：Post 29／817 Pkt. 134E／1904. Memorandum. Apportionment of subsidy for the Australian Mail Service.

トラリア・サービスがインド・中国サービスの重要部分を構成しているために、オーストラリア・サービスの打ち切りにともなってP&Oは当然残りのサービスの契約金引きあげを要求してくることが予期され、その額は大きく見積もって年間五万ポンドにおよぶと考えられる。オリエント社を支援するために、このような巨額の支出をすることは国民の納得をえられないと判断される。また、本国政府としてはオリエント社がオーストラリア政府との間で契約を結ぶことを望むが、かりに契約を獲得できなくとも、東洋航路の新規契約の際にはセクションごとの入札を可能とすることで、将来における競争の機会を確保できる、と委員長はみずからの考えを述べたのである。

この委員長の発言につづいて、フォアマンは、オリエント社との契約打ち切りにともなう本国政府の郵送コストの負担増は、P&Oの契約打ち切りにくらべははるかに小額ですむことを報告した。フォアマンのこの説明は、郵政省側が準備した郵送コストに関する見積りにもとづいていたが、その推計を一覧すれば、第8

-6表のとおりである。[72]

すでに触れたように、一八八八年契約からオーストラリア郵送サービスは本国政府の契約のもと、本国政府とオーストラリア政府との共同負担で運営されていたが、その負担割合は本国政府が三四分の一九、オーストラリア政府が三四分の一五となっていた。当初は、P&Oとオリエント社の年間契約金合計一七万ポンド（第8-6表第三欄）がさきの按分比率にしたがって分けられていたが、一八九〇年代なかばになって、海外郵便料受取り総額（第二欄二行目）を「補助金」から控除した残りの額をさきの按分比率にしたがって分ける負担方式がとられることになった。一九〇三年当時、オーストラリア航路がセシル委員会で検討された時、オーストラリア側の負担金は七万二〇〇〇ポンドとされていた（第二欄三行目）。かくして、本国政府のネットの負担金は、契約金一七万ポンドから、第三国からの郵便料受け取りとオーストラリアの負担金を控除した額、九万一四〇〇ポンドであった。そこでいまオーストラリア契約のうち、オリエント社との契約を打ち切った場合、P&Oへの補助金は現行契約の半額（第五欄）となるが、第三国からの郵送料受取りも半額となることが見込まれ、これにオリエント社が運搬する本国郵便物の郵送料支払いとP&Oが運搬するオーストラリア郵便物の郵送料受け取りを調整すると、本国政府のネットの負担額は九万八一〇〇ポンドとなると予想された。これは現行契約のもとでのネットの負担額よりも六七〇〇ポンドふえることになるが、P&Oの契約打ち切りによってみこまれる数万ポンドの負担増よりははるかに小額の増加であった。かくして、委員会の結論は、一九〇三年三月にしたためられたフォアマンの覚書どおり、P&Oの契約延長、オリエント社との契約打ち切りを勧告することとなった。[73]

延長決定後の経緯をここで簡単にまとめておこう。セシル委員会の決定を受けて、郵政省とP&Oとの間で契約延長の具体的な交渉がおこなわれ、またその交渉内容はそのつどセシル委員会に紹介され、討議された。いま、この交渉の詳細はあまりにも煩瑣になるため省くが、政府とP&Oとの間で合意に達したのはP&Oが交渉のなかで逐次提示した合計六つの代替案のうち最終の案であった。すなわち、①すべての航路について往復航とも二四時間航行時間をはやめる、②年間補助金は現行水準を一万ポンド引き上げて三四万ポンドとする、③ただし、延長期間が五年の場合には一万ポンド減額して年間三三万ポンドに、さらに七ヶ年延長の場合には二万二五〇〇ポンド減額して年間三一万五〇〇〇ポンドとする、というものである。[74]この最終提案に対しては、セシル委員会では、インド省、植民省、商務院、それに海軍省が賛成を表明し、対して委員長のセシルと郵政省はP&Oのもともとの第一提案、つまりスピードの加速なしに補助金を年額一万ポンド減額するという提案を支持した。多数派が前者であること、またインドが三ヶ年もボンベイ航路の輸送速力の向上がないまま契約を継続するという第一案に強く反対していたこと、そのインドが郵便契約コストの負担で本国政府についでおおかったことなどから、セシル委員会の結論はP&Oの最終提案を受け入れることを勧告することになった。[75]ただし、委員会の結論としてP&Oとの契約延長は三ヶ年を限度とすることで一致した。かくして、一八九八年契約の更新問題は、P&Oの最終提案にそった形で実質上三ヶ年延長ということで決着することになった。一九〇四年七月二五日、郵政省とP&Oとの間で一八九八年の補足協定（延長契約）が締結された。[76]これによってP&Oの郵送サービスは一九〇五年二月一日より三ヶ年延長されて一九〇八年一月末日まで継続されることになった。

他方、一八九八年契約を打ち切られたオリエント社は、一九〇三年九月にオーストラリア連邦政府が公募したオーストラリア航路の郵送入札に応募した。オリエント社のほかには、スコットランドの企業一社が喜望峰経由のサービス提供という内容で応募した。しかし、入札金額や提供船舶の設備内容の点で、連邦政府との意見が合わず、両社の入札とも落札にいたらなかった。[77]このため、一九〇四年七月に再度公募入札がおこなわれ、応募したオリエント社との間で交渉がなされた結果、一九〇五年四月、つぎの点で合意が形成された。[78]①ナポリ／アデレード間二週一便のサービスを一九〇五年四月二五日より開始する、②契約期間は一九〇八年一月三一日までの三ヶ年弱とし、はやくに締結をみた本国政府とP&Oとの契約終了日にあわせる、③年間の契約金は一二万ポンドとする、というものであった。白人船員の雇用や冷凍設備の提供などが契約のなかに明文化されることが決められた。契約金一二万ポンドは、オリエント社が当初要求していた一五万ポンドよりは低かったものの、本国政府との間で負担していた金額にくらべて大きく増大した。これは、連邦政府がその雇用や郵船設備についてかねてから主張していたことの実現に対する代価であったといえよう。

5　新たなパートナーシップとマネジメント体制の変容

A　契約の自動延長

前節で述べたように、一八九八年契約はセシル委員会の結論をうけて一九〇八年一月末まで延長された。だが、この一九〇五年一月三一日から三ヶ年間にわたる延長契約は、同じくセシル委員会の最終報告の勧告によって、期間経過後は再延長することなく打ち切り、仕切りなおしのために公募入札をおこなうことになっていた。入札の告示は、一九〇六年四月三日におこなわれた。それによると、ヨーロッパ/ボンベイ週一便、イギリス本国/コロンボ週一便または二週一便、イギリス本国/オーストラリア二週一便、アデン/オーストラリア二週一便、コロンボ/オーストラリア二週一便、ヨーロッパ/中国二週一便、コロンボ/中国二週一便、マドラス(またはカルカッタ)/中国二週一便、の合計八つの航路が対象となり、一つの航路だけの入札も可能であった。[79] このようなセクションに分れた個別航路の契約も可能な入札におうじたのは、P&Oをのぞけば、現役を引退した元船長のフライ(S. H. Fry)という人物ただひとりであった。郵政省によれば、同人は「どのような意味でも信頼できる個人とはみなせない」人物であった。[80] これに対してP&Oの入札は、東洋航路の郵送システムに必要な航路すべてに入札するとともに、現行契約よりもその就航スピードを速め、同時に契約金をさらに引きさげる、というものであった。[81]かくして、当然のことながら契約企業としてはP&O一社にしぼられ、一九〇七年八月七日に、郵政省とP&Oとの間で東洋郵送契約が締結された。契約期間は一九〇八年二月一日より七ヶ年であり、契約金は年間三〇万五〇〇〇ポンドであった。[82]

一九〇八年契約はセシル委員会の勧告にそって、東洋航路においてセクションごとの入札も可能な公開入札とした最後の郵送契約となった。同契約の有効期限は一九一五年一月末日までであり、この日をもって契約を打ち切るためには二年前の事前解約通告が必要であった。解約通知をだすべきか、それとも自動延長をつづけるかの判断に迫られた郵政省は、自動延長を選択することを有利と判断した。すなわち、郵政省が一九一二年にしたためた覚書のなかでは、P&Oに対抗して入札におうじるような競争相手が出現することは当分見込めないこと、他方、P&Oの郵便輸送サービスは満足に遂行されて公衆の不満がないことが指摘され、現行契約の打ち切り、再入札は、競争相手の欠如からP&Oに契約金引き上げの機会を与えるだけのことになるとの判断が示された。[83]くわえて、この時点で、東洋方面の郵便料からの収入額は年間三九万ポンドとなって、P&Oへの補助金年間三〇万五〇〇〇ポンドをつぐなってあまりあるという状態であった。このなかで、郵政省側から契約の打ち切りをきりだすことは「すべてを失う」ことになりかねず、契約打ち切りへの「最初のステップはP&Oのほうから持ちださせることが望ましい」と考えられたのである。[84]

一九一三年一月二〇日、郵政大臣はP&Oの会長サザーランドと会見し、P&Oの側で契約の打ち切りの意向を問いただした。サザーランドは、P&Oの側から契約の打ち切りを申し出たのは多大の欠損をだした四〇年前に一回あるだけで、それをのぞけばP&Oの側から郵送契約の解約を通知したことはいまだなく、また今後もそうする意向はないことを明言した。[85]これを受けて、郵政省は大蔵省宛に、一九〇八年契約を最短の延長期間である一年間をかぎって自動延長する方針を伝え、了承をえた(86)。かくして、一九〇八年契約の有効期限は一年間延長されて一九一六年一月末日となり、この契約を打ち切るかどうかの事前通知は一九一三年一月末日までにから一九一四年一月末日までにへと延長されたのである。だが、この有効期限の終了日が近づくたびに一定期間（たとえば二年）にかぎって延長していくという方式、それゆえ新規入札なき一九〇八年契約の自動延長の方式は、じつにこれ以降両大戦間期末まで繰り返されていくことになった。まさに契約相手を固定化したうえで契約期間を自動的に延長していくという方式が、ここに出現したのである。それは同時に、契約を細分化して公開競争入札にかけるという、長い間イギリス政府が掲げてきた郵送契約の原則が、ここに完全に放棄されたことを意味する。

前節ですでに紹介したように、イギリス政府側、とりわけ郵政省では、東洋における効率的な郵送システムを維持するためにはP&Oの経営航路を損なわないことが必要であり、そのためにはあえて「独占企業の利用」も辞さない覚悟であった。単独航路あるいは一領域の航路で代替的なサービスを提供する企業は存在するかもしれない。しかし、P&Oのように東洋航路全般にわたって体系的・規則的・効率的なサービスを提供できる企業は他に存在しなかった。本国郵政省が東洋における統一的な郵送システムの提供に責任をもとうとするかぎり、P&Oに依存するほかはなかったのである。郵送契約の自動延長は、競争入札の繰り返しの果てにたどりついた、郵政省の不可避的な選択であった。

他方、イギリス政府がP&Oの経営航路を東洋における郵送システムの不可欠の前提とみていたことは、P&Oの側でも十分に認識されていたといえる。たとえば、さきのセシル委員会での聴聞会で発言したP&O会長のサザーランドは、郵送契約についてつぎのような発言をしている。すなわち、「イギリスの郵送契約が現在のような［補助金の］水準でおこなわれているのは、わたしどもに関するかぎり、郵送サービスの利益によってではなく、わが社がその他の営利事業からえた全体的な利潤によってであります」と(87)。たしかに、第三章で総括的に述べたように、郵送契約金がP&Oの事業収入（運送収入プラス郵送契約金）にしめる割合は、世紀転換期ごろには一一パーセント台の水準にまで低下していた（第3-2表参照）。それゆえ、セシル委員会でサザーランドがP&Oの航路経営と郵送サービスとの関係について触れて、後者が前者を支えるのではなく、逆に前者が後者を支えていると述べたのは、それほど不当な主張ではなかった。しかしながら、スエズ運河の通航において郵船が他の商業汽船にたいして通航上の優先権をもっていたという事実のほかにも、郵船企業であることにともなうベネフィットはP&Oの場合でもけっして少なくはなかった。たとえば、本章第3節Bでも述べたように、オーストラリアにおける冷凍施設の運用をめぐるオリエント社と分け合った優先的な地位は、郵船企業という立場と密接不可分の関係にあった。また一九〇三年時点でも、政府関係者の旅客輸送がP&Oの全旅客輸送にしめる比率は三分の二に達していたといわれ、政府の旅客輸送需要の大きさは郵船企業にとって無視できない要因であった(88)。他方、サザーランドが強調する商業関係の経営航路についても、日本航路などの極東の一部航路を除けば、その配置と範囲は郵送ルートとほぼかさなっており、独自に展開した主要な商業ルートといえるものはなかった(89)。サザーランドが指摘するように、郵送契約金は世紀転換期前後に事業収入の一割程度となっていたとはいえ、郵船企業であることのベネフィットはこの数値以上のものがあったといえよう。

かくして、イギリス政府機関とP&Oは、互いに相手の利害のなかに自己の利害を見いだしたのであり、互いをパートナーとして、しかし一八六八年契約のような成文化される形ではなく、暗黙のパートナーとして認めあったのである。

一九一四年、P&OとBIとの合併にともなって現役を引退することを決意したサザーランドに対して、時の郵政大臣はわざわざ手紙を送り、郵送サービスに果たしたサザーランドの長年にわたる貢献に感謝の意を述べた(90)。これの返答にサザーランドもつぎのように述べて、郵送契約の重要性を再確認したのであった。すなわち、

「この偉大な公益事業の効率性は、わたしの公的な生活の主要目標の一つであり、またサービスがかくも長年にわたって遂行されてきたその効率性と規則性は、わたしが栄誉にもその長となった経営事業に対する、すくなからぬ信頼を映しだすものといっても公正に欠けることはないでしょう。〔……〕つぎの東洋サービスの交渉という栄誉が、わたし以外の人の手によるということは、わたくしが現在の役職を去るにあたって遺憾とすることの一つです(91)」。

だが繰りかえしていえば、「東洋サービスの交渉」はもはや煩瑣で長期にわたることはなかった。なぜなら、契約の自動延長を繰りかえしておこなうことは、契約改定をめぐる煩瑣で長期にわたる交渉の必要性をなくしたからである。つまり、郵政省との間の自動延長にもとづく契約の継続は、郵船企業P＆Oにとって、郵送契約の交渉・締結にトップマネジメントが注ぎ込む時間と集中力を大幅に軽減するものであった。かつてのような公開入札制度のもとでは、他の有力な入札者との競合を前提に、イギリス政府機関との長期間にわたる交渉過程が必要となり、その間みずからのプランの合理性と妥当性を相手に説明し、納得させなければならなかった。また、契約の最終成立には、契約金額、就航スピード、それに契約期間をめぐっていく度となく妥協点を求めた駆け引きを必要とした。これらの交渉にトップの経営者の時間と集中力を投下した契約は、事実上、一八九八年契約が最後となった。この後の契約は、すくなくとも交渉にトップマネジメントが多大の精力を費やすということはなくなった。それではこのような郵送契約をめぐる交渉過程の変容が、世紀転換期以降のP＆Oのトップマネジメントにどのような変化をもたらしたのか、これが問題となる。

B　トップマネジメントの変遷

第六章第3節で述べたように、世紀末の時点で、P&Oの業務執行取締役にはサザーランドとバーンズの二人が、それにマネジメント・スタッフにはケンダル、ユーロス、ジョセフの三人が就任していた。またこの直前には、一八九八年契約の煩瑣な交渉業務の必要からテートが業務執行取締役に選出されたが、かれは一年足らずのうちに死去した。しかし、その補充は懸案事項であった郵送契約問題が解決をみたためただちにはなされなかったことは述べたとおりである。本項では、これ以降、一九一四年までのトップマネジメントの変遷をたどることにしよう。

一八九九年一一月、業務執行取締役の一人であるバーンズが亡くなり、取締役会は弔慰金としてバーンズの遺族に五〇〇〇ポンドを贈ることを決定した。[92] この結果、業務執行取締役としてはサザーランドただ一人が残された。サザーランドはただちに業務執行取締役の補充をおこなうことをせずに、九九年一二月、取締役会にマネジメント体制に関するつぎのような提案をおこない、承認をえた。すなわち、①バーンズ死去にともなう業務執行取締役の空席をただちに埋めずに、経営全般の問題に関する取締役会の主席代表者をサザーランド一人とする、②マネジメント・スタッフのケンダル、ユーロス、ジョセフの三人を共同のゼネラル・マネジャー（General Managers）に任命する、③ゼネラル・マネジャーは交替で取締役会に出席し、また取締役のかわりに小切手や手形に署名する権限をもつ、④マネジメント・スタッフにかえてアシスタント・マネジャー（Assistant Managers）を任命し、海外代理店や本船の査察任務を担当する、というものであった。[93] ここでいうゼネラル・マネジャーはこれまでの業務執行取締役とマネジメント・スタッフとの間の中間的な地位を有するものであり、取締役員に選出されるわけではないが、取締役会に出席することを義務づけられ、金銭収受では取締役員の代役を務めることができた。それゆえ、マネジメント・スタッフの職位にあったメンバーの対外的な地位の引きあげ、

第8-7表　P&Oのトップマネジメントとその補佐スタッフ（1900年現在）

職　　位	人　　名	年俸　ポンド
Managing Director	T. Sutherland	6,500
General Managers	F. Kendall	2,000
	H. W. Uloth	1,700
	H. H. Joseph	1,700
Assistant Manager & Inspector	I. M. Shields	1,000

資料：P&O　80／14 および 80／17より作成。

という意味をもっていたといえる。ちなみに、俸給もこれまでより一律に年額五〇〇ポンドの引きあげがなされた。一九〇〇年時点のマネジメント体制を一覧すれば、第8-7表のとおりである。同表において、サザーランドの年俸が六五〇〇ポンドとなっているのは、一八九九年末の取締役会においてかれの俸給を年額三四〇〇ポンドからこの額に引きあげる決定がなされたことによる。[94]これによってサザーランドの年俸は、マネジメントをになう他のスタッフと隔絶した額となった。

だが、サザーランドがP&Oから手にいれた報酬はこの破格の年俸にとどまらなかった。すでに一八九〇年代初頭からは、サザーランドの「もっとも重要で価値ある［経営］サービス」（［　］内は引用者補足。以下同じ）に対して、一八九〇年一月一日にさかのぼって年額一五〇〇ポンドにおよぶ個人的な特別手当（allowance）が支給された。[95]もっとも、この特別手当は当時在任していたもう一人の業務執行取締役のバーンズにも与えられており（年額一〇〇〇ポンド）、サザーランドに固有な報酬ではなかったといえる。だがすでに述べたように、バーンズは一八九九年一一月に亡くなり、このような特別手当を受けとるのはサザーランド一人となった。さらに、一八九九年にサザーランドの年俸を六五〇〇ポンドに引きあげる決定をおこなった同じ日の取締役会は、「P&Oに対する［サザーランドの］おおいなるサービス」に対して、一万ポンドのボーナスを支給することを決定した。[96]このボーナスの支給はやがて性格をかえていった。すなわち、取締役会は一九〇三年に、「特別報酬（special remuneration）」として二万ポンドをサザーランドに支給したが、この額は「過去三ヶ年に会社［P&O］が稼得した貨物収入に対するコミッション」であると規定された。[97]これは年額に換算するとおよそ七〇〇〇ポンド弱となるが、サザーランドに対する特別報酬が臨時ボーナス的なものから会社収益に対する恒常的な「コミッション」というものに性格をかえていったことを意味する。そのより明確な規定は、一九〇五年五月の取締役会全員一致によるつぎのような決定によってなされた。

「おおいに満足のいく会社の状態からして、それが過去二五年の間会長として、また近年は会長かつ唯一の業務執行取締役を兼職するものとしての、サー・トーマス・サザーランドによる有能な事業経営におおいに負っていることからして、かれのおこなったサービスをつぎのように特別に表彰する。すなわち、現行の報酬にくわえて、さる九月三〇日に終わる会計年度中に実際に稼得した純利益——保険請求額と船隊取得原価の年率五パーセントの減価償却費を控除後——の二・五パーセント相当の手数料（commission）を与える」。[98]

この決定にもとづき、一九〇三／〇四年度純利益の二・五パーセント相当額八三〇二ポンドが「コミッション」としてサザーランドに支払われたのである。

当期利益金の一定パーセンテージを経営報酬として支払うという制度は、P&Oの初代業務執行取締役三名に対してとられたものであった。[99]もっとも、その当時の報酬は当期利益金の五パーセントであり、ここでいう「コミッション」の比率よりは高かった。しかしP&O創立当時、五パーセントの経営報酬は、ウィルコックス、アンダーソン、カールトンの三人で分けられたことを考えると、純利益の二・五パーセント相当額をサザーランド一人が受けとることは、報酬の水準としてもおおきかったといえる。さらに形式的にみても、報酬ということではなく「コミッション」として支給されたということも特異である。初代業務執行取締役の場合、P&Oの収入の二・五パーセントを経営手数料として受けとり、そのなかから事務所経費や経営スタッフの給与などを支払った。それはすでに述べたように、業務執行取締役と取締役会との契約にもとづくものであり、経営委託とそれに対する手数料（コミッション）という意味合いを強くもっていた。だがサザーランドの場合、その「コミッション」は報酬とほぼ同義であり、手数料を受け取って経営代理するという契約関係は結ばれてはいなかった。P&Oにおけるサザーランドの長年にわたる貢献、ならびにその卓越した経営指導に対して、P&Oの取締役会はかつての船舶出資者とそのマネジング・エージェントの関係を擬制することで報いたのだと考えられる。この利益連動型の報酬である「コミッション」は、一九〇三年から支給が開始され、サザーランドがP&Oを引退する一九一三年度までつづいた。ちなみに、その額をたどると、第8-8表のとおりである。年々の変動はありながらも、支給期間一一年間で総額およそ八万六〇〇〇ポンドが「コミッション」としてサザーランドに支払われたのである。

第8-8表　サザーランドの「コミッション」

（ポンド）

年　度	コミッション
1903／04	8,302
1904／05	9,480
1905／06	5,230
1906／07	7,396
1907／08	6,227
1908／09	5,421
1909／10	7,337
1910／11	8,593
1911／12	7,863
1912／13	12,293
1913／14	8,176
合　計	86,318

備考：会計年度は10月1日～9月30日
1905／06年度は当期利益金にもとづき計算。
それ以外は下記の資料から採録した数値。
資料：P&O取締役会議事録。

一九〇〇年代初頭から一九一三年までのトップマネジメントの変遷をさらにみていこう。一九〇六年七月、P&Oに勤続五〇年以上となったケンダルが健康の衰えを理由に退社し、そのかわりにゼネラル・マネジャーとなったのがI・M・シールズであった。(100) かれは一八六八年

P&Oに入社し、その後ボンベイ、カルカッタ、セイロン、シドニーなどの海外勤務をへて、一九〇〇年一月にアシスタント・マネジャーとしてロンドンに戻っていた。[101] さらに一九〇九年一月よりF・リッチーがゼネラル・マネジャーのメンバーにくわわった。[102] リッチーは一八八〇年六月P&Oに入社して、その後ブリンディジ、ヴェニス、カルカッタ、香港、シンガポール、ボンベイ、メルボルンと二〇数年にわたる海外勤務を経験したあと、ロンドンに戻った。[103]

その後のおおきな変化は一九一二年に生じた。同年一〇月、七八歳となっていたサザーランドはみずからの日常的な職責の軽減を求めて、業務執行取締役に二名を追加することを取締役会に提案して、了解をえた。[104] サザーランド引退後をみすえたトップマネジメント体制の構築にはいったといえる。このとき新たに業務執行取締役となったのは、ゼネラル・マネジャーとしては古参の地位にあったユーロスとジョセフではなく、あとから任命されたシールズとリッチーであった。両名は一九一三年一月一日より業務執行取締役についたが、両者の間には職位のうえで上席と次席の区分はないものとされ、年報酬二五〇〇ポンドがそれぞれに支払われることになった。この若い世代の業務執行取締役への選出は、古参のゼネラル・マネジャーであるユーロスとジョセフの社内的地位を不安定なものとした。結局、サザーランドとの話合いの結果、ユーロスとジョセフはともに引退することで合意をみた。[105] ときにユーロスは六六歳、ジョセフは六三歳であり、P&Oでの職歴はそれぞれ五一年と四四年におよんだ。両者の引退とともに、ゼネラル・マネジャー制も廃止となった。また、アシスタント・マネジャーにはあらたに、F・C・アレンとW・C・サイムズの二人が選出された。アレンは一八八二年にP&Oに入社し、ボンベイ、アデン、コロンボなどの海外勤務をへて、ロンドンに戻った。またサイムズは一八八五年P&Oに入社し、ボンベイ、シンガポールで勤務、一時ロンドンに戻ったものの、まもなくボンベイ次席総支配人としてふたたび海外勤務をおこない、その後アシスタント・マネジャーとしてロンドンに戻った。[106] 一九一三年初頭時点の

第8-9表　P&Oのトップマネジメントとその補佐（1913年初頭）

職　　位	人　　名	年齢	入社年	年俸　ポンド
Managing Directors	T. Sutherland	78歳	1852年4月	6,500
	I. M. Shields	60歳	1868年1月	2,500
	F. Ritchie	50歳	1880年6月	2,500
Assistant Managers	F. C. Allen	48歳	1882年4月	1,200
	W. C. Symes	45歳	1885年11月	1,000

備考：年齢は1913年1月1日現在で計算したもの

トップマネジメントと補佐スタッフを一覧すれば、第8-9表のとおりとなる。

以上みたように、世紀転換期以降のトップマネジメントの変遷で特徴的なことは、サザーランドの社内での隔絶した地位である。繰り返していえば、サザーランドは弱冠三〇歳代でP&Oの業務執行取締役の一人に選出され、また四〇歳代で取締役会長を兼任することで、文字どおりP&Oのトップマネジメントの頂点にたった。それ以降かれの長年のトップとしての職責、事業の安定化、郵送契約の獲得実績などからして、破格の年俸が支払われたことも当然であったかもしれない。しかし、特別手当やとくに「コミッション」という形でかれの貢献に対して酬いる方法がとられたことは、経営代理的な関係をたんに形式的・擬似的に再現させたというにとどまらなかった。トップとしての地位を保持しながら、経営スタッフの選任、昇進、あるいは事実上の解雇をみずからの裁量でおこなった。それは、サザーランドがP&Oの社内で昇進をとげた専門家を経営スタッフとして選びながら、けっしてかれらを自分と同等の俸給経営者としてではなく、あたかもサザーランドを唯一の上級パートナーとするマネジング・エージェント会社の雇員であるかのように扱いながら、P&Oの経営を執行する体制であり、そのような傾向は二〇世紀にはいってから顕著となったといえる。このことはやがて、BIとの合併によって具体的な形となってあらわれた。本節の最後に、BIとの合併問題を取りあげよう。

C　BIとの合併

ブリティッシュ・スチーム汽船会社（British Steam Navigation Co. BI）はインド亜大陸の沿岸を中心に、インド洋やガルフ湾、さらにはオーストラリアへと多方面への航路を運営しており、イギリス本国とインド・中国を結ぶ幹線航路を経営するP&Oとの間には、航路運営上トランク・ラインとフィーダー・ラインという補完関係があった。[107] それゆえ、両社の合併話がもちあがることは、それほど不自然なことではなかった。事実、P&OとBIとの合併の話は、一九一四年に両社の合同が合意される一二年前に、一度話題になったことがある。[108] しかし、その当時BIの会長で、同社創業一族の一人であったマッキンノン（Duncan Mackinnon）が、いかなる会社との同盟も必要がないと主張したため、この話し合いはなんらの成果もなく終わった。合併に反対するダンカンが一九一三年に引退し、かわってインチケープ卿（Lord Inchcape）がBIの会長となってはじめて、P&Oとの合併の話が進展することになった。

サザーランドとインチケープとの、両者だけの秘密の話し合いは、一九一四年三月初旬からはじまった。最初、P&OがBIを吸収合併し、BIは会社清算する方向で検討がなされた。[109] しかし、BIの清算となると、合併企業の大きさからして商務院からの反対が予想されること、また清算にともないBIの社債残高一六〇万ポンドの償還が必要となり、これはP&Oにとって重い資本負担となることなどがあって、合併、会社清算の道は放棄された。そのかわりに、二社は別々の会社として存続しながら、P&OがBIの株式を株式交換によって取得するという方向で基本的合意をみた。[110] この合同により、合計二一五隻、一二五万総トンの一大コンバインがイギリス海運界に誕生することになった。[111] このコンバインの経営については、両社の取締役会の合議を経て、さしあたりつぎのような方法がとられることになった。すなわち、二つの会社は別々に存続しつつも、共同管理と協調を確保するために、両社からそれぞれ選ばれた取締役員からなる合同取締役会を設置する、合同取締役会のメンバーはP&Oから一二名、BIから八名とする、というものである。(112) 構成員数からすれば、合同取締役会におけるP&O側の発言力が強く、P&OによるBIの買収という合併方法に沿ったものであった。しかしながら、コンバインの経営、したがってまたP&Oの経営は、この合同取締役会による統制という形式をおおきく超えるものであった。

一九一四年六月二四日に開かれたP&Oの臨時株主総会で、サザーランドはBIとの合同にいたる経緯にふれたあと、合同企業の将来の経営について、つぎのように述べている。

「この合同企業（Combine）の運営はどのようになるのでしょうか。わたしたちは合同取締役会による統制（control）をおこなうことになりますが、統制と親密な経営（management）とは別ものであります。わたしたちは、BI社の詳細にわたる経営を引きうけようとは考えません。(…中略…)BIはわが社とおおきさがほぼ同じであり、すくなくとも向こう一〇年間は、カルカッタの創業者企業（Founder's Firm）の経営のもとにおかれるでしょうし、またそうする必要があります。ここに列席予定のインチケープ卿と一、二名の取締役は、この重要な［創業者］企業のメンバーであります。この［創業者］企業は集荷代理業務（commission business）をおこなっており、わたくし個人はたまたま、遂行されるときの手数料条件を知るにいたりました。(…中略…)

何はともあれ、確かなのは、わたしが言及した経営の代理（Management Agency）はこの合同企業に必要不可欠であり、この事実をみなさまに一点の曇りもなくあきらかにすることがわたしの務めであるということです。わが社の合同取締役会に参加予定のBIの取締役員は、みなさまが十分信用できると考えられているように、身分の高い人たちであり、その会社の長にわたしの友人インチケープ卿をいただくことは、わたしたちの喜びとするところです。（…中略…）インチケープ卿は一〇月一日よりわたしどもの経営にくわわりますが、かれは二つの会社の間になくてはならないきずな、絶対に不可欠のきずなとなるでしょうし、またわたしたちすべてにかかる仕事と責任がますます増大するなかで、もっとも価値ある助力を与えてくれることでしょう。しかし、わたしはそれ以上のことを述べておきたいと思います。長年にわたってわたしが勤めてきた現職を引退することに同僚諸氏がまもなく同意してくれれば、この合同企業の長にはかれ［インチケープ卿］がなることをわたしが望んでいるということです」（［ ］内は引用者補）。[113]

サザーランドの以上のような発言内容は、まとめてみれば、統制（control）と経営（management）を区別し、またこの系として、当分の間ＢＩの経営をコミッション・ビジネスを本業とする創業者企業にゆだねるということであり、さらに合同企業の経営のトップにはまもなくインチケープをすえる予定でいる、ということであった。両社の間に航路経営上に補完関係があるとはいえ、郵船航路をメインとするＰ＆Ｏに対して、ＢＩは商業航路が中心であった。インド周辺からの地域的な貨物の出回り量や時期に対応して臨機応変に配船するには、地域トレードに関する特殊的知識や経験、それに荷主とのコネクションの積みかさねを必要とした。ＢＩの集荷代理業務をいとなむ創業者企業、マッキンノン・マッケンジー社（Mackinnon, Mackenzie & Co.）に、当分の間ＢＩの経営が委ねられる理由もここに求められるであろう。しかし、ＢＩの経営がそのエージェントに引きつづき委ねられるというだけにとどまらず、事態はさらに進んだ。Ｐ＆Ｏの経営それ自体も、経営代理的な色彩を強めたのである。その転移を整えたのはサザーランドであり、それを推し進めたのがインチケープであった。

ＢＩの会長兼業務執行取締役のインチケープは、さきの引用でもあきらかなように、サザーランドによってみずからの後継者と期待され、またそのように遇された。すなわち、インチケープは一九一四年一〇月一日以降、

P&Oの取締役会のメンバーとなっただけではなく、P&Oの業務執行取締役の地位についた。さらに、一九一五年一月六日、サザーランドが三〇数年にわたりつとめたP&Oの会長職を退くや、そのあとを襲ってP&Oの第九代会長となったのもインチケープであった[114]。これによってインチケープは名実ともにサザーランドの後継者となったのであるが、それは職位的なものにとどまらなかった。報酬についても、サザーランドと同じような優遇を受けたのである。すなわち、インチケープのP&Oでの年俸は、かれがBIで会長兼業務執行取締役として受けとっていたのと同額の年俸である五〇〇〇ポンドとされた[115]。さらに、一九一五年九月三〇日に終わる年度からは、純利益に対する二・五パーセント相当額の「手数料（commission）」が、かってのサザーランドの場合と同じく、インチケープにも支払われることになったのである[116]。

サザーランドがなぜ自分の後継者をP&O内部からではなく、他の会社から選んだのかについては、これを明らかにする資料がみあたらない。本節の前項Bで述べたように、P&Oの社内にトップマネジメントをになうにたる人材の不足があったとは考えられない。結局、自分の後継者としてもっともふさわしい人物を求めた結果、これを外部から導入することになったということであろう。しかし、この選択はP&Oのトップ経営者を外部から調達することになったというだけにとどまらなかった。新しいトップの経営者はP&Oに新しい経営スタイルをもち込み、それによって郵船企業というこれまでのイメージを一新することになったのである。インチケープのもとでのP&Oの経営について、これを詳しく述べることは、本章の課題からおおきくそれることになる。ここでは、二つの点を指摘するだけにとどめよう。

インチケープのもとでおおきく変わったことの一つは、企業買収を積極的に推しすすめたことである。一九一六年から一九二〇年までの期間におけるP&Oによる買収活動を一覧すれば、第8-10表のとおりである。オーストラリア航路に従事する企業の買収が目立つが、そのなかでニュージーランド・シッピング社とユニオン・ス

第8-10表　P&Oによる企業買収　1916～1920年

年	被買収企業	備考
1916	New Zealand Shipping Co.	株式交換による買収。NZS 社は Federal Steam Navigation Co. の全株を所有。FNS Co. と BI とは長年の業務提携
1917	Union Steamship Co. of New Zealand	株式交換および現金支払いによる買収。US 社と BI とは長年の業務提携
	Hain Steamship Co.	現金支払いによる買収。Hain 社は不定期船会社
	Nourse Line	現金支払いによる買収。P&O 取締役会の承認をへずに買収
	Mercantile Steamship Co.	現金支払いによる買収。Mercantile 社は不定期船会社で、買収後会社清算
1918	Orient Steam Navigation Co.	現金支払いによる買収、後配株51%を取得。経営はマッキンノングループの一つ、在ロンドン企業の Gray, Dawes & Co. が担当
1919	Khedivial Mail Line	
1920	General Steam Navigation Co.	現金支払いによる買収

資料：P&O 31／6,9, 33／1～3, 35／65, 取締役会議事録；Jones 1989b: Chs 6-7より作成。

チームシップ社は、長年の間BIと業務上の提携をしてきた会社であった。その会社の買収にP&Oの株式が利用された。つまり、これまでのP&Oであれば、買収の対象とはならなかった企業が、BIの関係をとおすことで買収の対象となったのである。さらに、一九二〇年に買収したオリエント社の場合、P&Oはこの会社との間でオーストラリアへの郵送事業において相互配船しつつ、冷凍貨物輸送でも友好関係を築いていた。その企業を自らのコントロールのもとにおくということも、郵船企業P&Oの戦前の経営スタイルからは考えがたい企業行動であった。この時期に企業買収を推しすすめた要因には、さまざまなことが考えられる。第一次大戦中における船舶不足の深刻化とそれに対応した船価の暴騰、政府による船舶徴用にともなう航路維持の困難と他企業・他国企業による航路参入の脅威の増大、それに超過利得の増大と節税対策の必要、などがただちにあげられる。だが肝要なことは、これら環境要因が変化するなかで、P&OとBIの合同企業が他の企業の買収によってグループの維持と成長をはかるという戦略へ急転回していった事実である。P&O自体にそくしてみれば、

第8-11表　P&Oの中国直営代理店の手数料代理店への転換にともなう節約額推計　1916年

（ポンド）

香港代理業務			
事務所経費			
給与	6,419		
事務所・住宅など家賃	1,628		
年金・休暇手当て	400		
医療保護費	200		
小　計	8,667		
手数料　5パーセント*		5,576	
上海代理業務			
事務所経費			
給与	5,942		
事務所・住宅など家賃	2,250		
年金・休暇手当て	400		
医療保護費	68		
小　計	8,660		
手数料　5パーセント*		7,866	
要約	事務所経費	手数料	節約額
香港	8,667	5,576	3,091
上海	8,660	7,866	794
総計	17,327	13,442	3,885

備考：＊第1次大戦前3ヶ年間の平均収入に対する5パーセント手数料の額。
香港の平均収入は11万1518ポンド、上海の平均収入は15万7323ポンド。
資料：P&O　33／4より作成。

郵送航路を基盤に成長をとげるという戦略を離れて、買収による外部成長戦略へおおきく転換したことは、インチケープによる経営掌握をおいては考えがたい。

もう一つのおおきな変化は、P&Oの海外支店、とくに東洋方面の支店の、BIの「創業者企業」への整理統合である。一九一六年から一九一八年の間に、ボンベイ、カルカッタ、コロンボ、シンガポール、香港、上海、日本、それにオーストラリアにおけるP&OとBIとの代理店の統合が決定され、実施された(117)。P&OとBIとの重複する海外代理店を統廃合することは、合同企業の経費節減からして妥当なものであったといえる。またこの統合の効果は、P&O単体でみてもプラスと評価された。たとえば、P&Oの中国における直営支店から代理店への切り替えにともなう経費削減は、第8-11表にまとめたように推計されていた。同表の数値によれば、香港と上海の直営支店を維持する場合よりも、代理店に五パーセントの取扱手数料を支払う方が年間三八八五ポンドの節約になった。もちろん、この節約額は運収の大きさによって変動し、場合によっては手数料ベースの方がコスト高となる可能性もあった。だが、この数値の算定基準となった戦前三ヶ年間の運収は比較的高く、それゆえ節約の可能性は大きかったといえる。しかし、これら海外代理店の統廃合における問題は、たんに経費の削減というだけにとどまるものではなかった。代理店の統廃合によって、その代理業務を一手に担うことになるのがBIの「創業者企業」マッキンノン・マッケンジー社であった。つまり、この創業者企業はBIの「経営」のみならず、海外代理店業務の統合・振り替えをつうじて、すくなくともP&Oの海外業務にかかわる「経営」も担当することになった。さらに、海外代理業務がマッキンノン・マッケンジー社の手に握られることは、これまでのP&Oの人材育成システムにも影響を与えることになったと考えられる。すでにたびたび述べたように、P&Oのトップマネジメントを担う人材は、おもに東洋方面における海外代理店に長年勤務するシステムをとおして育成された。ところが、この海外代理業務がコミッション・ベースの「創業者企業」の手に委ねられることは、P&Oの従業員が海外代理店を転勤するなかでトレード固有の知識や経験を身につける機会を失わせ、ひいてはP&Oのトップマネジメントへの昇格の道を狭めることを意味した。これにかわってP&Oのトップマネジメントをになう人材の供給源となったのは、創業者企業あるいはそれと関係の深い企業群であった。ちなみに、インチケープが一九三二年五月に辞任したあと、P&Oの第一〇代会長となったのはインチケープの女婿で、インチケープの関係企業やBIの会長も務めたアレグザンダー・ショウ（Alexander Shaw）であった。[118] さらにショウが病気で一九三八年に辞任したあと、P&O

の第一一代会長職についたサー・ウィリアム・C・カリー(Sir William Crawford Currie)は、その前職がマッキンノン・マッケンジー社のパートナーであった[119]。

BIとの合同後にみられた、成長戦略の転換、海外支店の代理店への振替えとそれに並行したトップの経営者の補充ルートの変更という二つの変化に照らし合わせれば、一九一四年のP&OによるBIの買収は、結果的にBIによる、否より正確にはマッキンノン/インチケープ・グループによる、P&Oの経営支配をもたらす端緒となったといえよう。それはやがて、BIの経営にみられた経営代理的関係がP&Oにも移出される結果を生みだすことになった。だが振り返ってみれば、じつはサザーランド一人が業務執行取締役としてトップマネジメントを代表していた時代にこのような経営代理的な関係への移行が着々と準備されていたともいえるであろう。かくして経営方法からみれば、本書が対象とする時期の終わりにおけるP&Oの経営は、有限責任の勅許会社として設立された初期の経営——コミッション・ベースのエージェント方式——にきわめて類似したものに回帰することになったのである。

(1) 旧郵政省文書館では、おもな契約ごとに入札企業や契約企業との通信文書のほかに、政府関係機関との通信記録や省内限りの覚書などの関連文書がまとめてファイリングされている。しかし、なぜかP&Oとの一八八八年契約についてはこのようなファイルの束がなく、契約成立にいたる詳細をあきらかにする資料がない。

(2) Post 29/428 Pkt. 119N/1887, Postmaster-General's report to the Treasury, 30 May 1884.

(3) Maber1967: 102-103. オリエント社のイギリス母港はプリマスにおかれた。

(4) Post 29/462 Pkt.4080/1888. New South Wales, the 33rd Annual Report of the Postmaster General (1887).

(5) Post 29/428 Pkt.119N/1887. Report to the Lord Commissioners of Her Majesty's Treasury. Australian Mail Service, 5 December 1885.

（6）　Post 29/428 Pkt.119N/1887. Memorandum of Agreement, dated 21 August 1885.

（7）　以下の叙述は断りのないかぎり、Post 29/462 Pkt.4080/1888. New South Wales, the 33rd Annual Report of Postmaster General, 1887 によっている。

（8）　以下の叙述は断りのないかぎり、Post 29/462 Pkt.4080/1888, Confidential: P&O Contract, 30 June 1887 によった。

（9）　Post 29/462 Pkt.4080/1888. Minute: letter to be sent to Treasury, 28 May 1887.

（10）　Post 29/462 Pkt.4080/1888. Treasury Chambers to the Postmaster General, 20 August 1887.

（11）　Post 29/462 Pkt.4080/1888. Hill to the Secretary to General Post Office, 24 August 1887.

（12）　Post 29/462 Pkt.4080/1888. Blackwood to Bethune, 16 November 1887. 同時に二隻を配船するといっても、中国郵便とオーストラリア郵便を一隻の郵船で運搬する道が残されたため、その郵船は約定日数をまもるために高速で運航する一方、もう一隻の郵船はいわゆる経済スピードで就航することが可能となった。P&Oにとって経費の節約になったことはいうまでもない。

（13）　P&O 6/10 4 December 1883. P&Oは一八八〇年代前半に、エジプトを横断する旅客や郵便の安全輸送のために一時的措置としてすべての郵便物を運河経由とすることを郵政省に願いでて、許可を受けたことがある。P&O 6/10 5 December 1882.

（14）　Post 29/771 Pkt. 245D/1903. Minute, 25 September 1902.

（15）　Post 29/608 Pkt. 65X/1897. GPO's Memorandum. [no date] 最初は一年の延長ということであったが、のちの省間委員会との交渉の結果、三ヶ年の延長となった。

（16）　この提案は一八九三年一二月になされた。　Post 29/608 Pkt. 65X/1897. General Post Office, 18 March 1897.

（17）　Post 29/608 Pkt. 65X/1897. General Post Office, 18 March 1897. その構成メンバーを示せばつぎのとおりである。W. L. Jackson, M. P.（委員長）、Buxton Forman（郵政省）、John Bramston（植民省）、William Godsell（インド省）、J. A. Kempe（大蔵省。かれは間もなくG. H. Murrayと交替）の五名であり、秘書として郵政省の秘書部事務員L. T. Horneが任命された。

（18）　Critchell & Raymond 1912: 30-31.

(19) Critchell & Raymond 1912: 128-129.

(20) 同船は一八八七年から一八八八年にかけて建造されたブリタニア号（*Britannia*）やオセアナ号（*Oceana*）と同じ六五〇〇トンクラスの大型客船であり、これら三隻の姉妹船はいずれも三連成機関を備えた船舶としてオーストラリアに配船された最初の船隊であった。Raboson 1988: 114-115.

(21) Critchell & Raymond 1912: 129; Maber 1967: 159-160,254,259-260.

(22) Royal Commission on Shipping Rings 1909, vol. 4: §21.

(23) P&O 18/2, Barnes to Withers (Melbourne), 20 April 1894. 以下、断りのないかぎり、同書簡によった。

(24) 外部からの用船は用船業務に精通していたオリエント社のマネージング・エージェントであったアンダーソン・アンダーソン社（Anderson, Anderson & Co.）が担当したが、用船先としてはデーヴィス加盟船社の船舶が優先された。P&O 18/1, Barnes to G. D. Michie (Sydney), 27 October 1893.

(25) このような代表的な事例は、大手商社のダルゲッティ社（Dalgety & Co.）であり、同社はアバディーン・ラインを経営していたトムソン社（George Thompson & Co.）やブルー・アンカー・ラインのランド社（Lund）にヴィクトリア政府との輸送協定を締結するよう働きかけた。P&Oが一八九四～一八九五年にかけて、このダルゲッティ社の郵船批判の動きにてこずった様子は、P&O 18/1-5のForeign Letters に詳しい。

(26) ヴィクトリア政府では農業省が郵船との契約を結んだが、国防大臣は非郵船企業との契約の可能性を探った。P&O 18/1, Sutherland to Withers (Melbourne), 9 March 1894.

(27) Post 29/608 Pkt. 65X/1897. Eastern and Australian Mail Services Committee. Notes of Proceedings at Meeting. p.6.

(28) Post 29/608 Pkt. 65X/1897. Walpole to the Postmaster-General of South Australia, 29 March 1895.

(29) Post 29/608 Pkt. 65X/1897. Second Report of the Committee on Mail Communications with Australian and East. §5-6.

(30) Post 29/608 Pkt. 65X/1897. Second Report of the Committee on Mail Communications with Australian and East. §8.

(31) Post 29/608 Pkt. 65X/1897. Second Report of the Committee on Mail Communications with Australian and

East. §9,11.

（32）P&O 18/5, Barnes to Withers (Melbourne), 27 September 1895.

（33）時期はややあとになるが、一九〇〇年時点で、Ｐ＆Ｏの船舶オーストラリア号（*Australia*. 六九〇一総トン、一万馬力、一八九二年建造）にはヨーロッパ人船員一一〇人とアジア人船員一六九人、合計二七九人が乗船していたが、同型の船舶で同じ航路に就航していた他会社の船舶オフィル号（*Ophir*）にはヨーロッパ人船員だけが乗りこみ、その船員数も二〇三人とすくなかった。P&O 6/10 half-yearly report, ended 31 March 1900. Johnson to the Secretary of the Board of Trade, 25 May 1900.

（34）Post 29/608 Pkt. 65X/1897. Second Report of the Committee on Mail Communications with Australian and East. §14.

（35）Post 29/805 Pkt. 87Z/1904. Cited in a letter to Colonial Office by Postmaster-General, 23 January 1896.

（36）Post 29/805 Pkt. 87Z/1904. Cited in a letter to Colonial Office by Postmaster-General, 20 February 1896.

（37）Post 29/805 Pkt. 87Z/1904. Telegram, Chamberlain to F. Buxton, 25 February 1896.

（38）Post 29/805 Pkt. 87Z/1904. Walpole to Colonial Office, 24 March 1896.

（39）Post 29/805 Pkt. 87Z/1904. Cited in a letter to Colonial Office by Postmaster-General, 1 April 1896.

（40）Post 29/805 Pkt. 87E/1904. General Post Office. Contracts for the Conveyance of Her Majesty's Mails. 7 April 1896. 公示にさき立つ一八九五年一二月に、郵政省は二四ヶ月前の解約通知をＰ＆Ｏにだし、一八八八年契約の打ち切りを決定している。Post 29/805 Pkt. 87E/1904. Forman to the Secretary of P&O, 23 December 1895

（41）チャイナ・ナヴィゲーション社は一八七二年設立され、その経営会社にはスワイア社の東洋でのパートナー事業バターフィールド＆スワイア（Butterfield & Swire）が就任した。当初は、揚子江の河川取引や中国沿岸取引の運搬に従事していたが、やがて東南アジアやオーストラリアへの遠洋航海にも進出した。チャイナ・ナヴィゲーション社については、Marriner & Hyde 1967、とくにCh.4-5を参照のこと。

（42）すなわち、契約の交渉相手がＰ＆Ｏに決定したあと、郵政省はＰ＆Ｏが入札した契約金をオーストラリアとインド・中国航路に、また後者をさらにいくつかのセクションに割りふった数値を呈示するよう求めた。これに対してＰ＆Ｏは郵送サービスは相互に密接にかさなりあっており、これを個々のセクションに分けることは不可能であると回答した。

しかし、郵政省からのかさねての割りふりを求められて、P&Oはオーストラリア航路については年間八万五〇〇〇ポンドを受けとるべきことと考えていることから、インド・中国サービスについては残りの二四万五〇〇〇ポンドがあてられる旨回答した。Post 29/805 Pkt. 87E/1904. Walpole to the Secretary of P&O, 8 January 1897; Barnes to the Secretary of the Post Office, 13 January 1897;Joseph to the Secretary of the Post Office, 15 January 1897.

(43) Post 29/607 Pkt. 65X/1897. Fourth Report of Committee on Eastern and Australian Mail Services. Examination of the Tenders received. 以下の叙述は断りのないかぎり、同報告書によった。

(44) このホルト社へのロンドンまでの延航の問いあわせは、小包郵便物の運搬に関わってなされたものである。それまでP&Oの郵船はブリンディジに郵便物を揚げたあと、ロンドンまで小包を年間三五五〇ポンドの契約金で運搬していた。この小包郵便物は一八九八年契約の入札では「郵便物 (mails)」範疇にふくまれることになり、そのため小包郵便物の運搬に対する契約金の支払いは中止されることになったが、ロンドンへの(からの)運搬の必要性はなくなっていなかったのである。

(45) BPP 1897, Post Office (East India, China and Australian Mails). なお、オリエント社との間でも同日付でオーストラリア航路の契約が結ばれた。

(46) たとえば、Forbes 1996: 87-89.

(47) ホルト社が初期の革新的な企業者活動を衰退させ、一八七〇年代後半から一八九〇年代前半にかけて競合ラインに対して不利な立場にたったことについては、Hyde 1957: 76-78; Falkus 1990: 106-109 を参照のこと。

(48) Post 29/804 Pkt. 87E/1904. Minute, 19 November 1902.

(49) 以下の記述は断りのないかぎり、Post 29/804 Pkt. 87E/1904. Minutes, 16 January 1903 によった。

(50) Post 29/851 Pkt. 17F/1905. The Parliament of the Commonwealth of Australia. English mail service. 1904. 第一六条第一項には「いかなる郵便物運搬契約や協定も、そのような運搬に白人労働者だけをもちいるという条件をふくまない場合には、連邦のために結ばれえない」と記されていた。

(51) Post 29/851 Pkt. 17F/1905. Forman to the Secretary of the P&O, 30 January 1903.

(52) この判断は、当時の植民相チェンバレン (J. Chamberlain) が本国政府契約企業のオーストラリア郵便物の運搬に関してオーストラリア側に問いあわせた返事のなかで示されたものである。Post 29/804 Pkt. 87E/1904.

Chamberlain to General Governor Lord Tennyson, 17 April 1903; Tennyson to Chamberlain, 22 June 1903.

(53) Post 29/805 87E/1904. Treasury to the Secretary, 8 April 1903.

(54) Post 29/805 87E/1904. GPO to Cecil, 27 May 1903. 委員会にはインド郵政局の副局長がのちに参加した。

(55) これらはPost Office Archives の資料のうち、Post 43/18にまとめられている。

(56) Post 43/18 Eastern Mail Committee. Notes of the Third Meeting, 19 June 1903.

(57) Post 43/18 Eastern Mail Committee. Notes of the Fourth Meeting, 23 June 1903.

(58) Post 43/18 Eastern Mail Committee. Notes of the Third Meeting, 19 June 1903. ここでいう「インチキな入札」とは暗にホルト社のそれを指していた。ホルト社は、一九〇三年初頭に専用船による郵便輸送という九八年入札と同じような提案を認めた手紙を郵政省にだしていたが、郵政省では「問題外」の提案とみなされており、セシル委員会でもホルトの提案はしりぞけられた。

(59) Post 43/18 Eastern Mail Service Committee. Notes of the Fourth Meeting 23 June 1903.

(60) Post 43/18 Eastern Mail Committee. Notes of the Third Meeting, 19 June 1903.

(61) 以下の叙述は、Post 43/18 Forman's Memorandum, 17 March 1903 によった。

(62) Post 43/18 Forman's Memorandum, 17 March 1903.

(63) Post 43/18 Memorandum prepared by S. J. Graff respecting the conveyance of Government passengers by Mail Packets. 3 July 1903.

(64) Post 43/18 Forman's Memorandum, 17 March 1903. 以下断りのないかぎり、同文書によっている。

(65) 一八九八年のオーストラリア航路の全体の契約金は年間一七万ポンドであったが、そのうち本国政府が九万五〇〇〇ポンド、オーストラリアが残りの七万五〇〇〇ポンドを負担していた。

(66) Post 43/18. Eastern Mail Service Committee. Notes of the 10 Meeting, 21 July 1903, pp. 24-25

(67) Post 43/18. Eastern Mail Service Committee. Notes of the 10 Meeting, 21 July 1903, pp.34-35.

(68) Post 43/18 Eastern Mail Service Committee. Draft Resolution. 同草案には日付がないが、本文で述べるように、一九〇三年七月二四日のセシル委員会の第一一回会議に提出されたことから、この日付に近いところで作成されたと考えられる。

（69） Post 43/18 Eastern Mail Committee, Notes of the 11 Meeting, 24 July 1903.

（70） Post 43/18 Eastern Mail Committee, Notes of the 11 Meeting, 24 July 1903. パシフィック社は南米航路を中心に定期配船していた企業であるが、オリエント社とは一八九〇年代に手持ち船舶の用船をつうじて最初の関係が築かれた。オリエント社のオーストラリア航路が「オリエント＝パシフィック・ライン」との名称で運航されるのは一九〇一年からのことであった。Maber 1967: 104-105. なお、一九〇六年二月には、このパシフィック社のオーストラリア航路の権利はその投入船舶ともどもロイヤル・メール社（Royal Mail Steam Packet Co.）によって買収された。Maber 1967: 106.

（71） Post 43/18 Eastern Mail Committee. Notes of the 12 Meeting, 29 July 1903. 以下の叙述は断りのないかぎり、同文書によった。

（72） 以下の叙述は断りのないかぎり、Post 29/817 Pkt. 134E/1904. Memorandum. Apportionment of subsidy for the Australian Mail Service によった。

（73） ただし、委員会の決議は郵政省の原案のままというのではなく、つぎのように補足と修正がくわえられた（傍線部分がその個所）。「有色労働者が雇用されている郵送サービスに参加しつづけることに対する、オーストラリア連邦の拒否にかんがみて、またその結果、オーストラリアが受理できる条件でそのサービス部分を提供する、最善の取り決めをおこなう機会を連邦政府に与えるという必要にかんがみて、

そして、東洋郵送サービスを部門ごとに入札にかけることで有効な競争を最終的にえることが重要であるということにかんがみて、

また、入札航路後、さまざまな競争者に十分な速力をもった船舶を建造する時間を与えるということにかんがみて、当委員会はペニンシュラー・アンド・オリエンタル社との契約を、ボンベイまでの契約時間を二四時間はやめるという条件で、三ヶ年を限度として更新するこころみを勧奨する。

もし、このこころみが成功しない場合、当委員会――代替案について意見を留保するインド省の代表をのぞいて――は、入手できる最善の条件で既存契約を三ヶ年延長することに賛成する」。Post 43/18 Eastern Mail Service Committee. Notes of the 12 Meeting, 29 July 1903.

（74） Post 29/851 Pkt. 17F/1905. Johnson to the Secretary of GPO, 11 December 1903. なお、海軍省の推計によれば、

二四時間のスピードアップのためにP&Oが負担する焚料費を中心とする追加コストは年額三万ポンドと見積もられた。
Post 29/850 Pkt. 17F/1905. GPO to the Treasury, 12 January 1904.

(75) BPP 1904 VOL XXIII: §23; and Post 29/850 Pkt. 17F/1905. GPO to the Treasury, 12 January 1904.

(76) BPP 1904 VOL XLIX, Post Office (East India, China and Australia Mails).

(77) Post 29/851 Pkt.17F/1905. The Parliament of the Commonwealth of Australia. English Mail Service. 19 May 1904.

(78) Post 29/967 Pkt. 39I/1908. Minute by the Postmaster General [no date].

(79) Post 29/895 Pkt. 60G/1906. Contracts for the conveyance of His Majesty's Mails, 3 April 1906.

(80) Post 29/934 Pkt. 171H/1907. GPO to Treasury, 3 September 1906. フライはインド／中国サービスと喜望峰経由のオーストラリア・サービスを申し込んだが、契約遂行に必要な船隊をもってはおらず、また契約にともなう供託金についても、建造船価にコミッションを支払ってくれる建造業者をみつけることでこの供託金を捻出する、というずさんな計画であった。

(81) Post 29/934 Pkt. 171H/1907. Johnson to the Secretary, GPO, 3 August 1906.

(82) BPP 1907, vol.XLII.

(83) Post 29/1118 Pkt. 52/1912. Memorandum. Peninsular and Oriental Contract for Eastern Mail Service. 3 October 1912.

(84) Post 29/1118 Pkt. 52/1912. Memorandum. Peninsular and Oriental Contract for Eastern Mail Service. 3 October 1912

(85) Post 33/4984. Minute 8343/1936. Memorandum, 21 January 1913.

(86) Post 33/4984 Minute 8343/1936. Postmaster General to Treasury, 28 February 1913; Treasury to GPO, 2 April 1913.

(87) Post 43/18 Eastern Mail Service Committee. Notes of the 10 Meeting, 21 July 1903. p. 18. ［ ］内は引用者補。

(88) Post 43/18 Eastern Mail Service Committee. Notes of the 10 Meeting, 21 July 1903. p. 11.

(89) この例外は、おそらく一九一〇年に開設した喜望峰経由のオーストラリア航路であろう。だがこのラインは、もともとランド社が経営するブルー・アンカー・ラインを買収して、その経営を引きついだものであった。すなわち、ランド社は喜望峰経由でオーストラリアへの移民と貨物の輸送をおこなっていたが、一九〇九年七月、所有船隊の一隻を海難で失い、財務的な困難におちいった。Maber 1967: 251. 他方、P&Oはオーストラリア移民輸送の需要がたかまっているなか、一・二等旅客施設しかもたない郵船ではこの移民輸送業務に参入できなかった。両社の間で交渉がもたれた結果、P&Oがブルー・アンカー・ラインの船隊とランド社の営業権を買い取ることで合意した。すなわち、船隊五隻、二万八六〇〇総トンの買取り額約二五万ポンド、営業権への支払二万五〇〇〇ポンド、合計二七万五〇〇〇ポンドが現金で支払われた。この金額は当時オーストラリア郵送航路に就航していた郵船一隻の建造費三二～三三万ポンドよりも安かった。P&O 31/5 F. W. Lund to Ritchie, 10 January 1910; W. Lund to Sutherland, 12 January 1910; Rabson 1988: 160-61. P&Oは買収した船隊の旅客施設をすべて三等クラスの――より適切には一クラスだけの――施設に改装するとともに、旧ラインの名称を廃してP&Oブランチ・ラインの名称のもとに運航を開始した。P&O 31/5 Managing Committee, 1 October 1910. 一方、二〇世紀初頭から第一次大戦までにイギリス海運業界では船会社同士の合併運動が繰りひろげられるが、同時にこの過程でロイヤル・メール社に代表されるような、定期船企業の経営航路の多角化が進捗した（合併運動の概観についてはスターミー 1962を、またロイヤル・メール社の合併運動についてはDavies & Bourn 1972, Davies 1978, Davies 1981, Green & Moss 1982 を参照のこと）。しかし、サザーランドがトップマネジメントにいた一九一四年まで、P&Oがほかのラインの買収をおこなって経営航路を多角化したのは、一九一四年のBIとの合併を除けば、このブルー・アンカー・ラインの買収一件だけであった。しかも、それはスエズ経由の郵船航路に対しては支線（ブランチ・ライン）としての位置づけであって、幹線の郵送航路を代替するものではなかった。P&Oの場合、郵送航路以外への進出はいちじるしく限定的かつ消極的であった、と結論づけてもさしつかえないであろう。

（90） Post 29/1249 Pkt. 29/1915. Hobhowse to Sir Thomas Sutherland, 21 December 1914.

（91） Post 29/1249 Pkt. 29/1915. Sir Thomas to Hobhowse, 25 December 1914.

（92） P&O 1/115 1 and 15 December, 1899.

（93） P&O 1/115 15 December 1899. ここでいうアシスタント・マネジャーに誰が就任し、その後この職位はどのように変遷したのかは、取締役会議事録ではたどることができない。

(94) P&O 1/115 22 December, 1899.
(95) P&O 1/113 6 February, 1891.
(96) P&O 1/115 22 December, 1899. ボーナスの支給は他の従業員にもなされたが、サザーランドへの支給額は破格であった。
(97) P&O 1/116 7 January, 1903.
(98) P&O 1/116 24 May, 1905.
(99) 本書第二章第2節を参照。
(100) P&O 1/116 11 July 1906; 1/117 28 November 1906.
(101) P&O 80/17.
(102) P&O 1/117 2 December 1908.
(103) P&O 80/18.
(104) P&O 1/117 16 October 1912.
(105) P&O 1/117 30 October 1912.
(106) P&O 80/18.
(107) ＢＩ社については社史としてBlake 1956が、また研究論文として澤 1985がある。
(108) P&O 6/20 Extraordinary General Meeting, 24 June 1914. サザーランドの挨拶。以下の叙述は、断りのないかぎり同文書による。
(109) P&O 1/118 Special Board Meeting, 20 May 1914.
(110) Ｐ＆ＯによるＢＩの買収は、具体的にはつぎのようにおこなわれた。ＢＩの優先株七〇万ポンドは、Ｐ＆Ｏの優先株と等価で交換する。またＢＩの普通株九五万七二〇〇ポンドは、Ｐ＆Ｏの後配株と交換し、その交換比率はＢＩの五〇ポンド普通株一株に対してＰ＆Ｏの後配株三三ポンド六シリング八ペンスとする。それゆえ、Ｐ＆ＯのＢＩ株式の取得にともなう必要金額は合計一三三万八〇〇〇ポンドあまりに達し、その分の新株発行がなされることになった。BIS 4/32 Agreement B.I./P&O on fusion, 27 May 1914; P&O 1/118 Sutherland's letter to Inchcape, 21 May 1914.
(111) 一九一四年八月初旬時点のＰ＆Ｏの船隊は建造中船舶をふくめて六八隻五五万一〇〇〇総トン、またＢＩのそれはおなじく建造中船舶をふくめて一四七隻六九万六〇〇〇総トンであった。P&O 35/5.

(112) P&O 1/118 Special Board Meeting, 20 May 1914. BIS 4/32 Agreement B.I./P&O on fusion, 27 May 1914.

(113) P&O 6/20 Extraordinary General Meeting, 24 June 1914.

(114) P&O 100/13. なお、P&Oの取締役会は一九一四年末に、サザーランドに対する報酬として五万ポンドを贈る決定をおこなっている。P&O 12/6 Sir Thomas Sutherland & Lord Inchcape's remuneration 1912-1925, 29 December, 1914.

(115) P&O 1/118 22 July, 1914.

(116) P&O 12/6 Sir Thomas Sutherland & Lord Inchcape's remuneration 1912-1925. [no date]

(117) P&O 33/3,33/4; Napier 1997: 78.

(118) P&O 100/13; Griffiths 1977: 118.

(119) Howarth 1986: 136. カリーは一九六〇年までP&Oの会長職にとどまった。

終　章　契約、エージェントおよび〈近代〉

序章で述べたように、本書の課題は、P&Oという一郵船企業が政府との間で結んだ郵送契約の変遷をたどりながら、イギリス一九世紀の自由主義経済体制下における政府と企業との関係——エージェンシー関係の特質を探ることにあった。ここで、これまでの諸章の叙述と分析をまとめながら、序章で提示した課題への答えを探るとともに、そこからえられるインプリケーションを述べることにしたい。最初に、郵送契約をめぐるイギリス政府とP&Oの関係を、おもにプリンシパルの側からの契約設計の変更という視点からまとめる。郵送契約の基本設計を描くのに主導的な役割を果たしたのはイギリス政府であるため、設計の変遷をプリンシパル側からたどることは妥当であろう。つぎに、同じ過程をエージェント側から、マネジメント体制の変化と関わらしめて考察しよう。最後に、このエージェンシー関係の分析からえられるインプリケーションについて述べる。いうまでもなくこれらの結論やインプリケーションは、海上郵便輸送サービスの代理関係をめぐる、しかも一企業の事例研究からの結論であることを、ふたたび強調しておきたい。

一九世紀に登場した汽船という新しい技術革新は、なによりもまずその自力走行という性能が着目された。自力走行による規則性と時間厳守は、風と潮に左右されざるをえない帆船の不規則性と時間のルーズさに代るものと期待された。海上郵便輸送手段として、はやくから汽船に人々の期待が集まった理由もここにある。このような新しい交通手段が登場するなか、イギリス政府（郵政省）は近距離郵便輸送についてはみずから汽船を所有し、運航しようとした。だが、これはコストがかさみ、多額の損失を出して失敗した。政府は海上郵便輸送はこれをできるかぎり民間企業に委託する基本方針を決定し、同時に民間企業との契約における政府当事者を郵政省ではなく海軍省とした（第一章）。かくして、海上郵送サービスにおける政府と企業との間のエージェンシー関係が本格的に展開されることとなった。

ところで、海軍省時代におけるP&Oの郵送契約は、その前身企業の時代もふくめれば、一八三七年の半島契約から一八五三年の東洋契約までである。この時期の汽船は、ようやくその揺籃期は過ぎたとはいえ、いまだ初期の発展途上過程にあった。すなわち、この時代の舶用機関は単サイクル蒸気機関であり、燃焼効率の低さにくわえてボイラーが低圧であったため、燃料である石炭の消費量がおおく、速力も遅かった。このような低効率の動力の時代に汽船を郵送事業に使用するには、短距離航路にかぎるか、あるいはやや長めの航路であれば途中におおくの給炭所を設けて頻繁な寄港を繰りかえして燃料を補給する必要があった。つまり、汽船を長距離で運航するには燃料費を中心として多額の費用がかかり、これを補塡するためになんらかの公的資金の投入が不可欠であった。くわえて、政府の契約当事者はイギリス海軍省であった。そこで序章でも紹介したように、イギリス政府は、有事の際に軍用に転換すべく郵船の要目を規定し、それに対する見返りとして郵送契約金という補助金を支給したのではないか、つまり帝国支配の一手段として郵船企業の育成保護をはかったのではないか、という疑問がだされることになった。

たしかに、P&Oの場合でも、海軍省との間で結ばれた契約では、船舶の船型と機関出力の要目が規定され、また大砲の搭載設計と必要設備の装備が義務づけられた（本書第三章）。これらはいずれも有事における補助艦への転換を意図したものであり、その意味で当時の郵送契約のもつ軍事的な性格は否定しようもない。また、一八四五年契約にみられるように、イギリス政府が中国までの郵送航路を必要航路として認め、契約企業のP＆Oに多額ともいえる契約金の支給を承認したのは、アヘン戦争とその結果である中国の開港、一部領土の割譲という政治的な要因が大きく影響していたと考えられる。しかしながら、海軍省が政府の契約当事者であった時代においても、これら軍事的・政治的な要因が郵送契約に占める重要性は、ひとたびP＆Oの主要な契約航路の範囲が確定するや急速に低下していった。その引き金となったのは、一八五三年のカニング委員会の結成とその勧告であった。そもそもこの委員会の結成は、郵送契約金が民生経費のなかで膨張し、なんらかの歯止めをかける緊急の必要性に迫られてのことである。そしてその委員会の基本的な考え方は、軍事的・政治的観点からする補助金政策を排除し、商業的な観点から郵送契約を見直すというものであった。具体的には、郵送契約から郵船の軍用転換のための条項を削除し、また郵送契約の将来的な設計については公開入札による短期契約とすることで、郵送サービスのコスト・パフォーマンスを高めるべきであることを勧告した（第三章）。

いまや郵船企業に求められているのは、汽船を定期配船するという起業リスクを引きうけるだけではなく、船用機関や推進機器の技術進歩を船隊に採りいれて、契約金＝コストの低下に不断に取り組む企業努力であった。われわれはここに、海上輸送の担い手が政府から民間へと移転したというだけではなく、さらに海上郵送サービスの国防目的からの分離ということをとおして、郵船企業に期待する役割の見直しがなされたことを確認できよう。これ以降、イギリス政府は、コスト・パフォーマンスにもとづいた契約の設計を一貫して追い求めることになったのである。

この一八五〇年代前半における郵送契約の見直し作業は、郵船企業にとって政府契約がもはや通常想定されているような育成的な補助政策として機能するものではないことを意味した。かくして、一八五〇年代におけるオーストラリア郵送契約でのP&Oに対する契約の打ちきりか続行かというオール・オア・ナッシング的な選択の迫り方にみるように、補助政策としての郵送契約という観点からはとうてい考えられない厳しい契約の履行をイギリス政府は求めたのである。しかしながら、無条件ペナルティに代表される厳格な契約の履行条件を課するだけでは、望ましい契約企業の選抜に十分ではないことも一八五〇年代の契約からあきらかとなった。無条件ペナルティという契約履行条件の引き上げが、結果的にはP&Oを選考から排除し、リスク・テーキングだが契約遂行能力に劣るE&A社と契約するという、逆選択をもたらしたからである（第四章）。

このような一八五〇年代の郵送契約の経験から、イギリス政府は契約当事者を海軍省から郵政省に変更するとともに、契約相手として信頼できる運航業者という事前スクリーニングの条件を課するようになった。しかし、信頼という条件を重視することは、過去の運航実績にもとづいて契約相手を選考することを意味する。これは入札選考から新設企業を事実上排除することに連なり、エージェントとしての対象企業を少数に絞る結果を招いた。一八六八年契約の成立過程がまさにそれであり、イギリス政府は事実上唯一の入札者となったP&Oを相手に苦渋の選択を迫られた。その結果成立した一八六八年契約は、すでに述べたように、P&Oの純益におうじて契約金の支給額を変動させるというものであった（第五章）。

一般に、エージェントの成果におうじてその報酬を変えるという成果ベースの契約は、成果に不確実性があり、エージェントがリスク回避的である場合、プリンシパルには有利であり、エージェントには不利である。[1]というのも、成果は不確実な世界においては当然変動を免れえず、その変動のどの部分がエージェントの行動に帰するのかを確定することは困難であるため、リスク回避的なエージェントは成果ベースの契約を避けようとするからである。だが、一八六八年契約が特異であったのは、P&Oというエージェントの成果が不振の場合に、プリンシパルであるイギリス政府が損益の一部を補償するかたちで契約金を増額支給する仕組みをもっていたことである。もちろん、その増額分には最高限度額が設けられていたとはいえ、民間企業の損益に連動して補助金の支給を増減させる仕組みは、契約の設計としては欠陥を持つものであった。第一に、契約金の支給が企業の業績と結び付けられたため、エージェント側が業績を実際よりも悪化しているように見せかけるというモラル・ハザードの可能性を排除できなくなった。郵政省はP&Oの帳簿類を調査し、申告した契約金の請求が妥当性をもつものか否かをそのつど判定する作業を負担することになった。また、両者の間で解釈が異なる場合には、意見の調整をおこなう必要があった。第二の欠陥は、成果ベースの契約は、一般にエージェントにリスクを移転するものであるが、一八六八年契約ではプリンシパルもエージェントのリスクを分担することになったことである。P&Oがいみじくも一八六八年契約を政府とのパートナーシップのもとで成立した契約、と表現した理由もここにある。しかし、本来は海上郵送サービスの代価として支払われる契約金が民間企業のリスク負荷を共有する形で用いられることは、郵送契約からのあきらかな逸脱であった。もともとはP&Oから契約金の引きさげをいかに引きだすかという観点から結ばれた六八年契約であったが、イギリス政府がこのパートナーシップを短期のうちに解消したのは当然の選択であった。

業績連動方式から固定額支給方式への復帰は、高額な契約金支払いをもたらした。これに対するイギリス政府の巻き返しは、郵船のスエズ運河利用をめぐる交渉で機会が与えられた。この交渉では、郵政省よりも大蔵省が強硬路線を敷き、P&Oの要求に対峙した。郵船の運河利用を正式契約条項とすることで経費の削減と運送の増収をはかりたいP&Oと、鉄道による郵便輸送の迅速性と確実性を維持したいイギリス政府との間で、目標に関するコンフリクトが生じたといえる。郵送手段として運河を利用するか陸上の鉄道を利用するかという対立は、一方が企業の私的利益に、他方が郵送という公益に関係していた。結局、P&Oが追求する私的利益を公益に一致させるには、獲得した契約金の大幅な減額という譲歩が必要であった。イギリス政府（大蔵省）は、この交渉でも運河利用によるコスト削減は郵送契約金の引きさげに直結すべきだという、コスト・パフォーマンスの視点を貫き、またそれを実現したのであった（第六章）。

スエズ運河の開通は、イギリス政府にP&Oとの契約金の引きさげ交渉の機会を与えただけではなかった。事実上一社に絞られていた信頼できる契約入札者の数を増やすことになった。折りよく、一八六九年のスエズ運河開通以前に、舶用技術では新しい飛躍がなされていた。すなわち、連成機関の導入である。同機関は高圧と低圧のシリンダーを交互に使用して燃料効率を高めることで、石炭消費量を大幅に減少することに成功した。(2) 連成機関は最初から航洋汽船に採用されたが、同機関を装備した船舶で長距離の航行が可能であることを実証したのは、リヴァプールの海運企業オーシャン・スチーム・シップ社（Ocean Steam Ship Co. OSS社。Alfred Holt が経営）であった。同社の新造船アガメムノン号（*Agamemnon*）は一八六六年、喜望峰経由リヴァプール／モーリシャス間八五〇〇マイルをノンストップで走行した。その所要日数は三七日、平均速力は一〇ノットであった。(3) OSS社のターゲットは中国市場にあり、それゆえP&Oと競合する立場にあった。しかもOSS社は、P&Oのようにエジプト陸上ルートを間に挟むホーム・ウォーターとイースト・ウォーターという、これまでの郵送航路経営の二分法にしたがった枠組みにとらわれることなく、スエズ運河を利用できた。かくして、連成機関の導入とスエズ運河の開通は、これまでごく少数の郵船企業を除けば脅威とはならなかった潜在的な競争企業を顕在化させ、郵送契約における入札競争を厳しいものとしたのである。

第七章で述べたように、信頼できる有力な入札者が応募した一八八〇年契約の選考では、契約エージェントの交替が生じる可能性は十二分にあった。いったんホルト社に内定していた選考結果を覆したのは、イギリス政府部内の意見対立であり、またその背後にあった本国と帝国植民地間の意見の違いであった。いまここでその詳細を繰りかえす必要はないが、本国と帝国の関連に着目すればつぎのようにいえよう。第一に、郵送契約の締結にいたる過程で、植民地の意見なり判断なりは郵政省と直接に、あるいは植民省をとおして間接的にコンタクトをとることで、十分に反映されていた。本国政府や大蔵省は、契約金の分担問題をかかえていたために、植民地の意見なり判断なりを無視して契約を設計したり、入札者を選定することはなかった。郵送契約に関するかぎり、本国と帝国との間に単純な支配／被支配関係や、あるいは収奪／被収奪関係を当てはめることはできないと考えられる。

さらに第二に、ホルト社が契約者として内定する過程においても、またそれが逆転する過程においても、重視されていたのは契約金額や輸送速度など郵送サービスのコスト・パフォーマンスの要因だけであった。ホルト社の本拠地リヴァプールはその背後にイギリス綿業地帯をかかえており、OSS社船舶の優良貨物の一つは長らく中国向け繊維製品であった(4)。もし、一八八〇年契約がホルト社と締結されていたならば、イギリス綿業―海外市場という関連が想起されたかもしれない。またホルト社からP&Oへの逆転決定は、帝国支配における金融利害の中心性を強調するジェントルマン資本主義論の構図を例証する事例とみられるかもしれない(5)。しかしながら、このような帝国支配に関するいくつかのシェーマは、こと郵送契約に関するかぎり妥当性をもたなかったといえる。

だが第三に、本国政府が植民地側の意見や判断を契約設計に反映させていくことは、やがて限界をもつことがあきらかとなった。一八七〇年代には早くも、オーストラリア航路では植民地間の内紛のために郵送航路を一本に絞れず、本国政府は途中の中継地点までの郵送提供という変則的な郵送体制を敷かざるをえなかった。しかし、オーストラリア植民地の要求はさらに昂進し、それはやがて郵送契約の設計そのものを超える問題を孕むことになった（郵船からの有色船員排除の要求）。ここにおいて本国政府は、植民地間の意見調整機能役に徹すればおのずと東洋における郵送サービスの統一性を確保できる、というような段階はとうに過ぎ去ったことを認識せざるをえなかったのである。

イギリス政府（郵政省）が東洋における統一的な郵送体制を確保するために選択した手段は、P&Oの東洋航路の完備性を郵送航路の統一性としてそのまま取り込むことであった。このため、郵政省は「独占企業」P&Oとの契約に異議を唱える他の省庁に対して、P&Oの経営航路を取り込むことが不可欠であることを説明して反対論を抑えた。また、オーストラリアとの郵送契約については、P&Oとの契約を温存することでサービスの統一性を確保する一方、オリエント社との契約を事実上本国政府から自治領政府へと切り替えることで、オーストラリア側の主張（有色船員排除）も両立させたのであった。このようにして確保された郵送サービスの統一性は、P&Oの経営航路と一体化したものであったため、もはや公開入札を繰りかえして新しく郵送契約の設計をやり直す必要性をなくした。プリンシパルとエージェントの目標に差異がなく、またプリンシパル側にコスト・パフォーマンスの点でも満足のいく水準が保証されるかぎり、プリンシパルが契約を再設計する誘因が失われたのである。かくして、契約の自動延長のくり返しは、プリンシパル側に残された最後の選択肢となった（第八章）。

郵送契約とP&Oのマネジメント体制との関係に移ろう。プリンシパルとエージェントとの間の郵送契約の成立にいたるまでの過程は、文書のやり取りをふくめて長期にわたる交渉時間と集中的な作業を必要とした。エージェント企業がこの重要な経営課題に、フル・タイム従事する複数名のトップ経営者を取り組ませたのは当然であった。ただし、P&Oの場合、初代の業務執行取締役は、その報酬を利益連動型としており、さらに業務執行に必要な経営スタッフの給与をふくむ本社経費をみずから負担し、そのため事業収入の一定パーセンテージを経営手数料として受けとった（第二章）。イギリス海運業経営に伝統的なマネジング・エージェント方式が有限責任会社として発足した会社に取りいれられたわけである。

この業務執行取締役の報酬や手数料が本社経費の節減と収益の向上に直結するという成果ベースの契約は、一八四五年郵送契約までは順調に推移した。しかし一八五三年契約では、大幅に拡大した郵送航路の運営において見通しの甘さから契約の履行につまずき、業績も会社設立以来の減配を余儀なくされた。もしクリミア戦争という偶発的な外部要因がなければ、さらなる業績悪化は避けられなかったであろう。初代の業務執行取締役として残った二人のうち、ウィルコックスは職位からの辞意を表明し、またアンダーソンは手数料規約の変更を申し出て、取締役会でそれぞれ承認された（第四章）。その結果、一人残った初代の業務執行取締役は、事業収入に対する経営手数料のほとんどを放棄するにいたった。ただしその場合でも、郵送契約金に関する手数料規定は残された。すでに述べたように、郵送契約（交渉）がＰ＆Ｏのトップマネジメントにとっていかに重要な優先課題であったかを示唆するものといえよう。

一八五〇年後半から一八六〇年にかけての郵送契約の改訂に関わる交渉は、アンダーソンが中心となって、アランがこれを補佐した。この間、海外支店との通信・監督業務をおもに担当するアシスタント・マネージャー制が敷かれ、一八六〇年に同制度はＰ＆Ｏの正式の機関として位置づけられた。それとともにマネージャーの給与もＰ＆Ｏが会社として負担することとなり、アンダーソンは最後の経営手数料部分である郵送契約金に関わる手数料受け取り資格を放棄するにいたった（第五章）。これによって初代の業務執行取締役との間で締結された経営手数料規定はすべて消失したことになる。この後、アシスタント・マネージャー制のもとで、社内昇進をとげた雇員がマネージャーに抜擢・任命され、さらにそのなかから業務執行取締役に選出されるルートが形成された。このような内部昇進制度の形成は、初代業務執行取締役にみられたマネジング・エージェント制にとってかわるものであった。すなわち、内部昇進をとげたマネージャーは俸給経営者であり、もはや初代業務執行取締役のような経営手数料はもちろんのこと、利益に連動する報酬規定もなかった。成果ベースの報酬から成果を問わない固定給ベースの俸給へと、したがってまた請負的な経営から階層的な組織をとおした経営への移行がなされたといえる。

だが、この移行はやや遅きに失した感がある。一八六〇年代末から一八七〇年代前半にかけてのP&Oの危機的な財務内容は、トップマネジメントの交代期に生じたリーダーシップの空白にすくなからずその原因を負うものであった（第五章および第六章）。しかし、サザーランドを新しいリーダーとするマネジメントは、この社内的困難をよく切り抜けたといえる。そのすぐれた経営方法の一例をあげれば、より徹底した情報の収集と整理、またそれにもとづく経営政策の策定があった。一八七五年七月、サザーランドはみずから認めた覚書のなかで、これからは一船ごとの収支、代理店ごとの収支、そしてサービスをおこなっている港湾間ごとの貨客輸送統計が整えられるべきことを強調した。(6) 一船ごとの収支が明確となれば、今後投入すべき船舶の船型や貨客容積の按分に参考になる。また代理店ごとの収支が明確となれば、管理費との比較で代理店の効率をはかることができる。さらに港湾間ごとの輸送統計が明確になれば、輸送量を各ラインに正確に配分でき、これは郵送契約の改定の際にはルート選定の有力な参考資料となる。サザーランドによれば、いままでこれらの資料は取締役員が一覧できるようなかたちでは提示されてこなかったという。かれの主張する内部情報の収集方法と表示形式の改善は、外部的には公表財務諸表にもられる情報量の増大となってあらわれた。一八七六年度からはP&Oの勘定項目はより詳細となり、よりおおくの情報を一般株主に提供するようになった。情報収集の強化による経営の改善と株主への情報公開の進展は、この時期に同時並行的におこなわれたのである。

しかしながら他方、政府との郵送契約では、新たに発足したマネジメント体制は首尾よい成果をおさめたとはいえない。一八七四年契約では、スエズ運河の正式郵送ルートへの組み込みに成功したものの、契約金の大幅な減額を受けいれざるをえなかった。一八八〇年契約では、ホルト社との入札競争で、あやうく契約そのものを失いかねなかった。さらに一八八八年契約——この契約については資料の関係から詳細については不明な点がおおい——では、すべての郵便物のスエズ運河利用にともなってふたたび大幅な契約金の引き下げを受けいれた。この結果、株式配当の維持をはかるために、資本減資と株式転換を実施する羽目におちいった。これら一連の経過をみるとき、P&Oの旗色の悪さがみてとれよう。これはマネジメント体制というよりも、契約交渉における経験の違いに求められるかもしれない。一八六〇年より政府側の契約当事者として経験を積んできたイギリス郵政省に対して、一八六〇年代末から七〇年代前半にかけて形成されたP&Oの新しいトップマネジメントは交渉経験が浅かった。その結果、コスト・パフォーマンスを求めてタフな交渉術を展開する相手に十分対抗できなかったとも考えられる。

しかしながら、事態はやがてP&Oに有利な方向に転換しはじめた。もちろん、一つにはP&Oのトップマネジメントが契約交渉の経験を積み重ねていったということもある。それと同時に、イギリス政府機関がプリンシパルとしての同一性を確保することに、多大な調整作業と時間を費やすことになったという事情もあずかっていよう。すでに述べたように（第八章）、一八九四年のジャクソン委員会、一九〇二年のセシル委員会などの省間委員会の結成は、郵送契約をめぐる省間の、また本国と帝国との利害の錯綜とその調整の必要を物語るものである。コスト・パフォーマンスを判断基準にするとはいえ、契約金を分担する各植民地にとって、就航の頻度や速さとコストとの関係について異なる立場と判断がありえた。さらには、冷凍施設の利用や有色船員配乗問題までも郵送契約に絡んできた。そのなかで本国の郵政省は郵送サービスの統一性をみずから維持する方針を打ちだしていったことは、すでにくり返し述べたとおりである。

このやがては公開入札制度を廃棄することになる郵政省の方針は、P&Oのトップマネジメントにとっては契約交渉の煩雑さと集中作業の労苦を減じるものであった。このことがP&Oのトップマネジメントの補充を急務とはさせなくなったように考えられる。すでに述べたように（第六章）、一八九五年に三人目の業務執行取締役としてテートが選出されたが、それはこのとき課題となっていた郵送契約の更新問題を処理するに人的な資源が不足したためであった。しかしその後、郵送契約の更新問題が重要ではあるが、契約交渉に人的投入を必要とする対象とはならなくなるにつれて、トップマネジメントの補充は急がれなくなった。かくして、一八九九年にはサザーランドを唯一の業務執行取締役とし、それを上級スタッフが補佐するという体制が出現し、取締役会をただ一人代表するサザーランドは経営全般に関する最高権限を掌握した。世紀転換期以降のおよそ一〇年間は世界的な海運不況であり[7]、P&Oの貨客収入ものび悩んだ。しかし、この間もサザーランドはP&Oからは高額の年俸と「コミッション」という名目の特別報酬を受けとりつづけた。

この過程は同時にP&Oの内部情報の密度が薄まっていく時期でもあった。たとえばP&Oの取締役会議事録の記載は、とりわけ一九〇〇年代にはいって短くかつ簡素になった。これには、報告・審議事項のおおくがルーティン化し、取締役会で議論すべき議題がすくなくなったという事情も考えられる。また、海底ケーブルの敷設とその拡充とともに遠隔地との緊急連絡のおおくが電信でなされるようになり、分厚い文書のやり取りの必要が低下したため、取締役会議事録に記載されることもすくなくなったという事情も考慮する必要があろう。しかし、取締役会議事録の記載内容の簡素化はそれ以上に、おおくの問題がただ一人の業務執行取締役であるサザーランドの一存で処理されるようになったことを反映しているかもしれない。内部情報の簡素化の進展は外部への情報公開の低下としてあらわれた。一九〇〇年一二月、P&Oは定例年次総会のあとに開かれた臨時総会で、半期の株主総会を開くことを今後中止することを決定した[8]。この時、取締役員による株主への半期報告書の提出は引きつづきなされることが説明された。しかしこの半期報告書の提供も、一九〇九年度からは廃止されてしまった。

勘定の記載もない半期報告書にかわっては年次報告書がこれまで以上にP&Oの事業内容について包括的な情報を株主に提供することが、経営側によって強調された。(9) だが、さらに一九一二年度の年次総会では、挨拶にたったサザーランドが「わが社と競合するすべてのラインがその利益をたった一行に並べている」のに対して、P&Oの公表勘定はあまりにも情報提供がすぎるとして、情報開示の制限、簡素化を実施する方針をあきらかにしたのである。(10)

かくして、組織の内部と外部との間の情報交流を狭め、内部と外部との間の情報の非対称性を強めていくという方向は、内部コントロールのたった一人への集中化と併行しておこなわれたのである。これは事実上、経営のおおくの機能を取締役会からマネジング・エージェントへと移管するに似た歩みであった。そうであればこそ、毎年サザーランドに対する「コミッション」支払いが取締役会による承認の手続きをへながらおこなわれていったのである。さらにまた、BIとの合併にともなう、サザーランドからインチケープへのトップマネジメントの継承も、マネジング・エージェントの交代とみることができる。サザーランドの場合、その「コミッション」報酬はかれの長年のP&Oに対する貢献への対価という一面があったかもしれない。しかし、就任間もないインチケープについて、高額の固定報酬以外に、同じように純利益の二・五パーセントの「コミッション」が支払われるよう取り決められたのは、まさに経営代理に対する報酬という意味以外ありえなかった。

マネジング・エージェントが経営成果におうじて報酬を受けとるというシステムは、インチケープの出身事業であるコミッション・ビジネスそのものと同一であった。ところで、集荷代理店の利益の源泉は情報そのものにある。つまり、トレードの量や時期、荷主とのコネクションに関する情報を集積し、実際の運搬は契約相手である海運企業におこなわせる、というのがエージェントの経営手法であった。そこには、物理的な資源をほとんど必要とせず、情報の流れを管理することによって利益の源泉とする経営方法がとられていた。不定期船の場合、ロンドンのボルチック・エクスチェンジという海上運搬需給を取り結ぶ市場が用意されていたが、定期船の場合にはこのような情報交換のための市場はなく、定期船会社みずから、あるいは代理店をとおして、海上貨物輸送に関する情報を収集しなければならなかった。したがって、その情報はつねに航路特殊的であり、それを掌握したものが利益の源泉をえることになった。すでに述べたように（第八章）、インチケープのもとでP&Oの直営海外代理店が廃止され、マッキンノン・グループが経営する代理店に統合されていった。このことは、単純にコスト節約のための措置であったと考えるべきではないであろう。ジョーンズが指摘するように、インチケープは利潤源泉をコントロールすることの重要性をよく知っていたというべきである。[11]

最後に、本書の事例研究からえられるインプリケーションについて簡単にふれておこう。

本書では、郵送契約をめぐる政府と企業との関係の特質をみるために、エージェンシー理論のいくつかのコンセプトを用いてきた。もちろん、これらコンセプトは、近代における合理的思考をもった個人が自己の利益の最大化をはかりながら行動するという前提のもとで組み立てられたものである。[12] そのコンセプトは、一九世紀の郵送契約をめぐる当事者の行動を分析するに十分役立つものであったといえよう。また他方、P&Oという企業は、王室特許状をえてではあるが、有限責任の株式会社として設立された。P&Oではその株主を所有者(Proprietors)とやや旧式に呼んでいたものの、安定的かつ高い株式配当を維持することは株主にたいする経営者の責任として十分に自覚されており、その意味では近代的なマネジメント体制を構築していた。

これら近代的な行動コンセプトで説明可能な契約関係や、近代的な組織として発展をとげた企業は、しかしながら第一次大戦前までに大きく変質することになった。本書ではその変質過程についてできうるかぎり詳細に跡付けようとした。それゆえ、問題はこの変質の原因ではなく、その結果をどう考えるかということである。

プリンシパルによる契約設計は、最後にはエージェントを一社に特定化することで契約の公開入札を排除した。株式会社の経営は、同族経営のコミッション・エージェントによる経営支配をもたらした。近代的な契約なり組織が、ある種過去にみられた関係や制度に戻っていった事例といえる。あるいは近代の契約関係や近代の企業組織が、その展開の果てに、旧来の独占体や旧来の経営体制の復活を呼び込んだともいえよう。このことは、近代的な制度が旧来の遺制や慣行を揚棄して、一方的に突き進むという歴史の見方に修正を迫るものと考えられる。もちろん復活といっても、それは旧来の遺制や慣行への単純な復帰ではない。新しい技術と市場経済の広がりを前提として新しく成立した契約や組織に対して、伝統的な制度が簡単に破棄されるのではなく、むしろ逆にそれらを取り込んで新しい環境に適応していくというダイナミズムがみられるのである。

一九世紀イギリスの政府と企業に関する事例研究から上記のようなことがいえるとすれば、よりマクロの関係である国家と市場との関係の見直しについても、同様のインプリケーションが引きだせるかどうかは興味ある問題である。ただし、その場合、本書で用いたような「個人」に立脚するエージェンシー分析がそのまま適用できるとは思われない。有効な分析方法をふくめたマクロ・レヴェルの見直し作業は、本書の課題を超えるものであり、将来的な課題としたい。

注

（1） Eisenhardt 1989: 60-62, 68.

（2） Smith 1937: 176-79.

（3） Hyde 1957: 173. アガメムノン号は同時に建造されたOSS社のアイアス号（*Ajax*）やアキレス号（*Achilles*）と姉妹船であった。OSS社のこれら船名はホメロスの叙事詩『オデュッセイア』からとられている。Falkus 1990: 5.

（4） OSS社の船荷については、Hyde 1957: 61, 74-76 を参照のこと。

（5） ジェントルマン資本主義論については、ケイン＆ホプキンス 1997 を参照のこと。

（6） P&O 39/1 Supplement Books: Manuscript memorandum by Sutherland, July 1875 [no date].

（7） この世界的な海運不況については、Aldcroft 1974: ch.4 を参照のこと。

（8） P&O 6/16 7 December, 1900.

（9） P&O 6/18 Annual Report on the Fiscal Year ending 30 September 1909.

（10） P&O 6/20 Chairman's Address to the General Meeting, 10 December 1912. イギリス海運企業の情報開示は、サザーランドの指摘するように少なく、また時代を経るにつれてより少なくなる傾向があった。また会計慣行として、銀行や保険会社に普及した秘密積立金は、海運企業でも採用された。P&Oの公表財務諸表にはあらわされていない秘密積立金の推移についてはNapier 1991を参照のこと。なお、秘密積立金が配当支払いの安定化や平準化のために使用されるという初期の利用方法から、両大戦間期に公表勘定の数値操作に利用されていった経緯については、ロイヤル・メール社にそくして詳しい分析がなされている。Green & Moss 1982; Arnold 1991a, 1991b; 山浦 1993: 第四章。

（11） Jones 1989b: 60. またイギリス海運業における同族支配の存続、あるいはプライベートな性格を保持したことを金融面から分析をこころみたものとして、Green 1985がある。

（12） 契約主体に関する、あるいは契約交渉をゲームとしてとらえればゲームのプレヤーに関する合理性の仮定については、ヒープ&ファロファキス 1998がまとまった考察を展開している。

あとがき

想えば遠くまできたものだ、というのが現在の偽わらざる心境である。筆者のもともとの出発点は、イギリス一九世紀の景気循環に関する実証的な研究にあった。大学院の研究紀要に載せた初めての活字論文では、一八九〇年代のイギリス景気循環を取り扱った。これはイギリスの鉄鋼－造船－海運という産業的連関が、綿業－輸出市場－金融市場という自由主義時代の貿易的な連関に取ってかわる軸として登場したのではないかという問題意識にもとづいて書かれたものである。またその当時、イギリス産業の衰退原因の一つとされる技術革新に対する及び腰的な姿勢は、製品需要側の特有なバイアスがあったためではないかという疑問があった。ただその時、イギリスの鉄鋼－造船の連関は捉えやすかったものの、最終需要者の海運業については明確なイメージを持ってはいなかった。処女論文以降は、研究の方向をイギリスの海運業に転じることになった。産業連関から産業史への移行である。

海運業に取りかかってみて気づいたのは、この産業はその業界内部的な専門用語が数多くあって初学者に分かりづらいうえ、関連する産業分野が実に広範囲におよぶことであった。考えてみればこれは当然のことで、海上の運搬は人類の歴史とともに古く、近代において独自の産業分野として確立するはるか以前から海外貿易と密接な関連をもって発展してきたのであった。そのため海運業を研究対象にするといっても、前史を含めればその範囲は膨大なものであった。ただし、筆者の関心は最終需要者としての海運業ということにあり、その視点からまずは両大戦間期のイギリス不定期船業へと関心が向かった。この両大戦間期は船舶の推進機関のうえで蒸気機関から内燃機関へと、つまり汽船から機船へと移行する最初の時期にあたる。イギリス海運業が一九世紀の帆船から汽船への移行において世界のリーディング・ポジションを占めたのに対して、汽船から機船への移行において二番手や三番手になったとすれば、それは最終需要者側の技術革新に関するバイアスとして捉えられるのではないか、というのが着目の理由である。これをまとめた論文はさいわいなことに学会誌に掲載され、筆者としては最初の学会誌掲載論文となった。しかし、この論文を仕上げてみて突き当たった問題は、ある技術革新に対してそれを採用するかどうかの決定は業界という全体的な視点からは十分に解明できないということであった。業界が置かれた環境的な要因なり条件は技術革新への取り組み方に関する必要条件を形成するかもしれないが、採用すべきか否かの決定に関する十分条件とはならない。それを知るには個別企業の意思決定過程をたどる必要があるということであった。かくして、筆者の関心はさらに産業史から企業史あるいは経営史へと向かうことになった。

しかし、それからの道程が長かった。一つには、経営史は産業史を排除するものではないが、当該産業の個別企業の歴史研究（企業史）を抜きに産業史を論じることは方法的に成立しがたい。特定企業の経営文書を中心とした企業史研究に着手する必要があった。幸いなことに、海事関係の文書保管という点ではイギリスはよく整備されていたが、アクセスは現地を訪れる以外に方法がなかった。これは日本以外で企業文書にアクセスするとか現地調査をおこなうという場合には不可避のことで、現在も、また近い将来においてもこの困難は緩和しそうにない。手間がかかったもう一つの理由は、方法的な問題とそれに促されての研究目的の転移であった。産業連関から産業史さらに企業史へと、いわばマクロからミクロへと分析対象を移動させてきたが、代表企業論や合成の誤謬を持ち出すまでもなく、ミクロからマクロを、しかもこれを産業横断的に再構成することが可能なのかどうかという問題があった。理論的にはともかく、歴史実証的にはこれは不可能のように筆者に思われた。そうであれば、個別企業史の研究が独自に貢献できる領域はなにかということが問題となる。それはやがて経営史の課題の一つである、国や地域ごとに企業経営体がどのような変遷をたどり、またその特徴はどのようなものかを固有の領域として定位する、という課題に筆者の研究目的をあわせる結果をもたらした。かくして、筆者の最初の出発点であったイギリス一九世紀の景気循環に関する実証研究ということからは遠く離れることになった。本書はこのような課題や問題意識の変遷を経るなかでの、一つの経過報告書という意味をもっている。今後は海運業をベースとしながら、企業、市場、国家の連関を視野に入れつつ、近代企業経営の地域的な特質の比較研究をさらに目指していく予定である。

本書が拙い内容であっても、上梓されるまでにはさまざまな人々の学恩を受けた。すべての方々に感謝の意を申し述べたいが、ここではとくに四名の方のお名前を挙げさせていただきたい。筆者が一九世紀のイギリス景気循環に興味を持ち、まがりなりにも活字論文にまとめるまでには、大学院での杉浦克己先生のご指導が大きな支援となった。毎回ほぼ半日を費やしておこなわれた先生の授業運営では、研究は最後体力勝負ということを実感させていただいたという意味でも、感謝を申し上げたい。筆者がイギリス海運業という産業史に転換し、そこでの成果を学会誌に発表するに際しては、中川敬一郎先生のお世話をいただいた。先生はまた、筆者のポストドクターの時代、海事産業研究所で進められていた近代日本海事年表の編集作業をご紹介くださり、そこでの数多くの海事研究者との出会いを設定してくださった。さらには筆者の就職面についてもたびたびお世話をいただいた。このたびのP&Oの経営史研究をまとめることを奨励してくださったのも先生であった。厚くお礼を申し上げたい。また、さきの年表編集のための会議では、いまは亡き脇村義太郎先生の博覧強記ぶりと貴重なエピソードを多数見聞することができた。正規の講義ではなかったものの、筆者が年表に関与した一年半余にわたって脇村先生の「講義」を拝聴できたことは得難い経験であった。また筆者が資料調査でロンドンにはじめて出発する際、先生は海事産業研究所より奨励金の名目で過分の研究費を支給してくださった。筆者が短期間の内に二度、三度と渡英できたのは、脇村先生のご尽力によるものである。記して感謝を申し上げたい。そして筆者が産業史から経営史へと踏みだして、固有の領域はなにかを模索していたとき、大学院のゼミ参加を許可してくださり、またそこで実に厳しい論文作成のご指導をいただいたのは、故米川伸一先生であった。米川ゼミを通して、歴史実証研究を標榜する研究のあり方を学べたこと、また現在は研究者となっている大学院ゼミ生との出会いと親交を深める機会をえたことは幸いであった。筆者は学部学生時代、ゼミに所属して学ぶという機会を残念ながら失してしまったが、米川ゼミではチューター制度にも似たゼミナールの良さを実感することができた。米川先生には記して感謝を申し上げたい。

最後に、本書の企画から構成、仕上げの細部にいたるまで、勁草書房編集部の富岡勝氏にお世話になった。氏の迅速な作業手配と辛抱強い配慮がなければ、本書がこのような形で出版されることはなかったであろう。記して感謝申し上げる次第である。

二〇〇一年五月記

人名索引

あ 行

か 行

さ 行

た 行

な　行

は　行

ま　行

や・ら行

船名索引

事項索引

略　号

ARMSN→オーストラリアン・ロイヤル・メール・スチーム・ナヴィゲーション社
BI→ブリティッシュ・インディアン汽船会社
E&A→イースタン・アンド・オーストラリアン・ロイヤル・メール社
EISN→イースト・インディアン・スチーム・ナヴィゲーション社
ESN→イースタン・スチーム・ナヴィゲーション社
MI, MM→メサジェリ社
OSS→オーシャン・スチーム・スップ社

あ　行

か 行

さ　行

た　行

な　行

は　行

ま　行

や　行

ら・わ　行

引用文献

1. Manuscripts

P&Oの経営文書（P&O)

National Maritime Museum [NMM], Greenwich, London に所蔵。P&O の経営文書については、Business Records 請求番号が "P&O" で統一されている。NMM 所蔵の P&O 関連資料は企業資料のなかでももっとも充実している。取締役会議事録をはじめとする文書整理番号を一覧すると相当のページ数が必要となるため、本書での細分類表示は割愛した。以下は本書で利用した経営文書の大分類だけを示した（以下同じ)。

P&O／1　Board Minutes & Agenda
P&O／2　Committee Minutes
P&O／3　Board Papers
P&O／5　General Accounts
P&O／6　Reports to Shareholders
P&O／11～23　General Correspondence
P&O／24　Stocks, Shares & Debentures-Registers
P&O／30　Papers relating to Royal Charters & Mail Contracts
P&O／31　Papers relating to Amalgamations & Acquisitions
P&O／33　Agencies
P&O／35　Subsidiary Companies
P&O／37　Overseas Reports
P&O／39　Planning & Finance
P&O／43　Ships' Movements-Papers relating to Timetables & Passage Times
P&O／65　Individual Ships
P&O／80　Staff-Salary Books, Shore Staff
P&O／91　Miscellaneous
P&O／100 Personal Histories

なお、National Maritime Museum 所蔵のイギリス海事企業の経営文書については Knight 1980 が、またイギリス所蔵の海事関係文書の案内としては Mathias & Pearsoll 1971 が参考になる。

BI の経営文書（BIS）

NMM に所蔵。BI の経営文書については、Business Records 請求番号が "BIS" で統一されている。

BIS／1　　Board Minutes

BIS／4／32　Agreement BI／P&O on fusion 27 May 1914

東インド会社関連の経営文書（OIOC）

Oriental and India Office Collections [OIOC], The British Library, Euston, London に所蔵。

L／MAR　Marine Department Records

E／2　　East India Company Correspondence with Board of Control 1784-1858

E／4　　East India Company Correspondence with India 1703-1858

F／2　　Board of Control Home Correspondence 1784-1858

なお、British Library 所蔵の東インド会社やインド監督庁の文書については Moir 1988 を参照のこと。

旧郵政省の公文書（Post）

Post Office Archives, Mount Pleasant Complex, London に所蔵。

Post 29／　Packet Minutes: documents 1811-1920.

Post 33／　Overseas Mail Contracts, 1914-1940.

Post 43／　Overseas Mails: Organization and Services, Packet Boats and Shipping 1683-1942.

Post 51／　Overseas Mails: Contracts, Sea 1722-1923.

旧郵政省の文書に関する市販の案内書や解説書は見当たらない。ただし、上記アーカイヴズには主題別・年代別の詳しい索引が備えられている。

2. イギリス議会文書

Hansard's

British Parliamentary Papers: BPP

1834 VOL XIV, Paper 14 *Steam Navigation to India: Report from Select Committee.*

1847 VOL XXXVI, Paper 117 *Peninsular and Oriental Steam Packet Co: Charter and Contract.*

1849 VOL XLIX, Paper 117 *Report from the Select Committee on Contract Packet Service.*

1850 VOL LIII, Paper 693 & 693-1 *Steam Communication between Suez and Bombay.*

1851 VOL XXI, Paper 372 *First Report from the Select Committee on Steam Communication with India &c., 5 June 1851.*

1851 VOL XXI, Paper 605 *Second Report from the Select Committee on Steam Communications with India, &c.*

1852 VOL XLIX, Paper 249 *Mail Service (India and Australia).*

1852-3 VOL XCV, Paper 137 *Contract Packets: Report of the Committee on Contract Packets.*

1856 VOL LI, Paper 10 *Postal Communication with the Australian Colonies.*

1857-58 VOL XLI, Paper 144 *Copy of any contract entered into with the European and Columbian Steam Co. (Continued).*

1860 VOL XIV, Paper 328 *Paper from Committees: Packet and Telegraphy Contracts.*

1860 VOL LXII, Paper 532 *Copies of Memorial from the European and Australian Mail Co. to the Government, dated 25 Jan. 1859.*

1866 VOL IX, Paper 428 *East India (Telegraphic and Postal) Communication: Report from the Select Committee; with Minutes of Evidence and Appendix.*

1867-68 VOL XLI, Paper 1, *Further Correspondence relating to Conveyance of Mails to India and China.*

1870 VOL XLI, Paper 424 *Mails: New Contract with P&O.*

1874 VOL XXV, Paper 301 *East India, China, and Japan Mails: Contract dated 8th July 1874.*

1874 VOL XXV, Paper 351 *East India, China, and Japan Mails: Contract dated 1st August 1874.*

1878-9 VOL XLII, Paper 30 *P&O: Contract dated the 7th February 1879.*

1878-9 VOL XLII, Paper 103 *Mail Contract with P&O: Correspondence.*

1883 VOL LXIV, C. 3474 *Board of Trade, "Suez Canal (Trade from the East): Return".*

1897 VOL LII, Paper 259 *Mail Contracts: dated 25th May 1897.*

1902 VOL IX, Paper 385 *Report from the Select Committee on Steam Subsidies, with Proceeding, Evidens, Appendix and Index.*

1904 VOL XXIII, Cd.2028 *Report of the Eastern Mail Service Committee.*

1904 VOL XLIX, Paper 328 *Post Office (East India, China, and Australia Mails): Contract dated the 25th of July 1904.*

1907 VOL XLVII, Paper 311 *Post Office (East India, China, and Australia Mails): Contract dated the 7th of August 1907.*

1909 Royal Commission on Shipping Rings. *Report of the Royal Commission on Shipping Rings. Vol. 1-5.* Cd.4668, 4669, 4670, 4685, 4686.

3. 著書・論文

Aldcroft, Derek H., 1974, *Studies in British Transport History 1870-1970.* David & Charles: Newton Abbot, Devon.

Anderson, Arthur, 1840, *Steam communication with India. A letter to the directors of the projected East Indian Steam Navigation Company.* Smith Elder & Co.: London.

Anderson, Arthur, 1843, *Communications with India, China, etc. Observations on the practicability and utility of opening a communication between the Red Sea and the Mediterranean, by a ship canal through the Isthmus of Suez.* Smith, Elder & Co.: London.

anonymous writer (India), 1838, *Steam to India, via the Red Sea, and via the Cape of Good Hope. The respective routes, and the facilities for establishing a comprehensive plan.* Smith, Elder & Co.: London.

anonymous writer (London), 1879, *Government subsides and the Postal Services with India, China and Australia. Reviewed.* London.

荒井 政治, 1963『イギリス近代企業成立史』東洋経済新報社

Arnold, A. J., 1991a, "No Substitute for hard Cash? An Analysis of Returns on investment in the Royal Mail Steam Packet Company, 1903-29.", *Accounting, Business and Financial History, vol.1, no.3,* 335-353.

Arnold, A. J., 1991b, "Secret Reserves or Special Credits: A Reappraisal of the Reserve and Provision Accounting Policies of the RMSP Co.", *Accounting and Business Research, vol.21, no.83,* 203-214.

Arnold, A.J. and R.G. Greenhill, 1994, "Contractors' bounties or due consideration?: evidence on the commercial nature of the Royal Mail Steam Packet Company's mail contracts, 1842-1905.", *Research in Maritime History, no.6,* 111-37.

Arnold, A. J. and R. G. Greenhill, 1995, "Business, government and profit: the management and regulation of overseas mail contracts, 1836-90.", *Accounting, Business and Financial History, vol.5, no.3,* 334-359.

Barber, James, 1839, *Statement of Facts relating to Steam-Communication with India, on the Comprehensive Plan.* [London?]

Blake, George, 1956, *B.I. Centenary 1856-1956.* Collins: London

Boyce, Gordon H., 1992, "64thers, Syndicates, and Stock Promotions: Information Flows and Fund-raising Techniques of British Shipowners Before 1914.", *The Journal of Economic History, vol.52, no.1,* 181-205.

Boyce, Gordon H., 1995, *Information, mediation and institutional development. The rise of large-scale enterprise in British shipping, 1870-1919.* Manchester U.P.: Manchester.

Cable, Boyd, 1937, *A Hundred Year History of the P.&O.* Ivor Nicholson and Watson : London.

ケイン（Cain), P・J＋A・G・ホプキンズ（Hopkins)（竹内幸雄＋秋田茂訳), 1997,『ジェントルマン資本主義の帝国Ⅰ・Ⅱ』(原題は *British Imperialism, vols 2,* 1993) 名古屋大学出版会

Carlos, Ann M. and S. Nicholas, 1990, "Agency Problems in Early chartered Companies: the Case of the Hudson's Bay Company", *The Journal of Economic History, vol. 50,* no.4, 853-875.

Cornewall-Jones, R. W., 1898, *British Merchant Service.* London.

Cornford, L. Cope, 1924, *A Century of Sea Trading 1824-1924. The General Steam Navigation Company Ltd.* A&C Black: London.

Cottrell, P. L., 1981, "The Steamship on the Mersey, 1815-80. Investment and Ownership.", in P. L. Cottrell and D. H. Aldcroft (eds.), *Shipping, Trade and Commerce. Essays in Memory of Ralf Davis.* Leicester University Press: Leicester.

Critchell, J. T. and J. Raymond, 1912, *A History of the Frozen Meat Trade.* Constable & Co.: London.

Curtis, T. A., 1839, *State of the Question on Steam-Communication with India via the Red Sea.* Smith, Elder & Co.: London.

Daunton, M. J., 1985, *Royal Mail: The Post Office since 1840.* Athlone Press: London.

Davies, P. N., 1978, "Group Enterprise: Strengths and Hazards. Business History and the Teaching of Business Management.", in S. Marriner (ed.), *Business and Businessmen. Studies in Business, Economic and Accounting History,* 141-168.

Davies, P. N., 1981, "Business Success and the Role of Chance: The Extraordinary Philipps Brothers.", *Business History, vol. 23,* no. 2. 208-232.

Davies, P. N. and A. M. Bourn, 1972, "Lord Kylsant and the Royal Mail.", *Business History, vol. 14,* no. 2. 103-123.

ディキンソン（Dickinson), H. W., 1994（磯田浩訳）『蒸気動力の歴史』(原題は *A Short History of the Steam Engine.* 1938) 平凡社

Divine, David, 1960, *These Splendid Ships. The Story of the Peninsular & Oriental Line.* Frederick Muller: London.

Eisenhardt, Kathleen M, 1989, "Agency Theory: An Assessment and Review.", *Academy of Management Review, vol.14, no.1,* 57-74.

衛藤 瀋吉, 1968,『近代中国政治史研究』東京大学出版会

Falkus, Malcolm, 1990, *The Blue Funnel Legend. A History of the Ocean Steam Ship Company, 1865-1973.* Macmillan: Hampshire

Farnie, D. A., 1969, *East and West of Suez. The Suez Canal in History 1854-1956.* Clarendon Press: Oxford.

フェイル (Fayle), C. E., 1957 (佐々木誠治訳)『世界海運業小史』(原題は *A Short History of the World's Shipping Industry.* 1933) 日本海運集会所

Forbes, Andrew, 1990, *"An Artery of Empire. The British Post Office and the Postal and Telegraphic Services to India and Australia 1837-1914.",* (Ph. D. thesis, University of London).

Fritz, M., 1980, "Shipping in Sweden, 1850-1913.", *The Scandinavian Economic History, vol. 28, no. 2.,* 147-160.

Gjolber,O., 1980, "The Substitution of Steam for Sail in Norwegian Ocean Shipping, 1866-1914.", *The Scandinavian Economic History, vol. 28, no. 2.,* 135-146.

後藤 伸, 1986,「1840・50年代P&Oの東洋航路経営」『海事産業研究所報』no.240, 63-79.

後藤 伸, 1987,「スエズ運河とP&O――1860・70年代におけるP&Oの経営危機――」『研究年報』(香川大学経済学部), 27号. 173-220.

Graham, G. S., 1956, "The Ascendancy of the Sailing Ship 1850-85.", *Economic History Review, 2nd series, vol.9, no.1,* 74-88.

Green, Edwin., 1985, "Very Private enterprise: Ownership and Finance in British Shipping, 1825-1940.", in Yui, Tsunehiko and K. Nakagawa (eds.) *Business History of Shipping. Strategy and Structure.* University of Tokyo Press. 219-248.

Green, Edwin and Michael Moss, 1982, *A Business of National Importance. The Royal Mail Shipping Group 1902-1937.,* Methunen: London.

Greenberg, Michael, 1951 (reprint), *British Trade and the Opening of China 1800-1842.* Monthly Review Press: New York.

Griffiths, Sir Percival, 1977, *A History of the Inchcape Group.* Inchcape & Co. Ltd.: London

Grindlay, R. Melville, 1837, *A View of the Present State of the Question as to Steam Communication with India.* Smith, Elder & Co.: London.

Harcourt, Freda, 1981, "The P&O Company: Flagships of Imperialism'", in S. Palmer and G. Williams (eds.), *Charted and Uncharted Waters.* National Maritime Museum: London, 6-28.

Harcourt, Freda, 1988, "British Oceanic mail contracts in the age of steam, 1838-1914.", *Journal of Transport History, vol. 9, no. 1,* 1-18.

Harley, C. K., 1971, "The shift form sailing ships to steamships, 1850-1890. A study in technological change and its diffusion.", in D. N. MacCloskey (ed.), *Essays on a Mature Economy: Britain after 1840.* Mathuen: London. 215-237.

ヘドリック, D・R (Headrick), 1989,『帝国の手先 ヨーロッパ膨張と技術』(原田 勝正・多田 博一・老川 慶喜訳. 原題は D. R. Headrick, *The Tools of Empire: Technology and European Imperialism in the Nineteenth Century.* 1981.), 日本経済評論社

ヒープ, S.P.H. (Heap) +ファロファキス, Y. (Varoufakis), 1998,『ゲーム理論［批判的入門］』(荻沼 隆訳. 原題は *Game Theory: A Critical Introduction.* 1995, Routledge: London.) 多賀出版

平田 雅博, 2000,『イギリス帝国と世界システム』晃洋書房

Hornby, O. and Carl-Axel Nilsson, 1980, "The Transition from Sail to Steam in the Danish Merchant Fleet, 1865-1910.", *The Scandinavian Economic History, vol. 28, no. 2,* 109-134.

Hoskins, H. Lancaster, 1928, *British Routes to India.* Longman, Green & Co.: New York.

Howarth, David and Stephen Howarth, 1986, *The Story of P&O.* Weidenfeld & Nicolson: London.

Hyde, F. E., 1957 (second ed.), *Blue funnel. A history of Alfred Holt & Company of Liverpool 1865-1914.* Liverpool University Press: Liverpool.

Hyde, F. E., 1967, *Shipping Enterprise and Management 1830-1939.* Liverpool University Press: Liverpool.

Hyde, F. E., 1975, *Cunard and the North Atlantic 1840-1973.* Macmillan: London.

Jarvis, Rupert C., 1959, "Fractional shareholding in British merchant ships with special reference to the 64ths.", *Mariner's Mirror, vol.45, no.4,* 301-19.

Johnson, J. E., 1824, *An Address to the Public, on the Advantages of Steam Navigation to India.* London.

Jones, Stephanie, 1989a, "The P&O in War and Slump, 1914-1932: The Chairmanship of Lord Inchcape.", in Stephen Fisher (ed.), *Innovation in Shipping and Trade.* 131-143.

Jones, Stephanie, 1989b, *Trade and shipping. Lord Inchcape 1852-1932.* Manchester University Press: Manchester.

Kaukiainen, Y., 1980, "The Transition from Sail to Steam in Finnish Shipping, 1850-1914.", *The Scandinavian Economic History, vol. 28, no. 2,* 161-184.

Kirk, Reg, 1980, *British Maritime Postal History, vol.1. The P&O Bombay & Australia Lines 1852-1914.* Proud-Bailey: Heathfield

Kirk, Reg, 1982, *British Maritime Postal History. Vol. 2. The P&O Lines to the Far East.* Proud-Bailey: Heathfield.

Kirk, Reg, 1987, *The Postal History of the P&O Service to the Peninsular.* Royal Philatelic Society: London.

Kirkalday, A.W., 1914 (reprint 1970), *British Shipping.* A. M. Kelley: New York.

Knauerhase, R., 1968, "The Compound Engine and Productivity Changes in the German Merchant Marine Fleet 1871-1887.", *Journal of Economic History, vol. 28, no.3,* 390-403.

Knight, R. J. B., 1980, *Guide to the Manuscripts in the National Maritime Museum. Vols.2,* Mansell: London.

Laming, James, 1856, *Steam Communication with Australia. A Letter addressed to the Right Ho. The Lord Mayor of London.* Burrup & Son: London.

Lardner, Dionysius, 1837, *Steam Communication with India by the Red Sea; advocated in a letter to Viscount Melbourne, etc.,* London.

Low, C. R. (Lieutenant Indian Navy), 1877, *History of the Indian Navy 1613-1863, vols.2,* Richard Entley & Son: London.

Lindsay, W. S., 1874 (reprint 1965), History of Merchant Shipping and Ancient Commerce, vol. IV., AMS Press: New York.

Maber, John M., 1967, *North Stars to Southern Cross. The story of the Australian seaway.* T. Stephenson & Sons: Prescot.

Marriner, S. (ed.), 1978, *Business and Businessmen. Studies in Business, Economic and Accounting History.* Liverpool University Press: Liverpool.

Marriner, S. and F.E. Hyde, 1967, *The Senior: John Samuel Swire 1825-98. Management in Far Eastern Shipping Trades.* Liverpool University Press: Liverpool.

Mathias, P. & A.W.H.Pearsall (eds.), 1971, *Shipping: A Survey of Historical Records.* David & Charles: Newton Abbot.

ミルグロム (Milgrom), P.+J・ロバーツ (Roberts) (奥野正寛+伊藤秀史+今井晴雄+西村理+八木甫訳),1997,『組織の経済学』(原題は*Economics, Organization and*

Management. 1992. Prentice Hall: Cliffs, New Jersey）NTT出版

Minchinton, W. E., 1982, "Chartered Companies and Limited Liability.", in T. Orhnial (ed.), *Limited Liability and the Corporation*. Croom Helm: London. 137-160.

Moir, Martin, 1988（Reprint 1996), *A General Guide to the India Office Records*. The British Library: London.

Moubray, Jane and Michael Moubray, 1992, *British Letter Mail to Overseas Destinations 1840-1875*. Royal Philatelic Society: London.

毛利 健三,1978,『自由貿易帝国主義』東京大学出版会

村本 脩三編, 1981,『国際電気通信発達略史（世界編)』国際電信電話株式会社

中川 敬一郎, 1959,「P&O汽船会社の成立——イギリス東洋海運史の一齣——」『経済学論集』(東京大学), 26巻 1・2 合併号, 276-301.

Napier, Christopher J., 1990, "Fixed asset accounting in the shipping industry: P&O 1840-1914.", *Accounting, Business and Financial History, vol.1, no.1*, 23-50.

Napier, Christopher J., 1991, "Secret accounting: the P&O Group in the inter-war years.", *Accounting, Business and Financial History, vol.1, no.3*, 303-333.

Napier, Christopher J, 1997, "Allied or Subsidiaries? Inter-Company Relations in the P&O Group, 1914-39.", *Business History, vol. 39, no.2*, 69-93.

Nicolson, John, 1932, *Arthur Anderson, a founder of the P.&O. Coy.* T&J Manson: Lerwich

西田 健二郎（訳）1971,『英国における海底ケーブル百年史』(1950年にイギリス・サウスケンジントンの科学博物館で開かれたケーブル特別博覧会向けに出版。原題は不明）国際電信電話株式会社

西村 孝夫, 1960,『イギリス東インド会社史論』大阪府立大学経済研究叢書

大隅 健一郎, 1987『新版 株式会社法変遷論』有斐閣

大塚 久雄, 1969,『大塚久雄著作集第1巻　株式会社発生史論』(初出は1938年）岩波書店

P&O, 1834, *Prospectus of the Peninsular Steam Navigation Company*. London.

Padfield, Peter, 1981, *Beneath the House Flag of the P&O*. Hutchinson & Co.: London.

Palmer, Sarah,1982, "The Most Indefatigable Activity; The General Steam Navigation Company 1824-50.", *Journal of Transport History, 3rd series, vol. 3, no.2*, 1-22.

Palmer, Sarah & Glyndwr Williams (eds.), 1981, *Charted and Uncharted Waters. Proceedings of a Conference on the Study of British Maritime History*. National Maritime Museum: London.

Parkinson, C. N., 1937（reprint 1966), *Trade in the Eastern Seas, 1793-1813*. Frank

Cass & Co.: London.

Prinsep, G. A., 1830, *An Account of Steam Vessels and Proceedings connected with Steam Navigation in British India, etc.*, Calcutta.

Rabson, Stephen and Kevin O'Donoghue, 1988, *P&O. A Fleet History.* World Ship Society: Kendal.

Robinson, Howard, 1953, *Britain's Post Office. A history of development from the beginning to the preset day.* Oxford University Press: London.

Robinson, Howard, 1964, *Carrying British Mails Overseas.* George Allen & Unwin: London.

ロルト (Rolt), L.T.C. (高島平吾訳), 1989,『ヴィクトリアン・エンジニアリング』(原題はVictorian Engineering. 1970) 鹿島出版会

Saugstad, Jesse E., 1932, *Shipping and Shipbuilding Subsidies.* US Government Printing Office: Washington.

澤 喜司郎, 1985,「ブリティッシュ・インディア汽船会社の成立と発展 ——東洋航路への蒸気船の進出と定期航路の開設(2)——」『東亜経済研究』(山口大学),第49巻第3・4号, 77-98.

佐波 宣平, 1949 (1977 再版),『海運理論体系』有斐閣

佐波 宣平, 1992,『海事用語根源』山縣記念財団

Searight, Sarah, 1991, *Steaming East. The forging of steamship and rail links between Europe and Asia.* Bodley Head: London.

Sidebottom, John K., 1948, *A Postal Historical Study of the Mail Route to India.* George Allen & Unwin: London.

Smith, E. C., 1938, *A Short History of Naval and Marine Engineering.* Cambridge U. P.: Cambridge.

Spratt, H. Philip, 1958, *The Birth of the Steamboat.* Charles Griffin & Co.: London.

スターミー(Sturmy), S.G. (地田知平監訳), 1965,『英国海運と国際競争』(原題は *British Shipping and World Competition.* 1962. London) 東洋経済新報社

杉浦 昭典, 1999,『蒸気船の世紀』NTT出版

Sunderland, David, 1999, "Principals and agents: the activities of the Crown Agents for the colonies, 1880-1914.", *Economic History Review, vol. 52, no. 2,* 284-306.

田中 正俊, 1973,『中国近代経済史研究序説』東京大学出版会

Thorner, Daniel, 1950 (reprint 1977), *Investment in Empire. British Railway and Steam Shipping Enterprise in India 1825-1849.* Arno Press: New York.

角山榮, 1975,『産業革命と民衆』河出書房新社

Tyler, D. B., 1939 (reprint 1972), *Steam Conquers the Atlantic.* Arno Press: New

York.

上野 喜一郎, 1980,『船の世界史・上巻』舵社

Ville, Simon, 1993, "The growth of specialization in English shipowning, 1750-1850.", *Economic History Review, vol. 46, no. 4,* 702-722.

Wilson, J. H., 1833, *On steam communication between Bombay and Suez, with an account of the Hugh Lindsay's voyages.* Government Gazette Press: Bombay.

Wilson, J. H., 1850, *Facts connected with the Origin and Progress of Steam communication between India and England.* W. S. Johnson: London.

山田 浩之, 1960「イギリス定期船業の成立——定期船業の発達過程（一）——」『経済論叢』（京都大学）85巻 4 号, 39-58.

山田 浩之, 1961a,「イギリス定期船業の発達と海運政策（一）——定期船業の発達過程（二）——」『経済論叢』（京都大学), 87巻 1 号, 97-111.

山田 浩之, 1961b,「イギリス定期船業の発達と海運政策（二）——定期船業の発達過程（三）——」『経済論叢』（京都大学), 87巻 3 号, 33-55.

山浦 久司, 1993『英国株式会社会計制度論』白桃書房

楊井 克巳, 1943『東印度会社研究』生活社

横井 勝彦, 1988『アジアの海の大英帝国——一九世紀海洋支配の構図——』同文館出版

吉岡 昭彦, 1981『近代イギリス経済史』岩波書店

著者略歴

1948年　東京都に生まれる
1971年　早稲田大学第一政治経済学部卒
1978年　東京大学大学院経済学研究科博士課程単位取得退学
現　在　神奈川大学教授
主論文　「海運同盟について」（中川敬一郎編著『企業経営の歴史的研究』岩波書店，所収，1990），"Competitive advantage in the Japanese shipbuilding industry : the case of IHI." in T. Yuzawa (ed), *Japanese Business Success. The evolution of a strategy*. 1994, "Globalization and International Competitiveness: The Experience of the Japanese Shipping Industry since the 1960s." *Research Maritime History*, 1998.

イギリス郵船企業P&Oの経営史
一八四〇－一九一四

2001年７月16日　第１版第１刷発行

著　者　後（ご）藤（とう）　伸（しん）

発行者　井　村　寿　人

発行所　株式会社　勁（けい）草（そう）書　房

112-0005　東京都文京区水道2-1-1　振替　00150-2-175253
（編集）電話　03-3815-5277／FAX　03-3814-6968
（営業）電話　03-3814-6861／FAX　03-3814-6854
日本フィニッシュ・牧製本

http://www.keisoshobo.co.jp

イギリス郵船企業P&Oの経営史
一八四〇—一九一四

2017年7月1日　オンデマンド版発行

著　者　後　藤　　伸

発行者　井　村　寿　人

発行所　株式会社　勁(けい)草(そう)書　房

112-0005 東京都文京区水道 2-1-1　振替　00150-2-175253
（編集）電話 03-3815-5277／FAX 03-3814-6968
（営業）電話 03-3814-6861／FAX 03-3814-6854

印刷・製本　(株)デジタルパブリッシングサービス http://www.d-pub.co.jp

AJ973

ISBN978-4-326-98298-1　Printed in Japan